펠로폰네소스 전쟁사
THE HISTORY OF THE PELOPONNESIAN WAR

투키디데스 지음
박광순 옮김

차 례

□ 범 례 · 10
■ 이 책을 읽는 분에게 · 11

제 5 권

제*15*장 전쟁 열번째 해 — 클레온과 브라시다스의 사망 — 니키아스의 강화 · 17
제*16*장 펠로폰네소스의 스파르타에 대한 악감정 — 만티네아, 엘리스, 아르고스, 아테네의 동맹 — 만티네아 전투와 동맹의 붕괴 · 38
제*17*장 전쟁 17년째 해 — 멜로스 회담 — 멜로스의 파멸 · 86

제 6 권

제*18*장 전쟁 17년째 해 — 시케리아 출정 — 헤르메스 사건 — 원정의 출발 · 101
제*19*장 전쟁 17년째 해 — 시라쿠사의 각 당파 — 하르모디오스와 아리스토게이톤 이야기 — 알키비아데스의

치욕 · 134
제20장 전쟁 17년째 해와 18년째 해 — 아테네군의 소극적인 행동 — 스파르타에서의 알키비아데스 — 시라쿠사의 포위 · 159

제 7 권

제21장 전쟁 18년째 해와 19년째 해 — 길리포스의 시라쿠사 도착 — 데켈레아의 요새화 — 시라쿠사인의 성공 · 201
제22장 전쟁 19년째 해 — 데모스테네스의 도착 — 에피폴라이에서의 아테네 패배 — 니키아스의 우매함과 완고함 · 236
제23장 전쟁 19년째 해 — 대항에서의 전투 — 아테네군의 퇴각과 전멸 · 245

제 8 권

제24장 전쟁 19년째와 20년째 — 이오니아의 반란 — 페르시아의 간섭 — 이오니아에서의 전쟁 · 281

제25장 전쟁 20년째와 21년째 — 알키비아데스의 음모 — 페르시아 보조금의 축소 — 아테네에서의 과두제 쿠데타 — 사모스 주둔 군대의 애국심 · 314

제26장 전쟁 21년째 — 알키비아데스의 사모스로의 소환 — 에우보이아의 이반과 400인 정권의 붕괴 — 키노스 세마 전투 · 343

□ 부　　록　투키디데스의 생애 · 373
□ 해　　설 · 396

펠로폰네소스 전쟁사

The History of the Peloponnesian War

□ 범 례

1. 각 장 구분 및 조약문은 R. Crawley(R. Feetham의 개정판)의 역본 *The History of the Peloponnesian War*를 원칙으로 하였다.
2. 본문 중의 〔 〕는 Jones의 Oxford판에 삽입된 내용을 따랐다. 각 본문 하단에 위치한 각주는 옮긴이의 주(註)임을 밝힌다. 본문 중의 할주는 편집자 주임.
3. 인·지명 표기는 그리스식 발음을 원칙으로 하였고, ( ) 속의 영어 표기는 R. Crawley의 역본 *The History of the Peloponnesian War*대로 하였다.
4. 각 본문 중의 ① ② ③ …… 은 小西晴雄의 역본 중 '해설'을 위해 표기한다. 그는 투키디데스의 집필 과정을 연대순으로 기록하기 위해 본문에 일련 번호를 매겼다. 투키디데스의 집필 과정에 대한 연구에 관심 있는 자는 참고할 것.

■ 이 책을 읽는 분에게

기원전 429년에 그리스의 아테네는 큰 전염병에 시달렸다. 시체가 길가에 첩첩이 쌓이고, 숨이 붙어 있는 자는 반죽음 상태에서 물을 찾고 있었으며, 개도 쓰러지고, 새조차 자취를 감추고 있었다. 사람들은 이 재앙 앞에서 어쩔 줄을 모르며 운명의 손에 마음대로 농락되고 있었던 것이다. 그러나 이런 질병에 고생하는 사람들 중에 시시각각 변해가는 이 대전염병의 양상을 극명하게 응시하고 있는 한 젊은이가 있었다.

그 젊은이는 다행히 생명을 건지자 곧 붓을 들고 이 전염병에 대한 체험과 자신이 관찰한 사실을 기록했다. 그것은 이 전염병이 다시 발생할 때 사람들이 재빨리 그 결과를 예견할 수 있도록 하기 위해서였다. 그는 이 기록의 어휘, 구성, 문체 면에서 히포크라테스를 모방했다. 왜냐하면 그에게 히포크라테스의 작품은 의학문서의 규범이었기 때문이다.

아테네 대전염병에 대한 기록을 남긴 이 젊은이는 바로 투키디데스였다. 그는 기원전 424년에는 아테네의 한 장군으로 에게 해(海) 서북부의 경비를 맡는데, 스파르타의 명장(名將) 브라시다스에게 암피폴리스를 빼앗긴 죄로 아테네에서 추방당한다. 그러나 그에 앞서 몇 년 동안 그는 질병이 일어나고부터 기원전 431년 이래 계속되고 있는 아테네와 스파르타 간의 전쟁을 기록하고 있었다. 그래서 그는 기원전 424년에 추방되자 자유로운 몸이 된 것을 이용해 더욱 견문을 넓히고 아테네와 스파르타의 전쟁을 계속 기록했다.

이리하여 그 이래 사반세기 동안 그가 부지런히 기록한 결과가 오늘날 우리 손에 남겨진 투키디데스의 '역사', 즉 〈펠로폰네소스 전쟁사〉가 된 것이다. 그가 이른바 펠로폰네소스 전쟁을 기록한 이유는 이 전쟁에 자신의 조국인 아테네가 관계하고 있었기 때문도 아니고, 또 자신이 그 전쟁을 체험했기 때문도 아니다. 그는 펠로폰네소스 전쟁이 인류사상 최대의 전쟁이라고 확신하고, 최대의 전쟁이기 때문에 규범으로서의 의의(意義)를 갖는다고 생각하고 있었다. 즉 최대의 전쟁 기록을 남기면 그것이 그 이후의 다른 모든 전쟁의 결과를 예견하는 데 도움이 되리라 생각했기 때문이었다. 그것은 마치 아테네 대전염병을 기록한 것과 마찬가지의 의도를 그가 지니고 있었다고 말할 수 있을 것이다. 그래서 그는 서두의 제1장 23까지를 소비해가며 펠로폰네소스 전쟁이 인류가 경험한 최대의 전쟁이라는 것을 증명하려고 노력했던 것이다.

세상의 동향을 예견할 수 있는 능력은 미래의 일에 대처하는 전제 조건이다. 따라서 투키디데스는 사람이 약육강식의 세상에서 생존해가는 데 있어 이 예견 능력이야말로 불가결한 일조건이라고 생각했다. 그래서 그는 이 예견의 기초 자료로서 자신의 〈펠로폰네소스 전쟁사〉를 사람들에게 제공하려 결심한 것이다. 그런 까닭에 투키디데스는 비이성적인 요소──즉 종교·도덕 등──를 되도록 이면 자기 작품에서 배제하려 했다. 그 생각은 이성에 바탕을 둔 논리야말로 신뢰해야 할 유일한 보편으로 보는 그리스 인도주의(人道主義)에 깊이 뿌리를 내린 것이었다. 그러므로 투키디데스의 작품만 보고서 그를 종교심이 없고, 또 도덕도 돌아보지 않는 냉혹한 인간이라고 해석하는 것은 잘못이다.

투키디데스의 작품은 27년간 계속된 전쟁의 전과정(기원전 432
~404년)을 기록하겠다는 그의 의도에도 불구하고 실제로는 기원전
432년에서 411년까지 21년간의 기록으로 중단되고 있다. 이 중단
이유가 무엇인지는 알 수 없다. 그러나 아테네가 스파르타에 항복
한 기원전 404년 뒤에도 그는 살아 있었고, 그때까지 쓴 기록을 패
전의 체험에 비추어 삭제하거나 덧붙인 흔적이 곳곳에서 보이는 것
을 놓고 판단할 때, 기원전 411년의 기록으로 〈펠로폰네소스 전쟁
사〉가 중단된 사실을 그의 죽음과 직접 결부시키는 것은 위험하다.
여러 가지 설(說) 중에는 기원전 411년 이후의 기록도 있었지만 사
고 때문에 분실했다든가, 〈펠로폰네소스 전쟁사〉의 마지막 부분(제
8권)은 투키디데스의 딸의 작품이라고 보는 설도 있지만, 그 어느
설에도 확증은 없다.
　그러나 그의 작품 특유의 '연설' 기법은 인물 및 사건의 특징을
생생하게 부각시키며, 문장이 장엄하고 난해함에도 불구하고 객관
적이며 비당파적인 필체를 통해 독자 여러분은 역사 자체 속에서
역사를 움직이는 원동력이 무엇인가를 고민해낼 수 있을 것이다.
또한 엄밀한 사료비판, 인간 심리에 대한 깊은 통찰 등은 교훈적
역사가의 시조라는 이름이 부끄럽지 않음을 느낄 수 있을 것이다.
　텍스트로는 Hude의 도이브너판과 Jones의 옥스퍼드판이 20세기
초에 나왔는데, 1942년 J. E. Powell은 옥스퍼드판에 새로운 연구자
료를 추가했다.
　J. de Romilly는 뷰데판으로 1953년부터 차례로 텍스트와 그 역
본을 발간하기 시작했는데 아직 완결하지 못했다. 1954년에는 O.
Luschnat가 도이브너판을 새롭게 발간하기 시작했는데, 이것도 아
직 완결되지 못했다.
　영역본으로는 1876년 R. Crawley의 번역본이 가장 신뢰할 만하
다. 일역본으로는 1942년 青木嚴의 번역과 1966년 久保正彰의 번역

이 있다.

　끝으로 이 책은 R. Crawley(R. Feetham의 개정판)의 역본 《*Thucydides : The History of the Peloponnesian war*》(Encyclopedia Britannica, INC., 1952)를 대본으로 하고 번역의 정확성을 위해 여러 종류의 원서를 참고했는데 특히 《トゥーキュディデース》(世界古典文學全集 第11卷, 筑摩書房)를 참고했음을 밝힌다.

제 5 권

제 *15* 장
전쟁 열번째 해 — 클레온과 브라시다스의 사망
— 니키아스의 강화

1. ⓘ여름이 되자 1년간의 휴전조약이 피티아 경기제(競技祭) 때까지는 기한이 벌써 끝나게 되어 있었다.[1] 조약 유효 기간중에 아테네는 델로스 섬에서 그 주민을 이주시켰다. 그 이유는, 먼저 델로스인이 신에게 제례를 지낼 때 옛날의 어떤 법을 위반해 부정을 타고 있고, 또 앞서 언급한,[2] 분묘를 옮기고 정화를 할 때 이 일을 철저히 하기 위해서는 이 섬 주민을 이주시켜야 한다고 생각했기 때문이다. 거기에서 파르나케스[3]가 그들에게 아시아의 아트라

---

1) 피티아제는 8월에서 9월에 걸쳐 행해진다. 1년간의 휴전조약은 기원전 423년 3~4월에 체결되었으므로(제4권 제14장 117~119 참조), 이 휴전조약의 기한이 끝나도 약 5개월 정도는 휴전상태가 계속되었을 것이다.
2) 투키디데스가 자기 저서 속에서 이처럼 앞뒤를 연결시키고 있는 것은 이곳과 제6권 제20장 94뿐이다. 이 언급이 연결되는 곳은 제3권 제11장 104다. 즉 기원전 426년의 사건을 언급하고 있는 것이다.
3) 파르나케스는 헬레스폰토스 지역의 페르시아 총독. 제2권 제7장 67을 참조할 것.

미티옴(Atramyttium)[4]을 주어 각자 그곳으로 이주했다.

2. ①휴전조약 기간이 끝나자, 클레온은 아테네인에게 트라키아 지방으로 출병할 것을 설득해 아테네 중무장병 1200명에 기병 300명, 그리고 동맹 군대를 다수 가세시키고 30척의 군선을 이끌고서 출발했다.[5] ②먼저 처음에 스키오네에 들러 아직 이 도시를 포위한 채 그대로였으므로[6] 그곳의 경비병 중에서 중무장병을 빼내 합세시키고, 토로네 시[7]에서 그다지 멀지 않은 토로네령의 코폰(Cophos) 항에 입항했다. ③거기에서 클레온은 적의 도망병으로부터 브라시다스가 토로네에 있지 않고 또 시내의 병력도 대단치 않은 것을 알게 되자, 아테네선 10척에 항내[8]로 회항할 것을 명하고, 자신은 지상군을 이끌고 토로네 시에 접근했다. ④이윽고 클레온은 토로네 시를 에워싼 시 방벽에 도착했다. 이 방벽은 브라시다스가 토로네 시 외곽부도 시의 일부로 삼기 위해 시의 방벽을 내달아 쌓은 것으로, 종래의 방벽 일부를 파괴하고 전체를 한 시(市)로 삼은 것이다.

3. ①이 방벽을 지키고 있던, 라케다이몬의 장군 파시텔리다스와 그 경비대는 쇄도하는 아테네군에 응전했다. 그러나 그들은 조금씩 밀린 데다 회항해 온 배 10척도 항구에 들어왔다. 그래서 파시텔리

---

4) 아트라미티옴은 소아시아 연안의 레스보스 섬에 면한 도시다.
5) 이 원정은 비교적 단기간에 끝나 10월 중순경에는 종결되고 있으므로 출병 시기는 8월 하순으로 생각된다.
6) 스키오네 공략에 관해서는 제4권 제14장 133을 참조할 것.
7) 토로네 시는 브라시다스에 의해 기원전 424년에 점거되었다. 제4권 제14장 110~116을 참조할 것.
8) 이 항구는 코폰 항이 아니라 토로네 시의 시항(市港)을 가리킨다.

다스는 적선의 군대가 무방비 상태인 토로네 시에 공격을 가해 **방벽**을 점령하면 그 자신이 꼼짝 못하게 되리라 생각하고 그곳을 떠나 구보로 토로네 시를 향해 돌아가기 시작했다. ②하지만 배에서 내린 아테네군이 이보다 먼저 토로네 시에 도착해 그곳을 점령하고 있었다. 아테네 육상 부대도 이전의 성벽을 무너뜨린 곳에서 파시텔리다스 부대의 뒤를 일거에 습격하여 백병전을 전개해 다수를 생포했다. 사로잡힌 자 중에는 파시텔리다스도 포함되어 있었다. ③브라시다스는 토로네를 구원하러 떠났지만, 그곳이 함락된 것을 알고는 토로네 시에서 40스타디아 정도 떨어진 지점에서 되돌아갔다. ④클레온 및 아테네군은 항구에 면한 곳과 시 방벽에 면한 곳에 두 개의 전승총을 세웠다. 또 부녀자는 노예로 삼고, 펠로폰네소스인이나 그밖에 칼키디케인도 얼마간 있었는데 그들도 포함해서 모두 700명을 아테네로 보냈다. 그러나 후에 그들 사이에 휴전조약이 성립되자 펠로폰네소스인은 송환되고, 다른 자들은 올린토스인에 의해 그들의 포로와 1 대 1의 비율로 교환, 석방되었다. ⑤같은 시기에 보이오티아인은 아테네의 국경 근처에 있는 파낙톰(Panactum)[9]을 책략으로 함락시켰다. 클레온은 토로네에 경비대를 남겨두고 암피폴리스로 향할 예정으로 아토스 산기슭을 돌아 항해했다.

4. ①같은 무렵 아테네에서 파견된 사절로서 에라시스트라토스(Erasistratus)의 아들 파이악스(Phaeax)[10]가 다른 두 동료와 함께 두 척의 배로 이탈리아 및 시케리아로 출항했다. ②그 이유는 다음과 같은 경위에 의한 것이었다. 아테네군이 조약[11]에 따라 시케리

---

9) 파낙톰의 소재지는 알려지지 않고 있다.
10) 파이악스는 반(反)알키비아데스파의 일원으로 플루타르코스의 알키비아데스전(傳) 13에서 묘사되고 있다. 아리스토파네스의 〈기사(騎士)〉 1377행도 파이악스에 대해 언급하고 있다.

아를 떠나자 레온티노이인은 많은 사람들을 시민으로 명부에 올리고, 대중파는 토지 분배를 기도했다. ③그래서 이것을 알게 된 소수파가 시라쿠사군을 소환해 대중파를 추방했다. 그러자 추방된 대중파는 각각 흩어졌지만, 소수파는 레온티노이 시를 버리고 황폐해지도록 내버려둔 채 자신들은 시라쿠사 시에 그 시민으로 이주했다. ④그런데 뒤에 이주한 사람들 중 일부가 불만을 품고 시라쿠사를 떠나 포카이아라 불리는 레온티노이의 일부 지구와 그 요새였던 브리킨니아이(Bricinniae)를 점거했다. 추방되었던 대부분의 대중파도 그곳으로 찾아와 동지로 합류하고 그 요새에 의지해 적대행위를 하였다. ⑤이것을 알게 된 아테네인은 시라쿠사가 세력 확장을 노리고 있는 때라서 포카이아와 브리킨니아이에 웅거하고 있는 자들과, 그리고 가능하면 다른 지역에 있는 자들을 모아 아테네의 동맹군으로 끌어들여 시케리아인들과 손을 잡고 시라쿠사에 도전하고 레온티노이의 대중파를 구조할 생각으로 파이악스 일행을 파견한 것이다. ⑥파이악스는 시케리아 섬에 도착하자 카마리나 시와 아그라가스 시를 동맹도시로 삼았지만, 겔라 시에서 반대에 부딪친 데다 다른 도시들도 동의할 전망이 없는 것을 알고서 여행을 계속하지 않고 시켈로스인 도시 사이를 지나 카타네 시로 돌아오고, 도중에 브리킨니아이에 들러 그들을 격려하고서 아테네를 향해 귀로에 올랐다.

5. ①파이악스는 시케리아 섬을 왕복하는 도중에 이탈리아의 도시들과 아테네와의 우호조약 체결에 관한 회담을 갖고, 또 메세네에서 추방당한 로크리스인과도 만났다. 이 로크리스인은 시케리아인과의 조약이 성립된 후에 메세네에서 내란이 일어났을 때 메세네인 일파가 이민으로 로크리스에서 불러들인 자들로, 메세네는 한때는 로크리스인의 지배하에 있었던 것이다. ②파이악스는 이들이 고

---

11) 기원전 424년의 조약을 가리킨다. 제4권 제13장 65를 참조할 것.

국으로 돌아가는 데 아무 방해도 하지 않았다. 왜냐하면 이미 로크리스인이 아테네 편에 선다는 동의가 이루어져 있었기 때문이다. ⓑ로크리스는 아테네가 시케리아의 도시와 조약을 맺을 때 그에 참가하지 않은 유일한 도시로, 당시에도 만약 로크리스인이 이웃 나라며 그들의 식민도시인 히포니아(Hipponia)와 메드마(Medma)에 대한 전쟁 압력을 느끼지 않았다면 아테네와 손을 잡지 않았을 것이다. 파이악스는 그 뒤에 마침내 아테네에 귀국했다.

6. ⓐ한편 클레온은 토로네에서 출항해 암피폴리스로 항해한 뒤 에이온을 기지로 삼고 안드로스의 식민도시인 스타기로스 시[12]에 공격을 가했지만 함락시키지 못하고, 타소스의 식민도시인 갈렙소스[13]를 강습해 이곳을 획득했다. ⓑ또 페르디카스에게 사절을 보내 조약[14]에 따라 그와 그의 군대의 출동을 요구하고, 또한 이밖에 트라키아 지방의 오도만티아(Odomantia)의 왕 폴레스(Polles)에게도 사절을 보내 트라키아 용병을 되도록이면 많이 끌고 오라고 요구하고, 클레온 자신은 에이온에 머무르며 대기했다. ⓒ이것을 알게 된 브라시다스는 스스로 이 움직임에 대항하여 케르딜리움(Cerdylium)에서 대기했다. 이곳은 아르길로스의 일부로 스트리몬 강에 면한 고지에 있고 암피폴리스에서 가깝기 때문에, 클레온 부대의 움직임은 브라시다스의 눈을 피할 수 없었다. 요컨대 브라시다스는, 클레온이 브라시다스군의 숫자가 적은 것을 얕보고 현재의 전력으로 암피폴리스에 대한 공격을 강행하리라 예측하고 있었다. ⓓ그래서 브라시다스는 곧 트라키아 용병 1500명에 에도니아의 방패병과 기병을 전원 소집하고, 또 여기에 미르키노스[15]와 칼키디케의

---

12) 제4권 제14장 88을 참조할 것.
13) 제4권 제14장 107을 참조할 것.
14) 제4권 제14장 132를 참조할 것.

방패병 1000명을 합세시켜 암피폴리스로 향했던 것이다. ⑨이곳에 브라시다스는 모두 2000명의 중무장병과 약 300명의 헬라스 기병대를 집결시켜놓고 있었다. 브라시다스는 이 중에서 1500명 정도를 케르딜리옴의 자기 곁에 두고, 나머지는 클레아리다스에게 맡겨 암피폴리스에 배치했다.

7. ①그런데 클레온은 그 사이에 조용히 기다리고 있었지만, 마침내 브라시다스가 예측한 대로 행동하지 않으면 안 되었다. ②왜냐하면 기다림에 지친 병사들은 자기들의 지휘관이 적의 경험과 용기에 비해 무능력하고 비겁한 태도를 보인다고 생각하고, 또 본래 클레온을 따라온 것은 본의가 아니었다고 생각하기 시작했기 때문이다. 그래서 이러한 불평을 들은 클레온은 계속 같은 곳에 머물러 있다가 병사들의 기를 죽여서는 안 된다고 생각하고 진(陣)을 떠나 전진했다. ③그리고 그는 필로스 공략 때 사용해서 성공한 뒤 자신감을 갖고 있던 수법을 다시 썼다. 아무튼 클레온은 누구도 그에 맞서 저항해 오리라고는 생각도 하지 않아, 정찰을 위해 고지에 오르라고 말했다. 그리고 병력수의 증가를 기다리고 있는 것은, 전투를 무리하게 강요받을 경우에 승리할 가망성이 없기 때문이 아니라 암피폴리스를 사면팔방에서 공략해 일거에 함락시키기 위해서라고 말하고 있었다. ④그리하여 암피폴리스에 면한 고지에 이르자 그곳에 군대를 배치하고, 클레온은 스트리몬 강의 호소(湖沼)나 암피폴리스 시의 트라키아 쪽 상황을 관찰했다. ⑤암피폴리스 시의 방벽 위에서는 사람 그림자도 보이지 않고, 또 적이 성벽 문을 열고 몰려나올 것 같지도 않은 데다 성벽 문은 죄다 닫혀 있어, 언제라도 마음 내킬 때 싸우지 않고 후퇴할 수 있으리라 클레온은 생각하고

---

15) 미르키노스는 에도니아의 한 도시로 암피폴리스 북쪽에 있다.

있었다. 그리고 파성(破城)장비[16]를 가져오지 않은 것을 후회하고, 이 정도로 무방비 상태라면 암피폴리스를 함락시킬 수 있다고 생각했다.

8. ①한편 브라시다스는 아테네군의 움직임을 알아차리자 곧 스스로 케르딜리옴에서 내려와 암피폴리스 시로 들어갔다. ②그러나 아테네군에 대해 반격을 하거나 맞서 싸우러 나가지는 않았다. 이것은 브라시다스가 자기 군대의 장비에 자신이 없는 데다가 아테네군이 우세하리라 판단했기 때문이었다. 그것도 아테네측의 수적인 우세라기보다는〔수적으로[17] 쌍방은 아무튼 균형을 이루고 있었다〕, 질적으로 뛰어나다고 판단하고 있었기 때문에〔아테네군의 정예가 렘노스 및 임브로스의 강병과 함께 전장에 와 있었기 때문이다〕, 책략으로 공격하고자 준비를 했던 것이다. ③즉 무엇보다 만약 적에게 아군의 숫자나 전투 준비상황을 보이면 적이 현실을 경시하는 일이 없게 되어 상대하기에 더욱 어려워지게 되리라 생각한 것이다. ④그래서 브라시다스는 150명의 중무장병을 선발하고, 나머지는 클레아리다스에게 맡겼다. 그리고 만약 적에게 원군이 오면 이처럼 고립된 형태로는 적군을 습격할 수 없다고 판단하고 아테네군이 후퇴하기 전에 그들을 급습하기로 했다. 그리하여 장병을 격려하고 계책을 밝히려고 전원을 모아놓고 다음과 같은 요지로 말했다.

9. ①"펠로폰네소스인 제군, 우리가 무용(武勇)을 가지고 언제나 자유를 유지해온 나라의 국민이며 또 도리아족인 여러분이 전부터 승리를 거두어오고 있는 이오니아족과 바야흐로 싸우려 하고 있다는 사실을 더 이상 거듭해서 말할 필요는 없을 것이다. ②그러나 전

---

16) 예컨대 성벽을 오르기 위한 사다리 등.
17) 이것은 본권 제18장 6과 모순된다.

력을 기울여 싸우지 않고 일부 병력으로 먼저 싸우려 하는 이 표면상의 열세에 의해 여러분이 용기를 잃지 않도록 여기서 쓰려는 전법(戰法)을 설명하겠다. ⑨먼저 적이 우리를 얕보고 있다고 생각되는 것은, 우리가 그들에게 저항하며 나오지 않으리라 생각하고 있기 때문에 저렇게 고지에 올라간 것이며, 지금도 질서 없이 주위를 둘러보고 있을 뿐 아무 주의도 기울이고 있지 않기 때문이다. ⑤그러나 적의 이러한 약점을 간파하는 동시에 자신의 힘의 한계를 깨닫고서 정면에서 대열을 짓고 정공법으로 공격하지 않고, 그 순간의 기회를 포착해 임기응변 전법을 쓰는 자야말로 승리를 얻을 공산이 큰 것이다. ⑤그러므로 적을 완전히 속이고 아군에 기여하는 책략이야말로 최상의 영예를 얻는 것이다. ⑥적은 조심성이 없고 대담한 것 같다. 게다가 적은 저 지점을 점거하기보다 철수하는 것을 생각하고 방심하고 있기 때문에, 적이 긴장하기 전에 나는 수하 병력을 이끌고 기선을 제압하여 가능하면 적의 중앙으로 돌격할 것이다.

⑦그리고 우리 병력이 적에 습격을 가해 예상대로 공포심을 불러일으키는 것을 보게 되면, 클레아리다스, 그대는 그대의 수하 군대와 암피폴리스 병력 및 그밖의 동맹도시 군대를 이끌고 출격해 되도록이면 빨리 교전상태에 들어가라. ⑧적은 직면해 싸우고 있는 상대보다 새로 내습해 오는 쪽이 강하게 보일 것이므로, 이 작전이야말로 적을 공포에 몰아넣을 가망성이 아주 크다. ⑨스파르타인은 스파르타인에게 어울리는 용사가 되고, 동맹군 병사 제군은 사나이답게 그들을 따라가라. 적극적인 전의(戰意), 긍지, 상관의 명령에 절대 복종하는 것이 3대 미덕임을 알고, 이날이야말로 제군에게 자유를 가져오고 라케다이몬의 동맹이 되든가, 혹은 아테네의 노예가 되든가, 설사 다행히 죽음이나 예속을 피하더라도 종래보다 가혹한 압박을 받아, 여러분이 다른 헬라스 도시의 자유 해방운동에 방해

물이 되든가 하는 갈림길에 서 있는 날임을 명심해야 할 것이다. ④ 사태가 중대한 만큼 결코 여러분의 비겁한 행위는 용서될 수 없다. 한편 나는 다른 사람들에게 권한 것을 나 자신 실천할 수 있음을 보여줄 것이다."

10. ①브라시다스는 이렇게 짤막하게 말하고는 스스로 대열을 갖추고, 클레아리다스에게 맡긴 잔류 부대를 트라키아라 불리는 문 옆에 배치하고 출격할 때에는 그곳에서 몰려나오라고 명했다. ②그런데 브라시다스가 케르딜리옴에서 내려와 시내의 아테네 신전에 들어가 희생을 바치는 것이 외부에서도 관찰되어, 마침 시찰을 마치고 떠나려 하던 클레온에게 적의 전병력이 시내에서 보이고 많은 기병과 보병이 문 있는 곳에서 출격하려고 대기하고 있다고 전해졌다. ③이 보고에 접한 클레온은 고지에 올라가 상황을 보았는데, 원군이 오기 전에는 싸우고 싶지 않았고, 또 신속히 퇴각할 수 있다고 판단해, 후퇴 신호를 올리라고 지시하는 동시에 좌익 쪽으로 이동해 있는 부대에는 에이온으로 퇴각하라고 명했다. 〔하긴 이외엔 방법이 없었지만.〕 ④그리고 아직 시간적인 여유가 있다고 생각한 클레온 자신은 우익도 방향을 전환시켜, 병사들의 오른쪽 반을 무방비 상태로 적에 노출시킨 채 후퇴하기 시작했다. ⑤그런데 아테네군의 이 움직임을 호기로 본 브라시다스는 자기 휘하 군대와 다른 부대에 "적은 잠시도 버티지 못한다. 창이나 투구의 움직임으로 동요하는 것을 알 수 있다. 저 동요야말로 적의 공격에 견디지 못하는 자의 징후다. 누군가 빨리 내가 명한 문을 열어라. 결과를 두려워하지 말고 나아가 돌진하라"고 말했다. ⑥그리고 브라시다스는 방책 문을 넘어 당시 있었던 장벽(長壁)의 제일문(第一門)을 지나 쭉 뻗은 길을 따라 전력을 다해 질주해 갔다. 이 길의 가장 가파른 곳에 현재 전승총이 서 있는데, 그곳을 지나자 브라시다스는 무질서

로 공포에 사로잡혀 있는 아테네군에 대해 돌격을 감행하고, 이 브라시다스의 용맹에 당황한 아테네군 중앙부의 발길을 돌리게 했다.

⑦이와 동시에 클레아리다스는 명을 받은 대로 군대를 이끌고 트라키아문에서 출격하여 아테네군에 공격을 퍼부어댔다. ⑧이 결과 갑자기 양측면에서 예기치 못한 공격을 받은 아테네군은 곧 혼란에 빠지고, 에이온으로 향하고 있던 좌익은 이미 이동하고 있었으므로 곧 주력군에서 분리되어 패주했다. ⑨그래서 브라시다스는 퇴각하는 아테네군 우익을 향해 전진하는 도중에 부상을 당했지만, 아테네군은 그가 쓰러진 것을 깨닫지 못했다. 브라시다스는 가까이에 있던 자에게 구조되어 후방으로 옮겨졌다. 아테네군 우익은 얼마간 버티긴 했지만, 클레온은 처음부터 싸울 생각이 없었기 때문에 곧 도망치다가 미르키노스 방패병에 사로잡혀 죽었다. 그러나 클레온과 함께 있던 언덕 위의 중무장병들은 클레아리다스의 두세 번의 공격을 격퇴했다. 미르키노스인과 칼키디케인 방패병이 그들을 에워싸고 창을 맹렬히 던져서 마침내 패주시켰다. ⑩이리하여 결국 아테네군은 모두 무너지고 칼키디케군 기병이나 방패병들로부터 도망쳐 갔는데, 어떤 자들은 겨우 목숨을 건져 사방의 언덕으로 뿔뿔이 흩어져 달아나고, 나머지는 에이온으로 힘겹게 돌아갔다. ⑪한편 브라시다스를 구출해낸 자들은 전장을 떠나 브라시다스가 아직 숨이 붙어 있을 때 암피폴리스 시내까지 그를 옮겼다. 그러나 브라시다스는 휘하 병력이 승리를 거두고 있다는 보고를 듣고 나서 곧 숨을 거두었다. ⑫클레아리다스 부대도 추격에서 돌아와 적의 시체에서 무구(武具)를 벗기고 전승총을 세웠다.

11. ①그 후 정장에다 무구를 갖춘 동맹군 전원은 공비(公費)로 브라시다스를 시내의, 오늘날에는 시장이 되어 있는 곳 앞에 매장했다. 암피폴리스인은 이 묘소 주위에 담을 두르고, 이후 브라시다

스를 영웅으로 생각해 제물을 바치고 경기제(競技祭)나 매년 희생식을 거행하고 있다. 또 그들은 브라시다스를 암피폴리스의 창립자로 결정하고, 하그논[18]이 건축한 것들을 파괴했으며 하그논이 암피폴리스의 창립자라는 기억을 남기는 것을 모두 제거했다. 즉 암피폴리스인은 브라시다스야말로 그들의 구원자라고 생각했을 뿐만 아니라, 현재의 상황에서 아테네를 두려워하고 라케다이몬과의 조약을 중요시했기 때문이었다. 말하자면 아테네와의 적대 관계는 하그논 숭배를 불유쾌하게 만드는 동시에 그들에게 아무 이익도 가져오지 않았기 때문이었다. ⑧이리하여 그들은 아테네인에게 그들의 시체를 반환했는데, 사상자는 약 600명이었다. 그러나 이에 대항한 측의 손실은 7명뿐이었다. 그 이유는 전투형태가 변칙적이었기 때문으로, 싸움이 앞에서 말한 대로 공포 속에서 순식간에 벌어졌기 때문이었다. ⑨아테네군은 시체를 인수하자 귀로에 올랐지만, 클레아리다스의 군대는 머무르며 암피폴리스의 사후 문제를 처리했다.

12. ①여름이 끝나가려 하는 같은 무렵에 라케다이몬인 람피아스, 아우토카리다스(Autocharidas), 에피키디다스(Epicydidas)는 트라키아 지방의 원군으로 900명의 중무장병과 함께 트라키아의 헤라클레이아로 항행해, 바람직하지 않다고 생각되는 여러 가지 점을 고치고 처리했다. ②하지만 그들이 지체하는 사이에 앞서 말한 전투가 벌어지고, 이 해 여름은 끝났다.

13. ①겨울이 되자 곧 람피아스 일행은 테살리아의 피에리움(Pierium)[19]까지 침입했지만 테살리아인의 반대에 부딪치고, 게다

---

18) 하그논이 암피폴리스를 창립한 것은 이보다 15년 전의 일이다. 제4권 제14장 102를 참조할 것.
19) 피에리움의 소재지는 분명치 않다.

가 원군의 목적인 브라시다스도 죽어버린 데다 아테네군이 패퇴하고, 브라시다스의 계획을 수행할 자신도 없어 기회를 놓쳤다고 생각하고 귀로에 올랐다. ⑩그러나 그들이 귀국한 최대의 이유는, 그들이 나라를 떠날 때 이미 라케다이몬인의 의견이 화평 쪽으로 기울어 있었다는 것을 알고 있었기 때문이다.

14. ①암피폴리스전과 람피아스의 테살리아 철수 직후에 쌍방 모두 전투에서 손을 떼는 상태가 나타나고, 양진영 모두 화평을 구하는 의견을 갖게 되었다. 그것은 아테네측으로서는 델리옴[20)]에서 통렬하게 당하고 이어서 암피폴리스에서도 패했기 때문에, 이전에는 당시의 성공에 고무되어 궁극적으로는 승리할 수 있다고 믿고 화평 교섭을 거부할 수 있을 정도로 자신의 힘에 대해 갖고 있던 자신감을 이제는 잃어버렸기 때문이었다. ②그와 동시에 아테네 동맹도시가 아테네의 실패에 좋은 기회가 왔다는 듯이 일거에 동맹 이탈에 나설 우려도 있어, 필로스전 뒤에 좋은 조건 아래 화평조약을 맺지 않은 것을 후회하고도 있었다. ③한편 라케다이몬측으로서도 이 전쟁이 아티카령에 침입해 땅을 유린하기만 하면 수년내에 아테네의 힘을 무너뜨릴 수 있다고 생각한 예측이 어긋나고, 게다가 스팍테리아 섬 사건처럼 그때까지 스파르타에 일어난 일이 없었던 재난에 봉착했으며, 필로스와 키테라로부터는 영토를 유린당했다. 또 이에 더하여 농노들이 도망치는 사건이 빈발하고, 무사히 도망친 자들이 이런 현실을 이용해 외부에서 이전[21)]과 같은 반란을 일으킬 가능성이 언제나 있었다. ④나아가 아르고스와의 30년 휴전

---

20) 델리옴의 아테네측의 패퇴는 기원전 424년의 일이다. 제4권 제14장 96 참조.
21) 기원전 464년에 지진이 있었을 때 농노들이 반란을 일으켰다. 제1권 제4장 101~102를 참조할 것.

조약[22]이 이 해로 만기가 되고, 아르고스는 키누리아[23]가 반환되지 않는다면 조약 갱신을 거부할 태세를 보여, 아르고스와 아테네 양자를 동시에 적으로 돌리고 싸울 수는 없다고 판단했다. 또 펠로폰네소스의 도시 중에서 아르고스 편에 서는 도시가 나오지 않을까 하는 의심도 들었는데, 사실 이런 사태가 실제로 발생했다.

15. ①이런 이유에서 양쪽 모두 화평조약을 맺어야 한다는 결론에 이르렀다. 특히 라케다이몬인측이 스팍테리아 섬에서 잡힌 자들의 복귀를 강렬하게 원한 것은 그들이 지배계급이고 또 그 혈족이었기 때문이다. ②그래서 라케다이몬측은 스팍테리아 함락 직후 화평교섭을 시작했지만, 아테네측은 때마침 승승장구하던 참이라 라케다이몬과 대등한 입장에서 강화를 맺는 것을 승낙지 않았다. 그러나 델리옴에서 아테네가 패하자, 라케다이몬측은 이번에야말로 아테네도 저자세가 되었다고 판단하고 곧 1년간의 휴전조약을 맺었다. 그리고 이 1년 사이에 보다 장기적인 화평조약을 맺으려 한 것이다.

16. ①그런데 클레온과 브라시다스는 모두 반(反)화평론자로, 브라시다스는 행운을 타고 전쟁으로 명성을 얻기를 바라고, 클레온은 세상이 조용해지면 자신의 악행이 드러나 자신이 행하는 비방도 신뢰받지 못하게 되리라 생각하고 있었는데, 아테네가 암피폴리스에서 패하고 이 두 사람이 전사해버리자 그 이후 양진영의 지도권

---

22) 이 조약에 관해 투키디데스는 아무 설명도 하지 않고 있다. 그러나 기원전 421년에 30년 휴전조약의 기한이 끝나고 있으므로, 이 조약은 기원전 451년이나 450년에 체결된 것으로 생각된다.
23) 키누리아는 라코니아와 아르고스의 경계에 있다. 제4권 제13장 56 참조.

을 장악하려 한 사람은, 라케다이몬측에서는 파우사니아스 왕의 아들 플레이스토아낙스고, 아테네측에서는 니케라토스의 아들로 장군 중에서 지금까지 가장 운이 좋았던 니키아스였다. 이 두 사람은 평화를 바랐는데, 니키아스는 아직 재난을 겪지 않고 창피를 겪지 않은 사이에 지금까지의 행운을 확보하고, 현재의 부담에서 스스로를 해방시키고, 아테네인의 부담도 없애며, 아테네에 재난을 가져오지 않은 지도자로서 그 이름을 미래에 남기고자 했다. 이 때문에 그는 위험한 일에 접근하지 않고, 운에 목숨을 거는 일도 하지 않았으며, 그래서 위험을 초래하지 않는 평화를 원한 것이다. 한편 플레이스토아낙스는 자신의 복위(復位)에 이런저런 비판의 소리가 있고, 자신의 복위가 법을 위반하고 성취된 것이라 생각되고 있었기 때문에 라케다이몬에 뭔가 좋지 못한 사건이 일어나면 언제나 자기 탓으로 여겨질까봐 평화를 원한 것이다. ②즉 라케다이몬인은 플레이스토아낙스와 그의 형제 아리스토클레스(Aristocles)가 델포이의 여자 예언자를 매수해 뒤에 여러 차례 잇달아서 방문해 온 라케다이몬인 사자에게, 주신(主神) 제우스의 반신(半神)의 아들의 후예를 외국에서 고국으로 소환하지 않는다면 라케다이몬인은 은보습으로 땅을 경작하게 되리라는 말을 하게 했다고 비난했던 것이다. ⑨ 그리고 또 라케다이몬인의 말에 따르면, 플레이스토아낙스는 그가 아티카령에서 스파르타의 군대를 철수시킨 것은 뇌물[24]을 받고 한 일이라는 비난을 받고 리카이옴(Lycaeum)[25]으로 도망쳤으며, 라케다이몬인이 두려워 그의 집의 반을 주신 제우스의 신전으로 만들어놓고 살고 있었는데, 세월이 흘러 추방 후 19년째에 라케다이몬

---

24) 제1권 제1장 21을 참조할 것. 플레이스토아낙스가 아티카를 침범한 것은 기원전 446년의 일이다.

25) 리카이옴은 아르카디아에서 라코니아에 접하는 지점에 있다. 메가로폴리스의 평지 서쪽 끝에 해당한다.

인을 설득해 라케다이몬에서 최초의 왕을 둘 때와 같은 춤과 희생으로 자신을 왕위에 복귀시켰다는 것이다.

17. ①이런 비난에 곤혹을 느낀 플레이스토아낙스는 평화로워지면 불상사도 일어나지 않고, 포로를 되찾을 수도 있으며, 자기 자신도 세상 사람들의 공격의 표적에서 벗어나게 되고, 싸우는 동안 지도자는 아무래도 실정(失政)의 비난을 받아야 한다는 생각에서 화평조약의 체결에 열의를 보였던 것이다. ②그래서 이 해 겨울은 회의하는 데 소모하고, 봄이 되자 라케다이몬은 각 도시에 포고령을 내려 아테네와의 교섭에서 유리한 입장에 설 수 있도록 아티카에 교두보를 쌓을 준비를 갖추라고 촉구했다. 그리고 화평교섭 회담에서는 서로 많은 흥정이 오간 끝에 양쪽 모두 전투에서 획득한 것은 반환한다는 조건으로 화평조약을 맺었다. 다만 아테네가 니사이아[26]를 보유한 것은, 테베인이 플라타이아를 무력으로 획득한 것이 아니고 양자가 합의한 결과였다고 주장하며 플라타이아의 아테네 반환을 거부해서, 아테네측도 그렇다면 니사이아의 경우도 그와 같다고 보았기 때문이다. 그래서 라케다이몬인은 자기측 동맹도시 대표들을 소환했다. 그리고 이 움직임에 찬성하지 않았던 보이오티아, 코린토스, 엘레아, 메가라를 제외하고 전도시가 평화 쪽에 투표했다. 그들은 다음과 같은 조약 초안을 작성하여 이것을 아테네에 대해 서약하고, 아테네측도 라케다이몬측에 대해 이것을 서약했다.

18. ①아테네인, 라케다이몬인 및 동맹도시는 다음과 같은 조문을 각 도시별로 서약했다.

---
26) 제4권 제13장 69를 참조할 것.

1) ⓐ공동 신역(神域)에 관해서는, 관례에 따라 희생을 바치고 예언을 받고 제례 올리는 것을 원하는 자의 해륙 왕래의 안전을 보증한다.

2) 델포이의 아폴론 신전과 그 신역 및 델포이인의 자주권을 인정한다. 즉 자주권이란 자국의 관례에 의해 과세권·사법권을 시행하는 것을 가리킨다.

3) ⓑ본조약은 그 유효기간을 50년으로 하고, 아테네 및 그 동맹도시와, 라케다이몬 및 그 동맹도시 사이에 체결된 것으로 보고, 그 유효기간 중에는 해륙을 불문하고 조약 위반 및 상해 행위를 금한다.

4) ⓒ라케다이몬 및 라케다이몬 동맹도시는 아테네 및 아테네 동맹도시에 대해, 또 아테네 및 아테네 동맹도시는 라케다이몬 및 그 동맹도시에 대해 모든 방법, 공작에 의한 적대적인 군사행동을 금한다. 상호간에 분쟁이 일어날 경우에는 법과 조약에 따라 합의점에 도달해야 한다.

5) ⓓ라케다이몬인은 아테네에 암피폴리스를 반환한다. 단, 라케다이몬인이 아테네에 반환한 도시의 거취는 그 도시 자신의 의지에 일임하고, 도시의 공납금률은 아리스티데스의 규정액[27]을 공납액으로 삼고, 도시의 주권을 인정한다. 이 공납금의 의무에 지체함이 없는 한 본조약 체결 뒤의 아테네의 도시에 대한 군사 행동을 금한다. 상기(上記) 도시에 해당하는 도시는 아르길로스, 스타기로스, 아칸토스, 스콜로스(Scolus), 올린토스, 스파르톨로스(Spartolus)[28] 등이다. 이상의 도시는 중립도시로서 라케다이몬 및 아테네 어느 쪽에도 속하지 않는다.

---

27) 기원전 478~477년에 결정된 델로스 동맹의 공납금을 가리킨다.

28) 아르길로스에 관해서는 제4권 제14장 103과 제5권 제15장 6을 참조할 것. 스타기로스에 관해서는 제4권 제14장 88과 제5권 제15장 6을 참조할 것. 아칸토스에 관해서는 제4권 제14장 85~88을 참조할 것. 스콜로스에 관해서 투키디데스는 다른 곳에서 아무 언급도 하지 않고 있다. 그 소재지도 불확실하다. 올린토스와 스파르톨로스에 관해서는 제4권 제14장 79 이하에서 브라시다스의 활약상과 함께 언급되고 있다. 이 두 도시의 반(反)아테네 행동은 기원전 432년의 델로스 동맹 탈퇴 이후의 일이다.

단 해당 도시가 동의하는 한 아테네가 상기 도시와 맹약을 체결하는 승낙을 얻는 것을 방해하지 않는다. 메키베르나인(Mecybernaeans), 사네인(Sanaeans), 신고스인(Singaeans)[29]은 각각 종래의 땅에 거주하고, 올리토스인 및 아칸토스인도 이를 따르도록 한다. ⑦라케다이몬 및 그 동맹도시는 파낙톰을 아테네에 반환한다.

6) 아테네는 라케다이몬에 코르파시옴·키테라·메타나·프텔레옴·아탈란테[30]를 반환하고, 또 아테네의 감옥 및 아테네 지배 지역하의 감옥에 있는 라케다이몬인 포로를 라케다이몬에 전원 반환한다. 또 스키오네에 포위되어 있는 펠로폰네소스군과 그 지역에 있는 펠로폰네소스 동맹군을 해방하고, 나아가 브라시다스가 당해(當該) 지역에 파견한 군대 및 라케다이몬 동맹군의 병사로 아테네 감옥, 또는 아테네 지배 지역하의 감옥에 있는 자는 석방한다.

7) 이와 마찬가지로 라케다이몬 및 그 동맹도시는 아테네인 및 아테네 동맹도시의 포로를 석방한다.

8) ⑧스키오네, 토로네, 세르밀리옴(Sermylium) 및 아테네가 지배하는 다른 지역에 관해서는 아테네의 의지에 따라 결정된다.

9) ⑨아테네는 라케다이몬 및 그 동맹도시에 대해 각 도시마다 서약을 한다. 각 도시마다 17명의 대표는 각각의 도시에 가장 범하기 어려운 서약을 한다. 서약의 내용은 다음과 같다. "이 조약과 서약을 위반하지 않고 성실히 이행할 것을 맹세한다." 똑같은 서약이 라케다이몬과 그 동맹도시에 의해 아테네에 행해져야 한다. ⑩이 서약은 매년 쌍방에 의해 확인되고 갱신되어야 한다. 이 조문의 돌비석을 올림피아,

---

29) 메키베르나는 올린토스 남동쪽 약 4킬로미터의 해안선에 있다. 사네는 아크테 반도의 어깻죽지 부분에 있다. 신고스는 시토니아 반도의 북동부 해안에 있다.

30) 코르파시옴은 라코니아의 필로스의 별명. 키테라에 관해서는 제4권 제13장 53을 참조할 것. 메타나에 관해서는 제4권 제13장 45를 참조할 것. 프텔레옴이라 불리는 도시가 4,5개 있기 때문에 이 프텔레옴의 소재지는 분명치 않다. 아탈란테는 기원전 431년에 아테네에 점령된 로크리스 먼바다의 작은 섬이다.

피티아, '지협', 아테네의 아크로폴리스 및 라케다이몬의 아미클라이온 신역에 건립해야 한다.

10) ⓐ어떤 일에 관해서든 아테네 및 라케다이몬 어느 쪽에 덧붙이거나 삭제해야 할 조건이 생길 경우에는 서약에 따라 법적인 합의와 쌍방의 양해 아래 결정되어야 한다.

19. ⓐ본조약은 라케다이몬에서는 플레이스톨라스(Pleistolas)가 독시관(督視官)인 해 아르테미시오스 달 제27일에, 아테네에서는 알카이오스(Alcaeus)가 집정관인 해 엘라페보리온 달 제25일[31]에 발효된다. ⓑ본조약의 서약식에 참가한 사람은 다음과 같다. 라케다이몬측은 플레이스토아낙스, 아기스, 플레이스톨라스, 다마게토스(Damagetis), 키오니스(Chionis), 메타게네스(Metagenes), 아칸토스, 다이토스(Daithus), 이스카고라스(Ischagoras), 필로카리다스(Philocharidas), 제우크시다스(Zeuxidas), 안티포스(Antippus), 텔리스, 알키나다스(Alcinadas), 엠페디아스(Empedias), 메나스(Menas), 라필로스(Laphilus). 아테네측은 람폰(Lampon), 이스트모니코스(Isthmonicus), 니키아스, 라케스, 에우티데모스(Euthydemus), 프로클레스, 피토도로스, 하그논, 미르틸로스(Myrtilus), 트라시클레스, 테아게네스, 아리스토크라테스, 이올키오스(Iolcius), 티모크라테스, 레온, 라마코스, 데모스테네스.

20. ⓐ이 조약이 성립된 것은 겨울이 끝나고 봄이 된 때로, 디오니소스제(祭)[32] 직후였다. 그것은 아티카령으로의 제1차 침범과 전쟁 개시 이래 10년 하고도 며칠 정도 지난 때였다. ⓑ연대(年代)는 계절에 의해 계산되어야 하며, 이 방법을 신뢰하고 과거의 사건

---

31) 기원전 421년 4월 11일경으로 보인다.
32) 디오니소스제가 끝나는 것은 엘라페보리온 달 제13일로 생각된다.

제15장 35

연대를 표시하는 데 있어 각 지방의 집정관이나 다른 요직자의 이름에 의지해서는 안 된다. 왜냐하면 어떤 사건이 요직자의 재직기간 중 초기인지 중기인지 언제 일어났는지를 정확하게 알 수 없기 때문이다. ⑨그러나 이 《펠로폰네소스 전쟁사》에 채용된 방식처럼 여름과 겨울로 계산하면, 즉 매년 절반씩의 기간으로 나누어 합계해보면, 이번 전쟁 개시 이래 10번의 여름과 같은 수만큼의 겨울이 헤아려지는 것을 깨닫게 될 것이다.

21. ①그런데 라케다이몬인은 자신들이 포획해온 땅이나 수인(囚人)을 먼저 아테네측에 반환하기로 약속되었으므로 곧 포로들을 해방시키고, 이스카고라스·메나스·필로카리다스 등의 사절을 트라키아 지방에 보내 클레아리다스에게 암피폴리스를 아테네에 반환하도록 명하고, 다른 도시에도 조약 사항들을 지킬 것을 명했다. ②그러나 그들은 조약에 불만을 갖고 있었기 때문에 이 명령에 따르지 않았다. 그리고 클레아리다스도 칼키디케인의 뜻에 영합해 자기는 그들의 의지를 거스르면서까지 아테네에 암피폴리스를 반환할 수 없다고 말했다. ③그리고 그 자신 스스로 사절과 함께 급히 암피폴리스를 떠나 라케다이몬으로 가서 만약 이스카고라스 일행이 자신의 불복종을 비난할 경우에는 항변하고, 그와 동시에 이 조약을 아직 해약할 여지가 있는지 타진해보려 했다. 그러나 조약이 이미 최종적으로 결정되어버린 것을 알게 되자, 라케다이몬측의 암피폴리스 반환 요청과, 만약 그것이 불가능하면 적어도 암피폴리스에 있는 펠로폰네소스인의 철수를 명한 지시사항을 지니고 다시 암피폴리스로 신속히 돌아왔다.

22. ①라케다이몬 동맹도시 중에서 그 대표가 마침 라케다이몬에 있고, 또 이 조약을 거부한 도시에 대해 라케다이몬인은 그것을

받아들일 것을 요구했다. 그러나 그들은 이전과 마찬가지의 이유를 대며 이를 거부하고 조약의 개선을 주장했다. ②그래서 라케다이몬인은 자신들의 요구에 응하지 않는 대표를 송환하고 아테네와 동맹조약을 맺기로 결정했다. 요컨대 라케다이몬인은 아르고스가 암펠리다스(Ampelidas)와 리카스(Lichas)[33]의 평화조약 갱신 교섭을 거부했지만, 그들로 하여금 아테네와 손을 잡지 못하게 하면 그들을 조금도 두려워할 필요가 없고, 게다가 아테네와 라케다이몬이 동맹을 맺어 다른 헬라스의 도시와 아테네의 동맹 가능성이 차단되면 펠로폰네소스의 도시도 평온을 유지하게 되리라 생각했다. ③그래서 아테네측에서 사절을 보내고 회의가 개최된 뒤에 쌍방은 합의점에 이르러 다음과 같은 조건으로 동맹조약을 체결했다.

23. 1) ①다음과 같은 조건으로 라케다이몬과 아테네는 50년 동맹조약을 맺는다.

2) 라케다이몬 영토가 적에 의해 침범되었을 경우, 또는 라케다이몬인이 공격을 받았을 경우 아테네는 전력을 기울여 할 수 있는 한 모든 방법을 동원해 라케다이몬을 원조한다. 또 라케다이몬 영토를 유린한 도시는 라케다이몬과 아테네 양도시의 적으로 간주되어 양도시의 처벌을 받고, 그 적과의 화해는 양도시의 합의하에 진행된다. 이상의 사항에 입각해 이것을 준수하고 위배하지 말아야 한다.

3) ②아테네 영토가 적에게 침범당했을 경우, 또는 아테네인이 공격을 받았을 경우 라케다이몬은 전력을 기울여 할 수 있는 한 모든 방법을 동원해 아테네를 원조한다. 또 아테네의 영토를 유린한 도시는 아테네와 라케다이몬 양도시의 적으로 간주되어 양도시의 처벌을 받고, 적과의 화해는 양도시의 합의하에 진행된다. 이상의 사항에 입각해 이

---

33) 암펠리다스에 관해서는 아무것도 알려져 있지 않다. 리카스에 관해서는 본권 제16장 50 등에 언급되어 있다. 그는 스파르타의 아르고스 외국 대표인이었다.

것을 준수하고 위배하지 말아야 한다.

4) ⑨노예 폭동이 있을 경우 아테네는 라케다이몬을 전력을 다해 원조한다.

5) ⑩본동맹조약은 전의 강화조약에 대해 서약한 사람들로 하여금 서약하도록 한다. 본조약의 서약은 매년 행하도록 하고, 라케다이몬 대표는 디오니소스 달[34]에 아테네로, 아테네 대표는 히아킨티아(Hyacinthia) 달[35]에 라케다이몬으로 가기로 한다. ⑪본조약문이 새겨진 비를 양도시에 건립하도록 한다. 그 건립지로 라케다이몬은 아미클라이온(Amyclae)의 아폴론 신전, 아테네는 아크로폴리스의 아테네 신전으로 한다. ⑫라케다이몬 및 아테네 어느 쪽에 본동맹조약을 개정할 필요가 생길 경우에는 무슨 일이든지 간에 양도시 모두 서약에 위배됨이 없이 처리해야 한다.

24. ⑬본조약을 서약하는 라케다이몬측 대표는 다음과 같다. 플레이스토아낙스, 아기스, 플레이스톨라스, 다마게토스, 키오니스, 메타게네스, 아칸토스, 다이토스, 이스카고라스, 필로카리다스, 제우크시다스, 안티포스, 알키나다스, 텔리스, 엠페디아스, 메나스, 라필로스. 아테네측 대표는 람폰, 이스트모니코스, 라케스, 니키아스, 에우티데모스, 프로클레스, 피토도로스, 하그논, 미르틸로스, 트라시클레스, 테아게네스, 아리스토크라테스, 이올키오스, 티모크라테스, 레온, 라마코스, 데모스테네스. ⑭이 동맹조약은 강화조약 체결 뒤에 곧 성립되었다. 그리고 아테네측은 스팍테리아에서 사로잡은 라케다이몬 포로들을 반환했다. 이리하여 제11년째의 여름이 시작되고, 10년간 계속된 전기(前期) 대전은 여기에 기록된 것으로 완결된다.

---

34) 이 동맹조약의 발효는 강화조약 성립 1년 뒤라는 것이 된다.
35) 히아킨티아 달이 언젠지 확실치 않다.

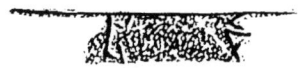

제 16 장
펠로폰네소스의 스파르타에 대한 악감정 —
만티네아, 엘리스, 아르고스, 아테네의 동맹
— 만티네아 전투와 동맹의 붕괴

25. ①라케다이몬에서는 플레이스톨라스가 독시관직에 있고, 아테네에서는 알카이오스가 집정관직에 있었던 해에, 즉 10년 전쟁 뒤에 라케다이몬과 아테네 사이에 강화조약과 동맹조약이 체결되자, 이 조약을 승인한 도시는 평화를 유지했지만, 코린토스와 펠로폰네소스의 몇몇 도시는 라케다이몬에 대해 사태를 동요시키고 동맹도시와의 사이에 새로운 문제를 제기했다. ②나아가 이와 병행하여 아테네는 라케다이몬의 성의에 의문을 품게 되었다. 그 이유는 라케다이몬이 조약에 명기된 의무를 확실히 이행하지 않는 데 있었다. ③그러나 아무튼 양도시는 6년 10개월 동안 쌍방의 영토에 직접적으로 적대행위를 취하는 일은 피하고 있었다. 하지만 외지(外地)에서는 불안정한 정전(停戰)상태인 채로 서로 피해를 주게 되어, 마침내 10년 전쟁 뒤에 체결한 조약을 파기하지 않을 수 없게 되자 재차 명백한 전투상태에 돌입했다.

26. ①아테네인 투키디데스는 아래의 기사(記事)를 사건이 일어

난 순서에 따라 똑같이 하계(夏季)와 동계(冬季)로 나누어, 라케다이몬과 그 동맹도시가 아테네 제국을 패배시키고 그 장벽(長壁)과 피라이에우스의 방벽을 파괴하는 해까지의 경위를 기록했다. 이 해까지 모두 합하면 27년간을 전쟁으로 소모한 것이 된다. ⑧그리고 만약 중간의 협정 유효기간 중에는 전투가 없었다고 주장하는 사람이 있다면, 그 사람은 잘못 생각하고 있는 것이다. 요컨대 이 기간의 움직임의 주조를 관찰하면, 이 기간을 평화시기로 부르기엔 부적당하다는 것이 밝혀질 것이다. 협정된 영토의 반환이나 주고받음도 이 기간 중에는 실현되지 않고, 덧붙여서 쌍방의 실수로 만티네아와 에피다우로스의 전쟁 등을 야기하고, 트라키아 지방의 동맹도시의 적의도 변하지 않고, 보이오티아와는 순기(旬期)조약[36]을 맺고 있을 뿐이었기 때문이다.

⑨그러므로 초기의 10년 전쟁과 그에 연이은 불안정한 휴전, 그리고 그 이후의 후기 전쟁을 계절마다 전부 합산하면, 앞서 말한 햇수에서 그다지 많은 날짜가 초과되지 않는 것을 알게 될 것이다. 게다가 이 햇수만이 예언을 믿는 자들의 의견과 정확하게 일치한다. ⑩즉 이번 대전의 초기부터, 이 전쟁은 27년이 경과하지 않으면 끝나지 않는다고 많은 사람이 말하고 있었던 것을 나 자신이 늘 기억하고 있기 때문이다. ⑪나는 전쟁의 전기간을 체험하고, 게다가 그때는 이미 성인이었기 때문에 판단력도 있어, 명확히 사건을 알고자 애썼다. 더욱이 암피폴리스 사령관직 뒤에 나는 그 생애 중 20년간을 추방 속에서 보냈기 때문에 그 사이에 나는 양진영의 움직임에 정통하고, 또 이 추방 덕분에 특히 펠로폰네소스측의 움직임을 아주 상세히 알게 되고, 한가한 중에 이것저것 그들의 사정을

---

36) 순기(旬期)조약이 어떤 조약이었는지 분명치 않다. 10일마다 조약을 갱신하는 것을 가리키는 것일까? 혹은 10일간의 통고로 언제라도 조약 파기가 가능한 것을 가리키는 것일까?

더욱 많이 알게 되었다. ⓔ그래서 이 10년 전쟁 뒤의 분규와 조약 파기, 그리고 그 뒤의 전쟁의 결과를 이제부터 기록하고자 한다.

27. ⓐ50년 강화(講和)와 그 뒤의 동맹이 성립되자, 이 때문에 소집되어 있던 펠로폰네소스 각지에서 온 사절단은 라케다이몬을 떠났다. ⓑ그리고 다른 자들도 귀로에 올랐는데, 코린토스 사절단은 아르고스에 들러 먼저 아르고스의 집정관 몇 명과 회합을 가졌다. 그리고 라케다이몬인이 좋지 않은 목적 때문에, 특히 전펠로폰네소스의 예속을 노리고 있기 때문에 이전에는 불구대천의 원수였던 아테네와도 강화 및 동맹을 맺은 것이라고 말하고, 그러므로 아르고스는 펠로폰네소스를 구제하기 위해 헬라스의 희망 도시가 각기 자주권을 지니고 대등한 자격을 유지한 채 아르고스의 동맹도시로서 상호방위조약[37]을 맺도록 해야 한다고 말했다. 그러기 위해 교섭이 실패하더라도 일반에게 그것이 알려지지 않도록 국회를 열지 않고 소수의 유력자를 선출해서 파견해야 한다고 주장하고, 또 라케다이몬에 대한 악감정으로 많은 나라가 아르고스에 공명할 것이라고도 말했다. 코린토스 사절단은 아르고스에 이러한 제안을 하고는 귀국했다.

28. ⓐ코린토스 사절단으로부터 이 이야기를 들은 아르고스인은 그 문제를 아르고스 정부와 국민에게 알렸다. 그래서 아르고스는 12명을 투표로 선출하고 이 자들에 의해 아테네와 라케다이몬을 제외한 헬라스의 희망 도시와 동맹조약이 성립되도록 하고, 또 아테네 및 라케다이몬과 아르고스의 동맹은 아르고스 국회의 승인을 거

---

37) 본권 제16장 49에 있듯이, 호위(互衛)조약은 조약 참가국이 침략을 받을 경우에만 파병하여 그 방어를 돕는 조약으로, 침략을 목적으로 삼은 군사 행동에는 협력하지 않는다.

치지 않으면 안 되게 했다. ⓑ아르고스인이 이 말을 기꺼이 받아들인 것은, 라케다이몬과의 화평조약의 기한이 끝나가고 있어 그들과의 전쟁이 필연적이라고 보았기 때문이었지만, 이와 동시에 펠로폰네소스의 패권도 생각하고 있었기 때문이다. 즉 당시 라케다이몬의 신망은 재난 때문에 여지없이 땅에 떨어져 있었던 데 반해, 아르고스는 대아테네전에 가담하지 않았을 뿐만 아니라 중립국의 입장을 유효하게 이용해서 아르고스에 대한 세평(世評)이 절정에 이르러 있었기 때문이다. ⓒ그래서 아르고스는 헬라스내에서 이를 희망하는 도시와의 동맹 체결을 진척시켰는데, 먼저 만티네아와 그 맹방이 라케다이몬에 대한 공포 때문에 아르고스와 손을 잡았다.

29. ⓐ그 이유는, 대아테네전의 기회를 틈타 아르카디아의 일부[38]를 만티네아가 그 속령으로 삼고 있어, 세상이 조용해지면 라케다이몬인이 만티네아의 이 지배를 용인하지 않으리라 생각했기 때문이었다. 아르고스는 강대한 도시로 라케다이몬과 오랜 숙적이고, 또 만티네아의 정체(政體)와 같은 공민정체를 지니고 있다는 것을 고려해 만티네아는 아르고스와 손을 잡았다. ⓑ만티네아가 이탈하자, 다른 펠로폰네소스 도시는 만티네아가 뭔가 정보를 얻고 이런 행동을 한 것이리라 생각하고, 또 라케다이몬에 대해 호감을 지니고 있지 않았으므로 자신들도 아르고스와 손을 잡아야 하지 않을까 하며 동요했다. 라케다이몬에 대한 악감정은 다른 이유와 함께, 특히 라케다이몬이 맺은 아티카 동맹조약 조문 안에 라케다이몬과 아테네 양도시의 합의 아래에서만 여러 도시의 거취가 승인된다고 명기되어 있는 것이 주된 원인이었다. ⓒ이 조문이 펠로폰네소스를 가장 동요시켰는데, 그것은 라케다이몬이 아테네와 짜고 펠로

---
38) 아르카디아의 일부란 킵셀로스의 파라시오스를 가리킨다. 본권 제 16장 33 참조.

폰네소스의 제패를 노리고 있는 것은 아닐까 하는 의혹을 품게 했기 때문이다. 그렇지 않으면 한 도시의 거취는 전동맹도시의 승인에 의해 결정된다고 명기되는 것이 당연하다고 생각했던 것이다. ④ 이리하여 많은 도시가 두려움에서 아르고스로 눈을 돌리고 각기 동맹을 맺었다.

30. ①라케다이몬인은 펠로폰네소스에 이런 동요가 확산된 것을 알고, 또 이것이 코린토스가 조종한 일이며 코린토스 자체도 아르고스와 동맹을 체결하려 하고 있는 것을 알아채고서, 장래의 움직임에 선수를 치는 의미에서 코린토스에 사절단을 파견했다. 그리고 라케다이몬측은 이 사태의 모든 책임을 코린토스에 돌리고, 만약 코린토스가 라케다이몬에서 이탈해 아르고스와 동맹을 맺는 일이 있으면 그것은 코린토스가 서약을 위반한 행위가 될 것이라고 주장하고, 현재까지의 그들의 아테네에 대한 서약 거부행위는, 동맹도시가 다수결로 결의한 사항은 신과 영령들의 개입이 없는 한 유효하다는 펠로폰네소스 동맹조약에 미루어봐도 부정행위를 저지르고 있는 것이라고 말했다.

②이에 대해 코린토스측은 이미 전부터 소집해놓고 있던 아테네 동맹 반대파 도시의 대표들 앞에서 라케다이몬을 향해 반론을 폈는데, 솔리옴과 아낙토리옴[39]이 아테네에서 코린토스로 반환되지 않은 사실과, 코린토스가 부당하게 취급받았다고 생각하는 다른 사항을 공개적으로 문제삼지 않고서는 트라키아 동맹국들을 포기할 수

---

39) 솔리옴은 펠로폰네소스 전쟁 첫해에 아테네가 점령했다. 아카르나니아 지방에서 레우카스에 면한 곳이라고 하지만 확실한 지점은 판명되지 않고 있다. 제2권 제6장 3을 참조할 것. 아낙토리옴은 기원전 425년에 아테네의 지배하에 들어갔다. 제4권 제13장 49를 참조할 것. 소재지는 암브라키아 만(彎) 남쪽 해안이다.

없다는 사실을 구실로 삼았다. 그 이유는, 그들이 처음에 포티다이아 반란을 일으켰을 때 코린토스는 특히 먼저 트라키아 제방(諸邦)과 안전보장 서약을 하고,⁴⁰⁾ 그 뒤에 일반적으로 다른 도시와도 조약을 체결했기 때문이었다. ⑧즉 트라키아 제방과의 보장조약은 신들 앞에서 서약된 것이며, 트라키아를 버리는 것은 서약을 위반한 것이 된다. 따라서 코린토스의 아테네와의 동맹 거부행위는 동맹맹약을 위반한 것이 되지 않는다고 주장했다. 그리고 '신과 영령들의 개입이 없는 한'이라는 표현대로 그들에게는 이 사실이야말로 신들의 개입으로 해석된다고 말했다. ⑨이상이 과거의 서약에 대해 그들이 말한 것이고, 아르고스와의 동맹 문제에 관해서는 우방과 상의하고 적절하다고 생각되는 조치를 취하겠다고 말했다. ⑨이리하여 라케다이몬 사절단이 귀로에 오르자, 재(在)코린토스 아르고스 사절단은 즉시 코린토스에 아르고스와 동맹조약을 맺을 것을 요청했지만, 코린토스는 그들에게 코린토스에서 열릴 다음 회의에 출석하라고 회답했다.

31. ①그 직후 엘리스인 사절단이 코린토스에 와서 먼저 코린토스와 동맹을 맺었다. 그 후 그들은 아르고스에 오자 아르고스와도 지시대로 동맹도시가 되었다. 그 이유는 엘리스인과 라케다이몬인 사이에 레프레옴(Lepreum)⁴¹⁾에 관한 문제로 불화가 생겼기 때문이었다. ②일찍이 레프레옴이 아르카디아의 일부와 전쟁을 벌일 때, 레프레옴인은 엘리스인에게 획득한 영토의 반을 주는 것을 조건으로 원조를 요청하고 동맹을 맺었다. 게다가 엘리스는 이 전쟁이 종결되자 그 점령지를 레프레옴인 거주자들에게 위임하고 매년 1탈란

---

40) 기원전 432년의 일. 제1권 제2장 58을 참조할 것.
41) 레프레옴은 메세니아와 엘리스 사이에 있고, 바다에 가까운 토리펠리아에 있었다.

트를 올림피아의 신에게 봉납하기로 결정했다. 그래서 레프레옴인은 아티카 전쟁 때까지는 이 액수를 공납하고 있었다. 그런데 이 전쟁이 시작되자, 레프레옴인은 전쟁을 이유로 공납을 중단하고 말았다. ③그래서 엘리스인은 라케다이몬인에게 이 문제를 호소하지 않을 수 없게 되었다. 그러나 일단 라케다이몬인에게 조정을 위탁했지만 그 재정(裁定)의 공정성에 의문을 품은 엘리스인은 조정위탁을 철회함과 동시에 레프레옴령으로 침입해 그 땅을 유린했다. ④하지만 이 조정위탁 철회에도 불구하고 라케다이몬인은, 레프레옴은 독립국이며 엘리스인이 위법국이라고 판결을 내리고 레프레옴에 중무장 경비대를 파견했던 것이다. ⑤그래서 엘리스인은 이 행위를 라케다이몬인이 엘리스 지배하의 반란도시를 받아들인 것으로 해석하고, 아티카 전쟁 개시 때 각 도시의 지배권을 인정한다는 조약문[42]에 따라 레프레옴은 당시 엘리스의 지배하에 있었는데 뒤에 거기에서 이탈한 것으로 보고 엘리스 사절단은 라케다이몬의 조정을 부정행위로 해석하고 아르고스에 가서 훈령대로 아르고스와 동맹을 맺었던 것이다. ⑥그 후 곧 코린토스와 트라키아의 칼키디케도 아르고스와 동맹을 맺었다. ⑦그러나 보이오티아와 메가라는 라케다이몬인이 경계하였기 때문에 현상을 유지했다. 그리고 자신들의 과두정체에 아르고스의 공민정체가 라케다이몬의 정체보다 유리한 길을 열어주리라 생각되지 않았기 때문이기도 했다.

32. ①이 해 여름 같은 무렵에 아테네는 스키오네를 함락시켜 성인 남자들을 살육하고 부녀자[43]들을 노예로 팔고 나서 그 땅을

---

42) 이 조약의 성립과정과 연대는 확실하지 않다.
43) 제4권 제14장 123에서는 브라시다스가 스키오네의 부녀자를 올린토스로 옮겼다고 씌어 있는데, 아마도 그 이주는 철저한 것이 아니었을 것이다.

플라타이아인[44]에게 거주지로 주었다. 또 델로스인도 델로스 섬으로 복귀시켰는데, 이것은 전쟁중의 재해와 델로스 신의 신탁에 아테네인의 마음이 움직인 결과였다. ②또 포키스와 로크리스는 전쟁을 시작했다. ③그리고 동맹을 맺은 코린토스와 아르고스는 공동으로 테게아 시를 라케다이몬에서 분리시키려고 그곳에 갔다. 요컨대 테게아의 영토는 넓은 지역에 걸쳐 있어, 만약 그들이 코린토스와 아르고스 편에 선다면 펠로폰네소스 전체를 장악할 수 있을지도 모른다고 생각한 것이다. ④그러나 테게아인이 라케다이몬인에 대해서 일체의 적대행위를 피할 것이라고 언명하자, 코린토스인은 그때까지 지니고 있었던 열의가 급속히 냉각되고, 나머지 도시들도 이제 그들 편에 서지 않을지도 모른다는 공포심에 사로잡혔다. ⑤그래도 보이오티아에 가서 아르고스나 자신들과 손을 잡고, 또 다른 여러 가지 것들도 협조하라고 강요했다. 또 코린토스는 보이오티아가 코린토스인을 동반하고 아테네에 가서 아테네와 보이오티아가 50년 동맹조약 직후에 맺은 순기(旬期)조약과 같은 조약을 코린토스도 아테네와 체결할 수 있도록 제안하고, 아테네가 그것을 거부할 경우 보이오티아는 아테네와의 순기조약을 파기하고 앞으로는 코린토스를 빼놓고는 어떤 조약도 체결하지 말 것을 요망했다. ⑥그래서 보이오티아인은 코린토스인의 요구에 대해 아르고스와의 동맹 체결에 관한 문제는 뒤로 미룰 것을 요청했지만, 아테네에는 코린토스인을 동반해 갔다. 아테네인은 코린토스가 라케다이몬의 동맹국인 이상 아테네와도 동맹관계에 있다고 회답하고 코린토스와의 순기조약 체결을 거부했다. ⑦게다가 코린토스의 요구와 전약(前約)의 이행 요청이 있었지만 보이오티아는 아테네와의 순기조약을 파기하지

---

44) 기원전 431년에 플라타이아인의 일부가 아테네에 오고 있다(제2권 제6장 6). 또 기원전 428년에는 212명이 아테네로 도망치고 있다 (제3권 제9장 28).

않았다. 이리하여 코린토스는 아테네에 대해 조약 체결을 하지 않은, 사실상의 정전국(停戰國)이 되었다.

33. ①같은 해 여름, 라케다이몬은 만티네아의 속국인 아르카디아의 파라시오스(Parrhasians)에 전병력을 동원해 출병했다. 그 사령관은 라케다이몬의 왕 파우사니아스의 아들 플레이스토아낙스였다. 그 이유는 아르카디아의 파라시오스 일파가 그들을 불러들였기 때문이기도 하지만, 이와 동시에 킵셀로스(Cypsela)의 방벽을 가능하면 무너뜨리려는 목적 때문이었다. 이 방벽은 파라시오스에 있고 라코니아의 스키리티스(Sciritis)[45]에 면해 있었는데, 이것은 만티네아인이 구축한 것으로 만티네아 수비대가 주둔해 있었다. ② 라케다이몬군은 파라시오스 땅을 유린하고, 만티네아는 자신의 도시를 아르고스 수비대에 위탁하고 동맹도시 방위에 노력했다. 그러나 킵셀로스 방벽도, 파라시오스 시도 방어하는 데 실패하고 그들은 철수했다. ③그래서 라케다이몬군은 파라시오스에 주권을 주고 방벽을 무너뜨린 뒤 귀국했다.

34. ①또 이 해 같은 여름에 브라시다스를 따라 원정을 떠났던 병사들이 조약 체결 뒤에 클레아리다스의 인솔하에 트라키아에서 귀환했다. 그래서 라케다이몬인은 브라시다스와 함께 싸운 농노들을 해방시키고 원하는 곳에 살도록 표결했다. 그리고 그 뒤에 곧 엘리스와 라코니아의 경계에 있는 레프레옴에 새 시민과 함께 해방된 농노를 이주시켰다. 그 이유는 라케다이몬과 엘리스 사이에 문제가 있었기 때문이다. ②또 스팍테리아에서 사로잡혀 무기를 버린 자들에 대해서는, 이 사건 때문에 멸시를 받아 시민권을 행사해서

---

45) 스키리티스는 라코니아의 북부 산악지대.

반란을 일으키면 안 된다고 생각하고 공직에 이미 취임해 있는 자들까지 포함해서 그 시민권을 박탈했다. 그것은 공직 취임과 물품 매매를 금한 것이다. 그러나 이윽고 얼마 뒤에 다시 시민권을 주었다.

35. ①이 해 같은 여름에 디온인(Dians)은 아크테 반도의 아토스 산기슭에 있는 티소스를 점령했다. 이 티소스는 아테네의 동맹 도시였다. ②이 해 여름 동안 아테네인과 펠로폰네소스인은 관계를 유지하고 있었지만, 동맹조약 성립 직후부터 서로 의심을 품고 아테네측도 라케다이몬측도 규정된 땅을 반환하지 않았다. ③요컨대 먼저 암피폴리스를 아테네에 반환할 차례였던 라케다이몬인은 그곳뿐만 아니라 다른 도시도 반환하지 않았다. 또 라케다이몬은 트라키아 지방의 도시나 보이오티아 및 코린토스에 50년 동맹조약을 승인시킬 수 없었는데, 만약 이들 도시가 아테네와의 조약을 계속 거부하면 아테네와 공동으로 그들에게 이것을 강요하겠다고 언제나 계속 말해왔다. 그리고 라케다이몬측은 기한을 정해 그때까지 동맹조약을 받아들이지 않는 도시는 아테네, 라케다이몬 쌍방의 공동의 적으로 삼겠다고 되풀이해서 약속했다. ④그래서 아테네는 이처럼 실제로는 아무것도 이루어지고 있지 않는 것을 보고 라케다이몬측의 성의를 의심하게 되어 필로스 반환을 요구받아도 그에 응하지 않고, 이전에 포로를 송환해버린 것을 후회했다. 그리고 다른 땅도 라케다이몬측이 조약 사항을 이행하지 않는 한 반환하지 않았다. ⑤한편 라케다이몬측은 할 수 있는 일은 모두 했다고 주장하며, 아테네 포로를 아테네에 송환하고 트라키아 지방의 군대를 철수시키는 등 힘이 미치는 한 할 일은 모두 했다고 말했다. 암피폴리스를 반환하는 데는 힘이 닿지 않았지만, 보이오티아와 코린토스가 동맹조약을 승인하도록 노력을 기울이는 동시에 파낙톰을 탈환하고 보이

오티아에 있는 아테네 포로를 송환할 것이라고 말했다. ⑥그리고 필로스는 라케다이몬에 반환해야 한다고 주장했다. 만약 이 반환이 불가능하면 라케다이몬이 자기 군대를 트라키아에서 철수시켰듯이 아테네도 필로스에서 메세니아인과 농노를 철수시키고, 만약 원한다면 아테네 병사들만으로 그 땅을 수비하라고 주장했다. ⑦이 해 여름 동안 회담이 빈번히 열린 결과, 아테네는 필로스에서 메세니아인 및 농노, 그리고 라코니아 도망자들을 철수시키는 데 동의했다. 그리고 아테네는 이들을 케팔레니아에 이주시켰다. ⑧이리하여 이 여름 동안은 양국 국교가 평온하게 유지되고 있었다.

36. ①겨울이 되자 동맹조약을 체결한 독시관과는 다른 자들이 이미 그 직책에 취임해 있었고, 그 중 어떤 자들은 동맹에 반대하고 있었다. 그리고 동맹국들로부터 사절단이 라케다이몬에 오자, 아테네·보이오티아 및 코린토스에서도 사절단이 파견되어 서로 많은 말이 오갔지만 결국은 아무 성과도 얻지 못하고 해산했다. 그래서 독시관 중에서 가장 강한 반(反)조약파였던 클레오불로스(Cleobulus)와 크세나레스(Xenares)는 비공식적으로 보이오티아와 코린토스 대표단과 회담하고, 보이오티아가 먼저 아르고스와 동맹을 맺고 나서 아르고스가 보이오티아와 함께 라케다이몬의 동맹국이 되도록 교섭했다. 이렇게 하면 보이오티아는 아티카와의 동맹을 강요받지 않고, 또 라케다이몬은 아테네의 적의와 조약 해소 대신 아르고스를 우호 동맹국으로 얻을 수 있기 때문으로, 이것은 보이오티아가 전부터 라케다이몬이 언제나 아르고스와의 우호관계를 희망하고 있는 것을 알고 있었기 때문이었다. 또 이렇게 하면 펠로폰네소스 바깥에서의 전쟁을 비교적 쉽게 치를 수 있으리라고도 생각되었다. ②그리고 라케다이몬은 보이오티아 사절단에게 파낙톰을 그들에게 건네주도록 요구했다. 그것은 가능하면 파낙톰과 필로스를 교

환하고 아테네와의 개전이 쉬워지도록 하기 위해서였다.

37. ⓐ이리하여 크세나레스와 클레오불로스 및 라케다이몬 친구들로부터 본국 정부에 이상과 같이 보고하도록 지시를 받은 보이오티아 및 코린토스 사절단은 각각 귀로에 올랐다. ⓑ하지만 그 귀로에 두 명의 아르고스 고관(高官)이 기다리고 있어, 양측은 만나서 회담을 열었다. 그리고 보이오티아가 코린토스, 엘리스 및 만티네아와 행동을 같이해 아르고스와 동맹을 맺을 수 있는지 어떤지 의사를 타진했다. 그 이유는, 만약 이것이 성립되면 라케다이몬에 대해 아르고스는 바라는 대로 용이하게 조약을 맺거나 전쟁을 벌일 수 있다고 생각하고, 또 만약 다른 세력과 교섭이 있을 경우에도 전체의 의견을 이용할 수 있다고 믿었기 때문이다. ⓒ보이오티아 사절단이 이 말을 듣고 기뻐한 것은, 때마침 보이오티아와 우호관계에 있는 라케다이몬에서 지령받은 내용과 같은 것을 아르고스 고관으로부터 요청받았기 때문이었다. 또 아르고스 고관도 자신들의 바람이 보이오티아인에게도 만족스러운 것임을 알아차리고 헤어질 때 사절단을 보이오티아에 파견할 것을 약속했다. ⓓ보이오티아에 돌아온 사절단이 보이오티아 연맹장관들에게 라케다이몬의 요청과 아르고스인과의 회합 내용을 보고하자, 연맹장관들은 만족하는 동시에 이 제안에 크게 흥미를 보였다. 그 이유는, 아르고스가 바라는 일과 라케다이몬의 동지가 보이오티아에 요구하는 일이 동시에 일어났기 때문이었다. ⓔ이윽고 아르고스 사절단이 앞서 말한 요구 사항을 가지고 도착했다. 그래서 보이오티아 연맹장관은 그들의 제안에 동의하고, 동맹 체결과 관련하여 보이오티아에서도 아르고스에 사절단을 파견할 것을 약속하고 아르고스 사절단을 돌려보냈다.

38. ⓐ마침 이 무렵 보이오티아 연맹장관, 코린토스, 메가라 및

트라키아 지방에서 온 각 사절단 사이에 먼저 서약을 주고받는 일이 결정되었는데, 그 내용은 필요에 따라 언제나 상호방위 원조를 행하고, 전체의 동의 없이는 어느 나라와도 개전이나 강화를 하지 않는다는 것이었다. 그리고 이러한 서약을 교환하고 나서 행동을 함께 하고 있는 보이오티아와 메가라가 아르고스와 서약을 맺기로 결의했다. ②그러나 이 서약이 교환되기 전에 보이오티아 연맹장관은 정치의 전권을 장악하고 있는 보이오티아 사로회의(四老會議)[46]에 이 문제를 제출했다. 그리고 방위협정을 맺으려는 희망 도시와 서약을 교환하겠다고 요청했지만, ③보이오티아 사로회의는 이 요청을 거부했다. 그 이유는 라케다이몬에서 이반한 코린토스와 서약을 교환해 라케다이몬의 적이 되는 것을 두려워했기 때문이다. 요컨대 보이오티아 연맹장관들은 사로회의에, 라케다이몬의 독시관 클레오불로스와 크세나레스 및 라케다이몬의 동지가 먼저 아르고스·코린토스와 동맹을 맺어두고 그 뒤에 라케다이몬과 동맹을 체결하라고 조언해온 사실을 알리지 않았다. 그 이유는, 이에 대해 설사 아무 보고도 하지 않더라도 보이오티아 연맹장관이 사전에 결정하고 권고한 안건을 사로회의가 부결하리라고는 생각지 않았기 때문이었다. ④그런데 이처럼 사태가 반전되어, 코린토스와 트라키아의 사절단은 조약을 성립시키지 못한 채 귀국했다. 한편 보이오티아 연맹장관들은 가능하면 미리 이 동맹을 성립시켜놓고 나서 아르고스와 동맹을 맺으려 하고 있었기 때문에, 이젠 아르고스 문제를 사로회의에 제출조차 하지 않았다. 따라서 약속한 아르고스의 사절 파견도 이루어지지 않고 이에 대한 관심도 엷어져, 모든 일에 늑장을 부리는 기색이 농후해졌다.

39. ①이 해 같은 겨울에 올린토스인은 아테네가 방비하고 있던

---

46) 보이오티아 사로회의에 대해서는 알려진 것이 없다.

메키베르나를 강습해 점거했다. ②그 뒤에도 언제나 아테네와 라케다이몬 사이에는 서로 보유하고 있는 영토문제로 교섭이 벌어지고 있었는데, 라케다이몬은 만약 아테네가 파낙톰을 보이오티아로부터 탈환하면 필로스를 라케다이몬에 돌려주리라는 관측 아래 사절단을 보이오티아에 보내, 라케다이몬에 필로스가 반환되는 대가로 파낙톰과 아테네 포로를 건네주라고 요구했다. ③그러나 보이오티아측은 그 반환에 난색을 표하고 아테네와 맺은 개별 동맹조약을 보이오티아와 체결하는 데 라케다이몬이 찬성하지 않는 한 그것을 거부한다고 언명했다. 라케다이몬인은 이것이 개별 개전 및 조약 체결을 금한 아테네와의 동맹조약에 위반되는 것을 알고 있었지만, 파낙톰을 아테네에 되돌려주는 대가로 필로스를 반환받고 싶고, 또 아테네와의 동맹조약 파기를 주장하는 자들의 보이오티아와의 동맹 성립 압력에 눌려 마침내 겨울이 끝나고 봄이 오려 할 때 보이오티아와 개별 동맹을 맺었다. 그리고 이 동맹 체결 뒤에 곧 파낙톰은 해방되고, 이 전쟁 11년째도 끝났다.

40. ①여름이 되자 아르고스는 보이오티아가 보내겠다고 약속한 사절단도 오지 않고, 파낙톰은 해방되고, 라케다이몬과 보이오티아가 개별 동맹조약을 맺은 것을 알게 되자, 동맹도시가 모두 라케다이몬 쪽으로 가고 아르고스는 고립돼버리지 않을까 우려했다. ②요컨대 아르고스인은 라케다이몬인이 보이오티아인을 설득해 파낙톰을 해방시키고 아테네와 동맹조약을 맺게 했다고 믿고, 또 아테네도 그 내막을 알고 있다고 해석하고 이미 아테네와 손을 잡을 길이 막혀버렸다고 본 것이다. 종래 아르고스는 만약 라케다이몬과의 서약이 계속되지 않을 경우에는 아테네의 동맹 체결국이 되려고 예정하고 있었다. ③그래서 그 결과에 당황한 아르고스는 라케다이몬 및 테게아 진영과 보이오티아 및 아테네 진영 양쪽이 일거에 적으로

변할 것을 두려워하고, 이것은 이전부터 라케다이몬과의 동맹을 거부하고 펠로폰네소스의 패권을 노린 결과라고 생각했다. 그래서 아르고스는 급거 라케다이몬과 가장 친교가 있다고 생각되는 에우스트로포스(Eustrophus)와 아이손(Aeson)을 사절로 파견하고, 현재의 최상책은 서로 양보하고 타협할 수 있는 선에서 아무튼 라케다이몬으로부터 서약을 얻어내고 평화를 유지하는 것이라고 생각했다.

41. ①그래서 이 사절단은 라케다이몬에 도착하자 동맹조약을 성립시키려고 라케다이몬과 회담을 열었다. ②먼저 아르고스가 발언한 문제는 키누리아[47]와 관련하여 도시든 개인이든 법적 조정에 의뢰하는 것이었다. 이 키누리아 지역은 예로부터 경계선상의 지역으로서 언제나 분규 대상이었고, 현재는 티레아와 안테네(Anthene) 도시를 포함하며 라케다이몬인이 거주하고 있는 곳이다. 그러나 라케다이몬측은 이 점을 언급하는 것을 허락지 않고, 만약 종전대로의 조건이라면 교섭에 응할 용의가 있다고 회답했다. 그런데도 아르고스 사절단은 다음과 같은 선까지 라케다이몬을 양보시키는 데 성공했다. 즉 현재로서는 50년 조약을 체결한다. 다만 라케다이몬에도 아르고스에도 내란·전투가 없을 경우에는 양자가 정식으로 선전포고를 하고 키누리아에 관해 쌍방이 승리를 주장한 이전의 전쟁처럼[48] 실력을 행사할 수 있다. 다만 추격은 아르고스 및 라케다이몬의 국경선을 넘어 행해져서는 안 된다. ③이상의 내용은 처음에는 라케다이몬측에게는 어리석게만 생각되었지만, 아르고스의 호감을 사두고 싶었으므로 뒤에는 이 조건에 동의하고 성문화(成文化)

---

47) 제4권 제13장 56을 참조할 것.
48) 이때의 전투 양상은 헤로도토스의 《역사》 제1권 82절에 기록되어 있다. 기원전 6세기 중반의 사건이다.

했다. 그러나 이들 조문이 효력을 발생하기 전에 라케다이몬측은 아르고스 사절단에게, 일단 귀국해 그 조약에 관해 민의(民意)를 묻고 국민의 동의를 얻은 뒤에 서약을 교환하러 히아킨티아제(祭)에 출석하라고 명했다. 그래서 아르고스 사절단은 귀국했다.

42. ⓛ아르고스가 이상과 같은 공작을 하고 있을 동안, 라케다이몬의 사절 안드로메데스(Andromedes), 파이디모스(Phaedimus), 안티메니다스(Antimenidas)는 보이오티아로부터의 파낙톰 송환과 포로 복귀의 임무를 띠고 아테네에 파견되었다. 그러나 그들은 파낙톰이 보이오티아인에 의해 붕괴되어 있는 것을 발견했다. 보이오티아측의 주장은, 옛날에 아테네와 보이오티아가 파낙톰을 둘러싸고 싸운 결과 이 땅에 한쪽 사람들만 거주시키는 것을 금하고 공동 거주지로 삼을 것을 서약했다는 것이었다. 그러나 보이오티아인이 사로잡고 있던 아테네 포로는 안드로메데스와 그 측근에 반환되어, 그들은 이들 포로를 아테네측에 인도했다. 그러나 이 인도와 동시에 보이오티아측은 파낙톰이 붕괴된 것도 전했다. 파낙톰은 이젠 아테네의 적이 점거하고 있지 않으므로 이것은 파낙톰을 반환한 것과 마찬가지라고 그들은 간주한 것이다. ②이 보고를 받자 아테네인은 파낙톰이 붕괴되었다는 점에서 라케다이몬은 부정행위를 저질렀다며 크게 감정이 상했다. 그리고 이 땅은 아무 손상 없이 반환되어야 했다고 보고, 또 라케다이몬은 전에 동맹조약을 거부한 도시는 아테네와 공동으로 조약을 강요할 것을 약속해놓고서 보이오티아와 개별적으로 동맹조약을 맺은 것을 알게 되었다. 나아가 라케다이몬이 다른 점에서도 조약을 위반하고 있는 것을 깨닫고는 속았다고 생각하고 사절단에 냉담한 회답을 주어 돌려보냈다.

43. ⓛ라케다이몬인이 아테네인에 대해 이런 엇갈린 태도를 보

이자, 아테네인 가운데에서도 반(反)동맹조약파가 생겨났다. ②그들 중에서 누구보다 강한 의견을 갖고 있었던 자는 클레이니아스(Clinias)의 아들 알키비아데스(Alcibiades)였다. 그는 당시 아직 젊어[49] 다른 도시에 있으면 청년층에 속했을 것이지만, 가문이 좋아 사람들의 주목을 끄는 존재였다. 알키비아데스는 아르고스와 손을 잡는 쪽이 좋으리라 판단하고 있었는데, 이 반동맹조약의 의견은 무엇보다 그의 명예욕을 만족시킬 수 있는 것이었다. 요컨대 라케다이몬측이 이 동맹조약을 니키아스와 라케스를 통해 교섭하며 자신은 어리다고 경시하고, 또 한때는 조부의 거부로 상실했던 라케다이몬 외국 대표인 지위[50]를 스팍테리아의 포로 취급시에 자신이 갱신했다고 생각하고 있었는데 그 공까지 무시했기 때문이었다. ③모든 점에서 경시되고 있다고 느낀 알키비아데스는 라케다이몬은 신뢰할 수 없다며 우선 동맹조약에 반대하고, 라케다이몬이 이 조약을 체결한 것은 아르고스를 무너뜨리기 위해서며, 그 뒤에는 아테네에 대해 집중 공격을 해올 것이라고 말했다. 그리고 이처럼 라케다이몬와 아테네 사이에 불화가 생기자 곧 개인적으로 아르고스에 사람을 보내, 그들에게 좋은 기회가 오고 있으며 자신도 원조에 전력을 다할 테니 급히 만티네아와 엘리스를 동반하고 조약 체결을 위해 아테네에 오라고 말했다.

44. ①그래서 아르고스는 그 전언을 듣고 아테네가 보이오티아와 동맹을 맺지 않았을 뿐만 아니라 라케다이몬과의 불화가 점점 더 커져가고 있는 것을 알고는 자신들의 사절이 동맹조약을 체결하기 위해 라케다이몬에 가 있는 것을 무시하고 아테네측에 관심을

---

49) 알키비아데스의 기원전 421년 당시의 나이는 대략 30세 정도였다고 한다.
50) 제6권 제20장 89를 참조할 것.

갖게 되었다. 아르고스는 아테네와는 예로부터 우호관계에 있었고, 게다가 아테네가 자신들과 같은 공민정체를 보유하고 또 거대한 해군력을 지니고 있어, 전쟁이 일어날 경우에는 아르고스와 공동전선을 펴리라 생각했다. ②그래서 아르고스는 곧 동맹과 관련하여 사절단을 아테네에 보냈다. 또 엘리스 및 만티네아 사절단도 이에 동행했다. ③그러자 라케다이몬으로부터도 사절단이 급거 아테네에 도착했는데, 이 사절단은 아테네측에 인기가 있는 사람들, 즉 필로카리다스·레온·엔디오스(Endius)로 구성되어 있었다. 그 이유는 아테네가 분노한 나머지 아르고스와 동맹을 맺을까 두려웠기 때문이고, 또 동시에 파낙톰의 대가로 필로스를 요구하고, 이에 덧붙여서 보이오티아와의 개별 동맹조약은 결코 아테네에 해를 주려는 의미에서 맺은 것이 아니라고 변명하려 했기 때문이었다.

45. ①그래서 라케다이몬 사절단이 원로원에서 상술한 문제에 대해서도, 다른 문제를 해소하기 위한 모든 문제에 관해서도 전권을 위임받고 왔다고 말하자, 알키비아데스는 만약 라케다이몬 사절단이 이것을 의회에서 발표하면 대중은 그들에게 이끌려 아르고스와의 동맹을 거부해버릴 것이라고 우려했다. ②그래서 알키비아데스는 라케다이몬 사절단에게 다음과 같은 모략을 썼다. 즉 그는 라케다이몬 사절단에게 성실한 태도를 보이며 만약 그들이 의회에서 전권을 지니고 왔다는 것을 발표하지 않겠다고 약속하면 필로스를 라케다이몬에 반환시키고 다른 문제도 처리하겠다고 말했다. 요컨대 현재 알키비아데스가 필로스의 반환에 반대하고 있는 것과 똑같은 힘으로 아테네인에게 그 반환을 설득할 수 있다는 것이었다. ③알키비아데스는 니키아스로부터 라케다이몬 사절단을 분리시키고, 의회에서는 라케다이몬인이 성의도 없고 또 결코 같은 것을 말하지 않는다며 공격하고, 아르고스·엘리스 및 만티네아와의 동맹을 성립

시키려고 했다. ⑩그리고 그의 책략은 바로 들어맞았다. 즉 라케다이몬 사절단이 의회에 출석해 질문을 받아도 원로원에서 언명한 대로 전권을 지니고 왔다는 말을 하지 않았기 때문에 아테네인은 참을 수 없게 되었고, 게다가 알키비아데스가 전보다 더 라케다이몬을 공격하자 그에 이끌려 아르고스 및 그 동맹도시와 곧 동맹을 맺기로 결의했다. 그러나 이 의견이 비준되기 전에 지진이 일어나 의회는 해산되었다.

46. ①이튿날의 의회에서는 라케다이몬 사절단이 합의할 수 있는 전권을 갖고 오지 않았다고 니키아스를 속인 데다 배반을 했는데도 그는 라케다이몬과의 우호가 필요하다고 말하고, 아르고스 문제는 일시 보류하고 라케다이몬에 사절을 보내 그들의 진의를 알아보아야 한다고 주장했다. 그리고 전쟁을 피하는 것은 자신들의 평판을 좋게 하고 적의 입장을 악화시킨다고 주장했다. 그 이유로, 니키아스는 현재 아테네측이 유리한 입장에 서 있기 때문에 이 상태를 되도록이면 오래 지속시켜야 하며, 라케다이몬측이야말로 이 열세를 만회하기 위해 뭔가 재빨리 손을 쓰지 않으면 안 되는 궁지에 놓여 있기 때문이라고 말했다. ②그리고 니키아스는 자신도 포함된 사절단을 라케다이몬에 보내도록 아테네인을 설득했다. 아테네인이 사절단에게 준 지령은, 라케다이몬측이 진실로 성의가 있다면 먼저 아테네측에 암피폴리스와 함께 파낙톰을 아무런 손상 없이 반환하고, 또 보이오티아가 동맹조약을 받아들이지 않는 한 라케다이몬측은 별개로 다른 도시와 조약을 체결하지 않는다는 동맹조약문에 비추어 보이오티아와의 개별 동맹조약을 파기해야 한다는 것이었다. ③또 아테네측은 사절단에 명해, 만약 아테네가 조약 위반에 개의치 않았다면 아테네와 아르고스의 동맹조약은 아르고스가 이 문제로 아테네에 왔을 때 벌써 성립되었을 것이라고 라케다이몬측

에 전하게 했다. 이리하여 아테네인은 이밖의 다른 불만들도 니키아스 이하의 사절단에 훈령하고 라케다이몬에 파견했다. ⑥이 사절단은 라케다이몬에 도착하자 훈령받은 사항 및 기타 문제를 전하고, 마지막으로 만약 보이오티아가 아테네와 라케다이몬 동맹조약에 가입하지 않는데도 라케다이몬이 보이오티아와의 개별 동맹조약을 파기하지 않을 경우, 아테네는 아르고스 및 그 동맹도시와 조약을 맺을 것이라고 말했다. 그런데도 라케다이몬측이 보이오티아와의 동맹 파기를 거부한 것은, 독시관 크세나레스 일파와 그 의견에 동조하는 자들이 주도권을 장악하고 있었기 때문이다. 그래서 니키아스는 아테네인으로부터 대(對)라케다이몬 조약의 책임자로 지목받고 있는 이상 이대로 빈손으로 돌아가면 공격의 표적이 되리라 우려하고 —— 물론 이 예상은 옳았던 것이 되긴 하지만 ——, 이런 니키아스의 우려 때문에 라케다이몬측은 종래의 동맹조약에 대해 재서약을 했다. ⑥니키아스가 귀국해 아테네인에게 라케다이몬측으로부터 아무것도 확보하지 못했다고 보고하자, 아테네인은 라케다이몬의 부정을 주장하며 감정적이 되고, 때마침 아르고스와 그 동맹도시의 대표단이 아테네에 체재하고 있는 것을 기화로 알키비아데스의 주도 아래 조속히 다음과 같은 조건으로 그들과 강화와 동맹을 맺었다.

47. ①본강화조약은 아테네·아르고스·만티네아·엘리스 사이에 당사국 및 그 속국을 위해 100년간 체결되는 것으로 하고, 그 유효기간 중에는 조약 위반 및 상해행위를 금한다.

1) ②아르고스·엘리스·만티네아 및 그 동맹도시는 아테네 및 아테네가 지배하는 동맹도시에 대해, 또 아테네 및 아테네가 지배하는 동맹도시는 아르고스·엘리스·만티네아 및 그 동맹도시에 대해 모든 방법, 공작에 의한 적대적 군사행동을 금한다.

다음과 같은 요령에 의해 아테네·아르고스·만티네아 및 엘리스는

100년 동맹조약을 체결한다.

2) ③아테네 영내에 적의 침범이 있을 경우에는 아르고스, 만티네아 및 엘리스는 아테네를 원조한다. 그 원조 방법은 아테네의 요청에 따르고, 할 수 있는 한 모든 방법을 다해 원조가 이루어져야 한다. 또 영토를 침범하고 유린한 뒤에 철수한 나라는 아르고스·만티네아·엘리스 및 아테네의 적국으로 인정되고, 이들 전동맹도시의 공격을 받도록 한다. 나아가 전동맹도시의 동의 없이 어떠한 동맹도시도 개별적으로 적성국과 강화를 맺는 것을 금한다.

3) ④아르고스·만티네아·엘리스의 영내에 적의 침범이 있을 경우 아테네는 아르고스·만티네아 및 엘리스를 원조한다. 그 원조 방법은 당해 도시의 요청에 따르고, 할 수 있는 한 모든 방법을 다해 원조가 이루어져야 한다. 또 영토를 침범하고 유린한 뒤에 철수한 나라는 아테네 및 아르고스·만티네아·엘리스의 적국으로 인정되고, 이들 전동맹도시의 공격을 받도록 한다. 나아가 전동맹도시의 동의 없이 어떤 동맹도시도 개별적으로 적성국과 강화를 맺는 것을 금한다.

4) ⑤전투 목적으로 무기를 휴대하고 자국령 및 각 도시가 지배하는 동맹도시 영내를 통행하는 것은 해륙을 불문하고 이를 금한다. 다만 아테네·아르고스·만티네아 및 엘리스의 전동맹조약국이 표결, 그 통행을 인정한 경우에는 제외한다.

5) ⑥구원 요청에 응해 원조하러 간 군대의 파견 도시는 그 군대의 구원 도시에 간 최초의 30일간의 식량을 지급할 의무를 지니고, 귀로에도 똑같은 의무를 지닌다.[51] 구원을 요청한 도시가 30일 이상 구원군의 원조를 필요로 할 경우에는 그 식량을 지급하고, 중무장병·경무장병·궁병에게는 3아이기나 오볼로의 일당, 기병에게는 1아이기나 드라코마[52]의 일당을 지불할 의무를 지닌다.

6) ⑦구원을 요청한 도시는 그 전투 범위가 자국내에 한정되는 한 그

---

51) '똑같은 의무를 지닌다'는 것이 무엇을 의미하는지 분명치 않다.
52) 아이기나화로 3오볼로는 아티카화의 5오볼로에 해당한다고 생각된다. 그리고 1아이기나 드라크마는 10아티카 오볼로로 여겨지고 있다.

사령권을 갖는다. 다만 전도시에 의해 공동 출병으로 결정된 경우에는 전도시가 평등하게 지휘권을 나누어 맡기로 한다.

7) ⑧아테네는 자신과 그 지배하의 동맹도시의 이름으로 이 조약을 서약하고, 아르고스·만티네아·엘리스 및 이들의 지배하에 있는 동맹도시도 각각 도시마다 이 서약을 하기로 한다. 각 도시는 각각의 관습에 따라 성장(成長)한 동물을 희생으로 한 최대의 서약을 행해야 한다. 서약문은 다음과 같다.

나는 조약 사항에 따라 올바르게 위배함이 없이 성실하게 맹약을 지킨다. 그리고 어떠한 방법이나 공작에 의해서도 이 맹세를 깨뜨리지 않는다.

아테네에서는 원로원, 국무행정 관리 및 당번(當番) 의원단에 의해 이 서약이 맹세되어야 한다. 아르고스에서는 원로원, 팔십인중(八十人衆), 통감위원(統監委員) 및 당번 팔십인중[53]에 의해 이 서약이 맹세되어야 한다. 만티네아에서는 공민원(公民院), 원로원, 그밖의 행정관 및 당번 시찰관(視察官), 육군 사령관에 의해 이 서약이 맹세되어야 한다. 엘리스에서는 공민원, 각 행정장관, 육백인중(六百人衆)[54] 및 당번 공민원 위원 및 호법원(護法院) 위원에 의해 이 서약이 맹세되어야 한다. ⑨서약 갱신은 아테네측은 올림피아 대경기제 30일 전에 엘리스·만티네아·아르고스에 가서 행해야 한다. 또 아르고스·엘리스·만티네아는 범(汎)아테네제 10일 전에 아테네에 가서 이 서약을 갱신해야 한다. ⑩본강화, 동맹, 서약 조문은 돌비석에 새긴 뒤 아테네는 아크로폴리스내에, 아르고스는 시장내의 아폴론 신전에, 만티네아는 시장내의 주신(主神) 신전에 각각 건립한다. 이번 올림피아 대경기제 출석자들의 손에 의해 공동으로 청동제 비(碑)가 올림피아에 공탁(供託)되어야 한다. ⑪상기(上記) 전도시가 일치하여 이 조약에 새 조항을

---

53) 팔십인중이 어떤 직능을 지니고 있었는지 확실치 않다.
54) 육백인중의 직능은 확실치 않다.

부가하는 데 동의할 경우에는 이 새 조항의 내용이 상기 전도시에 의해 승인될 경우에만 그 효력을 갖는다.

48. ①이러한 강화와 동맹조약이 성립되었지만, 그 결과로 아테네와 라케다이몬 사이의 조약이 파탄을 일으키는 그러한 일은 어느 쪽도 하지 않았다. ②한편 코린토스는 아르고스와 동맹관계에 있으면서도, 이전에 타국과의 개전 및 강화는 엘리스·아르고스·만티네아와 합동으로 행한다는 협정이 있었으므로 이 새 조약에는 참여하지 않고 종래의 호위(互衛)조약, 즉 상호방위에는 협력하지만 공동 파병은 하지 않는다는 조약으로 충분하다고 언명했다. ③이리하여 코린토스는 그 동맹관계를 끊지 않고 라케다이몬으로의 재접근을 생각하기 시작했다.

49. ①이 해 여름 올림피아 대경기제가 열리고, 아르카디아인 안드로스테네스(Androsthenes)가 처음으로 권투와 레슬링에서 우승했다. 엘리스인은 라케다이몬인이 희생을 바치거나 경기에 참가하지 못하도록 라케다이몬인의 대경기제 참가를 금했던 것이다. 그 이유는, 라케다이몬인이 올림피아의 법으로 엘리스인이 부과한 벌금 지불을 거절했기 때문이었다. 엘리스측의 주장은 올림피아 대경기제 동안 휴전이 통고되었는데도 라케다이몬은 피르코스(Phyrcus) 성채를 습격하고 레프레옴에 중무장병을 보냈다는 것이었다. 그래서 법에 따라 한 명의 중무장병당 2무나의 벌금을 받기로 하고 2000무나를 요구했다. ②라케다이몬측은 즉시 사절단을 보내 이 판결은 옳지 않다고 항의를 제기하고, 라케다이몬이 그들의 중무장병을 출병시켰을 때에는 아직 라케다이몬에는 휴전 통고가 도착해 있지 않았다고 주장했다. ③그러나 엘리스인은 그때까지는 휴전이 되어 있었다고 말하고, 라케다이몬에는 첫번째로 통고했으며, 엘리스

인은 휴전 중이라 활동을 정지하고 또 적을 예상하지 않고 있을 때 허를 찔려 공격을 받았다며 물러서지 않았다. ⑤라케다이몬측은 만약 엘리스인이 진실로 공격을 받았다고 믿고 있다면 라케다이몬에 휴전 통고를 할 필요를 느끼지 않았을 것인데, 그런 생각도 없이 휴전 통고를 해왔으며, 이후 라케다이몬은 엘리스 공격을 중지하였다고 반박했다. ⑥한편 엘리스인은 라케다이몬인이 법을 어겼다고 계속 고집하며 라케다이몬측이 레프레옴을 단념하지 않는 한 엘리스측도 벌금의 몫과, 라케다이몬이 엘리스인과 관련하여 신에게 지불해야 할 징벌금을 단념할 수 없다고 말했다.

50. ①그러나 라케다이몬측이 이 요구도 받아들이지 않자, 엘리스측은 다시 만약 레프레옴 반환을 바라지 않는다면 반환하지 않아도 좋다고 제안하면서, 그 대신 실제로 라케다이몬측은 올림피아의 신역에 접근하길 바라고 있으므로 올림피아의 주신(主神) 제단에 올라 헬라스인을 향해 장래 이 징벌금을 지불할 것을 맹세하라고 요구했다. ②그러나 이것 또한 라케다이몬인이 거절해서, 라케다이몬인은 신역 접근을 금지당하고, 희생식에서도, 경기에서도 배제되었다. 그래서 그들은 라케다이몬 본국에서 희생식을 치르고, 레프레옴을 제외한 다른 헬라스 제도시는 올림피아 대경기제를 지켰다. ③그러나 엘리스인은 라케다이몬인이 올림피아에서 희생식을 치를 목적으로 실력행사를 해오지 않을까 우려하여 청년 중무장 경비대를 배치하고, 아르고스 및 만티네아로부터도 각각 1000명씩의 중무장병을 소집하고, 아테네 기병대는 하르피네(Hrrpina)[55]에서 대경기제 기간 중 주둔했다. ④이리하여 모인 사람들 사이에 라케다이몬인이 무기를 들고 대경기제에 몰려오지 않을까 하는 강한 불안이

---

55) 하르피네 시는 올림피아에서 약 4000미터의 거리에 있다.

감돌았다. 특히 라케다이몬인 아르케실라오스(Arcesilaus)의 아들 리카스가 경기장에서 심판으로부터 구타를 당했을 때에는 그 공포가 극에 달했다. 즉 리카스의 마차가 우승했을 때 그 마차가 자기 것임을 나타내기 위해 그가 경기장에 나와 기수에게 관을 주자, 보이오티아인이 리카스에게는 출전권이 없음을 지적했던 것이다. 사람들은 모두 뭔가 새로운 사건이 일어나리라 생각하고 점점 더 공포심을 느꼈지만, 결국 라케다이몬측은 아무런 움직임도 보이지 않은 채 대경기제에 간섭하지 않고 그것을 종료시켰다. ⑤아르고스는 올림피아 대경기제 뒤에 그 동맹도시들과 함께 코린토스에 가서 아르고스측에 설 것을 요청했다. 그곳에는 라케다이몬 사절단도 마침 와 있어서, 교섭이 수차례 행해졌지만 결국 아무 결론도 얻지 못했다. 게다가 지진이 일어나 사절단은 각각 귀국하고, 이 해 여름은 끝났다.

51. ①겨울이 되자 트라키아 지방의 헤라클레이아에 대해 아이니아스, 돌로프스, 멜리스 및 테살리아의 몇몇 도시가 공격을 가했다. ②헤라클레이아에 인접해 있는 이들 도시는 헤라클레이아가 하필 이 지역에 방벽을 쌓은 데 대해 적의를 지니고 있었던 것이다. 그래서 헤라클레이아 설립 당초부터 그들은 모든 수단을 동원해 이를 방해하고, 이번 전쟁에서도 승리를 거두는 동시에 헤라클레이아의 지도자였던 라케다이몬인 크니디스(Cnidis)의 아들 크세나레스를 죽이고 또 많은 사상자를 냈다. 그리고 이해 겨울은 지나고, 이번 대전의 제12년째도 끝났다.

52. ①여름이 됨과 동시에 헤라클레이아는 앞서 말한 전쟁으로 심한 손실을 입어, 보이오티아가 이 지역의 책임을 맡고 실정(失政)한 책임을 물어 라케다이몬인 아게시피다스(Agesippidas)를 송

환했다. 보이오티아가 헤라클레이아를 이어받은 것은, 라케다이몬이 펠로폰네소스내의 분쟁에 정신이 없을 때 아테네에 그곳을 빼앗겨버릴 것을 우려한 때문이다. 그러나 보이오티아가 라케다이몬의 노여움을 산 것은 물론이다.

⑩이 해 같은 여름, 클레이니아스의 아들 알키비아데스는 아테네군의 장군으로서 아르고스, 그밖의 동맹군을 동반하고 펠로폰네소스에 갔다. 그는 소수의 아테네 중무장병과 궁병을 거느리고, 그밖의 병력은 가는 곳마다 동맹도시에서 모아 이 병력으로 펠로폰네소스를 왕래했다. 파트라이인에겐 그들의 방벽을 해안선까지 연장할 것을 설득하고, 알키비아데스 자신도 요새를 아카이아의 리옴에 면해 쌓으려고 계획했지만, 코린토스・시키온 그밖에 이 요새로 괴로움을 당할 도시에 의해 공동으로 방해를 받아 소원을 이루지 못했다.

53. ①같은 해 여름, 에피다우로스와 아르고스 사이에서도 전쟁이 있었다. 아르고스측의 주장은, 아르고스가 관리하는 신역 피타스[56]의 아폴론 신전에 에피다우로스가 목지(牧地)에 대한 공납금의 납입을 게을리했다는 것이다. 그러나 이 주장은 별도로 치더라도, 가능하면 아르고스와 알키비아데스가 공동으로 에피다우로스를 빼앗아 코린토스에 대한 중립을 확보하는 동시에 아이기나 섬으로부터의 아테네 원군의 항주(航走) 거리를 스킬라이옴 반도를 회항하는 것보다 단축시킨다는 목적이 있었던 것이다. 그래서 아르고스는 공납금을 징수하기 위해 에피다우로스에 갈 준비를 단독으로 갖추었다.

54. ①때마침 이 무렵 라케다이몬인은 총력을 기울여 리카이옴

---
56) 이 피타스가 어느 곳을 가리키는지 분명치 않다.

산에 면한 국경에 있는 레욱트라(Leuctra)[57]에 출병했다. 라케다이몬의 왕 아르키다모스의 아들 아기스가 지휘를 맡고 있었다. 그러나 누구도 어디로 출정하는지 몰랐고, 공동 출병한 다른 도시 사람들조차 이에 대해서는 듣지 못하고 있었다. ②그러나 국경을 넘기 위한 희생식에서 불길하다는 점괘가 나와 라케다이몬군 자체는 귀국하고, 동맹군에게는 장래의 재출병에 대비하라고 통고했다. 그 다음달은 도리아족이 성월(聖月)로 여기는 카르네오스(Carneus) 달[58]이었다. ③그러나 아르고스군은 라케다이몬이 철수하자 카르네오스 달까지 나흘 남은 때에 출병해〔그들은 특히 이 날짜를 언제나 주장했다〕에피다우로스에 들어가 그곳을 불태웠다. ④에피다우로스는 그래서 동맹도시에 구원을 요청했지만, 어떤 도시는 성월을 이유로 들거나, 다른 도시는 에피다우로스 국경까지 와서도 아무 행동도 취하지 않았다.

55. ①아르고스군이 에피다우로스에 있는 동안에 아테네가 소집한 각 도시의 사절이 만티네아에 모였다. 그리고 회의가 시작되자, 코린토스인 에우파미다스는 언동의 불일치를 지적하고 평화를 논하기 위해 이 회의를 열면서 한편으로는 에피다우로스, 아르고스, 그 밖의 동맹도시는 서로 무기를 들고 싸우고 있으니 참석자들은 먼저 전장에 가서 각각의 전투를 중지시키고 나서 여기에 다시 돌아와 평화에 대해 이야기해야 한다고 말했다. ②그리고 이 주장이 통하자 그들은 전쟁터에 가서 아르고스군을 에피다우로스에서 철수시켰다. 그리고 그 후 그들은 다시 모였지만 합의점에 이르지 못하고, 아르

---

57) 보이오티아의 레욱트라 외에 스파르타 남서쪽의 메세니아에 면한 지점과 스파르타 북서쪽의 메가라폴리스령에 면한 지점에도 레욱트라가 있었는데, 여기서 레욱트라는 이 마지막 지점이다.
58) 8월경.

고스도 재차 에피다우로스에 침입해 그 땅을 유린했다. ⑨그래서 라케다이몬인도 카리아에(Caryae)[59]에 파병했지만 국경을 넘기 위한 희생식에서 흉하다는 점괘가 나와 귀국했다. 아르고스는 에피다우로스령의 약 3분의 1을 황폐화시키고 귀국했다. 알키비아데스를 우두머리로 하는 1000명의 아테네 중무장병도 라케다이몬의 출병 소식을 듣고 구원하러 왔지만 그럴 필요가 없어 귀국했다. 그리하여 여름은 끝났다.

56. ①겨울이 되자 라케다이몬은 아테네의 눈을 속이고 아게시피다스가 지휘하는 300명의 수비병을 에피다우로스에 파병했다. ②그래서 아르고스인은 아테네에 가서, 조약에 동맹국은 각각 자국령의 해역을 적국 선단이 항해하는 것을 허락해서는 안 된다는 항목이 있는 것을 지적하며 아테네를 비난했다. 그리고 그 대신 라케다이몬에 대해 아테네가 메세니아인과 농노를 필로스에 투입하지 않으면 아르고스에 불공평한 일이 행해진 것으로 간주하겠다고 말했다. ③그래서 아테네측은 알키비아데스의 주장에 따라 라코니아 조약이 새겨져 있는 돌비석 아래에 라케다이몬인이 서약을 깼다고 덧붙이고, 크라니오이에서 농노들을 데리고 나와 필로스에 투입시켜 그 지방의 물품들을 약탈하게 했다. 그러나 그 이상의 행동은 하지 않았다. ④이 해 겨울 동안 아르고스와 에피다우로스의 전쟁에서는 전면적인 전투가 보이지 않고 복병전과 유격전으로 시종일관해, 쌍방 모두 그 현장에 있었던 자들 중에서만 사상자가 났다. 봄이 멀지 않은 겨울 말경에 아르고스군은 사다리를 가지고 에피다우로스에 접근해 전쟁 때문에 허술해져 있는 곳을 찾아 시내로 밀고 들어가 그곳을 점령하려 했지만, 그것을 이루지 못하고 귀국했다. 이리

---

59) 스파르타 남쪽의 테게아 맞은편 지점.

하여 겨울은 끝나고, 전쟁 13년째도 지나갔다.

57. ①다음 여름이 반쯤 지난 무렵에 라케다이몬측은 동맹도시 에피다우로스가 곤경에 처해 있는 것을 보고, 또 다른 펠로폰네소스 도시가 분열되어 있어 상황이 용이하지 않다고 생각하고, 만약 이런 경향에 대해 선수를 치지 않으면 수습할 수 없는 상태에 빠져들리라 여겨 라케다이몬의 왕인 아르키다모스의 아들 아기스를 지휘관으로 삼고 농노도 포함된 전병력을 동원해 아르고스에 출격했다. ②그 일행에는 테게아인 외에 아르카디아 지방의 라케다이몬 동맹도시의 군대도 참가했다. 펠로폰네소스내의 라케다이몬 동맹군과 펠로폰네소스 바깥의 동맹군은 플레이우스(Phlius)[60]에서 합류했다. 보이오티아군은 중무장병과 경무장병을 각각 5000명, 기병과 혼기병(混騎兵)[61]을 각각 500명씩 파견하고, 코린토스는 2000명의 중무장병을 보냈다. 다른 도시도 각각 병력을 파견하고, 플레이우스는 군대의 합류지로서 전군이 그곳에 있었기 때문에 자군(自軍) 전체를 동원했다.

58. ①아르고스측은 라케다이몬의 이러한 움직임을 일찍부터 알고 있었지만, 뒤에 그들이 플레이우스에서 다른 병력과 합류하려는 의도가 명백해지자 비로소 출병했다. 만티네아군과 3000명의 엘리스 중무장병을 원군으로 받은 아르고스군은 ②아르카디아의 메티드리옴(Methydrium)[62]에서 라케다이몬군에 대해 저항에 나섰다. 그리고 양군은 각각 언덕을 점거하고 그곳에 웅거했다. 아르고스측은

---

60) 플레이우스는 시키온에 가까운 펠로폰네소스 북부 도시.
61) 혼기병이란 활과 화살로 무장한 보병으로, 기마를 동반하고 필요할 때는 그것을 타고 싸웠다.
62) 메티드리옴은 만티네아의 서부에 면해 있다.

라케다이몬이 다른 세력과 합류하기 전에 공격하려고 했지만, 아기스는 밤중에 야영을 철수하고 비밀리에 플레이우스로 건너가 동맹 병력과 합류했다. ③아르고스군은 새벽이 되어서야 그것을 알고 진(陣)을 떠나 먼저 아르고스 방면을 향하고, 그 뒤 라케다이몬군이 그 동맹군과 함께 지나리라고 예측되는 네메아 도로로 향했다. ④하지만 아기스는 이런 적의 움직임을 예측하고 이 도로를 이용하지 않고 라케다이몬군, 아르카디아군 및 에피다우로스군에 명해 다른 험로를 선택해 아르고스 평야로 내려갔다. 코린토스군·펠레네군 및 플레이우스군도 또한 다른 험로로 나아가고, 보이오티아군·메가라군·시키온군만이 아르고스군이 잠복해 있는 네메아 도로를 따라 진군하도록 아기스는 명했다. 그리고 아르고스군이 아기스 부대에 항전하기 위해 평야에 내려오는 것을 기다려 그 배후에서 기병대로 추격하라고 지시했다. ⑤이처럼 아기스는 지시를 내리고는 평야로 내려가 사민토스(Saminthus)[63] 및 기타 지점을 유린했다.

59. ①이것을 알게 된 아르고스군은 날이 완전히 밝은 뒤에 네메아 도로에서 떠나 방어전에 나섰다. 그 도중에 플레이우스, 코린토스 부대와 부딪쳐 아르고스군은 플레이우스군 소수를 살해했지만, 그 자신은 코린토스군 때문에 적지 않은 사상자를 냈다. ②보이오티아군, 메가라군 및 시키온군이 명령대로 네메아에 와보니 아르고스군은 이미 떠난 뒤였다. 아르고스군은 자국령이 황폐화되고 있는 것을 알고 평야로 내려와 전열을 펴고 있었기 때문이다. 라케다이몬측도 이것을 모방해 포진(布陣)했다. ③이리 되자 아르고스군은 적의 한가운데에 포위된 형국이 되고 말았다. 즉 평야로부터는 라케다이몬군과 그 동행 세력에 의해 아르고스 시와의 연락이 차단되

---

63) 사민토스의 지점은 확정되어 있지 않다.

고, 위쪽에서는 코린토스군, 플레이우스군 및 펠레네군이 육박하고, 배후의 네메아 도로는 보이오티아, 시키온 및 메가라의 세력으로부터 압박을 받는 결과가 되었던 것이다. 게다가 동맹군 중에서도 아테네군만이 도착하지 않아, 아르고스측에는 기병대가 없었다. ④하지만 아르고스와 그 동맹군 대부분은 그들의 처지가 그리 나쁘지는 않다고 생각하고, 도리어 라케다이몬군을 자신들과 아르고스 시 사이에 끼워넣었으므로 전세가 호전되리라 판단하고 있었다. ⑤그러나 아르고스의 다섯 장군 중 한 명인 트라실로스(Thrasylus)와, 아르고스의 라케다이몬 외국 대표인 알키프론(Alciphron) 두 사람은 바야흐로 양군이 일촉즉발의 상태에 접어들었을 때 아기스가 있는 곳으로 가 전투를 피할 것을 제안했다. 그리고 아르고스는 법적인 조정에 분쟁을 위탁할 준비가 되어 있다고 말하고, 만약 라케다이몬측이 아르고스에 요구하는 게 있으면 아르고스측은 이것을 정당하게 평가해 받아들이고 미래의 평화를 위해 조약을 체결하겠다고 말했다.

60. ①아르고스인들의 이 교섭은 독단적으로 한 것이지 전체 의견의 지시에 따라 행동한 것은 아니었다. 또 아기스도 개인적으로 이 교섭을 받아들이고는 이 문제와 관련하여 전체의 뜻을 묻지 않고 상층부 한 사람하고만 상의하고서 아르고스와 4개월간의 휴전협정을 맺고 이 기간 중에 아르고스측이 약속한 것을 실행하도록 했다. 그리고 동맹군들과 상의도 하지 않고 곧 군대를 철수시켰다. ②라케다이몬군 및 동맹군들은 군율(軍律)대로 그 지휘에 따랐지만 그들 사이에서 아기스를 비난하는 목소리가 높아졌다. 그들은 아르고스군을 공격할 절호의 기회였다며, 보병과 기병으로 아르고스군을 완전히 포위하고 있었는데도 이 정도의 준비에 적합한 행동을 아무것도 하지 않고 철수했다고 말했다. ③이는 여기에 모인 헬라스

군이 확실히 지금까지 중에서 가장 우수했다고 말할 수 있기 때문이었다. 요컨대 그들이 아직 네메아에 집합해 있었을 때의 광경은 실로 장관(壯觀)으로, 라케다이몬의 전병력·아르카디아군·보이오티아군·코린토스군·시키온군·펠레네군·플레이우스군·메가라군 등 각자의 정예병이 그곳에서 발견되었다. 그리고 그 실력은 아르고스 동맹을 더 배가시킨다 하더라도 이에 충분히 대항할 수 있다고 생각될 정도였다. ④이리하여 라케다이몬측은 아기스를 비난하면서 철수하여 각각의 나라로 돌아갔다. 한편 아르고스측도 전체의 의지를 무시하고 휴전협정을 결정한 자에 대해 불만을 품고 라케다이몬에 대항할 다시없는 좋은 기회를 놓쳤다고 생각했다. 즉 자기들 도시 근처에서 많은 우수한 동맹군의 원조를 얻어 전투를 전개할 수 있었다고 본 것이다. 그들은 귀로에 오르자 언제나 시내에 들어가기 전에 군법회의를 여는 카라드로스(Charadrus) 하상(河床)에서 트라실로스에게 돌을 던지기 시작했다. 트라실로스는 신전 제단으로 도망쳐 목숨을 구했다. 그러나 그의 재산은 물론 몰수되고 말았다.

61. ①그 후 라케스와 니코스트라토스를 지휘관으로 하는 아테네군이 1000명의 중무장병과 300명의 기병을 끌고 아르고스에 지원하러 갔지만, 아르고스인은 라케다이몬과의 협정만은 깨지 않으려고 아테네군에게 귀국하라고 요구하고, 또 아테네군이 의논하려 하는 것을 일반 공중(公衆) 앞에 공개하지 않았다. 그러나 아테네군은 아르고스에 있던 만티네아인과 엘리스인에 설득될 때까지 그 요구에 따르지 않았다. ②그래서 아테네측은 사절 알키비아데스의 입을 통해 동맹국의 동의 없이 다른 나라와 함부로 조약을 체결한 것은 부당하며, 게다가 아직 전쟁을 시작하기에 알맞은 시기가 지나버린 것은 아니므로 전쟁을 재개해야 한다고 아르고스와 그 동맹군에게 말했다. ③이 요구에 마음이 움직인, 아르고스를 제외한 아르

고스 동맹군들은 곧 아르카디아의 오르코메노스에 진주했다. 아르고스군은 아테네의 주장에 찬성하기는 했지만 처음에는 후방에 머물러 있었다. 그러나 뒤에 결국 동맹군과 합류했다. ④그들은 오르코메노스에 포진해 전면 포위하고는 공격을 퍼부었다. 오르코메노스를 특히 원한 것은 여기에 라케다이몬인이 아르카디아 포로를 유폐시켜놓았기 때문이다. ⑤오르코메노스측은 자신들의 방벽이 약한 것과 적의 수에 두려움을 품고, 게다가 구원의 희망도 없어 아르고스 동맹에 가입해 인질을 만티네아에 건네주고, 라케다이몬인이 그들에게 맡긴 아르카디아인을 인도하겠다는 약속을 한 다음 화평교섭을 성립시켰다.

62. ①그 후 오르코메노스를 접수하자 아르고스 동맹군은 다음으로 어느 도시를 칠 것인가 하는 문제를 놓고 회의를 열었다. 엘리스는 레프레옴을 주장하고, 만티네아는 테게아를 주장했다. 그리고 아르고스와 아테네는 만티네아의 주장을 지지했다. ②그리하여 엘리스군은 자신들의 주장이 표결되지 않은 데 분개해 귀국했다. 그러나 나머지 군대는 만티네아에서 테게아를 공략할 준비를 갖추고, 또 테게아 시내 내부에도 그들에게 내응하는 일파가 있었다.

63. ①그런데 아르고스에서 4개월 휴전협정 성립 후에 떠난 라케다이몬인은 아기스를 격렬히 비난하며 지금까지 가장 좋은 조건이었는데도 아르고스를 항복시키지 못했다고 말하고, 질적으로나 양적으로 이 정도의 동맹군을 모으기는 쉽지 않다고 보았다. 그리고 오르코메노스 함락 소식이 전해지자, 사람들의 분노는 점점 더 끓어올라 격정상태에서 전례를 무너뜨리고 아기스의 집을 부숴버렸으며 아기스에게 1만 드라크마의 벌금을 부과하려 했다. ②그러나 아기스는 이에 반대를 호소하며 그 보상은 전쟁에서의 활약으로 치

르겠다고 약속하고, 그래도 징벌을 가하고 싶으면 가하라고 말했다. 그래서 사람들은 가옥 파괴와 벌금 징수를 단념했지만 현실에 입각해 전례 없는 규정을 만들었다. 즉 10명의 스파르타인을 아기스의 막료로 삼고 그 막료의 승인이 없는 한 아기스는 군대를 본국에서 이끌고 출병할 수 없도록 했다.[64)]

64. ①마침 이러고 있을 때 테게아에 있는 라케다이몬파로부터 연락이 와, 라케다이몬군이 급히 출병하지 않으면 테게아는 라케다이몬측에서 이탈해 아르고스와 그 동맹도시측에 아직 참가하지는 않았지만 언제라도 참가하게 될 상황이라고 알려왔다. ②그래서 라케다이몬인은 때를 기다리지 않고 스파르타인이나 농노, 그밖의 모든 병력을 동원해 전에 볼 수 없었던 사기를 떨치며 테게아를 구원하러 떠났다. ③먼저 마이날로스(Maenalia)[65)]의 오레스테이옴(Orestheum)을 향해 진군하고, 아르카디아인으로 라케다이몬 동맹에 가담하고 있는 자들에게는 라케다이몬군 뒤에 바짝 붙어서 테게아로 가라고 명했다. 그리고 오레스테이옴에 올 때까지는 전병력을 거느리고 왔지만, 여기에서 라케다이몬 병력의 6분의 1에 해당하는 노년병과 청소년병을 본국 수비대로 돌려보내고, 나머지는 테게아에 도착했다. 그리고 곧 아르카디아 동맹군도 그곳에 왔다. ④라케다이몬측은 코린토스, 보이오티아, 포키스, 로크리스에도 연락해 급히 만티네아로 지원하러 와 달라고 요청해놓고 있었다. 이 요청이 갑작스러웠던 데다 서로 기다려 함께 모여서 중도에 가로막고 있는 적지를 통과해 오기란 쉽지 않았다. 그러나 어떻게든 뚫고 왔

---

64) 이것이 아기스에 대해서만 적용된 것인지, 또 어느 정도의 기간에 걸쳐 효력을 지녔는지 분명치 않다.
65) 마이날로스는 테게아 서쪽, 스파르타의 북서쪽에 해당하는 지점이다.

다. 이 사이에도 라케다이몬군은 도착해 있던 아르카디아 동맹군과 함께 만티네아 공격에 나서 헤라클레스 신전에서 숙영하며 그 땅을 유린했다.

65. ①이것을 본 아르고스와 그 동맹군은 험하고 견고한 지점을 차지하고 전열을 폈다. ②그래서 라케다이몬군은 곧 전진해 창이나 돌의 사정거리까지 왔지만, 그때 아기스의 막료 중 한 명이 아르고스군이 유리한 지점에 웅거하고 있는 것을 깨닫고 아기스에게 실패에 실패를 거듭할 생각이냐고 큰 소리로 외쳤다. 그 의미는 요컨대 그토록 비난을 받았던 아르고스로부터의 퇴각을 현재의 시기가 좋지 않은 돌진으로 보상할 셈이냐는 뜻이었다. ③이 소리를 들었는지, 혹은 다른 자의 의견을 들었는지, 또는 처음부터 이렇게 할 계획이었는지, 아무튼 아기스는 양전열이 접촉하기 전에 돌연 자기 군대를 급히 후퇴시켰다. ④그리고 테게아에 도착하자 강물이 만티네아로 흘러들어가도록 작업을 시작했다. 이 강물이 큰 피해를 주어 만티네아로 흐르는지, 테게아로 흐르는지 언제나 싸움의 원인이 되어왔던 것이다. 아기스는 아르고스측이 이 강물의 전류(轉流)공사를 중지시키고자 현재 있는 고지에서 내려오는 것을 노려 평지에서 전투를 벌이려 생각했다. ⑤그래서 아기스는 그곳에 하루 머무르며 강물의 전류공사를 지휘했던 것이다. 한편 아르고스와 그 동맹군측은 라케다이몬측의 전투 직전의 돌연한 후퇴에 깜짝 놀라 어떻게 해야 좋을지 판단할 수 없는 상태가 되었다. 그리고 라케다이몬측이 후퇴해 그 모습을 감추어도 아르고스측은 조용히 있으며 추격도 하지 않았다. 아르고스군은 그때서야 자신들의 지휘관을 비난하고, 지난번에는 아르고스 근교에서 요행히 잡은 라케다이몬군을 눈 뜨고 놓친 데다 이번에는 후퇴해 가는 라케다이몬군을 누구 한 사람 추적하는 자도 없어 그들은 유유히 구조되고, 아르고스군은 배

반당했다고 힐난했다. ⑩장군들은 그 순간은 당황해 할 뿐이었지만, 그 후 군대를 고지에서 평야로 인솔하여 적과 싸우려고 전열을 폈다.

66. ①그 이튿날 아르고스군과 그 동맹군은 적이 보이면 곧 전투를 시작하려고 포진하고 있었다. 그리고 라케다이몬군은 전류(轉流)작업장에서 철수해 전에 포진했던 헤라클레스 신전으로 돌아오자 적의 총병력이 이미 언덕에서 내려와 가까운 곳에 포진하고 있는 것을 발견했다. ②라케다이몬군은 단시간내에 응전 준비를 해야 했기 때문에 이제까지 경험한 일이 없을 정도로 놀랐지만 신속히 자기 위치에 서서 대열을 갖추고, 아기스 왕도 군율에 따라 각자에게 지시를 내렸다. ③즉 왕이 전투에 임할 경우 모든 지시는 왕에게서 나오기 때문으로, 왕의 명령은 먼저 사령관에게 전달되고, 사령관은 그 명령을 각 부대장에게 전달하고, 부대장은 그것을 오십졸장(五十卒長)에게, 오십졸장은 각각의 반장에게 이 명령을 전하게 되어 있다. ④그리고 명령 전달은 어떤 종류든 이 결정된 계통을 통해 신속히 전달되고, 극히 일부의 예외를 제외하고는 라케다이몬의 지휘 계통은 모두 상급장교에서 하급장교 순으로 전달되는 기구로, 많은 사람들의 책임에 의해 실제 행동이 수행되도록 되어 있었다.

67. ①이 전투에서 전열의 좌익은 스키리티스군이 차지했다. 라케다이몬군의 전열에서는 스키리티스인[66)]이 언제나 이 날개를 자신들의 힘만으로 지키게 되어 있었다. 그들 다음으로는 일찍이 브라시다스와 함께 있었던 트라키아 지방에서 온 부대가 새 시민 병사들과 나란히 전열에 서고, 그 뒤를 이어 라케다이몬군이 각 부대별

---

66) 스키리티스인은 라코니아 지역의 북쪽 끝에 있는 스키리티스 지대의 원주민이다.

로 늘어섰다. 라케다이몬군 옆에는 아르카디아의 헤라이아 부대가 늘어서고, 이에 뒤이어 마이날로스 부대가 서고, 우익은 테게아군이 차지하였다. 또 소수의 라케다이몬 부대가 최우익 끝을 지키고, 기병대는 양날개에 배치되었다. ④라케다이몬측은 이상과 같은 전열을 폈는데, 한편 아르고스측의 우익은 만티네아군이 차지했다. 그 이유는 전투가 만티네아 영내에서 행해지고 있기 때문이었다. 만티네아군과 나란히 아르카디아의 동맹군이 서고, 이에 뒤이어 아르고스의 정예 1000명이 늘어섰다. 이 아르고스군은 전투 요원으로서 아르고스의 공공 비용으로 장기간 훈련을 받은 부대였다. 이 부대 다음으로 나머지 아르고스군과 그 동맹군의 순서로 늘어서고, 그로부터 클레오나이군, 오르네아이군,[67] 그리고 마지막으로 아테네군이 자군의 기병대와 함께 좌익을 차지했다.

68. ①양군의 전열과 그 준비 태세는 이상과 같았다. 라케다이몬 쪽의 전열이 긴 듯 보였지만, 전체 병력수나 각 부대에 편성된 숫자를 분명히 기록할 수는 없었다. 왜냐하면 라케다이몬군의 수는 법적으로 비밀에 속하는 데다 사람들은 흔히 자기 군대수를 과시하는 경향이 있어 그 규모에 신뢰를 둘 수 없기 때문이다. 하지만 다음과 같은 계산으로 산출해보면 당시 라케다이몬군의 숫자를 대강 짐작할 수 있다. ②즉 스키리티스군의 600명을 제외하면 라케다이몬군은 7개 부대가 이 전투에 참여했는데, 한 부대는 4개의 오십졸 분대로 이루어져 있고, 한 오십졸 분대는 4개의 반으로 나뉘고, 그 하나의 반의 전열(前列)은 4명이 싸우게 되어 있다. 4인 1열의 전열(戰列)이 몇 열로 되는지는 경우에 따라 가지각색이고 각각의 반장의 판단에 따르는데, 아무튼 일반적으로 말해 8열을 넘는 일은

---

67) 클레오나이인, 오르네아이인은 아르고스 북방의 코린토스와의 국경 사이에 살고 있었다.

없었다. 그러므로 스키리티스군을 제외하고 제1열째의 총병력은 448명이었다.

69. ①그런데 그들이 마침내 전진하려 할 때가 되어 격려의 말이 각 세력마다 각각의 자국 지휘관에 의해 주어졌다. 만티네아군에게 이 전투는 조국의 운명이 달린 것이므로 획득한 이상 잃어버릴 수 없는 지배권을 위해서며 두 번 다시 예속당하지 않기 위해서라고 말하고, 아르고스군에게는 이 전투가 예로부터의 주권과 오랫동안 잃고 있었던 펠로폰네소스에서의 평등한 권리를 탈환하기 위해서며, 또 적과 이웃 나라의 부정을 벌하기 위한 싸움이라고 말했다. 그리고 아테네군에게는 많은 용감한 동맹군과 협력해 싸우며 뒤떨어지지 않는 것이야말로 영광이며, 라케다이몬에 이기면 아테네 제국의 안정과 확대가 약속되고, 누구도 아테네 영토를 침범하는 자가 없을 것이라고 말했다. ②아르고스와 그 동맹 세력 쪽에서 이상과 같은 격려의 말이 전해지고 있을 때, 한편 라케다이몬인은 각자 배우고 익혀온 진군가와 함께 서로 용기를 잊지 말라고 격려하고 있었다. 그들은 아무리 훌륭해도 짧은 말의 격려보다는 오랜 훈련의 결과인 실전 행동이야말로 훨씬 의지가 된다는 것을 알고 있었던 것이다.

70. ①그 후 양군의 전진이 시작되었다. 아르고스와 그 동맹군이 기세를 올리며 마구 전진해 오는 데 비해 라케다이몬군은 행동을 같이하고 있는 많은 피리 연주자들의 소리에 맞추어 천천히 전진했다. 이 피리는 종교적인 의미가 있는 것이 아니라 대회전(大會戰)에서 일어나기 쉬운 전열의 붕괴를 막고 같은 보조로 전원을 전진시키기 위해 사용되는 것이다.

71. ①양군이 접촉하기 일보 직전에 아기스 왕은 다음과 같이 행동할 것을 결정했다.[68] 즉 어떤 전열에서도 일어나는 일이지만, 적과 접촉하기 위해 전열을 전진시키면 전열의 우익이 보다 오른쪽으로 치우치는 경향이 있어 양전열 모두 적의 좌익을 에워싸는 형태가 되어버린다. 이 원인은 무방비 상태인 우반신을 바로 옆의 병사의 방패로 가리려는 마음에서 오는 것으로, 빈틈없이 자기 오른쪽에 있는 사람과 접해 있으면 조금이라도 위험을 막을 수 있으리라 생각하기 때문이다. 이런 움직임을 일으키는 책임은 최우익의 제1열에 서는 자에게 있으며, 그것은 자신의 무방비 상태인 우반신을 되도록이면 적으로부터 멀리하려 하기 때문이다. 그리고 다른 사람도 이와 똑같은 공포심에서 이 움직임을 따르게 된다. ②이번 전투에서도 만티네아군은 스키리티스군의 날개를 훨씬 넘어서버리고, 제일 병력수가 많은 라케다이몬군과 테게아군은 아테네군의 날개에서 밀려나왔다. ③그래서 아기스는 라케다이몬군의 좌익이 포위될까 두려운 데다 만티네아군이 너무 옆으로 튀어나와 있어, 스키리티스군과 브라시다스군에 신호를 보내 만티네아의 날개 정면까지 움직이도록 명령했다. 그리고 또 이 움직임에 의해 생긴 공간을 우익에서 사령관 히포노이다스(Hipponoidas)와 아리스토클레스가 지휘하고 있는 두 부대를 이동시켜 충당하려고 했다. 이 움직임은 아기스에겐 라케다이몬군의 우익은 아직 여력이 있고, 만티네아에 대한 보강 작업도 가능하리라 생각되었기 때문이다.

72. ①그러나 이 명령이 돌격 직전에 내려져, 아리스토클레스와 히포노이다스는 움직이려 하지 않았다. 그리고 이 때문에 뒤에 두 사람은 비겁한 행위를 했다는 죄목으로 스파르타에서 망명했다.[69]

---

68) 돌연 계획을 변경하는 것이 아기스 왕의 성격이었을까? 본권 제 16장 60 및 65를 참조할 것.

그런데 이 부대가 움직이지 않는 것을 알게 된 아기스 왕은 다시 스키리티스군에게 뒤로 돌아가 공간을 메우라고 명했지만, 적이 쇄도해 오는 바람에 스키리티스군은 미처 그 공간을 메울 수가 없었다. 그러나 이런 작전상의 실수는 있었지만, 이때 보여준 라케다이몬의 용감성은 적에 조금도 뒤떨어지지 않았다. ③백병전이 벌어지자 만티네아군의 우익은 스키리티스군과 브라시다스군을 격파했다. 만티네아의 주력 부대와 그 동맹군 및 1000명의 아르고스 정예병은 라케다이몬 전열의 비어 있는 틈으로 돌입해 라케다이몬인을 쓰러뜨리고 포위하고 추적하고, 또 마바리(짐을 실)의 집결 지점까지 압박하고 그곳을 지키고 있던 노년병까지 살해했다. ④라케다이몬의 좌익은 이처럼 여지없이 패해 다시 일어나지 못하고 있었지만, 다른 날개는, 특히 아기스 왕과 삼백기사[70]라 불리는 그 수하가 있는 중앙에서는 아르고스측의 노년병 부대와 5부대[71]로 불리는 일단, 클레오나이군·오르네아이군 및 이 옆에 늘어선 아테네군 등을 곧 패주시켰다. 많은 자들이 교전하지도 않고 처져 라케다이몬군이 육박해 오면 곧 그 자리에서 물러나고, 심지어 잡히기 전에 적의 발길에 짓밟히는 자까지 있었다.

73. ①한쪽에서 아르고스군과 그 동맹군이 붕괴되자 아르고스측 전열은 이분되고, 라케다이몬군과 테게아군이 옆으로 나온 날개로 아테네군을 포위해, 아테네군은 포위군측과 라케다이몬군에 이미

---

69) 국외 망명이 징벌이었는지, 징벌을 피해 망명한 것인지 분명치 않다.
70) 삼백기사라는 이름이긴 하지만 이것은 보병 부대로 왕의 호위대였다. 아마 옛날에는 말을 타고 왕의 신변에서 싸웠던 수장(首長)의 일단이 변화한 것이리라.
71) 5부대에 대해서는 아무것도 알려진 것이 없다.

격파돼버린 양측에서 위협을 받게 되었다. 그리고 만약 아테네군이 기병대를 갖지 않고 그것을 이용할 수 없었다면, 아테네군은 가장 큰 피해를 입었을 것이다. ②아기스 왕은 만티네아군과 아르고스 정예병 1000명에 대항하고 있는 자군의 좌익이 고전하고 있는 것을 알고, 전군에 패색이 짙은 날개 쪽으로 가라고 지시했다. ③이 지시 때문에 라케다이몬측 병력이 아테네군에서 방향을 바꾸어 옆으로 벗어나주었기 때문에 아테네군은 도망칠 여유를 갖고, 패배한 아르고스군도 아테네군을 뒤따랐다. 이 사이에 만티네아군과 그 동맹군 및 아르고스 정예병은 이젠 적군을 압박하기는커녕 아군의 패배와 라케다이몬군이 총공세를 펴오는 것을 보고 방향을 바꿔 도주했다. ④만티네아군에서는 많은 사상자가 나왔지만, 아르고스 정예병 대부분은 구조되었다. 그것은 이 도주와 철수가 결코 격렬하지도 또 오래 지속되지도 않았기 때문이다. 라케다이몬측은 적이 퇴각할 때까지는 집요하게 공격했지만, 일단 퇴각하기 시작하자 시간적으로도 거리상으로도 얼마 지나지 않아 추격을 포기했다.

74. ①이 전투 양상은 이상의 기술(記述)과 그다지 차이가 나지는 않는다. 그리고 이것은 오랫동안 가장 유력한 도시가 결집해 싸운 헬라스 최대의 전투가 되었다. ②라케다이몬군은 적의 시체 바로 앞에 적의 무기로 곧 전승총을 쌓고, 시체에서 물품을 빼앗았으며, 자군의 전사자를 모아 테게아로 옮겨 그곳에 묻고, 적군의 시체를 휴전협정하에 반환했다. ③사상자의 수는 아르고스군·오르네아이군·클레오나이군을 합해 700명, 만티네아군은 200명, 아테네군 및 아이기나군을 합해 200명이었다. 그리고 아테네의 장군 2명도 전사했다. 라케다이몬 동맹군의 손해는 언급할 필요가 없을 정도로 적었으며, 라케다이몬군 자체의 손실에 대해서는 진상을 알기가 곤란했지만 300명 안팎으로 알려졌다.

제16장 79

75. ①이 전투가 일어나기 바로 전에 라케다이몬의 또 한 명의 왕인 플레이스토아낙스가 노년병과 청년병을 이끌고 구원하러 왔지만, 테게아에 도착하기 전에 승리의 소식을 듣고 귀국했다. ②또 라케다이몬인이 요청했던 코린토스군 및 '지협' 너머의 동맹군도 귀환시켰다. 그리고 라케다이몬군 자체도 귀국하고, 마침 계절도 카르네이아(Carnea) 제례 때에 해당되어 그 제의(祭儀)를 지켰다. ③이리하여 라케다이몬인은 스팍테리아 섬 방어 실패 및 그밖의 실수, 지연 사고 등 때문에 헬라스인으로부터 받아왔던 유약하다는 비방과 과거의 오명을 이 일전으로 완전히 불식했다. 즉 그들은 한때 불우한 처지에 말려든 것처럼 보였을망정 그들의 의지는 결코 흔들리지 않았던 것이다.

④이 전투 전날 에피다우로스인은 전병력을 동원해 경비가 허술해져 있는 아르고스를 침입해 저항에 나선 아르고스의 잔여 수비대를 다수 살해했다. ⑤만티네아를 원조하러 전투 뒤에 도착한 엘리스 중무장병 3000명과 아테네군 증원부대 1000명은 전동맹군과 함께 곧 에피다우로스에 공격을 가하고, 라케다이몬인이 카르네이아 대제의 제례를 지키고 있는 사이에 일을 분담해 에피다우로스의 포위벽을 구축하기 시작했다. ⑥다른 세력들은 공사를 중단하고 쉬었지만, 아테네만은 주어진 부분인 헤라이옴(Heraeum) 곳을 둘러싸는 방벽 구축공사를 곧 완성했다. 이 방벽에 전군에서 선발된 합동 수비대를 둔 뒤에 다른 부대는 각각의 나라로 돌아갔다. 그리고 이 해 여름은 끝났다.

76. ①겨울이 되자 라케다이몬군은 카르네이아 대제[72]가 끝나

---

72) 카르네이아 대제는 8월 전후에 열리기 때문에 겨울이 되기 훨씬 전에 끝나고 있으므로, 이 기사는 약간 논리에 맞지 않는 느낌을 준다.

곧 출병하여 테게아에 오자 아르고스에 화평교섭을 타진하는 의사를 전했다. ②여름 전투 이전부터 아르고스에는 반(反)공민파가 있어 아르고스 시내의 공민파 타도를 계획하고 있었는데, 이 전투 뒤에 점점 더 그 세력이 신장되어 라케다이몬파의 화평안에 다수를 납득시킬 수 있게까지 되어 있었다. 그들은 먼저 라케다이몬과 휴전조약을 체결하고 나서 동맹조약을 성립시키고, 그런 연후에 공민파를 압박하려 했다. ③그래서 라케다이몬의 아르고스 외국 대표인 아르케실라오스의 아들 리카스가 전쟁이 계속될 경우의 조건과 화평이 성립될 경우의 조건, 즉 두 가지 조건을 가지고 라케다이몬으로부터 아르고스에 왔다. 마침 아르고스에는 알키비아데스가 있어 뜨거운 논전이 벌어졌지만, 결국 이제는 이미 라케다이몬측에 서서 공공연히 행동하는 자들의 의견에 눌려, 아르고스는 라케다이몬의 화평교섭을 받아들이기로 했다. 그 조약문은 다음과 같다.

77. ①라케다이몬 국회는 아르고스에 대해 다음과 같이 협정을 체결할 것을 결의한다.

  1) 아르고스는 오르코메노스에 아동을 반환하고, 마이날로스에는 성인을 반환한다.

  2) 에피다우로스에서 철병하고, 포위벽을 철거할 것. ②아테네군이 에피다우로스의 철수를 거부할 경우 아테네는 아르고스 및 라케다이몬, 아르고스 동맹도시 및 라케다이몬 동맹도시의 적국으로 간주된다.

  3) ③라케다이몬이 인질 아동을 보유한 경우에는 각 도시에 그것을 반환한다.

  4) ④신에 대한 희생에 관해서는 아르고스가 희망하면 에피다우로스에 서약을 맡기고, 이것을 바라지 않으면 아르고스 단독으로 거행한다.

  5) ⑤펠로폰네소스내의 도시는 그 크고 작음에 관계없이 전통에 따라 모든 주권을 인정한다.

6) ⑥만일 침해 목적을 가지고 펠로폰네소스 바깥 도시가 펠로폰네소스에 들어온 경우에는 본협정에 가입한 도시가 일치하여 펠로폰네소스에 가장 정당한 방법을 이용해서 이것을 격퇴해야 한다.

7) ⑦라케다이몬의 동맹도시로 펠로폰네소스 바깥에 있는 도시도 라케다이몬과 평등한 권리를 지니며 각 도시 고유의 소유권을 인정한다.

8) ⑧본협정은 동맹도시에 제시되고 동의를 얻은 뒤에 성립된다. 또 동맹도시가 필요하다고 인정할 경우에는 각 도시의 본국에 협정문을 발송한다.

78. ①이 협정은 먼저 아르고스에 의해 받아들여지고, 이어서 라케다이몬군도 테게아에서 철수하여 귀국했다. 그 후 상호교섭이 이루어지고, 이윽고 아르고스의 같은 일파가 아르고스를 만티네아, 아테네, 엘리스 등과 맺은 동맹에서 탈퇴시키고 라케다이몬과 동맹조약을 맺었다. 그 조문은 다음과 같다.

79. ①라케다이몬 및 아르고스는 다음과 같은 조건으로 50년 동맹조약을 체결한다.

1) 양국간의 분쟁은 양국의 전통에 따라 공평하고 평등한 입장에서 법적인 판결에 맡긴다.

2) 펠로폰네소스내의 도시는 화평 및 동맹조약에 가입할 수 있다. 이들 도시는 주권과 독립이 인정되고, 또 각 도시 고유의 소유권이 인정되며, 각 도시 사이의 분쟁은 당사국의 전통에 따라 공평하고 평등한 입장에서 법적인 판결에 맡긴다.

3) ②펠로폰네소스 바깥에 있는 라케다이몬 동맹도시는 라케다이몬과 동등한 권리를 지니고, 아르고스의 동맹도시도 아르고스와 동등한 권리를 지닌다. 그리고 각 도시 고유의 소유권이 인정된다.

4) ③공동 출병이 필요할 때에는 본동맹도시에 가장 옳다고 판단되는 것을 라케다이몬과 아르고스가 합의해야 한다.

5) ④펠로폰네소스 내외를 불문하고 국경 분쟁, 그밖의 문제가 일어

낮을 경우에는 법적인 판결에 맡긴다. 어떤 도시의 동맹도시가 다른 도시의 동맹도시와 분규을 일으켰을 경우에는 양도시와 공평한 입장에 있는 제3의 도시에 조정을 위탁해야 한다. 개인은 각 소속 도시의 관습에 따라 재판받아야 한다.

80. ①화평조약 및 이 동맹조약이 성립되자, 전투 또는 그밖의 수단으로 획득한 것을 쌍방 모두 서로 해방시켰다. 이리하여 서로 공동으로 행동하게 되자, 쌍방은 아테네가 펠로폰네소스내의 성채에서 떠나지 않는 한 아테네로부터의 사절을 받아들이지 않기로 공동 의결하고, 또 개전도, 평화도 양자 공동으로 결정하기로 약속했다. ②그리고 양자는 열심히 모든 일을 진행시켜, 트라키아 지방이나 페르디카스 양쪽에 사절을 보내 페르디카스를 자기들 동맹에 가입시키려고 설득했다. 그러나 페르디카스는 곧 아테네와 손을 끊지 않고 아르고스의 태도를 살피고 나서 그렇게 하려고 생각하고 있었다. 페르디카스의 가계(家系)는 아르고스에서 나오고 있었다. 라케다이몬과 아르고스는 칼키디케인과 옛 맹세를 갱신하고, 다른 도시와도 서약을 주고받았다. ③또 아르고스는 아테네에 사절을 보내 아테네군의 에피다우로스 성채 철수를 요구했다. 아테네측은 자군 수비대가 다른 도시에 비해 수적으로 열세인 것을 인정하고 데모스테네스를 파견해 자군 수비대의 철수를 명했다. 그래서 데모스테네스는 경기 제례를 요새 바깥에서 행할 준비를 갖추고, 이것을 평계로 성채에서 아테네군을 데리고 나온 후 성채의 문을 닫았다. 뒤에 아테네 자체에서 에피다우로스와 강화조약을 재서약했다.

81. ①아르고스의 동맹 탈퇴 뒤에 만티네아는 당분간은 버티고 있었지만 아르고스를 잃고는 아무 일도 할 수 없어 결국 라케다이몬에 굽히고 그 동맹도시가 되어, 자신의 다른 도시에 대한 지배권

을 단념했다. ⑥라케다이몬인과 아르고스인은 각각 1000명의 중무장병을 공동으로 파견하고, 라케다이몬군은 먼저 시키온에 가서 과두정권을 수립했다. 그 후 아르고스군과 라케다이몬군은 합류해 아르고스의 공민정권을 쓰러뜨리고 여기에도 라케다이몬에 형편 좋은 과두정권을 수립했다. 이상의 사태는 봄이 가까워지는 겨울 끝무렵에 일어난 사건이었다. 그리고 이번 대전 제14년째가 끝났다.

82. ①여름이 되자 아토스 반도의 디움 시가 아테네 동맹에서 탈퇴하여 칼키디케 동맹에 가담하고, 라케다이몬은 아카이아의 정체를 형편 좋게 고쳤다. ②아르고스의 공민파가 서서히 세력을 모으고 활발해져 라케다이몬인의 김노파이디아(Gymnopaediae)[73] 제례 때를 기해 과두파를 습격했다. 시가전 뒤에 공민파가 주도권을 장악하고 과두파의 일부를 살해하고 다른 자들은 추방했다. ③라케다이몬측은 오랫동안 아르고스 동지의 요청을 방치하고 출병하지 않았는데, 그때서야 겨우 김노파이디아 제례를 중단하고 구원대를 파견했다. 그리고 테게아에서 아르고스의 공민파가 승리했다는 소식을 듣고 아르고스에서 살아 도망쳐 온 자들의 간청이 있었지만 테게아에서 전진할 것을 거부하고 귀국한 뒤 김노파이디아 제례를 속행했다. ④뒤에 아르고스 시내의 공민파로부터도, 시외로 추방된 자들로부터도 사절이 라케다이몬에 왔다. 그리고 마침 그곳에 와 있던 라케다이몬 동맹도시 대표들과 공동으로 격론을 벌였지만, 결국 라케다이몬은 아르고스 시내에 있는 공민파가 부당한 행위를 했다고 인정하고 아르고스에 출병하기로 결의했다. 그렇지만 라케다이몬은 즉시 출병을 망설이고 실제 행동으로는 좀체 옮기지 않았다. ⑤한편 아르고스의 공민파는 이 사이에 라케다이몬에 대한 공포심에

---
73) 7월경이다. 이 제례에는 체조 경기가 있고, 이 기간에 스파르타인이 국외에 있는 것은 금지되었다.

서 아테네에 다시 접근해 동맹교섭을 시작했다. 이런 움직임을 보인 이유는, 자신들에게는 아테네가 최대의 원조자라는 것을 잘 알고 있었기 때문이다. 또 아르고스인은 바다를 향해 장벽(長壁)[74]을 구축하기 시작했는데, 만약 라케다이몬군에 의해 육지가 봉쇄될 경우에는 아테네의 원조로 필수품의 해상 수급에 의존하려고 했던 것이다. ⑥펠로폰네소스 도시 중에도 이 장벽 구축에 찬성하는 도시가 있었다. 그리고 아르고스는 전력을 집중하고 부녀자·노예까지 동원해 장벽 공사에 참여시키고, 아테네에서는 목수·석공을 보내왔다. 그리고 이 해 여름은 끝났다.

83. ①겨울이 되자 이 장벽 공사를 알게 된 라케다이몬군은 코린토스를 제외한 전동맹군과 함께 아르고스에 출병했다. 그리고 아르고스 시내에는 그들에게 내응하는 자들이 있었다. 이 군대의 지휘는 라케다이몬의 왕 아르키다모스의 아들 아기스가 맡았다. ②예기된 시내로부터의 내응은 불발로 끝났지만, 라케다이몬군은 장벽을 점거하여 그것을 무너뜨리고, 아르고스의 히시아이[75]를 빼앗은 뒤에 사로잡은 자유민을 모두 죽이고 라케다이몬으로 돌아가 각각의 나라로 군대를 해산시켰다. ③그 후 아르고스군은 플레이우스를 습격하고 이 땅을 유린한 뒤 철수했다. 그 이유는, 플레이우스가 아르고스의 추방자들을 받아들이고 추방된 많은 자들이 그대로 그곳에 살고 있었기 때문이다. ④이 해 같은 겨울에 아테네군도 마케도니아군을 포위하고 있었다. 그 이유는, 페르디카스가 아르고스와 라케다이몬과 서약을 주고받고, 아테네가 칼키디케 지방에 대해 출병을 준비하고 트라키아·암피폴리스 등에 니케라토스의 아들 니키

---

74) 이 장벽의 길이는 약 7킬로미터였다고 한다.
75) 아르고스에서 테게아로 향하는 도로 중간에 있고, 아르카디아와의 경계선 가까이에 있다.

아스가 장군이 되어 공격할 때 페르디카스가 동맹군을 배반하고, 특히 전열을 포기했기 때문이었다. 그 때문에 페르디카스는 아테네의 적이 된 것이다. 이리하여 이 해 겨울은 끝났다. 그리고 이번 대전의 제15년째도 종료되었다.

제 17 장
전쟁 17년째 해 — 멜로스 회담 — 멜로스의 파멸

84. ①여름이 되자 알키비아데스는 20척의 배를 거느리고 아르고스에 가서 라케다이몬측에 호감을 갖고 있는 것으로 보이는 아르고스인 300명을 체포했다. 그리고 이 포로를 아테네가 지배하는 가까운 섬에 유폐시켰다. 또 아테네인은 멜로스 섬에도 아테네 배 30척, 키오스 배 6척, 레스보스 배 2척을 갖고 갔다. 이 선단에는 아테네 중무장병 1200명, 궁사병(弓射兵) 300명, 기사병(騎射兵) 20명과 동맹군 및 섬나라 도시국가에서 온 중무장병 1500명이 참가하고 있었다. ②멜로스인은 본래 라케다이몬의 이주민이고, 아테네에 다른 섬나라 도시국가들처럼 굴복하려 하지 않고 처음에는 중립을 견지하며 평화를 지키고 있었지만, 뒤에 아테네의 압박을 받고 땅이 유린되어 명백한 전투상태에 들어갔다. ③아테네군은 그래서 앞서 말한 장비를 갖고 멜로스 섬에 출병했지만, 섬에 해를 주기 전에 먼저 교섭을 하기로 했다. 그리하여 아테네 장군 리코메데스의 아들 클레오메데스(Cleomedes)와 티시마코스(Tisimachus)의 아들 티시아스(Tisias)는 사절단을 멜로스 섬에 보냈다. 멜로스인은 이 사절단이 대중 앞에 서는 것을 원하지 않고, 정부 요인과 과두파에 그 요구 사항을 말할 것을 명했다.

제 17 장   87

85. ①그래서[76] 아테네 사절단은 다음과 같이 말했다. "우리의 연설의 중단을 허용하지 않고, 또 제약을 받지 않는 호소력 있는 논리에 대중이 미혹당하면 안 된다는 우려에서 이 회담이 공개되지 않는 것이므로 —— 요컨대 이런 생각 때문에 소수의 회담장으로 끌고 들어왔다고 우리는 이해하고 있으므로 —— 참석한 여러분은 더욱 냉정히 판단하기 바랍니다. 그리고 여러분도 조건을 하나로 묶어 연설하지 말고 우리에게 부당한 발언이 있을 경우에는 그때마다 곧 반박하기 바랍니다. 먼저 이 발언에 만족하는지 회답해주기 바랍니다."

86. ⓪멜로스 위원단은 답하여 말했다. "조용히 서로의 견해를 교환하는 정당성에 대해서는 어떠한 의문도 품을 여지가 없습니다. 그러나 전쟁이 이미 기정 사실이며 미래의 일이 아닌데, 조용히 서로의 의견을 교환한다는 여러분의 뜻은 모순된 듯합니다. 즉 이 논의의 재판관으로 여기에 와 있는 것이며, 우리가 당연한 결과로 논의에서 이기더라도 우리가 양보하지 않으면 여러분은 전쟁을 일으키고, 굴복하면 우리에게 예속을 강요할 뿐일 것이기 때문입니다."

87. ⓪아테네 사절단 : "만약 여러분이 눈앞의 사실을 전제로 멜로스의 존망에 대해 협의할 목적이 아니라 뭔가 장래의 의문점을 해명하고자 이 회의에 임했다면 우리는 이 교섭을 중지할 것입니다. 그러나 전자에 대해서라면 우리는 서로 이야기할 용의가 있습니다."

88. ⓪멜로스 위원단 : "이런 상태에 놓이면 여러 가지 표현이나 생각에 의존하는 것은 당연하며 또 허용되는 것입니다. 그러나

---

76) '멜로스 회담'에 관해서는 해설을 참조할 것.

본회담은 멜로스의 존망과 관련하여 열린 것이므로 여러분의 주장하는 방법이 옳다고 생각되면 그대로 회담을 진행시키십시오."

89. ⓛ아테네 사절단 : "우리가 현재 여기에 와 있는 것은 무슨 대의명분이 있기 때문이 아닙니다. 예컨대 페르시아 격퇴의 공을 가지고 우리의 지배가 당연하다고 하거나, 위해를 받았기 때문에 그 보복을 하러 왔다는 그런 이유를 우리는 갖고 있지 않으며, 또 그것은 아무리 말해도 불신을 받을 뿐일 것입니다. 또 이와 마찬가지로 여러분은 라케다이몬의 이민(移民)이면서도 그 전투행위에 가담하지 않았다든가, 우리에게 아무 부당한 행위도 하지 않았다는 것을 방패로 삼아 우리를 설득하려 한다면 그런 여러분을 상대할 생각도 우리에겐 전혀 없습니다. 우리가 교섭 상대로 여러분에게 기대하는 것은, 여러분이 우리를 설득하기 위해서는 약육강식의 원칙과, 객관적인 인간 이성의 논리적 필연성이 정의라고 보는 원칙에 따르고, 쌍방이 희망하는 것을 명시할 필요가 있음을 여러분이 알고 있는 것입니다."

90. ⓛ멜로스 위원단 : "우리가 믿건대 유리한 것은——정의에 위반되더라도 여러분이 이해론(利害論)을 고집하므로 유리해진다는 것을 우리도 말하지 않으면 안 되겠는데——, 여러분도 공동의 이익을 해치지 않는 것입니다. 그러나 위험 속에 놓여 있는 자가 어떤 도리에 맞지 않는 것이라도, 모든 것을 이용해 상대를 설득하려는 것은 정당하며 당연한 일입니다. 이 문제가 여러분과 크게 관계가 되는 것은, 여러분이 패해 심한 보복을 받을 때 여러분 자신이 다른 데에 좋은 본보기를 보이게 될 것이기 때문입니다."

91. ⓛ아테네 사절단 : "우리의 지배권에 설사 종말이 오더라도

그 종말을 생각해 동요할 우리가 아닙니다. 다른 지배국은, 라케다이몬조차도 패자에게 그리 큰 위협은 되지 못하며, 더군다나 우리는 지금 라케다이몬을 상대로 하고 있는 것이 아닙니다. 두려워해야 하는 것은 오히려 우리 지배하의 속국이 강대해져 지배자에게 맞서는 것입니다. ⑫그러나 이 문제는 우리에게 그 위험을 맡겨주기 바랍니다. 우리가 여기에 온 것은 우리 지배권의 이익을 위해서며, 또 이 회담은 귀도시의 존망을 논의하기 위해서라는 두 가지 점을 명백히 해두고 싶습니다. 힘들이지 않고 여러분을 지배하에 두는 것이 우리의 관심사며, 또 쌍방에 이익을 가져올 여러분의 안녕도 희망하고 있습니다."

92. ⓐ멜로스 위원단 : "여러분의 지배에 굴복하는 것이 어째서 우리에게 좋은 일이 될 수 있습니까?"

93. ⓐ아테네 사절단 : "요컨대 여러분은 무서운 피해를 입기 전에 투항할 수 있고, 우리는 여러분을 해치지 않고 이익을 얻을 수 있기 때문입니다."

94. ⓐ멜로스 위원단 : "여러분은 우리가 중립국으로서, 적이기보다는 우호국으로서 어느 진영에도 가담하지 않고 있는 상태를 인정할 수 없습니까?"

95. ⓐ아테네 사절단 : "그럴 수 없습니다. 약자의 호의는 강자의 호의보다 우리에게 피해를 주고, 피지배자는 강자에 대한 증오로 그 강자의 큰 힘을 알아차리는 것입니다."

96. ⓐ멜로스 위원단 : 여러분이 지배하는 나라들이 여러분과는

무관한 도시와, 여러분의 식민도시면서 일단 모반하여 진압된 많은 도시를 여러분이 동일시하는 것을 정당하다고 생각하겠습니까?"

97. ⓐ아테네 사절단 : "정의라는 점에서는 어느 쪽도 다를 것이 없다고 생각할 것입니다. 그러나 독립을 유지할 수 있는 것은 그 도시의 실력 때문이며, 우리도 그 점을 두려워하여 공격하지 않는 것이라고 이해할 것입니다. 우리의 안전은 속국을 늘리고 다른 도시를 정복함으로써 보장되기 때문에, 여러분이 다른 섬나라 도시국가보다 약한 이상 독립을 유지할 수 없다면 굴복하게 될 것입니다."

98. ⓐ멜로스 위원단 : "여러분의 안전은 우리의 정책 속에서도 보장되지 않겠습니까? 아무튼 여러분은 우리가 도덕적인 견지에서 말하는 것을 금하고 여러분에게 이익이 될 것만을 요구하므로, 여러분에게 이익이 되는 것과, 우리가 제창하는 우리의 이익이 어떻게 일치하는지를 여러분에게 납득시켜드려야 하겠습니다. 요컨대 현재의 중립도시들이 이 사건을 알고 모두 자신들에게도 여러분이 조만간 공격해 오리라 생각한다면, 그들이 여러분을 적대시하지 않을 수 있겠습니까? 무엇 때문에 지금보다 더 적을 늘리고, 적이 되고 싶어하지 않는 자까지도 본의 아니게 적 쪽으로 몰아넣을 필요가 있겠습니까?"

99. ⓐ아테네 사절단 : "우리는 육상 세력을 압박하지 않으므로 그들도 우리를 경계하는 데 주의를 기울이지 않고 그들 또한 우리에게 위협이 되지 않는다고 생각합니다. 하지만 여러분처럼 해상 세력이면서 강자의 압력에 굴복하지 않고 그에 민감한 도시야말로 위협이 된다고 생각합니다. 요컨대 이런 도시에는 논리가 통하지

않고, 그들은 자기 자신들뿐만 아니라 우리까지도 위험한 상태에 몰아넣기 때문입니다."

100. ①멜로스 위원단 : "과연. 그러나 여러분은 제국을 유지하기 위해, 또 피지배국은 그 지배의 멍에를 벗어나기 위해 그 정도로까지 큰 위험을 감수한다면, 아직 자유로운 상태인 우리가 할 수 있는 모든 일을 다해 예속화에 저항하지 않는 것은 의롭지 못하고 비겁한 일일 것입니다."

101. ⓪아테네 사절단 : "아니, 잘 생각하면 그렇지 않을 것입니다. 여러분은 우리와 대등한 입장에서 체면을 걸고 무용(武勇)을 다투고 있는 것이 아니라, 오히려 훨씬 강대한 자와 다툴 필요가 없도록 여러분 도시의 존망에 관한 회의를 열고 있기 때문입니다."

102. ⓪멜로스 위원단 : "그러나 전쟁이라는 것은 양적인 우열보다 운에 지배되는 일이 많은 것을 우리는 알고 있습니다. 게다가 굴복은 곧 절망을 의미하지만, 저항 행동에는 아직 희망이 확실히 보존되어 있습니다."

103. ⓪아테네 사절단 : "희망은 위기의 위안자입니다. 힘에 여유가 있는 자가 희망을 갖는다면 해를 입을지언정 멸망하는 일은 없을 것입니다. 그러나 모든 것을 희망에 거는 자는 [희망이란 그 성격상 과장되게 마련이므로] 꿈이 깨졌을 때 그 실체를 깨닫고서 경계하려 할 때에는 이미 희망도 사라져버리고 없는 것입니다. ②여러분의 도시는 약하고, 또 그 운명은 바로 여러분 자신의 생각에만 달려 있으므로 재난을 피할 방법을 잘 생각할 필요가 있습니다. 따라서 여러분은 되도록이면 힘을 다하지 않고 사태의 압력 앞에서

이젠 도리없다고 체념해버리고, 희망을 점괘나 예언에서만 찾으려다 파멸을 초래한 많은 사람들과 같은 전철을 밟아서는 안 될 것입니다."

104. ⓐ멜로스 위원단 : "여러분도 잘 알고 있으리라 생각하지만, 여러분의 힘과 행운 앞에서는 같은 힘과 행운을 부여받지 않는 한 도저히 대항할 수 없다는 것을 우리는 알고 있습니다. 그러나 우리는 청렴결백하며 불의에 직면해 있기 때문에 여러분과 같은 좋은 행운을 신들께서 우리에게 허락해주시리라 믿습니다. 그리고 또 우리가 열세에 놓여 있는 힘의 측면은 맹방인 라케다이몬인이 보충해줄 것입니다. 즉 라케다이몬인은 우리가 그들과 같은 부족이라는 사실과 의무감에서 무슨 일이 있든 우리를 구원하지 않으면 안 될 입장에 있기 때문입니다. 이처럼 우리는 무턱대고 전혀 이치에 맞지 않게 대담하게 나서는 것이 아닙니다."

105. ⓐ아테네 사절단 : "신들의 도움에 관해서는 우리가 여러분보다 못한 처지에 놓여 있다고 생각지 않습니다. 왜냐하면 우리는 전혀 상궤(常軌)를 벗어난 신앙이나 이치에 어긋난 것을 정당화하거나 실현하려고 하는 것이 아니기 때문입니다. ⓑ그 이유는, 신의 법은 분명히 자연의 법칙에 의해 우월한 자가 언제나 이기는 게 인도(人道)라고 우리는 상식적으로 이해하고 있기 때문입니다. 이 법칙은 우리가 결정한 것도 아니고, 처음 이용하는 것도 아니며, 예로부터 존재해 영구히 이어져가는 것이며, 우리는 그에 따라 행동하고 있는 데 불과합니다. 그리고 여러분뿐만 아니라 누구라도 우리와 같은 권좌에 오르면 같은 행동을 취하리라는 것을 우리는 알고 있습니다. ⓒ이처럼 천우신조에 관해서는 당연히 아무것도 두려워할 필요가 없습니다. 라케다이몬인에 대한 여러분의 판단에는

―― 즉 라케다이몬인이 의무감에서 여러분을 구원하러 올 것이라는 여러분의 판단에 대해 그 단순함을 우리는 축복할지언정 결코 그 우매함을 시기하지는 않습니다. ⓐ라케다이몬인의 진면목은 자기자신들이나 자국의 법에 대해서만 발휘되며, 다른 국민에 대한 태도에 관한 한 그 악평은 누구나 다 아는 사실입니다. 우리가 아는 한도내에서도 그들은 쾌락을 선(善)으로 알고 이익주의를 정의로 해석하고 있습니다. 이런 사상은 결코 여러분의 현재의 불합리한 라케다이몬 지원설을 뒷받침해주지 못합니다."

106. ⓐ멜로스 위원단 : "아니, 우리는 바로 그 이익주의에 입각해 생각한 것이고, 우리를 구원하는 것이야말로 그들의 이익이라고 우리는 믿고 있습니다. 즉 그들의 식민도시인 멜로스를 배반하면 헬라스 도시들의 불신을 살 뿐이고, 이렇게 되면 자신의 적을 간접적으로 돕게 될 것이기 때문입니다."

107. ⓐ아테네 사절단 : "요컨대 여러분은 이익과 안전이 합치하고, 정의와 덕행이 위험을 무릅쓰고라도 지켜질 것이라고 생각하는 것 같지만, 일반적으로 라케다이몬이 위험을 자초할 가능성은 거의 없습니다."

108. ⓐ멜로스 위원단 : "아니, 라케다이몬인은 오히려 우리를 위해 위험을 무릅쓰는 데 인색지 않을 것입니다. 그 이유는, 우리가 펠로폰네소스측의 행동 범위 가까운 곳에 위치하고, 동족의 정리(情理)로 누구보다 신뢰할 수 있기 때문입니다."

109. ⓐ아테네 사절단 : "원조국의 관심사는 피원조국의 호감을 얻는 것이 아니라 특정한 행동이 결정적으로 우월한 힘으로 수행될

수 있는가 없는가에 있습니다. 특히 라케다이몬인은 이 점에 민감하여〔아무튼 이웃 땅을 침입할 때조차 그들은 자군의 준비를 믿지 않고 다른 많은 동맹군을 동반할 정도므로〕, 우리가 제해권을 확보하는 한 그들이 바다를 건너 한 작은 섬에 올 가능성은 없습니다."

110. ①멜로스 위원단 : "그렇다면 라케다이몬인은 다른 군대를 파견해줄 것입니다. 크레타 해(海)는 넓기 때문에 제해권을 장악한 자가 들어오는 배를 나포하기보다 구원하기 위해 잠입하는 편이 훨씬 쉽습니다. ②또 설사 이에 실패하더라도 여러분의 영토나 브라시다스조차 발자취를 남길 수 없었던 여러분의 동맹도시 영토로 라케다이몬인은 공격 방향을 바꿔 공격을 가할 수 있을 것입니다. 이렇게 되면 여러분은 자국과 무관하지 않은 동맹의 영토나 여러분의 영토 문제로 고생하지 않으면 안 될 것입니다."

111. ①아테네 사절단 : "여러분이 생각하는 그런 사태가 설사 벌어진다 해도, 여러분은 단지 우리가 일찍이 어떤 위협에도 포위를 푼 적이 없다는 사실을 확인할 뿐입니다. ②아무튼 여러분은 자국의 존망에 관해 협의한다고 하면서도 자기 존속을 위해 사람들이 신뢰하고 또 가능하다고 생각하는 수단에 대해 지금까지 전혀 언급하지 않은 데 대해 우리는 깊은 관심을 갖고 있습니다. 게다가 여러분의 희망의 최대 근거는 장래의 상태에 달려 있고, 눈앞의 현실은 적의 존재에 대항하여 생존하기도 힘든 상태입니다. 그러므로 우리가 퇴장한 뒤에 뭔가 보다 분별 있는 결론에 이르지 않는 한, 여러분은 전혀 이치에 맞지 않은 판단을 내린 것이 될 것입니다. ③물론 여러분은, 명예스럽지 못한 위험에 분명히 노출되어 있는 자로 하여금 오류를 범하게 만드는 '체면' 따위에 구애되어서는 안 됩니다. 요컨대 많은 사람들이 어떤 중대한 결과를 가져올지 잘 알고

있으면서도 말의 힘에 미혹되어 매력 있는 이름을 지닌 '체면'을 위해 돌이킬 수 없는 재난에 자진해서 뛰어들고, 불운을 만나는 것보다 더 불명예스러운 어리석음 때문에 스스로 '수치'를 선택하기 때문입니다. ⑧만약 여러분에게 양식(良識)이 있다면 이 점을 유의하기 바랍니다. 여러분은 자기 영토를 지닌 채 진공국(進貢國)이 되라는 온당한 요구를 가장 강력한 도시가 제안하고 있는 것을 부당하다고 보아서는 안 될 것입니다. 게다가 전쟁이냐, 안전이냐 하는 양자택일을 강요받고 있는 지금, 어리석게도 공명심에 사로잡혀서는 안 됩니다. 왜냐하면 대등한 자에겐 결코 양보하지 않고, 강자와는 친분을 맺고, 약자에겐 온당하게 대하는 자야말로 대개 성공을 하기 때문입니다. ⑨그럼 우리는 퇴장할 테니, 여러분은 자신들에게 둘도 없는 조국의 존망이 이 한 번의 논의에 달려 있음을 새삼 명심하고 충분히 검토하기 바랍니다."

112. ①이리하여 아테네 사절단이 회의장을 떠나자, 멜로스 위원회만 남아 합의를 했지만, 지금까지 아테네에 항변해온 그 선에서 결론을 내리고 다음과 같이 회답했다. ②"아테네인에게 알립니다. 멜로스는 종전 주장대로 결의했습니다. 700년의 전통이 있는 이 나라에서 촌각이라도 자유가 사라지는 일을 우리는 허용하지 않을 것입니다. 오늘까지 이 나라를 지켜준 천우신조와 라케다이몬의 지원을 믿고 우리는 자신들을 구원하는 데 전념할 것입니다. ③따라서 우리는 여기에서 멜로스가 아테네의 우호국으로서 중립을 유지하고 양국이 양해할 수 있는 조건 아래 본영토에서 귀군이 철수하는 조약 체결을 여러분에게 요구하는 바입니다."

113. ①멜로스인이 이상과 같은 회답을 발표하자, 아테네 사절단은 회담장을 떠날 때 다음과 같이 말했다. "여러분의 결의를 보

고 판단하건대, 여러분만이 미래를 눈앞의 사실보다 더 확실하게 생각하고 그 희망 때문에 미지의 것을 마치 기존의 사실로 보고 있는 것처럼 생각됩니다. 라케다이몬인과 천우신조와 희망을 믿고 모든 것을 건 여러분은 그 모든 것을 잃고 말 것입니다."

114. ①이리하여 아테네 사절단이 자기 진으로 돌아오자, 아테네 장군들은 멜로스가 굴복하지 않은 것을 알고 곧 전투상태에 들어가 각각의 참가 동맹도시에 분담을 하고 멜로스를 포위했다. ②그 후 아테네군은 자군과 동맹군으로 이루어진 수비대를 편성해 해륙 양면에 배치하고 나서 주력은 귀국하고, 잔류 부대는 멜로스 진을 계속 포위했다.

115. ①마침 이 무렵 아르고스군은 플레이우스를 습격했지만, 그들은 플레이우스인과 아르고스 망명자로 이루어진 복병의 손에 걸려 약 80명의 사상자를 냈다. ②또 필로스의 아테네군은 라케다이몬측으로부터 전리품을 너무 많이 빼앗아, 라케다이몬측은 조약을 지키려고 개전은 피했지만 원하는 자는 아테네측을 유린해도 상관없다고 포고했다. ③또 코린토스는 별개로 독자적인 이유에서 아테네에 적대적인 행동을 취하기 시작했다. 그러나 이밖의 펠로폰네소스 도시들은 평온을 유지했다. ④멜로스인은 밤중에 시장에 면해 있는 아테네의 포위진을 급습하여 수비병을 쓰러뜨리고 식료품 등의 필수품을 약탈하여 철수하고는 아무 움직임도 보이지 않았다. 아테네군은 그 뒤 더욱 엄중히 경비하고 장비의 향상을 꾀했다. 이리하여 여름은 끝났다.

116. ①겨울이 되자 라케다이몬군은 아르고스 침입을 기도했지만, 신탁이 국경을 넘으면 불길하다고 나와 단념하고 귀국했다. 이

라케다이몬인의 내습 미수사건은 아르고스내에서 시내의 일부 사람에게 라케다이몬을 끌어들였다는 혐의가 씌워지는 결과가 되어 체포되거나, 혹은 가까스로 망명했다. ⑧이 무렵 멜로스인은 다시 다른 부분의 아테네 포위진을 공격하고 아테네군의 허술한 곳을 점거했다. ⑨그 결과 후에 데메오스(Demeas)의 아들 필로크라테스(Philocrates)가 지휘하는 아테네 증원 부대가 도착하자 포위 공격이 강화되고, 게다가 멜로스 내부에서도 배신자가 나와, 마침내 멜로스는 아테네에 무조건 항복하고 말았다. ⑩그래서 아테네는 사로잡은 멜로스의 성인 남자를 모두 살해하고 부녀자들은 노예로 팔았다. 그리고 뒤에 아테네에서 1500명의 이민을 멜로스에 보내 아테네인 자신이 그곳에 정착했다.

제 6 권

제 18 장
전쟁 17년째 해 — 시케리아 출정 —
헤르메스 사건 — 원정의 출발

1. ⓘ같은 해 겨울,[1] 아테네인은 라케스[2]와 에우리메돈 부대보다 더 큰 규모의 장비를 지닌 부대를 시케리아 섬에 다시 파견했다. 그리고 가능하면 그곳을 정복하려 했다. 그것은 대부분의 아테네인이 시케리아 섬의 크기나, 헬라스인과 이어족이 뒤섞여 있는 이 섬의 주민수에 무지했을 뿐 아니라, 대(對)펠로폰네소스 전쟁에 비해 결코 그 규모에 있어 뒤떨어지지 않는 전쟁을 기도하고 있다는 사실을 깨닫지 못했기 때문이었다. ⓘ요컨대 시케리아 섬은 상선(商船)으로 그 주위[3]를 항해하는 데도 최소한 8일이 걸릴 정도였

---

1) 즉 기원전 416년 10월경부터 415년 3월경까지의 기간을 가리킨다.
2) 기원전 427~426년에 라케스는 20척의 배와 함께 시케리아 섬에 파견되고 있다(제3권 제10장 86 참조). 그러나 그 이듬해에는 해임되고 있다(제3권 제11장 115 참조). 에우리메돈은 기원전 425년 봄에 40척의 배와 함께 똑같이 시케리아 섬에 파견되었다(제4권 제12장 2 참조).
3) 시케리아 섬의 바깥 둘레의 거리는 약 823킬로미터 강(强)이다. 당시 상선은 평균 시속이 9킬로미터 정도로 생각되고 있으므로 여기에서는 낮 동안의 항해를 기초로 하여 필요 일수가 계산되고 있

으며, 게다가 이처럼 큰 섬이면서도 대륙 본토에서는 겨우 20스타디아⁴⁾의 해협을 사이에 두고 떨어져 있을 뿐이다.

2. ①이 섬에는 예로부터 다음과 같은 민족이 함께 이 섬의 주민으로 구성되어 있었다. 시케리아 섬 전체를 통해 가장 오래된 주민은 키클로페스인(Cyclopes)⁵⁾과 라이스트리고네스인(Laestrygones)이었다고 하지만, 이들 종족이 어디에서 와서 어디로 갔는지 나는 모르고 있다. 아무튼 이 사람들에 대해서는 시인들이 전하는 것이나 일반에게 알려져 있는 것으로 충분할 것이다. ②그 다음으로 시카노스인(Sicanians)이 이주해 온 것처럼 보이는데, 그들의 말로는 자신들이 처음부터 그곳에 살았던 원주민이라고 주장한다. 그러나 실제로 그들은⁶⁾ 이베리아인(Iberians)으로, 리게리아인(Ligurians)에 쫓겨 이베리아의 시카노스 강⁷⁾에서 온 것 같다. 그리고 이 때문에 이전에는 트리나크리아(Trinacria)라 불리던 섬 이름이 이 무렵에 이르러 시카니아(Sicania)로 불리게 되었다. 그들은 오늘날에도 시케리아 섬 서부지역을 차지하고 있다. ③일리옴이 함락되자 아카이아인의 손길을 피해 달아난 트로이인 중 일부가 배로 시케리아 섬에 도착하여 시카노스인의 인접지역에 함께 정착하고 엘리모스인

는 것이리라.
4) 시케리아 섬과 이탈리아 반도 사이에 있는 메시나(Messina) 해협의 가장 좁은 부분은 2800미터이므로 여기에서 1스타디옴은 140미터가 되는데, 이 길이가 반드시 일정하지는 않고 투키디데스의 1스타디옴은 최소 130미터에서 175미터 이상 사이를 오가고 있다.
5) 이들 신화상의 인종은 《오디세이아(*Odysseia*)》 제9권, 제10권에 각각 나타나지만, 호메로스는 시케리아 섬이 이들 인종이 거주한 곳이라고 명백하게는 어디에서든 말하고 있지 않다.
6) 이베리아는 스페인 반도의 옛 이름.
7) 시카노스 강의 위치에 대해서는 아무것도 밝혀져 있지 않다.

제 18 장 **103**

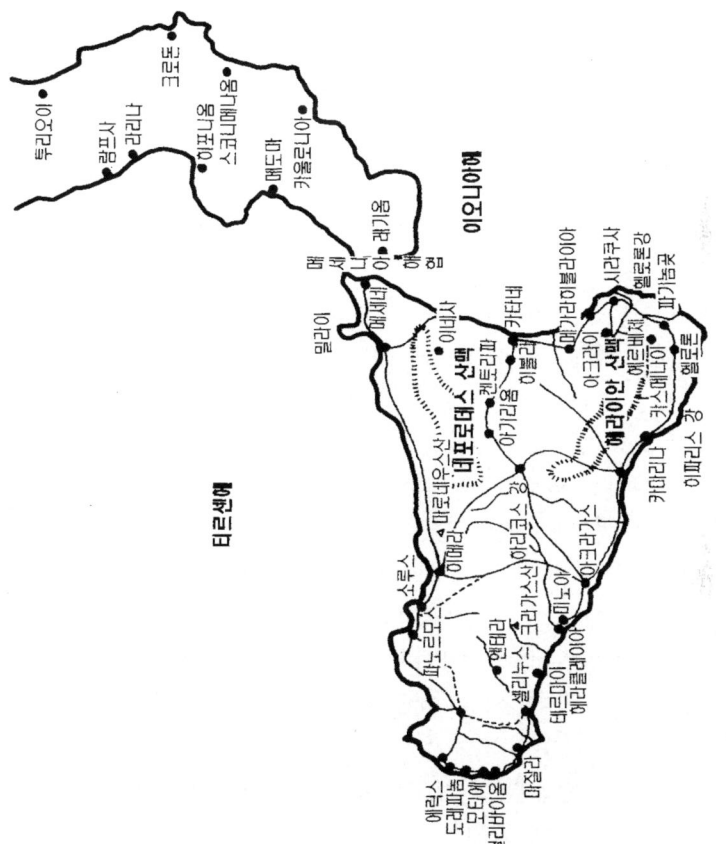

(Elymi)으로 불렸다. 이들의 도시는 에릭스(Eryx)와 에게스타(Egesta)다. 트로이에서 그들과 함께 이주한 포키스인은 도중에 폭풍을 만나 처음에는 리비아로 표류했지만, 그 후 그곳에서 시케리아 섬으로 옮겨졌다. ④시켈로스인은 처음에 살고 있었던 이탈리아[8]에서 오피키아인(Opicans)에게 쫓겨 시케리아 섬으로 건너왔다. 사실처럼 보이는 전설에 따르면, 그들은 뗏목을 타고 바람이 잠잠해질 때를 노려 바다를 건넜는지도 모른다. 시켈로스인 중에는 지금까지도 이탈리아에 거주하는 사람들이 있는데, 이탈리아란 지명은 시켈로스인의 왕 이탈로스(Italus)의 이름에서 비롯된 것이다. ⑤그들은 대군을 거느리고 시케리아 섬에 건너와 시카노스인을 격파하고 이들을 시케리아 섬의 남부와 서부로 몰아넣고서 섬을 시카니아 대신 시케리아라 부르게 하고, 가장 좋은 지역을 점령하고 정착했다. 그들이 이곳으로 이주한 것은 헬라스인이 시케리아 섬에 나타나기 300년쯤 전의 일로, 그들은 현재도 시케리아 섬 중부와 북부를 확보하고 있다. ⑥포이니키아인도 시케리아 섬 주변부 전역에 걸쳐 거주하고, 바다에 돌출한 곳이나 먼바다의 섬들도 시켈로스인과의 통상을 위해 점거하고 있었다. 그러나 많은 헬라스인이 바다를 건너오게 되자, 포이니키아인은 거주지 대부분을 포기하고 엘리모스인의 거주지와 가까운 모티에(Motye),[9] 솔로에이스(Soloeis),[10] 파노르모스(Panormus)[11]에 모여 정착했다. 그 이유

---

[8] 이 경우 이탈리아는 대략 현재의 카라브리아, 즉 타란트 시 서남부 지역을 가리키는 데 그친다.
[9] 모티에는 시케리아 섬 서단의 현재의 마르살라(Marsala)에서 북쪽으로 8킬로미터 떨어진 먼바다에 있는 섬으로, 현재는 판타레오네 섬이라 불리고 있다. 이 섬 위에 현재 모티아 시가 있다.
[10] 솔로에이스는 현재의 바게리아로 파레르모 시 동쪽에 있다.
[11] 파노르모스는 시케리아 북서쪽의 도시, 현재의 파레르모 시다.

는 엘리모스인이 신뢰하는 동맹자였기 때문이기도 하지만, 이들 지점이 칼케돈[12]과 시케리아 사이의 최단 항로 기점이 되기 때문이기도 했다. 이상과 같이 시케리아 섬에는 많은 이어족이 살고 있다.

3. ①한편 헬라스인 중에서는 먼저 에우보이아에서 칼키스인이 투클레스를 창설자로 하여 낙소스[13]에 이주했다. 그는 현재 낙소스 교외에 있는 아르케게토스(Archegetes) 아폴론 제단을 지었는데, 각종 제례에 출석하는 사절단이 시케리아 섬을 떠날[14] 때에는 언제나 먼저 이 제단에서 희생을 바치는 것을 관례로 삼고 있다. ②그 이듬해에 코린토스에서 헤라클레스족의 일원인 아르키아스(Archias)가 시라쿠사로 이주했는데, 그때 그는 먼저 시켈로스인을 현재는 내부의 시(市)가 존재하는 섬[15]에서 추방했다. 이 섬은 현재는 육지와 연결되어 있는데, 후에는 내부의 시의 바깥쪽도 포함한 성벽이 둘러지고 인구도 조밀해졌다. 투클레스와 칼키스인은 시라쿠사 이주 5년 뒤에 낙소스를 나와 레온티노이[16]에 들어가고 시켈로스인과 싸워 격파하고 추방한 뒤 그곳에 정착했다. 그 뒤 카타네에도 이주했다. 그리고 카타네인 자신의 손으로 에바르코스를 카타네 시의 창설자로 선출했다.

---

12) 칼케돈은 카르타고의 그리스 이름으로 현재의 티니스 근교에 해당한다.
13) 낙소스는 타로르미나 시 교외의 스키소 곶이라 불리는 곳에 있었는데, 기원전 403년에 시라쿠사의 참제군주 디오니시오스에 의해 멸망당했다. 지금도 그 성벽의 흔적을 볼 수 있다.
14) 예컨대 올림피아 대경기제 같은 경우를 가리킨다.
15) 현재의 오르티기아. 시라쿠사 시 부근도를 참조할 것.
16) 현재의 레에티니 근교. 카타네 시와 시라쿠사 시 중간에 있고 바다에 면해 있지 않다. 시케리아 섬의 당시 그리스 식민도시 중에서는 카타네 시만이 내륙도시다.

4. ①이 무렵 라미스(Lamis)가 이민을 이끌고 시케리아 섬에 와 판타키아스(Pantacyas) 강[17] 너머의 트로틸로스(Trotilus)라는 지역에 들어가 살고, 그 뒤 이 땅을 떠나 얼마 동안 레온티노이의 칼키스인과 함께 살았다. 그리고 칼키스인에게 쫓겨나자 타프소스(Thapsus)로 이주했다. 라미스가 죽은 뒤 다른 사람들은 타프소스에서도 쫓겨났지만 시켈로스의 왕 히블론(Hyblon)이 메가라[18]의 식민도시였던 지역을 제공해주어, 그 땅에 정착하고 히블라이아인(Hyblaean)으로 불리게 되었다. ②그리고 245년간 이곳에 거주했지만 시라쿠사의 참제(僭制)군주 겔론[19]에 의해 이 도시와 지역에서 쫓겨났다. 그러나 이 추방에 앞서, 그곳에 이주한 지 100년 뒤에 그들은 파밀로스(Pamillus)를 보내 셀리누스(Selinus) 시[20]를 건설했다. 파밀로스는 모도시 메가라에서 그들의 거주지로 와 그들과 함께 이주했다. ③겔라 시[21]는 로도스 섬에서 온 안티페모스(Antiphemus)에 의해 창건되고, 크레타 섬 출신의 엔티모스(Entimus)도 식민자를 이끌고 이 이주에 가담했다. 이것은 시라쿠사 창건 45년째의 일이다. 겔라라는 도시 이름은 겔라 강에서 비롯된 것으로,[22] 오늘날의 겔라 시가 있는 지역은 처음에는 성벽이 둘러쳐져

---

17) 판타키아스 강은 현재의 폴카리 강.
18) 트로틸로스, 레온티노이, 타프소스, 메가라는 모두 카타네와 시라쿠사 중간에 있다.
19) 겔론은 겔라 시의 참제군주로 기원전 491~490년에 히포크라테스의 뒤를 이었는데, 기원전 485~484년에는 시라쿠사 시의 참제군주가 되었다(헤로도토스, 《역사》 제7권 156절을 참조할 것).
20) 셀리누스 시는 현재의 셀리눈데로 시케리아 서남부의 도시 카스텔베트라노(Castelvetrano)에서 약 14.5킬로미터 서남쪽에 위치한다.
21) 겔라 시는 시케리아 남부에 있으며, 뒷날 그리스 비극시인 아이스킬로스는 이 땅에서 죽었다.
22) 겔라란 시켈로스 고어(古語)로 '얼음'을 의미한다.

있고 린디오스(Lindii)라 불렀다. 정체(政體)는 도리아식의 정체를 채용했다. ⑨겔라 창건 뒤 대략 108년째에 겔라인은 아크라가스(Acragas)²³⁾를 창건했다. 아크라가스라는 이름은 아크라가스 강에서 연유된 것으로, 아리스토누스(Aristonous)와 피스틸로스(Pystilus)를 창건자로 하고 겔라와 같은 정체를 채용했다. ⑩잔클레(Zancle)²⁴⁾는 처음에 오피키아²⁵⁾에 있는 칼키스의 도시 큐메(Cuma)에서 온 해적에 의해 창건된 도시지만, 뒤에 많은 사람이 칼키스와 에우보이아에서 와 이 땅에 함께 살았다. 창건자로는 큐메 출신의 크라타이메네스(Crataemenes)와 칼키스 출신의 페리에레스(Perieres)가 되었다. 잔클레란 말은 시켈로스어로 '낫'이라는 뜻인데, 이 땅의 형상이 마치 낫과 같아 시켈로스인은 이 땅을 처음에는 잔클레라 불렀던 것이다. ⑥그러나 뒤에 사모스인과 그밖의 이오니아인이 메데스인에게 추방된 뒤 시케리아에 도착해 이 땅에 와서 잔클레의 주민을 쫓아냈지만,²⁶⁾ 곧 이 사모스인을 레기움²⁷⁾의 참제군주 아낙실라스(Anaxilas)가 추방하고 혼성 민족을 이 땅에 거주시키고는 자신의 출신지²⁸⁾의 이름을 따서 메세네라 고쳐 불렀다.

---

23) 아그라가스는 현재의 아그리젠토(Agrigento) 시.
24) 잔클레 시는 현재의 메시나(Messina) 시.
25) 현재의 캄파니아 지방을 가리킨다.
26) 이 기간 동안의 사정에 관해서는 헤로도토스의 《역사》 제6권 22~24절을 참조할 것.
27) 레기움은 현재의 레온 시. 메시나의 맞은편 해안에 해당한다.
28) 펠로폰네소스 서부의 메세네 시는 당시 스파르타에 정복당해 그 주권도 명칭도 잃고 있었으므로 망명자들은 망향심에서 고국의 이름을 썼을 것이다. 아낙실라스가 레기움의 참제군주가 된 것은 기원전 494년의 일이다.

5. ①또 히메라[29]는 잔클레 출신의 에우클리데스(Euclides), 시모스(Simus), 사콘(Sacon)에 의해 창건되었지만, 그 이주민의 대부분은 칼키스계의 이민이었다. 그리고 시라쿠사의 정변에서 패하고 망명한 밀레티다이(Myletidae)라 불리는 일족이 여기에 가담했다. 사용 언어는 칼키스어와 도리아어가 섞인 말이 주종을 이루었지만, 정체(政體)는 칼키스형이 지배적이었다. ②아크라이(Acrae)와 카스메나이(Casmenae)도 시라쿠사에 의해 창건되었다.[30] 전자는 시라쿠사 창건 후 70년째에 창건되고, 후자는 아크라이 창건 후 20년째에 창건되었다. ③카마리나[31]는 처음에 시라쿠사에 의해 창건되었는데, 이것은 시라쿠사 창건 후 대략 135년째의 일이었다. 카마리나의 창건자로는 닥스콘(Daxon)과 메네콜로스(Menecolus)가 되었다. 그러나 카마리나인은 시라쿠사에 대한 반란이 실패로 돌아가자 이 땅에서 추방되었다.[32] 뒤에 겔라의 참제군주 히포크라테스가 시라쿠사인 포로를 반환하는 대가로 카마리나 땅을 획득하고 자신이 창건자가 되어 카마리나를 재건했다.[33] 그러나 이것도 다시 겔론에 의해 멸망당하고, 겔론의 손으로 세번째 도시 건설이 이루어졌다.[34]

---

29) 히메라 시는 현재의 시케리아 북서부의 도시 테르미니 시의 동쪽에 속하는 지역으로 기원전 408년에 카르타고군에 의해 파괴되고 말았다.
30) 아크라이도, 카스메나이도 시라쿠사 시의 시켈로스족에 대비한 요새로 독립된 도시는 아니었다.
31) 카마리나는 시케리아 남부, 현재의 스콜리티 근처에 있다.
32) 기운전 553∼552년의 일로 생각된다.
33) 기원전 491∼490년(헤로도토스의 《역사》 제7권 154절을 참조할 것).
34) 기원전 461∼460년으로 생각되고 있다.

제 18 장 **109**

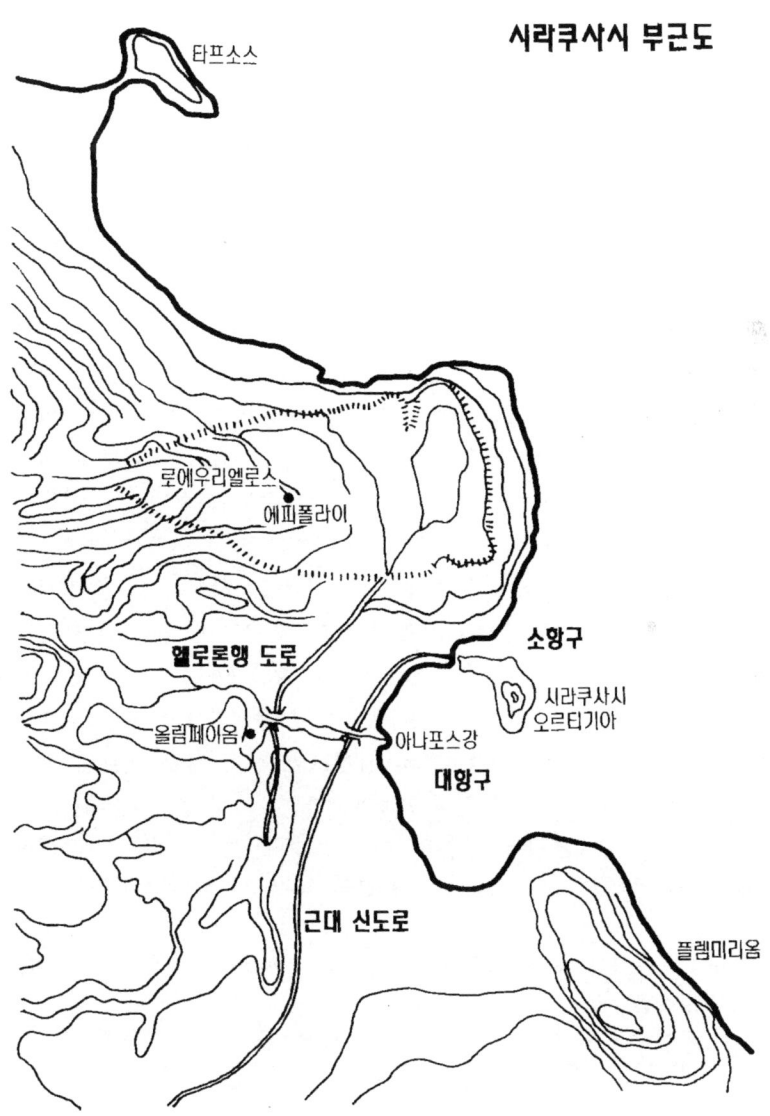

시라쿠사시 부근도

6. ①이상이 시케리아 섬에 사는 헬라스인과 이어족의 대략적인 현황인데, 이처럼 큰 섬을 향해 아테네는 원정을 기도한 것이고, 자기 혈연이나 후예에 해당하는 시케리아의 동맹도시를 돕는다[35]는 표면적인 의도와 함께 본심은 시케리아 섬 전역을 정복하려는 데 있었다. 특히 에게스타에서 온 사절단이 아테네인에게 원조를 재촉하며 더욱 그 욕망을 부채질했다. 그 이유는, 에게스타인이 이웃 나라인 셀리누스와 결혼문제[36]와 영토분쟁 때문에 전쟁을 하고 있었기 때문이다. 이 전쟁에서 셀리누스인이 시라쿠사를 자기 편으로 끌어들여 에게스타를 해륙 양면에서 압박을 가하자, 에게스타인은 아테네인에게 이전에 대(對)레온티노이전 때에 라케스를 통해 아테네와 동맹을 맺었던 것을 상기시키고[37] 아테네가 에게스타의 방위를 위해 배를 보내줄 것을 요청했다. ②에게스타인은 이밖에 여러 가지를 진술하며 만약 레온티노이를 쫓아낸 시라쿠사를 보복하지 않고 그대로 두면 아직 시케리아 섬에 남아 있는 아테네 동맹도시를 조만간 시라쿠사에 빼앗기고, 시라쿠사는 시케리아 섬 전역의 패권을 장악하게 될 것이라고 설명하고, 또 도리아족이 혈연의 정리를 생각해서 일간 대규모의 장비를 가지고 시케리아의 도시에 있는 아테네 제국의 세력을 무너뜨리기 위해 펠로폰네소스에서 올 위험이 있다고도 말했다. 그러므로 시케리아 섬에 남은 아테네 동맹도시들과 손을 잡고 시라쿠사에 대항하는 것이야말로 현명한 개혁이며, 특히 에게스타는 충분한 전비(戰費)를 지급할 준비가 되어 있다고 설명했다. ③아테네인은 에게스타인이나 그 지지자들이 아테

---

35) 시라쿠사의 대(對)레온티노이 정책에 관해서는 제5권 제15장 4를 참조할 것.
36) 도시국가 사이에서의 결혼은 당사자 자식의 시민권 문제이므로 도시 사이의 공적인 문제였다.
37) 이 동맹은 여기에서 처음 언급되고 있다.

네 의회에서 수없이 이와 같은 주장을 되풀이하는 것을 듣고, 먼저 사절단을 에게스타에 파견해 에게스타가 주장하는 자금이 실제로 신전이나 국고에 보존되어 있는지 확인하는 동시에 대(對)셀리누스 전의 실상을 알아보기로 표결했다.

7. ①이리하여 아테네 사절단이 시케리아에 파견되었는데, 한편 같은 해 겨울에 라케다이몬과 코린토스를 제외한 동맹군은 아르고스에 공격을 가해 작은 범위이긴 하지만 그 땅을 유린하고 곡식을 빼앗고 부리는 가축을 손에 넣었다. 그리고 아르고스의 망명자들을 오르네아이(Orneae)[38]에 거주시키고 잔존 부대에서 소부대를 뽑아 그들과 함께 남겨두었다. 그리고 그 후 조약을 맺고 오르네아이측도, 아르고스측도 서로 상대방 지역을 손상시키지 못하도록 해놓고서 군대는 코린토스로 돌아갔다. ②그러나 곧 아테네군이 30척의 배와 600명의 중무장병을 동원해 출격하여 아르고스의 전병력과 합류한 뒤 오르네아이로 가서 하루 동안 포위했다. 그러나 포위군이 오르네아이에서 떨어진 지점에서 야영하고 있었기 때문에, 오르네아이에 있던 자들이 도망을 쳤다. 이튿날 아침 이것을 알게 된 아르고스군은 오르네아이를 무너뜨리고 귀국하고, 아테네군도 그 뒤 배로 귀로에 올랐다. ③아테네군은 마케도니아령과 접해 있는 메토네[39]에 배로 기병대와 마케도니아에서 아테네로 망명한 자들을 보내 페르디카스의 영토를 황폐화시켰다. ④그래서 라케다이몬군은 아테네와 순기(旬期)조약[40]을 맺고 있는 트라키아의 칼키디케에 가서

---

38) 오르네아이는 아르고스 북서 20킬로미터 지점에 있다.
39) 메토네는 마케도니아의 아리아크몬 강 하구의 남쪽 10킬로미터 지점에 있었다.
40) 순기조약이 어떤 것이었는지 분명치 않다. 제5권 주 36)을 참조할 것.

페르디카스와 손을 잡을 것을 요구했지만 거절당했다. 그리고 이해 겨울은 끝났다. 이리하여 투키디데스가 기록한 이 전쟁 제16년째도 저물었다.

8. ⑨다음해 여름이 시작되자마자[41] 시케리아 섬에서 아테네 사절단이 귀국하고, 그들과 함께 에게스타인 대표도 왔다. 에게스타인들은 아테네에 파견을 요청하려 하고 있었던 60척 배의 한달분의 비용에 해당하는 60탈란트의 주조되지 않은 은을 가지고 왔다.[42] ② 그래서 아테네인은 의회를 열었다. 그리고 에게스타인과 자국의 사절로부터 귀가 솔깃한 일반적인 상황에 대한 보고와, 에게스타의 신전과 국고에 풍부한 재산이 있다는 진실성이 전혀 없는 이야기를 듣고서 시케리아 섬에 60척의 선단을 보내고, 클레이니아스의 아들 알키비아데스, 니케라토스의 아들 니키아스, 크세노파네스(Xenophanes)의 아들 라마코스를 그 전권(全權) 장군[43]으로 삼을 것을 의결했다. 그들은 에게스타인의 반(反)셀리누스 활동을 돕고, 만약 전쟁이 아테네에 유리해지면 그것을 이용해 레온티노이를 재건하고, 그밖에 시케리아 섬에서 아테네에 이익이 되리라 생각되는 것을 수행할 예정이었다. ⑨이 의회가 있고 나서 5일째 되는 날[44] 다시 의회가 열려 선단의 준비를 가장 빨리 완료하는 방법, 그리고 장군들이 출항하는 데 필요하다고 생각되는 것이 있으면 그것을 표

---

41) 즉 기원전 415년 3월 중순경의 일이다.
42) 삼중노선에는 약 200명의 승무원이 있었다고 생각되므로 1인당 일당은 1드라크마 정도라는 것이 된다. (1탈란트는 6000드라크마다.)
43) 전권 장군이란 본국의 훈령을 기다리지 않고 일정한 문제에 대해 재결권을 행사할 수 있는 장군직을 가리킨다.
44) 그리스어로는 당일을 첫째날, 그 다음날을 둘째날로 헤아리므로 여기에서 5일째란 네 밤이 지난 다음 날 아침을 가리킨다.

결하려고 했다. ⑷본의 아니게 장군 중 한 명으로 선출된 니키아스
는 아테네가 잘못된 판단을 하고 있고, 전시케리아 섬과 관계된 중
대한 사건인데도 표면적인 이유를 내걸고 경솔하게 손을 대려 하고
있다고 생각하고, 그들의 기도를 바꾸고자 앞에 나와 다음과 같은
요지로 아테네인에게 호소했다.

9. ⑴"본의회는 이미 시케리아 원정에 필요한 우리의 장비와 관
련하여 소집되어 있지만, 나는 시케리아 원정 자체에 대해 아직 고
려해볼 필요가 있다고 생각합니다. 선단을 파견하는 것이 과연 상
책일지, 또 외국인에게 설득당한 채 이런 중대한 문제를 단기간 동
안 생각하고 우리와 아무 관계가 없는 전쟁에 손을 대야 할지 생각
하지 않으면 안 될 것입니다. ⑵물론 개인적으로 나는 이 전쟁으로
명예를 얻을 것이고, 또 나는 다른 누구보다 자신의 생명의 위험을
두려워하지 않는 사람입니다. 그렇다고 해도 나는 결코 자신의 생
명, 재산을 고려하는 자가 좋은 시민일 수 없다고 생각지는 않습니
다. 그것은 이러한 사람이야말로 자신을 위해 도시가 번영하길 가
장 원한다고 생각하기 때문입니다. 그렇지만 나는 과거에 내 신념
에 반해 명예욕을 위해 발언한 일도 없고, 또 현재도 이런 발언을
할 생각은 없습니다. 나는 다만 최상이라고 믿는 소신을 피력할 뿐
입니다. ⑶그러나 내가 여러분에게 현상 유지를 충고하고 불확실한
장래에 대해 위험한 속단을 피할 것을 권고하더라도 여러분의 처사
앞에서 내 의견은 무력해질 수밖에 없을 것입니다. 그래서 여러분
이 희망하는 행동이 시기가 적절치 못하고, 여러분이 기대하는 목
적을 달성하기가 쉽지 않다는 점을 밝히는 것으로 만족하고자 합니
다.

10. ⑴즉 내 주장은, 현재 많은 적을 뒤에 남겨둔 채 바다를 건

너 그 땅에 가면 다른 적을 이 땅에 불러들이게 되리라는 것입니다. ⑫여러분은 아마도 현재의 라케다이몬과의 조약[45]이 어느 정도는 신뢰할 수 있는 것이며, 여러분이 잠자코만 있으면 명목상으로는 조약의 존속이 가능할 것이라고 생각하고 있겠지만, 이 도시에도 스파르타에도 이 정책에 어긋난 행동을 취하는 사람이 있는 이상, 일단 우리가 잘못을 저지르게 되면 적은 재빨리 그 기회를 놓치지 않고 상당수의 병력을 이끌고 반격해 올 것입니다. 먼저 그들에게 현조약이란 우리와는 달리 재난에 시달렸기 때문에 굴욕을 느끼면서도 억지로 체결할 수밖에 없었던 것이며, [46] 그러므로 조약이 발효되었어도 많은 분쟁이 발생했던 것입니다. ⑬나아가 이 조약을 승인하지 않은 도시도 있으며, [47] 게다가 그들 도시는 강력합니다. 우리에 대해 어떤 도시는 직접적인 전투행위를 호소하고, 다른 도시는 라케다이몬인이 아직 움직임을 보이지 않기 때문에 우리와 순기조약을 맺고 있는 데 불과합니다. [48] 현재 우리가 강력하게 원하는 행동으로 인해 우리의 힘이 이분된 것을 그들이 알게 되면, 이전부터 무엇보다 시케리아인과 동맹을 맺기를 희망하고 있었으므로 아마 그들은 확실히 시케리아인과 함께 우리에게 공격을 가해올 것입니다. 그러므로 이러한 여러 가지 점에 먼저 유의해야 하며, 신뢰가 가지 않는 도시 때문에 위험을 무릅쓰는 것이 의의가 있다고 보거나 우리가 현재 갖고 있는 것의 안정을 꾀하지 않고 다른 지배

---

45) 이 조약은 기원전 421년에 맺어진 니키아스 평화조약을 가리킨다. 제5권 제15장 16 이하를 참조할 것.
46) 스파르타측의 재난은 주로 스팍테리아 사건(제5권 제15장 15 이하)과 브라시다스의 죽음(제5권 제15장 13과 16)을 가리키고 있다.
47) 코린토스, 메가라, 테베 등의 도시.
48) 테베 시는 니키아스의 평화조약 성립 뒤 곧 아테네와 순기조약을 맺고 있다(제5권 제16장 26).

권에까지 손을 뻗치려고 해서는 안 됩니다. 하물며 몇 해 동안 계속 우리에게 반항해오고 있는 트라키아의 칼키디케가 아직 굴복지 않고, 또 대륙의 여러 도시의 우리에 대한 복종도 믿을 수가 없는 형편입니다. 우리의 동맹도시 에게스타가 해를 입게 될 것 같자 그 구원에 열심인 우리가 자신에게 반기를 들고 해를 끼친 도시에 대해서는 그 보복조차 아직 망설이고 있지 않습니까.

11. ①또 이들 도시는 우리가 일단 제압하면 우리의 지배하에 들어오지만, 시케리아의 도시 같은 곳은 설사 우리가 싸움에 이기더라도 거리와 그 숫자 때문에 지배하기가 매우 곤란합니다. 승리를 하더라도 지배하에 둘 수 없는 상대에게 공격을 가한다는 것은 어리석은 일이며, 이에 실패하면 우리는 원정 이전의 상태조차 유지할 수 없게 될 것입니다. ②시케리아인은 현재로도, 또 시라쿠사인이 그들을 지배하게 된다면 더욱더 두려워할 필요가 없게 될 것이라고 나는 생각합니다. 이것이야말로 에게스타인이 우리에게 공포심을 품게 하려고 하는 점입니다. 현재로서는 라케다이몬에 대한 호감에서 아마 그들이 개별적으로 여기에 올지도 모르지만, 하나의 지배권이 통합되어 다른 지배권과 손을 잡고 출병해 올 가능성은 별로 없습니다. ③만약 펠로폰네소스측과 손을 잡고 우리를 멸망시키면 다음으로는 이 펠로폰네소스인에 의해 그들도 똑같은 방법으로 멸망당할 것이기 때문입니다. ④시케리아 섬의 헬라스인들은 우리가 전혀 모습을 보이지 않으면 우리를 가장 두려워하게 될 것입니다. 아니면 설사 우리의 군대를 그들이 보더라도 단시간내에 떠난다면 우리의 위력을 보인 것이 될 것입니다. 요컨대 멀리 떨어져 있는 자에겐 공포심을 품고, 경험하지 못한 것에는 판단을 내리기 어렵다는 것은 누구나 아는 사실입니다. 그러나 우리가 뭔가 조금이라도 잘못을 저지르면 그들은 곧 우리를 얕보고 헬라스 본토에

있는 우리의 적과 손을 잡고 공격을 가해올 것입니다. ⑤이 사실은, 아테네인 여러분, 현재 여러분이 라케다이몬인과 그 동맹도시에서 배운 것입니다. 여러분의 당초의 두려움에 비교해 예상을 뒤엎은 여러분의 성공이 바로 라케다이몬인을 얕보게 만들고 시케리아 원정 쪽으로 여러분의 시선을 돌리고 있지 않습니까? 그러므로 여러분은 적의 불행을 틈타 자만해서는 안 되며, 그보다 적을 제압할 방책을 더욱 강화해야 합니다. 또 라케다이몬인은 무엇보다 치욕감에 사로잡혀 있기 때문에 그들의 좋지 못한 상태에서 벗어날 방법을 찾아내려고 기를 쓰고 있는 것을 여러분은 알아야 합니다. 그들은 가능하면 지금이라도 우리를 타도하고 온갖 수단을 통해 우선은 명예를 만회하려고 획책하고 있습니다. ⑥우리의 투쟁은 이어족인 에게스타인과 관련되어 있지 않고, 과두정체를 가지고 아테네 시에 반항하는 자들로부터 우리를 방어하는 것이어야만 합니다.

12. ①게다가 우리가 기억해두지 않으면 안 되는 것은, 우리가 대(大)전염병과 전쟁의 괴로움에서 해방되어 인구나 부(富)가 증가된 것은 극히 최근의 일이라는 점입니다. 그리고 이러한 것들은 이 땅에서 우리를 위해 사용되어야만 하며, 구조를 요청하는 망명자들을 위해 쓸 필요는 없습니다. 그들은 되도록이면 거짓 제안을 하는 것이 이롭고, 위험을 우방에게 떠넘기고 자신들은 아무것도 하지 않고 말만 지껄여대고, 원군이 성공하면 그에 적절한 사례도 하지 않고, 성공하지 못할 경우에는 우군을 버리는 것이 이득이라고 볼 것입니다. ②만약 누군가가 장군으로 선출된 것을 기뻐하고, 여러분에게 원정을 사주하며, 자기 이익에만 사로잡혀 자신이 아직 장군직을 맡기엔 너무 어려 경주마(競走馬) 양성으로 사람들에게 인상 지우려 하는 한편, 그 비용이 막대하기 때문에 장군직에서 이익을 얻으려 하는 자가 있다면, [49] 단연코 여러분은 그 자가 아테네의 위

험을 통해 자신의 이름을 날리는 일을 허용해서는 안 될 것입니다. 이런 자들은 국고(國庫)에 손해를 끼치고 사재(私財)를 낭비하는 자며, 또 본건은 중대한 문제로, 어린 자가 결단하거나 성급히 다룰 수 없는 것이라는 사실을 여러분은 깨달아야만 합니다.

13. ①나는 현재 그 자로부터 지지를 요청받고 이 자리에 출석해 있는 사람들을 보고 두려움을 느끼지 않을 수 없습니다. 그래서 나는 연장자들에게, 전쟁을 반대하는 투표를 하면 옆에 앉아 있는 사람이 겁쟁이로 보지 않을까 생각하고 부끄럽게 여기지 말 것을 호소하고 싶습니다. 욕망에 얽매이면 일이 성취되기 어려운 법이며, 선견지명이야말로 성공을 가장 확실히 보장한다는 것을 인식하고, 그들이 걸핏하면 그렇듯이 없는 것에 열심히 매달려서는 안 됩니다. 미증유의 위험을 맞이하기 전에 조국을 위해 여러분은 전쟁을 반대하는 투표를 해야 합니다. 시케리아인은 현재 우리와의 영해선(領海線)을 정당한 것으로 인정하고, 이오니아 만 연안과 시케리아 공해(公海)의 항해를 자유롭게 허용하고, 또 시케리아내의 국경 분쟁은 당사국끼리의 조정에 맡길 것을 여러분은 결의해야 합니다. ②또 에게스타인에게는 아테네와 상의도 하지 않고 대셀리누스 전을 시작했으므로 그들 자신의 손으로 이 전쟁을 해결하라고 비공식적으로 전해야 하며, 앞으로는 우리에게 이익이 돌아오지 않고 원조만 제공할 뿐인 동맹은 우리의 종래 관습에 따라 체결하지 않도록 해야 합니다.

14. ①그러므로 의장,[50] 만약 당신이 당신 책임은 아테네 시를

---

49) 알키비아데스를 가리키고 있는 것이 분명하다. 알키비아데스는 기원전 452년 이전에는 적어도 태어났을 것 같기 때문에 이때까지는 36세 이하라고 할 수 없다.

생각하고 또 좋은 시민이 되고자 유의하는 것이라고 생각한다면, 본건을 표결에 부치고 아테네인의 재심에 넘기지 않으면 안 됩니다. 그러나 만약 이 때문에 법률을 위반하게 되지 않을까 우려하고 있다면, 이렇게 많은 증인이 있는 이상 위법죄로 문책당하는 일은 없는 데다가 당신이 이 잘못된 도시를 바로잡게 된다는 것을 알지 않으면 안 됩니다. 또 자기 조국을 위해 최선을 다하거나, 혹은 적어도 해는 끼치지 않도록 노력하는 자야말로 도시의 훌륭한 통치자라는 것도 알기 바랍니다."

15. ①니키아스가 이상과 같이 말했지만, 의견을 발표한 아테네인 대부분은 원정을 주장하고 지난번의 표결을 무효로 하는 데 반대했다. 그러나 여기에도 이론(異論)을 제기하는 자가 있었다. ②아무튼 이 원정에 가장 열심인 자는 클레이니아스의 아들 알키비아데스로, 그는 니키아스와 반대되는 생각을 가지고 있었다. 그 이유는, 니키아스가 그의 정적이고, 또 니키아스가 연설로 그를 공격했기 때문이기도 하지만, 특히 알키비아데스는 원정군의 지휘관직에 오르고 싶었고, 또 시케리아 섬과 그것을 통해 칼케돈을 확보하여 개인의 부를 늘리고 명성을 얻고자 한 것이다. ③그것은 알키비아데스가 시민에게 인기가 있고, 실제 자기 재력으로는 지나친 욕망을

---

50) 이때의 아테네 전시민은 10개의 군(群 : 필레)으로 나뉘고, 각 군은 각기 매년 50명의 위원(플리타네이스)을 선출했다. 아테네의 일상적인 정무는 이 500명의 플리타네이스를 십분한 1조가 추첨에 의해 매달 교대로 맡았다. 당번을 맡은 플리타네이스는 매일 의장을 선출하며 1개월간 그 임무를 수행하고, 당번 플리타네이스의 3분의 1은 언제나(주야를 불문하고) 집무를 보고 있어야 했다. 그리고 의회에 제출하는 의안의 작성위원회(불레)는 그달의 당번 플리타네이스로 구성되고, 의회 당일의 의장으로는 그날의 플리타네이스 의장을 맡은 자가 되었다.

경주마의 육성이나 그밖의 소비로 채우려 했기 때문이었다. 그리고 이것이 뒤에 아테네 시를 멸망시키는 큰 요인이 되었던 것이다. ⑧ 많은 시민들은 알키비아데스의 방종한 생활상과 그의 행동의 동기가 된 욕망에 두려움을 품고, 그가 참제군주가 되려고 노리고 있다고 보고 알키비아데스를 적대시했다. 공적인 측면에서 알키비아데스는 전쟁의 유능한 지휘자였지만, 개인적으로는 그의 태도를 사람들이 혐오해 다른 사람들에게 정치의 책임을 맡겼기 때문에 오래지 않아 아테네 시를 잃었던 것이다. ⑨그러나 알키비아데스는 이때 아테네인을 향해 다음과 같이 격려했다.

16. ①"아테네인 여러분, 나는 누구보다 장군직에 취임할 권리를 갖고 있습니다. 왜냐하면——이처럼 이 연설을 시작해야 하는 것은 니키아스가 나를 공격했기 때문입니다만——내가 니키아스에게 비난받은 것들이야말로 바로 내가 나 자신의 조상과 자기 자신에게 영광을 가져오고 조국에 공헌한 점들이기 때문입니다. ②요컨대 헬라스인의 아테네 시에 대한 종래의 기대는 전쟁으로 파멸된 도시라는 것이었는 데 반해, 올림피아 경기제에서의 나의 공적에 의해 그들은 아테네 시의 힘을 실제 이상으로 평가하게 됐습니다. 즉 나는 7대의 경주 마차를 출장시켰는데, 지금까지 누구도 개인으로서 이렇게 많은 경주 마차를 낸 사람은 없었고, 게다가 이들 마차가 1등・2등・4등의 성적을 올렸습니다.[51] 더욱이 다른 면에서도 나는 이 좋은 성적에 어울리도록 모든 것을 조정했습니다. 이런 일에 존경심이 집중되는 것은 당연한 일이며, 이러한 성과를 내도록 한 배후의 힘의 존재를 사람들로 하여금 느끼게 하지 않을 수 없습니다. ③아테네 시내에 있어서는 합창대[52] 제공, 그밖의 업적으로

---
51) 기원전 416년의 올림피아 경기제를 가리킨다. 1등, 2등, 3등이었다는 설도 있지만 분명치 않다.

내가 이름을 크게 날린 것은 당연히 아테네 시민의 질투를 사고 있지만, 한편 거류 외국인에게는 아테네 시의 세력을 내가 과시한 것이 됩니다. 이것은 결코 무분별한 생각으로 이룰 수 있는 일이 아닙니다. 그러므로 나는 시민 개인을 위해서뿐만 아니라 아테네 시를 위해서도 자기 개인의 비용을 쓰고 있는 것입니다. ④일에 실패한 자가 그 책임을 다른 사람과 분담해서 지지 않듯이, 높은 공적을 자신의 수훈으로 보는 자가 다른 사람과 대등해지지 않는 것은 온당한 일입니다. 실패자가 사람들로부터 환영받지 못하는 것과 마찬가지로, 성공한 자로 하여금 실패한 자를 경시하게 하든가, 그렇지 않으면 성공한 자로 하여금 그 결과를 평등하게 나누게 하고 나서 평등을 주장해야 합니다. ⑤나는 이런 사람이 어떤 업적으로 이름을 떨치면 그 동시대 사람들은―――특히 동료들은 그 사람이 살아 있는 동안은 그 사람을 싫어하지만, 뒤에 가면 아무 근거도 없는데 그 사람과 무슨 관련이 있는 듯이 꾸며내고, 나라의 자랑거리로 보고, 외인(外人)이라든가 악인이라고 말하지 않고 동국인으로, 또 공로자로 취급하는 것을 잘 알고 있습니다. ⑥이상과 같이 나는 내 포부 때문에 개인적으로는 공격의 표적이 되어 있지만, 공적으로는 누가 나보다 더 훌륭하게 문제를 처리한 일이 있는지 생각해 주기 바랍니다. 나는 여러분에게 큰 위험을 주지 않고 비용면에서도 폐를 끼치지 않으면서 펠로폰네소스의 강국을 규합해 라케다이몬인으로 하여금 만티네아에서 그들의 모든 것을 단 하루에 걸고 결전을 벌이게 했습니다. 이 전투에서 승리했다 하더라도 라케다이몬인은 그 이후 지금까지도 확고한 자신감을 갖지 못하고 있습니다.

---

52) 제례 때 희곡상연 비용을 부담하는 것은 유복한 시민의 의무이자 명예였다.

17. ①나의 이 젊음과 지나치다고까지 생각되는 무분별함이야말로 펠로폰네소스의 힘에 대해서는 적절한 논리와 더불어 유효했던 것이며, 나의 정열이 그들의 신뢰를 얻었기 때문에 그들을 설득할 수 있었던 것입니다. 그러므로 여러분은 지금이라도 내 젊음을 두려워하지 말고, 내가 아직 한창 젊고, 또 니키아스가 한편으로는 행운을 누리고 있는 듯 보이는 때야말로 우리 두 사람을 철저하게 이용해야 합니다. ②강대한 힘에 대항하게 될 것이라는 이유에서 시케리아 원정을 단념해선 안 됩니다. 왜냐하면 시케리아 섬의 도시들은 많은 혼합민족으로 이루어져 있으므로 정체(政體)의 개혁이나 신정체(新政體) 수립이 용이하기 때문입니다. ③그러므로 누구도 조국이나 종족을 위해 무기를 들고 일어서지 않을 뿐 아니라 평소 지역내의 전투 준비도 되어 있지 않습니다. 요컨대 한 사람 한 사람이 논쟁이나 반란의 방법으로 공공 비용을 착복하고 또 뭔가를 획득하려 하며, 설사 실패하더라도 다른 곳으로 이주하면 된다고 생각하고 준비하기 때문입니다. ④게다가 이런 집단이 한 목소리에 귀를 기울이고 일치 협력해서 그 주장이 달성되도록 노력하는 일은 별로 없습니다. 만약 우리가 한 사람 한 사람을 감언이설로 설득하면 그들은 아마도 서서히 우리 쪽으로 넘어올 것이며, 특히 보고되고 있듯이 그들이 내란에 시달리고 있다면 더욱 그러리라 생각됩니다. ⑤또 그들의 중무장병수는 그들이 자랑하는 만큼은 되지 못합니다. 다른 헬라스의 도시조차 각각의 공식적인 병력수를 실증하지 못하고, 그 병력수를 과대 평가했기 때문에 이번 대전(大戰)에서 중무장병이 부족했던 것입니다. ⑥이에 덧붙여 시케리아 원정을 용이하게 만드는 것은, 내가 들은 바에 따르면 시케리아에는 반(反)시라쿠사 감정에서 우리와 행동을 같이하며 그들을 공격할 많은 이어족이 있다는 것이며, 또 만약 여러분이 상황을 올바르게 판단한다면 이 땅에서의 장애 따위는 문제가 되지 않을 것입니다. ⑦우리

의 선조들은, 현재 우리가 원정을 떠나면 적을 배후에 남겨두게 되리라고 말하는 것과 똑같은 문제를 안고 있었던 데다, 더 나아가서는 메데스를 적으로 돌리고, 게다가 해상 세력의 우세에만 의지하여 이 지배권을 획득했습니다. ⑧펠로폰네소스측도 이전과 비교해 희망이 없는 것은 아니며, 설사 우리가 시케리아 원정을 하지 않더라도 원하기만 하면 우리의 영토를 침범해 올 수 있습니다. 하지만 해상에서는 그들에게 대항할 수 있는 세력을 우리가 뒤에 남겨두고 가기 때문에 이 충분한 해상 세력의 존재로 인해 그들은 해상으로부터 우리를 공격할 수 없습니다.

18. ①이런 상황 속에서 대체 어디에 우리 스스로 망설일 근거가 있단 말입니까? 대체 무슨 구실로 그 땅에 있는 우리의 동맹도시를 돕지 않고 내버려둘 것입니까? 우리는 서로 동맹을 맺은 이상 그들이 우리에게 도움이 되지 않는다고 불평을 하지 말고 그들을 도와야만 합니다. 그들과 조약을 체결한 목적은, 이 땅에서 그들의 원조를 바라기 위해서가 아니라 그들이 그 땅에서 우리의 적이 이 땅으로 내습해 오는 것을 가로막는 방파제가 되길 원했기 때문입니다. ②우리가 이만한 영역의 지배권을 획득한 것은——물론 다른 지배권에서도 마찬가지지만——원조를 요청한 도시에는 그 도시가 헬라스 도시든 아니든 상관없이 적극적으로 협력했기 때문입니다. 만약 우리 모두가 잠자코 있거나 구원해야 할 도시를 고르거나 선택한다면, 지배권에 도움이 될 곳이 적어지고, 도리어 그 자체에 큰 위험을 초래하게 될 것입니다. 왜냐하면 내습하는 적을 막는 것만이 능사가 아니고 그것을 예방하고 선수를 치는 것이 중요하기 때문입니다. ③현재 상황에서는 우리가 지배권의 판도를 뜻대로 줄이고 늘일 수 없는 이상, 반항하는 자에겐 결코 양보해선 안 됩니다. 우리 자신이 지배하지 않는 한, 다른 자가 그곳을 지배

하면 그만큼 우리의 위험이 증대되기 때문입니다. 여러분의 생활방식을 극히 평범한 것으로 바꾸려고 하지 않는 한, 여러분은 평온무사한 생활이라는 것을 다른 사람들과 똑같은 관점에서 보아서는 안 됩니다.

④이렇게 생각할 때 우리의 지배권의 발전을 위해, 또 펠로폰네소스측을 의기소침케 하기 위해서도 현재 우리의 이 소강상태를 무시하고 시케리아 원정을 결정하면, 우리의 힘은 더욱 증대될 것입니다. 또 그와 동시에 우리는 시케리아 섬을 획득함으로써 전헬라스를 지배하고, 나아가서는 시라쿠사 시에 타격을 줌으로써 우리의 동맹군을 원조하는 것도 될 것입니다. ⑤전시케리아군에 비해 우리가 우세한 해군을 보유하고 있는 이상, 이 원정이 성공을 거두면 이 해군을 통해 안전하게 그 땅에 주둔할 수도 있고, 혹은 철수할 수도 있을 것입니다. ⑥여러분은 니키아스의 주장대로 활동을 혐오하거나 또는 청년층이 성인층에서 떨어져나간다고 보는 설에 현혹되지 말고, 종전대로 우리의 선조들이 젊었을 때에 그들의 선조들과 일치 협력하여 오늘날의 위업을 쌓아올린 것처럼, 현재야말로 그와 똑같은 정책을 채용해 우리 도시의 발전을 위해 노력해야 합니다. 노년층도 청년층도 한쪽의 협력을 얻지 못하면 어떤 일도 이루지 못하며, 청년·장년·노년 각 층이 하나가 되어야 참된 힘이 발휘되고, 또 이 도시도 현상 유지에 힘쓰는 것만으로는 모든 일이 그렇듯이 스스로 내리막길을 걷는 결과가 되어 기술은 모든 면에 걸쳐 노화현상을 보이며, 끊임없는 경쟁에 의해서만 새로운 경험을 획득할 수 있고, 도시는 공론(空論)이 아닌 실제 행동을 통해서만 스스로 방비하는 습관을 얻게 된다는 것 등을 여러분은 잘 알아야만 합니다. ⑦내 소신으로는, 적극적인 도시가 돌연 정책을 바꿔 소극적이 되면 그것은 도시를 급속히 붕괴시키는 도화선이 되며, 정책을 바꿀 것을 거부하고, 설사 적합치 않더라도 현행 방침과 관습

을 유지하는 사람들이 가장 안전하게 국정을 주관하는 것이라고 생각합니다."

19. ①이상과 같이 알키비아데스는 연설했다. 아테네인들은 이 연설 외에도 에게스타 시나 레온티노이 시에서 온 망명자들의 연설도 들었는데, 이 망명자들은 연단에 서서 원조를 요구하고, 또 그들의 상호서약을 지적하며 원조를 청원했다. 그래서 아테네인은 이전보다 더 시케리아 파병에 열성을 보였다. 니키아스는 전과 마찬가지의 논리를 되풀이했지만 아테네인의 마음을 바꿀 수 없다는 것을 깨달았다. 그래서 장비면에서 큰 부담이 지워진다고 하면 그들도 생각을 바꾸게 되지 않을까 생각하고, 니키아스는 다시 연단에 서서 다음과 같은 요지로 말했다.

20. ①"아테네인이여, 여러분이 시케리아 원정에 전적으로 찬성하고 있는 것을 나는 알고 있으므로, 나는 그 목적의 완수를 바라는 동시에 이 기회에 내 생각을 밝히고 싶습니다. ②우리의 원정 목표인 도시들은 듣는 바로는 각각 독립해 있는 대도시로서 압정(壓政)에서 해방으로 자발적으로 움직이는 개혁의 필요성이 없고, 또 그들의 자유를 우리의 지배와 바꿀 리도 없으며, 게다가 하나의 섬인데도 수많은 헬라스 도시가 존재하고 있다고 합니다. ③낙소스 시와 카타네 시는 레온티노이 시와의 관계 때문에 우리 편에 선다 해도 그밖에 7개[53]의 도시가 있고, 그들 도시는 모두 아테네 시와 거의 동질의 장비를 지니고 있으며, 특히 우리의 최대 목표인 셀리누스 시와 시라쿠사 시는 으뜸가는 도시입니다. ④이들 도시는 많은 중무장병과 궁병·창병 그리고 다수의 삼중노선 및 승무원을 가지

---

53) 셀리누스, 시라쿠사, 겔라, 아그라가스, 메세네, 히메라, 카마리나의 제도시.

고 있고, 경계면에서도 개인의 사유 재산이 있고, 셀리누스 시에는 시유(市有) 재산이 신전에 있으며, 시라쿠사 시 등은 일정한 이어족에게서 첫 수확물을 징수하고 있을 정도입니다. 특히 그들이 우리보다 훨씬 우월한 것은 마필(馬匹)의 소유량과, 수입 곡류에 의지할 필요성이 없다는 점일 것입니다.

21. ①이런 강국에 대해서 선박과 함께 육상군 대부대를 파견하지 않으면 우리의 기도에 상응한 활동을 하지 못하고, 특히 그 땅의 도시들이 공포심에서 공동으로 우리와의 교우를 거절하고 상호 원조를 중단해 에게스타 기병대 이외에는 우리를 지켜줄 도시가 없을 경우에는 적의 기병대에 견제를 받아 상륙조차 어려울 것입니다. 아무튼 격퇴당해도 불명예스런 일이고, 처음에 생각이 깊지 못했음을 증명하듯이 증원 부대를 보내는 것도 부끄러운 일일 뿐입니다. 즉 우리는 한 번에 충분한 준비를 하여 출발해야만 합니다. 우리는 본토를 떠나 멀리 떨어진 곳에 가는 것이며, 이웃 나라를 침입하는 것과는 당연히 다른 일임을 잘 깨닫고, 또 동맹도시로서 수하의 도시에 간 것처럼 쉽게 식량을 주변에서 보급받을 수도 없고, 겨울이 되면 그 땅에서 보고가 들어오는 데에만 4개월이 걸려도 힘든 그런 곳임을 알아두지 않으면 안 됩니다.

22. ①생각건대 아테네군 자체의 중무장병이 많이 필요할 뿐만 아니라 우리의 동맹도시나 휘하의 군대, 그리고 펠로폰네소스로부터도 우리의 재력과 교섭 능력에 따라 되도록이면 많은 도시에 참전을 요청해야만 할 것입니다. 게다가 적의 기병 부대를 막기 위해서는 많은 투석병·궁병을 필요로 하고, 보급을 원활히 이루어지게 하기 위해서는 많은 선단이 수행할 필요가 있으며, 또 필수품인 곡식, 즉 밀과 말린 보리는 상선으로 본토에서 보내지 않으면 안 됩

니다. 또 이런 대군단을 어떤 도시도 대접할 수 없을 것이므로 기후가 불순해 항구내에 잡혀 있게 될 경우에는 자급자족할 수 있도록 적당한 수의 제빵 기술자를 제분소에서 임금을 아끼지 말고 고용해 가야만 합니다. 그밖의 측면에서도 다른 도시에 의존하는 일이 없도록 우리는 많은 준비를 하지 않으면 안 되고, 특히 자금과 관련해서는 많은 금액을 아테네에서 가져가지 않으면 안 될 것입니다. 그리고 에게스타에 준비되어 있다고 그들이 말하고 있는 자금에 관해서는 그것이 구두 약속임을 알아둘 필요가 있습니다.

23. ①적의 전투원, 즉 적의 중무장병에 필적할 정도의 장비를 우리 아테네인이 가져갈 뿐만 아니라 모든 부문에 걸쳐 우리가 적에 대해 우세를 견지할 수 있도록 하지 않는 한, 적에게서 승리를 얻기는커녕 자신의 안전조차 유지하기 힘들 것입니다. ②이는 한 도시 전체가 이국(異國)이며 또 적지인 곳으로 이동해 가는 것과 마찬가지라는 것을 여러분은 깨달을 필요가 있습니다. 그리고 상륙 첫째날 승리를 얻고 신속히 영토를 확보할 수 있는 체제를 갖추지 않는 한, 만일 이 일전에서 패퇴하는 일이 있으면 사방에 적이 나타날 것이라는 사실을 각오하지 않으면 안 됩니다. 나는 이것을 두려워하는 것이며, 또 우리가 더 충분히 고려하고, 더 많은 행운을 얻을 필요가 있다는 것을 통감하고 있습니다. 우리가 인간인 이상 운명의 손에 희롱당하는 것을 극력 피하며 원정에 임하고 싶습니다. 이것이야말로 국가의 안정과 장병인 여러분의 안전을 가져오는 것이라고 믿고, 이 의견이 승인되지 않는 한 나의 장군직을 알키비아데스에게 넘길 것입니다."

24. ①니키아스는 이처럼 말하면 아테네인이 일의 중대함을 깨닫고 원정을 단념하든가, 혹은 파병하게 된다 해도 충분히 안전을

고려에 넣은 뒤에 출항하리라 생각해서 이상과 같은 연설을 했던 것이다. ②하지만 장비의 규모가 크다고 해서 아테네인의 원정열이 식기는커녕 더욱더 이 일에 열중하게 되어 니키아스의 생각은 크게 빗나가버렸다. 즉 아테네인은 훌륭한 조언을 얻었으므로 이제 원정은 더욱더 안전해졌다고 생각하고 ③모두 똑같이 원정에 열중하게 된 것이다. 장년층은 목적한 도시를 타도하든가 적어도 이 대군단에 불상사는 없으리라 생각해 이 계획에 열중하게 되고, 청년층은 이국을 견문할 수 있는 데다 무사히 귀국할 수 있을 것이라고 낙관하고 있었기 때문에 이 원정에 열중했다. 요컨대 병사도, 일반 서민도 모두 시케리아 섬에서 항구적인 공세(貢稅)를 받아 수입이 증가하고 국력이 발전하는 것을 보게 되리라 생각하고 있었던 것이다. ④그리고 설사 이 계획에 찬성하지 않는 자가 있어도 대다수의 강한 욕망 앞에서 반대 의사를 표명하면 뭔가 아테네에 비애국적인 행동을 하고 있는 것처럼 생각되리라 여겨[54] 입을 다물고 말았다.

25. ①게다가 마침내 아테네인 한 사람이 앞으로 나와 니키아스를 향해 변명할 필요도, 꾸물거릴 필요도 없이 이제 곧 아테네 민의회가 결정해야 할 장비의 전체 내용을 발표하라고 강요했다. ②니키아스는 내심 이에 답하고 싶진 않았지만, 아무튼 이 문제에 관해서 막료들과 더 시간을 두고 검토할 생각이지만 현재의 생각으로는 군선이 100척을 밑돌아서는 안 된다고 말했다. 이것은 이제부터 결정될 아테네와 동맹도시의 군대를 수송하는 데 쓰일 것이고, 중무장병에 관해서는 아테네는 그 전군을 파병하고 동맹도시로부터는 적어도 5000명이나 가능하면 그 이상을 필요로 한다고 말했다. 그 밖의 장비도 이에 상응한 것이 필요하고, 아테네로부터는 궁병, 크

---

54) 즉 시케리아 원정에는 반대해도 그것을 표명함으로써 반(反)민주파로 지목되는 것을 두려워하여 잠자코 있었다는 의미.

레타 섬으로부터는 창병을 징발하지 않으면 안 된다고 했다. 그리고 여하튼 무엇이든 도움이 될 만한 것은 모두 준비를 해서 출발하지 않으면 안 된다고 말했다.

26. ①이 말을 다 듣자 아테네인은, 장군들에게 병력수 및 군선 수에 관해 아테네에 최선이라 생각되는 조치를 취할 수 있는 절대권[55]을 부여할 것을 결정했다. ②그리고 그 후 원정 준비가 시작되었다. 동맹도시에는 사절을 보내고, 본국에서는 징병 명부[56]가 작성되었다. 아테네는 마침 전염병과 10년 전쟁에서 해방되어 청년수가 증가하고, 휴전 때문에 경제상태도 회복된 참이어서 모든 일이 순조롭게 진행되었다.

27. ①사람들이 이 준비를 한창 하고 있을 때, 하룻밤 사이에 아테네 전(全)시가지의 대부분의 헤르메스(Hermes) 석상(石像) 앞면이 훼손되는 사건이 일어났다. 이 헤르메스 석상이란 예의 각형(角型)상으로 대부분의 개인 가정의 문이나 신전 입구에 놓아두는 것이 관례로 되어 있다.[57] 아무튼 이것이 누구의 소행인지 아무도 몰라 국고에서 많은 현상금을 내걸고 범인을 수색하게 했다. ②

---

55) 본권 주 43)의 전권 장군을 말한다.
56) 아테네에는 시민의 이름을 수록한 병역 명부가 있고, 그것은 연령과 재산을 기준으로 그 적성에 따라 분류되어 있었다. 전쟁 때마다 그 명부에서 필요한 중무장병이 선발되었다.
57) 헤르메스 석상은 보통 사각형의 돌기둥 위에 흉상이 조각되고, 수염이 있는 얼굴과 직립한 남근(男根)을 지니고, 양어깨에서 지주(支柱)가 나오고 상록수 잎을 붙인 고리 모양의 장식물을 붙이게 되어 있다. 기원전 5세기 말기까지는 여러 종류의 신상(神像)이 만들어지고 있었으므로 여기에서 훼손된 상이 헤르메스 신상에 한정되었다고 단정할 수는 없다.

더 나아가 의회는 만약 다른 독신(瀆神)행위를 알고 있는 자가 있으면 그가 시민이든, 외국인이든, 또는 노예든 그것을 알린 자는 죄를 묻지 않겠다고 결의했다. ③사람들이 이 사건을 필요 이상으로 진지하게 생각한 것은, 이것이 원정에 불길한 징조[58]인 동시에 혁명을 일으켜 공민정체를 뒤엎으려는 일파의 소행이라고 생각했기 때문이다.

28. ①그러나 재류 외인이나 하인들 중에는 헤르메스 사건에 관해서 어떤 정보도 가져오는 자가 없었다. 하지만 이전에 다른 석상을 술과 젊음에 휘말려 훼손하고, 또 개인 집에서 장난치며 비의 (祕儀)[59] 흉내를 낸 자의 이름을 고하는 자들이 있었는데, 그 중에는 알키비아데스의 이름도 들어 있었다. ②그래서 평소에 알키비아데스가 방해가 되어 국민의 지도권을 얻지 못한다고 생각해 그를 눈엣가시처럼 여겼던 자들이 재빨리 이 정보를 기회로 삼아 알키비아데스를 쫓아내버리면 정권을 장악할 수 있으리라 생각하고 그를 비난하기 시작했다. 목청을 높이며 비의 모방사건도, 헤르메스 상 훼손사건도 공민정체를 타도하려 한 사건이고, 여기에는 모두 알키비아데스가 연루되어 있다고 선전하고, 공민정체의 규칙에 반하는 방종한 그의 일상생활과 습관이 그 증거라고 주장했다.

---

58) 헤르메스 석상 훼손이 불길한 징조로 여겨진 것은, 이런 누군가의 소행으로 헤르메스 상이 훼손되었기 때문에 헤르메스 신이 노해 그 보복으로 아테네의 시케리아 원정이 실패로 끝나게 할까 두려워했다는 의미다.

59) 비의는 종교적인 비밀결사가 새로운 입회자를 허락하거나 언제나 여는 연중행사 때 행한 의식인데, 상세한 것은 알 수 없다. 가장 유명한 것으로 엘레우시스의 비의가 있는데, 입회식에서는 무엇인가를 소리내어 외우고 보이고 행했던 것 같다. 그 내용을 밝힌 자는 규칙을 어겼다 하여 엄하게 처벌받았다.

29. ①그래서 알키비아데스는 때를 놓치지 않고 바로 이 정보를 반박하고 시케리아 원정을 떠나기 전에 —— 이미 원정 준비는 되어 있었으므로 —— 죄의 유무를 결정하는 재판을 받을 용의가 있다고 말하고, 만약 유죄로 판결이 나면 징벌을 받고, 무죄 판결이 내려지면 시케리아 원정 사령관직을 맡을 생각이라고 말했다. ②그리고 자신이 없는 동안 자신에 대한 무고(誣告)를 받아들이지 말 것을 요청하고, 만약 진심으로 부정행위가 있다면 그런 죄인을 취조하지 않고 이번 대원정에 파견하는 것보다는 조속히 자신을 사형에 처하는 쪽이 현명한 일이라고 주장했다. ③알키비아데스의 정적들은 만약 지금 이 문제를 법정에 끌고 가면 군부가 알키비아데스를 지지할 위험이 있는 데다 아르고스군과 만티네아 사람들이 가세하러 와 있는 것은 알키비아데스 개인의 힘에 의한 것이므로 그것을 깨달은 민중들이 알키비아데스를 원호하게 되어 그들의 알키비아데스에 대한 움직임을 봉쇄하고 이 소송을 거부할지도 모른다고 두려워하여, 다른 연설가를 시켜 현재로서는 알키비아데스를 시케리아에 파견해야 하며 원정을 지연시켜서는 안 된다고 말하고 그가 귀환하고 나서 날짜를 지정해 재판을 열어야 한다고 주장하게 했다. 그 이유는, 알키비아데스가 없으면 죄의 증거를 굳힐 수 있고, 좀더 무거운 죄를 이유로 그를 소환해 법정에 세울 수 있다고 생각했기 때문이다. 그리고 의회는 알키비아데스의 시케리아 원정을 결정했다.

30. ①그 후 여름도 절반쯤 지나 그들은 겨우 시케리아를 향해 출항하게 되었다. 동맹도시의 대부분의 수송선에는 휴대 장비와 함께 케르키라 섬에 집결해 거기서 일체가 되어 이오니아 해를 건너 이아피기아(Iapygian) 곶으로 가라고 미리 지령이 내려져 있었다. 그러나 아테네인 자신들은 아테네에 와 있던 동맹군과 함께 지정된 날 새벽에 피라이에우스 항에 내려가 출항하기 위해 배에 올랐다.

②사람들은 시민이나 재류 외인이나 모두, 말하자면 전시(全市)가 모두 이 출정 병사들을 항구까지 전송했다. 어떤 자는 동향 사람을, 어떤 자는 친구를, 또 어떤 자는 친척을, 그리고 어떤 자는 자기 자식을, 이런 식으로 각기 아는 사람을 전송했던 것이다. 그들은 함께 걸으면서도 이루길 바라는 정복을 생각하며 희망에 부풀거나, 재회하지 못할지도 모른다고 생각하며 슬퍼하면서 떠나는 병사들의 긴 항해를 생각했다.

31. ①그리고 이제 위험한 곳을 향해 서로 헤어져 갈 때가 되자 사람들은 이 원정을 투표로 결정할 때보다 더 강한 공포감에 휩싸였지만, 원정군의 각 부문의 물량을 목격하고 그 눈앞에 있는 힘에 안심이 되었다. 재류 외인이나 다른 자들은 실로 상상을 뛰어넘는 한 번 볼 만한 광경을 보기 위해 몰려들었다. 이 원정군의 장비는 헬라스 세력으로서 한 도시가 그때까지 파견한 어느 원정군의 그것보다 사치스럽고 호화로웠기 때문이다. ②그러나 선박수와 병력수에서는 페리클레스가 에피다우로스에 이끌고 가고,[60] 뒤에 하그논이 인계받아 포티다이아로 향했던 군대의 규모와 거의 비등했다. 그 당시 아테네군은 1400명의 중무장병과 300명의 기병, 100척의 삼중노선을 거느리고, 레스보스군과 키오스군은 50척의 삼중노선을 파견하고, 나아가 동맹도시들로부터는 많은 배가 와 있었다. ③그러나 그때 그들의 항해 거리는 짧았고, 또 장비도 고급품이 아니었다. 이에 비해 이번 원정은 장기간의 항해가 필요하고, 게다가 해륙 양전에 대비해 필요에 응할 수 있도록 모든 준비가 완비되어 있었다. 선단은 선주(船主)[61]나 시(市)에서의 다액의 지출로 마련되고, 시

---

60) 기원전 430년의 일이다.
61) 유복한 시민의 의무로서 삼중노선의 유지, 승무원의 고용, 항해시의 선장으로서의 책임이 부여되었다.

는 하루 1드라크마를 각 수부에게 지불하고, 60척의 경선(輕船)을
빈 배로 지급했다. 또 시는 40척의 군선과 거기에 탈 정예 하급사
관도 공급했다. 선주들은 시에서 나오는 급료 외에 추가 임금을 상
단(上段) 조수(漕手)와 하급 사관들에게 지불하고, 그 외의 장식품
이나 비품 등에도 사치를 다했다. 그리고 마지막으로는 자기 배가
사치스런 점에서도, 속력면에서도 제일이 될 수 있도록 하려고 온
갖 노력을 다 기울였다. 육상 부대 병사들도 최적격자의 명부 속에
서 선발된 자들로, 무기나 장비 면에서 서로 열심히 경쟁했다. ④그
리고 이 경쟁은 각자, 각 부문마다 벌어지는 한편, 전쟁 장비라기
보다는 오히려 그것을 힘으로서, 부(富)로서 헬라스 세계에 과시하
고 있는 것 같았다. ⑤만약 이 원정의 국고 총지출액에 개인의 그것
을 더하면──즉 국고가 미리 지불한 금액과 장군들에게 위탁한
금액, 또 개인이 자신의 장구(裝具)나 선장으로서 배에 이미 들인
비용과 앞으로 필요하게 될 금액, 그리고 이러한 장기간의 원정에
서 국고의 수당 이외에 각자가 당연히 준비하는 여행 비용, 상인이
나 병사가 장사할 목적으로 소지한 금액 등을 합계하면 아테네에서
가지고 나온 금액은 막대했으리라고 추측할 수 있다. ⑥실로 이 원
정이 유명해진 이유는, 적에 비해 압도적이었던 군력(軍力)보다는
오히려 이 대담함에 대한 놀라움과 그 광경의 호사스러움 때문이었
다고 하겠다. 요컨대 이 기도(企圖)가 나라에서 매우 멀리 떨어진
지점으로의 원정이고, 또 현재 지니고 있는 힘에 덧붙여 장래에 대
한 더 큰 욕망을 위해서였기 때문이다.

32. ①승선이 끝나고 휴대 물자도 다 싣게 되자, 나팔이 울리며
정숙할 것을 명했다. 그리고 사람들은 전통적인 출항 기원식을 각
선박마다 행하지 않고 전령의 호령 아래 일제히 함께 거행했다. 신
주(神酒)가 각각의 부서에서 섞이고, 그것을 선원이나 사관들이 금

잔・은잔에 담아 들고 헌주했다. ②무운(武運)을 기원하는 시민들도 육지에서 같이 기원을 올렸다. 찬가가 끝나고 신주의 헌주도 끝나자, 마침내 그들은 출항길에 올랐다. 처음에는 선열을 일렬로 갖추고 출범했지만, 이윽고 앞을 다투어 아이기나 섬까지 경주하는 형태가 되고, 또 다른 동맹군이 기다리는 케르키라 섬에 도착하기 위해 그들은 속력을 높였다.

제 *19* 장
전쟁 17년째 해 — 시라쿠사의 각 당파 —
하르모디오스와 아리스토게이톤 이야기
— 알키비아데스의 치욕

③그런데 이 출항 소식이 사방팔방에서 시라쿠사에 전해졌지만, 사람들은 이 소식을 오랫동안 믿으려 하지 않았다. 그러나 의회가 개최되어 그러한 설(說)이 이야기되자 아테네 내습설을 믿는 사람이 있는가 하면 부정하는 사람도 있었다. 그래서 헤르몬의 아들 헤르모크라테스가 이 문제에 대해서는 잘 알고 있다고 확신하고 있었기 때문에 사람들 앞에 나서자 다음과 같이 권고했다.

33. ①"아마도 여러분의 눈에는 내가 이 내습설의 진실성에 관해 다른 사람들과 마찬가지로 믿을 수 없는 것을 말하고 있는 것처럼 비칠지도 모르겠습니다. 그리고 나는 이 믿기 어려운 사실을 전하고, 또 주장하는 사람들 쪽의 의견에 설득력이 결여되어 있고 지각이 없는 것처럼 보이는 바가 있다는 것도 부정하지 않습니다. 그렇지만 국가가 위기를 맞이했을 때 이런 두려움 때문에 입을 다물고 있을 내가 아닙니다. 그것은 내가 다른 사람보다 사정에 밝은 이상 발언해야 한다고 확신하고 있기 때문입니다. ②왜냐하면 아테

네군은 여러분을 향해, 아주 놀라운 일이긴 하지만 해륙 양면에 걸쳐 대군을 거느리고 이미 본국을 출발하고 있기 때문입니다. 그 표면적인 이유로 에게스타 시의 동맹도시라는 것과 레온티노이 시의 부흥이라는 것을 내세우고 있지만, 실제 그들의 목적은 시케리아 섬 전역——특히 우리 도시에 있습니다. 요컨대 일단 우리 도시를 획득하면 다른 도시는 쉽게 장악할 수 있다고 판단하고 있는 것입니다. ③이처럼 적이 때를 기다리지 않고 오는 이상 현상황에서 최선의 방비책을 생각하고, 적을 얕봐 허를 찔리거나 내습을 믿지 않아 전체를 방치해두는 그런 일이 있어서는 안 됩니다.

④이 적의 내습 소식을 믿는 사람들은 적의 대담함에도, 그 힘에도 낙심할 필요가 없습니다. 왜냐하면 그들은 우리에게 주어지는 타격보다 더 큰 피해를 입을 것이며, 그들이 대군을 거느리고 내습하는 것 자체도 나쁜 것은 아니며 시케리아인 전체에게는 오히려 좋은 결과를 가져오리라 생각되기 때문입니다. 그것은 모두가 이 사태에 놀라 우리에게 협력하고 참전을 희망할 것이기 때문입니다. 게다가 일단 우리가 적을 격멸하든가, 혹은 적이 목적을 이루지 못하고 철수할 경우에는——물론 나는 적이 그 목적을 달성할 수 있다고는 결코 믿지 않지만——우리는 최상의 결과를 얻을 것이며, 그 실현 가능성은 매우 높다고 나는 믿고 있습니다. ⑤그 까닭은, 사실 그것이 헬라스의 대군이든 이어족의 대군이든 자국에서 멀리 떠난 대군이 전쟁에서 성공한 예는 극히 드물기 때문입니다. 또 전주민이 공포 때문에 일치 협력하는 이상, 수적으로도 내습하는 적이 현지인의 수나 그 주변 도시의 인구보다 우세할 수는 없습니다. 그리고 만약 적이 낯선 땅에서 물자 보급의 곤란을 느껴 패퇴한다면, 설사 그 패인이 적 자체에게 있다 하더라도 승리의 명예는 방어군에게 주어집니다. ⑥아테네인 자신이 일찍이 페르시아인의 예상치 못한 패퇴시에 그 원인을 아테네의 공적으로 돌리고 융성을 가

져온 것이 바로 그 좋은 예로, 우리에게도 이런 일이 일어나지 않는다고 할 수 없을 것입니다.

34. ⓐ그러므로 낙심하지 말고 시내의 물자로 준비를 갖추고, 시켈로스측에 사절을 보내 그들의 동맹도시와는 유대를 강화하고, 다른 도시와는 동맹 혹은 교우 관계를 맺는 데 힘써야 합니다. 또 시케리아의 다른 지방에도 사절을 보내 공동의 위험성을 말하고, 이탈리아에까지도 손을 벌려 우리와의 동맹도시의 증가를 요청하고 그들이 아테네군을 거부하도록 하지 않으면 안 됩니다. ⓑ칼케돈에도 사절을 보내는 것이 좋으리라 생각합니다. 왜냐하면 그들은 자기의 도시에 아테네가 침략하리라는 것을 예상치 못하기는커녕 도리어 그들의 내습이 언제 있을지 항상 두려워하고 있기 때문입니다. 이 상태를 방치해두면 반드시 그들에게도 재난이 닥쳐오리라고 생각할 것이 당연한 이상, 비밀리에든 공공연히든, 또 다른 방법을 사용하든 우리를 도우려 할 것입니다. 게다가 그들이야말로 그럴 의향만 있으면 현재로서는 가장 강력한 도시가 될 수 있습니다. 즉 그들이 가지고 있는 풍부한 금은의 양은 이 전쟁도, 다른 사건도 여유 있게 종결지을 수 있을 정도이기 때문입니다. ⓒ라케다이몬에도, 코린토스에도 사절을 보내야 할 것입니다. 그들에게는 급거 지원을 요청하는 동시에 헬라스 본토에서의 동란을 촉구할 필요가 있습니다.

ⓓ그리고 평소 조용한 것을 좋아하는 여러분의 성격으로 미루어보아 내가 지금이야말로 적기라고 생각하는 것에 대해 여러분이 크게 찬성하리라고는 기대하지 않지만, 아무튼 그것을 말해보겠습니다. 그것은 가능하다면 전시케리아인을 동원해서, 그렇지 않으면 그 대다수로 우리가 2개월간의 공급 물자와 함께 현재 보유하고 있는 전 해군력을 투입해 타라스 시 먼바다 및 이아피기아 반도 먼바다에서

아테네군에 도전하는 것입니다. 그들로 하여금 시케리아에서 싸우기 전에 이오니아 해를 건너는 것부터 극복해야 한다는 것을 깨우쳐주어야만 합니다. 만약 이 일이 실현된다면, 적은 놀라서 우리에게 호의를 보이는 땅에 —— 즉 타라스 시는 우리를 받아들이고 있으므로 —— 우리의 기지를 두고 있다는 것을 적은 똑똑히 인식하게 될 것입니다. 또한 적은 전장비를 가지고 오랜 항해를 하지 않으면 안 되고 장기간의 항해로 선열을 갖추기가 곤란하므로, 속도도 늦고 공격력도 가지각색이 되어 우리의 좋은 먹이가 될 것입니다. ⑤ 또한 만약 적이 배의 동체를 가볍게 하고 일제히 공격해 오는 일이 있으면, 적이 조수(漕手)를 사용하고 있을 경우에는 단지 그들이 피로해지길 기다리면 되고, 만약 이것이 기대에 어긋날 경우에는 타라스 항으로 철수하면 됩니다. 적이 만약 절반의 물자를 갖고 해전에 임하면 전혀 원호해주는 데가 없이 곧 궁핍해져 머무르며 농성을 해야 하는 궁지에 빠지거나, 도망치려고 나머지 장비를 버려도 받아들여줄 도시도 없어 사기를 잃게 될 것입니다. ⑥내가 관측하기로는, 적은 이상과 같은 사실에 두려움을 느껴 케르키라를 떠나려고조차 않고 깊이 고려한 끝에 정찰 선대를 이용해 우리의 위치와 세력을 탐색해 올 것입니다. 이런저런 사이에 시간이 흘러 겨울철이 되면 그들은 예기치 않은 상황에 당황하여 선단을 해산시키지 않을 수 없을 것입니다. 특히 정보에 따르면 지도부내에서 가장 경험이 많은 장군은 이 원정에 찬성하고 있지 않다고 하므로, 뭔가 눈에 띄는 움직임을 보이면 곧 잘됐다는 듯이 이것을 해산의 이유로 내세울 것입니다.

⑦그리고 우리의 실제 실력은 그 이상으로 널리 알려지고, 사람들은 그 소문을 믿을 것입니다. 위험의 정도는 같은데도 사람들은 공격해 오는 자를 방어하겠다고 표명하는 자보다 먼저 공격을 가하는 쪽을 두려워하게 마련입니다. ⑧바로 이 점 때문에 아테네군은 피해

를 입을 것입니다. 요컨대 그들은 우리가 라케다이몬과 협력해 그들에게 반대한 적이 없기 때문에 당연히 우리를 얕보고 우리가 반격해 오지 않으리라 생각하고 오는 것입니다. 하지만 만약 이 예측에 반해 사기가 오를 대로 오른 우리를 그들이 발견하게 되면, 우리의 실력보다 이 기대가 어긋난 사실에 놀라 기력을 잃고 말 것입니다. ⑨그러므로 여러분이 용기를 내서 이 제안에 찬성해주기 바랍니다. 그러나 이 제안에 찬성을 얻지 못하더라도 조속히 여러분은 전쟁 준비를 해야만 합니다. 적을 경시하는 것은 실전에서는 힘이 되지만, 현상황에서는 위험에 직면해 있는 듯이 두려움을 느끼며 준비해야만이 가장 안전하며 유용하다는 것을 각자 마음속에 새겨두기 바랍니다. 적은 옵니다. 적이 지금 항해중이라는 것을 내가 잘 알고 있습니다. 적은 다만 현재 여기에 도착해 있지 않은 것뿐입니다."

35. ①이상과 같이 헤르모크라테스는 말했다. 시라쿠사 시민 사이에서는 격렬한 논전이 벌어졌다. 어떤 자는 아테네 내습설을 철저히 부정하고 헤르모크라테스가 말한 것은 거짓이라고 했다. 또 어떤 자는 아테네군이 설사 오더라도 그들 자신이 큰 손실을 입을지도 모르는데 대체 자신들에게 무슨 짓을 하겠는가 하고 주장했다. 한편 다른 자들 중에는 이 문제를 완전히 경시하고 일소에 부치는 자도 있었다. 요컨대 헤르모크라테스의 설을 믿고 장래를 두려워하는 자는 적었다. ②그래서 이런 사람들 앞에 이번에는 아테나고라스(Athenagoras)가 나섰다. 이 남자는 공민파의 제1인자로 당시 민중 사이에서 가장 설득력 있는 사람이었다. 그는 다음과 같이 말했다.

36. ①"아테네인이 그 정도로까지 현명함이 결여되고, 우리의

손아귀 속으로 스스로 뛰어들고자 여기에 오는 것을 바라지 않는 자가 있다면 그는 겁쟁이나 매국노에 불과합니다. 여러분을 공포로 이끄는 이런 정보에 대해서 나는 그 대담함에는 놀라지 않지만 미래에 대한 통찰력이 없는 듯 보이는 그 무분별함에는 놀라고 있습니다. ②대체로 뭔가 개인적으로 두려워하는 대상이 있는 자들이 자기 개인의 공포를 전체의 그것으로 꾸미려고 도시 전체에 공포를 일으키기 때문입니다. 이번의 정보도 같은 수법입니다. 이런 것들은 자연적으로 발생한 것이 아니라 언제나 이런 목적을 지닌 자들이 인위적으로 꾸민 공작입니다. ③그러므로 여러분이 만약 올바른 정책을 채택하고자 한다면, 이런 정보를 기초로 개연성을 판단할 것이 아니라, 현명하고 경험이 풍부한—내게 말하라고 한다면—아테네인과 같은 사람들이 채용할 행동의 개연성을 기초로 판단해야 합니다. ④아테네인이 펠로폰네소스인을 배후에 남겨둔 채 그들과의 전쟁도 아직 확실히 매듭지어지지 않은 상태에서 그 전쟁 규모와 비교해 결코 그에 못지않은 새로운 전쟁을 벌이기 위해 적극적으로 이곳에 올 가능성은 적습니다. 사실 나는 우리 도시 같은 많은 대도시가 그들에게 공격을 가하고 있지 않은 사실에 대해 도리어 그들이 감사해 하고 있을 것이라고 생각할 정도입니다.

37. ①그러나 설사 그들의 말대로 아테네군이 온다 해도 시케리아군 쪽이 펠로폰네소스인보다 모든 면에서 우수한 장비를 지니고 있는만큼, 우리 쪽이 펠로폰네소스인보다 전쟁을 더 잘 치러낼 수 있는 소질을 충분히 지니고 있다고 나는 생각합니다. 우리의 도시만으로도 현재 전해지고 있는 아테네군, 아니 그 두 배의 군대가 밀려오더라도 그보다 훨씬 우세하다고 생각하고 있습니다. 아테네군에는 기병대가 수행하고 있지 않으리라는 것을 나는 알고 있습니다. 그리고 시케리아에서는 에게스타 시가 그들을 어느 정도 도울

뿐, 그들은 어디에서도 기병대를 징집할 수 없을 것입니다. 그들은 중무장병 역시 우리와 같은 수만큼 배로 보내오지는 못할 것입니다. 아무튼 아무리 짐을 적게 싣더라도 이만한 거리를 항해하기는 어려운 일입니다. 하물며 우리 도시 같은 대도시를 공략하는 데 필요한 다른 물자가 결코 적지 않을 것입니다. ②극단적으로 말하면, 나와 다른 사람들 생각 사이에는 아주 큰 차이가 있어, 설사 아테네군이 시라쿠사와 같은 큰 도시를 자기 편으로 삼고, 게다가 그 이웃에 정착해 살 수 있는 도시를 또 하나 지니고 그곳을 기지로 하여 우리에게 도전해 온다 하더라도 그들이 완패를 모면하기는 어렵다고 나는 생각합니다. 전 섬이 적지(適地)인 시케리아에서—— 전시케리아는 단결할 것이므로—— 수송선의 보급 물자에만 의존하는 진지에서는 우리 기병대가 두렵고 장비와 설비가 부족해 그다지 멀리 나오지도 못할 것입니다. 실제로 그들이 시케리아의 일부를 점령하는 것조차 불가능할 것이라고 나는 생각합니다. 그 정도로까지 우리의 장비가 우수하다고 나는 믿고 있습니다.

38. ①그렇지만 내가 주장한 것은 아테네인도 잘 알고 있는 것이고, 자기 자신들의 안전에 유의하고 있을 것이 당연합니다. 그런데 이곳 사람들은 일어난 일도, 일어나지 않을 일도 진짜처럼 말을 퍼뜨리고 있습니다. 실제로 이런 일은 이번이 처음이 아니며 전부터 언제나 알아차린 것이지만, 이런 자들은 유언비어뿐만 아니라 그보다 악질적인 실제행동으로 여러분 다수를 위협하여 정치 주도권을 장악하려 기도하고 있는 것입니다. ②내가 두려워하는 것은, 그들이 몇 번이나 이런 일을 되풀이하는 사이에 언젠가 그들이 생각하는 대로 되어 우리가 재난을 입기 전에 주의를 기울이고 마음을 써 일을 처리하지 못하게 되지 않을까 하는 것입니다. ③그 결과 우리 도시는 언제나 동요하고 있습니다. 적보다 자기들 자신의 도

시에 대해 더 많은 혁명과 투쟁을 벌이고 있고, 때때로 참제군주나 불법 결사에 좌지우지돼버립니다. ⑧내가 하려는 것은, 만약 여러분의 지지를 얻을 수 있다면 우리들 사이에서 일어나는 일을 결코 묵인하지 않고, 여러분의 과반수를 획득하여 이런 음모를 기도하는 자를 처벌하며, 현행범을 체포하는 동시에 —— 그 현장을 잡기는 어려우므로 —— 범죄를 실행에 옮기지 못하고 있더라도 꾀하고 있는 자를 체포하는 것입니다. 그것은 다가올 재난을 미리 방지하기 위해서는 범죄자뿐만 아니라 범죄를 저지를 의도가 있는 자부터 단속하지 않으면 안 되기 때문입니다. 한편 소수파에 대해 나는 비판을 하고 경계하며 선도해갈 예정입니다. 그들을 나쁜 길에서 멀어지도록 하려면 이것이 최상의 방법이라고 생각합니다. ⑨그런데 청년들이여, 또 몇 번이나 되풀이해 묻지만, 대체 여러분들은 무엇을 바라고 있습니까? 지금 관직에 오르는 것입니까? 그것은 법이 허용하지 않습니다. 이 법은 여러분의 미숙함에 찬물을 끼얹기 위해서지 유능한 자를 위해서가 아닙니다. 그러나 여러분은 일반 대중과 똑같은 권리를 지니고 있지 않습니까? 똑같은 자가 똑같이 취급되지 않는 것이 대체 정당한 일입니까?

39. ①어떤 자는 공민주의는 현명하지도 않고 평등하지도 않다고 말하고, 부유한 자야말로 지배계급으로서 최상이라고 주장합니다. 내 대답은 이렇습니다. 먼저 첫째로 공민주의란 전시민을 가리키고, 과두주의란 일부를 가리킨다는 것, 둘째로 행정에 있어서는 부유한 자가 가장 적합하며, 심의하는 데 있어서는 지식인이 적임자고, 그 권고를 듣고 결정하는 것은 전시민이 하는 것이 제일 좋다는 것입니다. ②그리고 공민주의에 있어서는 일부도, 전체도 똑같이 동등한 권리가 주어지지만, 과두주의는 대중에게 위험한 일을 강요하고 이익을 착취하는 데 그치지 않고 그것을 모두 **횡령해버린**

다는 것을 지적하고 싶습니다. 게다가 이 정체(政體)야말로 유력자나 청년들이 노리고 있는 정체지만, 이 위대한 도시에서는 그것이 허용되지 않습니다. 아무튼 여러분이 잘못된 방향으로 나아가고 있는 것을 아직도 깨닫고 있지 못하다면 여러분은 어리석기 짝없는 사람들이며, 또 만약 이것을 알면서도 감히 실행하려 하고 있다면 내가 알고 있는 헬라스인 중에서 가장 교양 없는 사람들이든가, 혹은 대악인(大惡人)이라고 말할 것입니다.

40. ①하지만 지금이야말로 여러분은 생각을 바꾸어 도시의 공동 이익을 향상시키도록 자각해야 합니다. 여러분 중에서 훌륭한 사람들은 이 이익을 다른 사람들과 평등하게, 혹은 그 이상 누리게 될 것입니다. 하지만 만약 이 이외의 것을 원한다면, 곧 모든 것을 잃는 위험에 직면할 것입니다. 그러므로 여러분의 생각을 알고 그에 반대할 사람들에게 전해진 정보 따위에 현혹되어서는 안 됩니다. ②비록 아테네군이 내습하더라도 이 도시는 그에 상응하여 그들을 격퇴할 것입니다. 게다가 이것을 지휘할 장군이 우리에게는 부족하지 않습니다. 그리고 내 생각대로 이 정보가 사실이 아니라면, 시라쿠사는 이에 위협받아 여러분을 장군으로 선출하고 스스로를 노예의 위치로 빠뜨려서는 안 됩니다. 시라쿠사는 여러분의 언동을 비판하듯 관찰하고, 보고된 것만으로 현재의 자유를 잃는 그런 일을 하지 않을 것입니다. 시라쿠사는 여러분에게 양보하지 않고 실제행동으로 이 자유를 지켜내는 노력을 아끼지 않을 것입니다."

41. ①아테나고라스가 이렇게 말하자, 한 장군이 일어나 이젠 다른 사람이 연설하는 것을 금하고 현상황에 관한 자기 자신의 생각을 다음과 같은 요지로 말했다. ②"서로 비방하는 것도, 그것을 듣고 있는 것도 현명한 일이 아닙니다. 그보다 오히려 이 정보에

대해 어떻게 하면 시라쿠사에서 전체적으로도, 개별적으로도 내습해 오는 적에 항거할 준비가 잘 이루어질지 검토해야 합니다. ③설사 그럴 필요가 없다 하더라도 말이나 장병, 그밖에 전쟁에 필요한 것을 공적으로 갖추는 것은 결코 해로운 일은 아닙니다. ④그리고 우리가 이것을 관리하고 감독할 것입니다. 또 도시에는 정황 시찰을 위해 사람을 보내고, 다른 일도 적당하다고 생각되는 조치를 취해두어야 합니다. 이 중 일부는 이미 검토가 끝났고, 앞으로도 필요한 일은 그때마다 여러분 앞에 제출할 것입니다." 이 정도로 장군이 말하자, 시라쿠사인은 회의장에서 해산했다.

42. ①이 무렵 아테네군도, 전동맹군도 이미 케르키라 섬에 집결해 있었다. 장군들은 전군이 닻을 내리고 진을 치도록 먼저 전체를 열병(閱兵)하고 선열을 정돈했다. 그러고 나서 이것을 세 선단으로 나누고 세 명의 사령관이 책임져야 할 각각의 선단을 추첨으로 결정했다. 이것은 전군이 일단 항해하여 해안에 기착할 경우에 정박항, 물 및 그밖의 보급에 지장이 생기지 않도록 하기 위해서였으며, 또 다른 면에서도 각 선단마다 전임 사령관이 있는 편이 혼란을 일으키지 않고 쉽게 통솔할 수 있기 때문이었다. ②다음으로 어느 도시가 아테네군을 받아들일 체제가 되어 있는지 알아보기 위해 아테네군은 세 척의 선발대를 이탈리아와 시케리아에 파견했다. 그리고 상륙이 가능한 항구를 미리 알 수 있도록 이 선발대에게 주력 부대가 도착하기 이전에 보고할 것을 지시했다.

43. ①그 후 아테네군은 비로소 다음과 같은 장비를 가지고 케르키라를 떠나 시케리아를 향해 바다를 건넜다. 선박 총수는 삼중노선이 134척, 그리고 로도스가 제공한 오십노선이 2척이었다. 이 중에는 아테네의 50척의 경선과 40척의 수송선이 포함되고, 나머지

는 키오스와 기타 동맹군의 배로 구성되어 있었다. 중무장병 총수는 5100명이고, 그 중 아테네 정규병은 700명이었다. 나머지는 동맹군으로, 어떤 부대는 직접 아테네의 지배하에 있고, 아르고스·만티네아군 그리고 용병 수는 250명이었다. 궁병의 총수는 480명이고, 이 중 80명은 크레타군이 차지하고 있었다. 창병(槍兵)은 로도스군 800명, 방패병은 메가라 출신의 망명 병사 120명, 그리고 수송선 1척은 30두의 마필을 싣고 있었다.

44. ①이 전쟁의 제1군으로 이 정도 규모의 군대가 바다를 건넜는데, 이와 함께 30척의 곡류 수송선이 요리사·석공·목수 그밖에 방벽 구축에 필요한 물자를 싣고 있었다. 또한 징용된 100척의 화물선이 이와 동행하고, 이 외에도 병사를 상대로 장사를 하기 위해 자발적으로 따라나선 수송선이나 화물선도 있었다. 이 모두가 이때 케르키라를 떠나 이오니아 해를 가로질러 간 것이다. ②전군은 각기 순조로운 항해 뒤에 이아피기아 곶과 타라스 시 먼바다에 이르고 거기에서 이탈리아 연안을 항해했는데, 이탈리아 반도 돌출부 끝의 레기옴 시에 도착할 때까지 어느 도시도 아테네군에게는 물과 투묘권(投錨權) 외에는 시장·시가지 모두 그 문을 닫고, 타라스 시와 로크리스 시에 이르러서는 물과 투묘권조차 거절했다. ③마침내 아테네군은 레기옴 시에 집결했지만 시내 출입이 금지되어 시외의 아르테미스 신역에 진을 치고 숙영했다. 그리고 그곳에 그들을 위한 시장이 개설되고, 배도 육지로 인양되고, 아테네군은 휴식을 취했다. 그러나 이 사이에도 레기옴 시와 교섭을 하며, 레기옴인은 칼키스족으로서 다른 칼키스족인 레온티노이를 도와야만 한다고 주장했다. 이에 대해 레기옴인은 어느 쪽에도 서지 않겠다고 언명하고, 다른 이탈리아 도시의 결정을 기다려 그에 따라 레기옴도 행동할 것이라고 회답했다. ④이렇게 되자 아테네군은 시케리아의 도시에

대해 어떤 정책을 채택해야 가장 좋을지 그 대책에 고심하고, 에게스타 시에 보낸 선발대의 귀환을 기다리며 아테네에 에게스타의 사절이 약속했던 것이 사실인지 아닌지 그 자금문제가 명확해지길 기대하고 있었다.

45. ①한편 이 동안 시라쿠사 시에서는 정찰대로부터도, 또 각 지역으로부터도 아테네 선단이 레기옴에 있는 것이 명백히 보고되어 이젠 의심의 여지가 없자 전력을 기울여 방위 준비를 하고 있었다. 시켈로스 도시 중 어떤 지방에는 방위대가, 또 어떤 지방에는 사절이 파견되었다. 지방의 요새에는 수비병을 배치하고, 시내에서는 중무장병 및 기병에 부족한 것이 없도록 사열이 행해지고, 그밖의 면에서도 목전에 다가온 전쟁에 대비해 준비가 이루어졌다.

46. ①에게스타에 가 있던 세 척의 선발대가 레기옴의 아테네군에 돌아와 에게스타 사절이 아테네에서 약속했던 자금이 에게스타 시에는 없고 수중에 있는 것은 겨우 30탈란트 정도라고 보고했다. 장군들은 몹시 낙담했다. ②그것은 이 보고가 아테네군의 기세를 처음부터 꺾어놓은 데다 레온티노이와의 혈연관계나 종래의 아테네에 대한 태도로 봐 아테네군 편에 가장 먼저 끌어들이려 했던 레기옴 시가 아테네군과의 협력을 거부했기 때문이었다. 에게스타 시 문제에 관해서 니키아스는 이 결과를 예측하고 있었을지도 모르지만, 다른 두 명의 장군에게는 아닌 밤중에 홍두깨 같은 사건이었다. ③아무튼 에게스타인은 처음에 아테네에서 자금 시찰단이 왔을 때 다음과 같은 공작을 했던 것이다. 먼저 그들은 에릭스에 있는 아프로디테(Aphrodite) 신전으로 그들을 데리고 가 그곳에 있는 봉납품을 보여주었다. 거기에는 주발·술국자·향로 그밖의 많은 접시가 있고, 그것들은 대단한 재보처럼 보였지만 모두 은제였기 때문에

실제로는 그렇게 가치 있는 것은 아니었다. 그 뒤 그들은 선원들도 개인적으로 각 가정에서 환대하고, 에게스타내에서 금은 기물을 모을 뿐만 아니라 이웃의 포이니키아인이나 헬라스 도시에서도 그것들을 빌려와 연회장에 마치 각자의 소유물인 양 늘어놓았다. ④그리고 모두 대체로 똑같은 기물을 돌려가며 썼기 때문에 그 수량이 대단한 것처럼 보여 아테네인을 놀래키는 데 성공했던 것이다. 이들 아테네인은 귀국하자 수많은 재보를 보고 왔다고 말을 퍼뜨렸다. ⑤이리하여 속은 자들이 당시 다른 사람들에게도 이것을 믿게 만들었기 때문에, 현재 에게스타 시에 자금이 없다는 것이 밝혀지자 병사들은 그들을 강하게 비난하고, 장군들은 다시 현상황을 검토하기 시작했다.

47. ①니키아스의 견해는 이번 원정의 주목적인 셀리누스 시에 전병력을 이끌고 가, 만약 에게스타 시가 전군의 경비를 부담할 수 있다면 그에 따라 계획을 세우고, 그것이 불가능할 경우에는 에게스타 시가 원조 요청을 한 60척 분량 만큼의 경비를 그들에게 지출시키고 셀리누스 시에 머무르며 에게스타 시와의 화해를 교섭으로든 실력행사로든 성립시키고, 그 뒤에 다른 도시의 연안을 항해하며 아테네 시의 실력을 시위하면서 그들에게는 그 우호국과 동맹국에 대해 성의가 있다는 것을 보이고 귀국하자는 것이었다. 뭔가 돌발적인 사건이 일어나 레온티노이 시를 원조할 수 있거나 다른 도시를 아테네 산하로 끌어들일 수 있는 경우를 제외하고는, 자국의 재력을 낭비하면서까지 아테네를 위험에 빠뜨리는 일이 있어서는 안 된다는 것이 니키아스의 의견이었다.

48. ①한편 알키비아데스는 이 정도의 대군을 가지고 출정해 온 이상 아무 일도 하지 못한 채 면목을 잃고 돌아가는 데 반대하고,

셀리누스와 시라쿠사 이외의 시케리아 전도시에 사절을 보내 설득하고, 시켈로스족 도시를 시라쿠사에서 이반시켜 아테네측으로 끌어들인 다음 식량과 병력을 확보하고, 먼저 메세네 시를 그 첫 대상으로 삼을 것을 주장했다. 메세네 시는 아테네군이 시케리아에 건너올 때 그 입구에 해당하는 곳에 위치해 있어서 아테네 선단의 기항지로서도, 투묘지(投錨地)로서도 매우 중요한 지점이었기 때문이다. 나아가 알키비아데스는 이렇게 여러 도시를 자기 편으로 삼고, 어떤 도시가 어느 편에 설지 판단하고 나서 시라쿠사가 레온티노이 시의 부흥을 인정하고 셀리누스가 에게스타 시와 화해하지 않는 한 시라쿠사와 셀리누스 시를 공격해야 한다고 말했다.

49. ①라마코스는 시라쿠사로 직행해 적의 준비가 아직 되어 있지 않고 그 공포심이 최고조에 도달해 있을 때 곧바로 쳐야만 한다는 의견이었다. ②그 이유는 갑자기 적의 총전력과 마주쳤을 경우에 사람은 가장 위협을 느끼기 때문이며, 적의 내습 예고가 길어지면 각오가 생기고 대담해지며 실제로 적을 보아도 놀라지 않게 된다고 말했다. 적이 예상하고 있지 않을 때 급습해야만 가장 효과적으로 적을 압도하고, 모습을 보이기만 해도 적의 전의(戰意)를 완전히 없앨 수 있기 때문이며, 또 지금이야말로 아테네군이 그들 눈에 가장 많게 비칠 것인데, 그것은 그들이 파멸에의 예감과 목전의 전쟁에 대한 위기감에 사로잡혀 있기 때문이라고 했다. ③또한 이리하면 시외의 들판에 많은 사람들이 아테네의 내습을 믿지 않고 나와 있다가 뒤처지게 될 것이므로 시라쿠사 시외에 아테네군이 진을 치고 그 지역을 점거해버리면 적이 성벽내로 물자를 반입하는 곳을 압류당해, 아테네군은 물질면에서도 곤궁을 피할 수 있을 것이라고 말했다. 게다가 이러한 상태가 되면 다른 시케리아 도시들이 시라쿠사와 손을 잡을 가능성이 적어지고, 조용히 기다리며 양자의 우열

을 판단하기 전에 아테네측에 서게 될 것이라고 했다. 마지막으로 아테네군은 메가라를 선단 기지로 삼고 정박지로 사용하거나 그곳에서 출격해야 한다고 말했다. 메가라는 무인지대로 시라쿠사에서 멀지 않지만 육로가 없는 지점에 있다.

50. ①라마코스는 이상과 같이 자기 생각을 밝혔지만, 그러나 알키비아데스의 의견을 지지했다. 그래서 그 후 알키비아데스는 자기 배로 메세네로 가 아테네와 동맹을 맺도록 교섭을 벌였다. 그러나 그에 성공하지 못했을 뿐더러 알키비아데스는 시내 출입을 금지당하고 시장만 개방하겠다는 회답을 받고서 레기옴으로 돌아왔다. ②그래서 아테네 장군들은 곧 60척의 배를 선발해 인원과 물자를 탑재한 뒤 낙소스 시로 향했다. 잔류 부대는 한 명의 장군과 함께 레기옴에 머물렀다. ③낙소스 시는 아테네 선단을 받아들여, 그곳에서 카타네 시로 항해해 갔다. 카타네 시에는 시라쿠사파가 있어 아테네 선단은 받아들여지지 않았다. ④그래서 그들은 테리아스(Terias) 강 하구[62]에 정박하고 숙영한 뒤 이튿날 50척을 일렬로 늘어세우고 시라쿠사로 향했다. 나머지 10척은 정찰선으로 이보다 먼저 항해해 대항(大港)으로 들어가 적선에 맞서 싸울 용의가 있는지 탐색하고, 육지로 다가가 전령사를 보내 아테네군은 레온티노이가 동맹도시인 동시에 동족이기 때문에 이 도시를 재건하기 위해 왔다고 선언하고, 또 시라쿠사 시내에 있는 레온티노이인은 두려워하지 말고 친구이자 구원자인 아테네측에 서라고 외쳤다. ⑤이렇게 선언하고는 시라쿠사 시와 항구 및 그 주변 지역을 관찰하고 전투시 닻을 내릴 지점을 연구한 뒤 이 정찰대는 카타네로 돌아갔다.

---

62) 레온티노이 시의 북쪽에 있고, 지금은 산 레오나르도 강이라 불리고 있다.

제 19 장 **149**

51. ①카타네 시는 의회를 열고 아테네군을 거부할 것을 결정한 뒤, 만약 말하고 싶은 것이 있으면 의회에 출석하라고 아테네 장군을 불렀다. 그래서 알키비아데스가 연설을 했는데, 이 연설에 시내에 있는 자들의 주의가 쏠려 있는 동안 아테네군 병사들은 성벽 뒷문을 간단히 부수고 시내로 들어와 시장을 확보했다. ②카타네 시에 있던 시라쿠사파 사람들은 아테네군이 시내에 들어온 것을 알고는 소수였기 때문에 곧 카타네 시에서 도망쳤다. 그래서 다른 자들은 아테네와 동맹을 맺고 아테네군의 다른 부대를 레기옴에서 불러들이라고 언명했다. ③그래서 그 후 아테네군은 레기옴으로 돌아간 뒤 다시 전군을 이끌고 카타네 시에 진주하여 도착과 동시에 진을 쌓았다.

52. ①그런데 이 아테네군에게 카마리나 시에서 만약 아테네군이 절충하면 그 교섭에 응할 용의가 있으리라는 것과, 시라쿠사가 배에 승선을 시키고 있다는 정보가 전해졌다. 그래서 아테네군은 먼저 전병력으로 시라쿠사로 항해해 갔지만 승선이 완료된 배 따위는 한 척도 발견되지 않아, 이번에는 카마리나 시로 항해해 가 그 해안에 이르러 전령을 보냈다. 하지만 카마리나 시는 아테네군 선단을 받아들이길 거절했다. 그 이유는, 카마리나 시 자체가 요청했을 경우를 제외하고 아테네 배는 단 1척밖에 받아들이지 않는다는 조약이 있다는 것이었다.[63] ②그래서 아테네군은 실망한 채 카마리나를 떠났다. 그리고 시라쿠사 영토에 상륙해 약탈을 했지만, 시라쿠사 기병대에 경무장병 일부가 추격을 받아 손해를 입자 카타네 시로 철수했다.

---

63) 아마 본권 제20장 75 이하에서 언급되고 있는 조약을 가리키는 것으로, 라케스가 카마리나와 체결한(기원전 427~425년) 것을 말하고 있을 것이다.

53. ①그곳에서 그들을 기다리고 있었던 것은 아테네에서 온 공용선(公用船) 살라미니아(Salaminia)호였다. 그 배는 알키비아데스에 대하여 귀국 명령을 갖고 와 있었다. 이것은 아테네 시의 문책에 답하기 위해서였으며, 알키비아데스 외에 비의(祕儀) 모독사건이나 헤르메스 상 훼손사건에 연루되었다고 밀고된 몇몇 병사들에게도 귀국 명령이 내려져 있었다. ②그 경위를 살펴보면, 시라쿠사 원정대가 아테네를 출항한 뒤에도 아테네인은 비의 모독사건이나 헤르메스 상 훼손사건의 범인을 찾는 손길을 늦추지 않고, 밀고자가 있으면 그 밀고자는 조사하지 않고 밀고된 자에게만 의심을 두고 문제삼으며, 수상한 밀고자를 신뢰하고 아무리 품행이 방정한 시민도 체포해 감옥에 가두었기 때문이다. 아무튼 이것은 피의자를 심문하고 사실을 밝혀내는 것이, 밀고된 자가 선량한 시민이더라도 조사하지 않고 방치해두는 것보다 좋다는 생각에 입각해 있었다. ③그 이유는, 아테네 대중은 페이시스트라토스와 그 자식들에 의한 참제정치 시대도 말기[64]가 되자 압박이 극심해졌다는 사실과, 이 참제정체를 타도한 것은 아테네 민중도 아니고 하르모디오스도 아니며 라케다이몬인의 손에 의한 것이었다는 이야기를 듣고 있었기 때문에 언제나 전전긍긍하며 무엇에나 의심의 눈초리를 던지고 있었기 때문이다.

54. ①즉 하르모디오스와 아리스토게이톤의 대담무쌍한 행동은 우연한 연애사건 때문에 일어난 것으로, 나는 지금 여기에서 그것을 상세히 말할 예정이지만, 아테네인도, 다른 도시 사람들도 아테네 참제군주들과 이 사건에 대해 부정확한 것밖에 전하고 있지 않다는 것을 나는 지적하고 싶다. ②요컨대 늙은 페이시스트라토스가

---

64) 기원전 514~510년을 가리킨다.

죽은 뒤 그 참제정체로 군주가 된 것은 대부분의 사람들이 생각하고 있듯이 히파르코스가 아니라 그 형인 히피아스였기 때문이다. 그런데 당시 한창 젊고 아름다웠던 하르모디오스의 애인은 중산계급 시민인 아리스토게이톤이라는 사내였는데, ③이 하르모디오스를 페이시스트라토스의 아들 히파르코스가 연모했던 것이다. 하지만 하르모디오스가 이것을 거절하고 이 일을 아리스토게이톤에게 밝혀, 아리스토게이톤은 이에 몹시 분노했다. 그리고 히파르코스가 힘으로 하르모디오스를 빼앗으러 오지 않을까 우려하고는 곧 스스로 실행할 수 있는 것으로서 참제정체 타도를 계획했다. ④이 사이에 히파르코스의 하르모디오스에 대한 두번째 간청도 거절당해, 히파르코스는 뭔가 드러나지 않는 방법으로 하르모디오스에게 모욕을 주려고 생각했지만 물론 폭력을 쓸 의도는 없었다. ⑤왜냐하면 히파르코스는 다른 시정면(施政面)에서는 대중에 대해 난폭하지 않고 반감을 사는 일이 없었기 때문이다. 사실 이들 참제군주는 명민하고 유능한 능력을 가장 잘 발휘하여 아테네 시민에게서 겨우 5푼의 세금[65]만 징수해 자신들의 도시를 미화·정비하고 전쟁을 완수하며 신전에 봉헌했다. 다른 면에서도 아테네 시는 예전 그대로의 법 아래 스스로를 놓아두고 있었으며, 법에 반한 예외는 참제군주 일족의 누군가가 언제나 집정관직에 있도록 되어 있었던 것뿐이다. 매년 아테네 집정관직의 지위를 차지한 이 사람들 중에서 참제군주 히피아스의 아들로 조부의 이름을 지닌 페이시스트라토스는 자신이 집정관일 때 아테네 시장과 피티아의 아폴론 신역에 12신의 제단을 건립했다. 그리고 뒤에 아테네 공민파가 시장에 있던 이 제단을 확장할 때 전부터 그 위에 새겨져 있던 비문을 없애버렸다. 피티아의 제단 쪽은 읽기 어렵기는 하지만 지금도 다음과 같이 읽을 수 있

[65) 당시는 1할의 세금이 통례였으므로 이 5푼의 세금은 특히 낮게 보였다.]

다.[66)]

이렇게 히피아스의 아들 페이시스트라토스는 그 집정관의 비(碑)를 피티아의 아폴론 신역에 건립했다.

55. ⓐ히피아스가 장남으로 참제군주가 된 사실을 나는 누구보다 잘 알고 있으므로 이 점을 강하게 주장한다. 그리고 다음과 같은 사실로부터도 이것을 알 수 있다. 즉 아테네 시의 아크로폴리스에 서 있는 참제군주의 악행을 기록한 제단과 돌비석이 밝히는 바에 따르면, 히피아스의 형제로 서자(庶子)가 아닌 자 중에서 히피아스만이 자식을 두고 있었던 듯하며, 그 아들 5명은 히페로키다스(Hyperechides)의 아들 칼리아스의 딸 미리네(Myrrhine)를 어머니로 삼고 있기 때문이다. 요컨대 장남이 맨 먼저 결혼했다고 보는 것이 자연스러우며, ⓑ이 돌비석에 히피아스의 이름이 그 부친 바로 뒤에 새겨져 있는데, 이것은 히피아스가 장남이고 참제군주인 아버지의 뒤를 이었기 때문에 당연한 일이다. ⓒ게다가 만약 히파르코스가 참제군주고 암살되자마자 곧 히피아스 자신이 그 뒤를 이었다고 한다면 참제정권을 그리 쉽게 즉시 손에 넣을 수 없었을 것으로 생각된다. 그러나 히피아스는 자신에 대한 시민들의 오래 전부터의 공포와, 히피아스의 호위병에 대한 엄격한 단속에 의해 여유 있게 신변의 안전을 확보하고, 최근 돌연 이 지위에 오른 동생과 같은 미숙한 행동은 보이지 않고 있다. ⓓ좌우간 히파르코스의 뜻밖의 재난이 전해지는 사이에 히파르코스가 당시 참제군주였다는 설이 생긴 것이다.

---

66) 이 비문은 그 일부가 1877년에 칼리로에 근처에서 발견되었다.

56. ①이야기를 본래대로 돌리면, 하르모디오스에게 거절당한 히파르코스는 하르모디오스의 누이를 어느 제열(祭列)에 갈대 바구니를 들고 참가하라고 일단 초대해놓고는 계급이 달라서 처음부터 초대 따윈 하지 않았다며 쫓아보내 계획대로 하르모디오스에게 모욕을 주었다. ②하르모디오스는 이런 취급을 받은 데 한을 품었는데, 아리스토게이톤은 애인의 일이라 더욱 화가 나 암살을 계획한 동지들과 함께 모든 준비를 갖추고 범(汎)아테네 대제일을 기다렸다. 그날만은 제열에 참가하는 시민이 의심받지 않고 무기를 지니고 모일 수 있었다. 그래서 먼저 하르모디오스와 아리스토게이톤이 행동을 개시하면 곧 동지들이 호위병들을 맡기로 되어 있었고, ③동지들의 숫자는 비밀 누설을 방지하기 위해 제한되어 있었다. 그리고 만약 이 정도의 사람들이 먼저 용기를 북돋우며 단행하면 동지가 아닌 사람들도 이에 이끌려 자신들의 자유를 위해 무기를 들 것이라고 생각했다.

57. ①이윽고 대제일이 다가오자 히피아스는 호위병과 함께 아테네 시외의 케라메이코스(Ceramicus) 지구[67]에서 제열의 순서를 지휘하고 있었다. 하르모디오스와 아리스토게이톤은 이미 품속에 단검을 숨기고 행동할 준비를 하고 있었는데, ②동지 중 한 명이 친숙한 듯이 히피아스와 이야기를 나누고 있는 것을 보고 ── 히피아스에게는 누구나 접근이 허용되어 있었기 때문이다 ── 비밀이 노출된 것이 아닌가 두려워하고 이제 곧 체포될 것이라 생각했다. ③그래서 가능하면 그들로 하여금 이런 위험을 무릅쓰게 만든 자에게 그 원한을 먼저 풀고자, 그대로 시의 성문으로 달려들어가 레오코레이옴(Leocorium) 상(像)[68] 곁에 있던 히파르코스를 보자마자 분

67) 아테네 북서부의 교외.
68) 레오코레이옴 상은 아테네의 아고라 서부에 있었다고 문헌은 전하

별없이 곧 달려들어 한 사람은 연애사건의 분노에서, 다른 한 사람은 모욕을 받은 분노에서 그를 베어 죽였다. ③아리스토게이톤은 호위병의 손길을 피해 달아나 군중 속으로 뒤섞여 들어가 체포되는데 시간이 걸렸지만, 결국 체포되어 난폭한 취급을 당했다. 한편 하르모디오스는 그 자리에서 살해되었다.

58. ①이 소식이 케라메이코스 지구에 있던 히피아스에게 전해지자, 그는 그 현장에 가지 않고 거리상 떨어져 있어 아직 사건을 모르는 채 무기를 들고 제열을 따르는 사람들이 있는 곳으로 갔다. 그리고 이 사건에 관해서는 시치미를 뗀 채 어떤 장소를 지적하며 일동에게 무기를 놓고 그곳에 모이라고 명했다. ②사람들은 히피아스가 뭔가 말할 것이라도 있는 모양이라고 생각하고 지시받은 대로 그곳에 모이자, 히피아스는 호위병에게 무기를 치우라고 명하고 나서 품에 단검을 지니고 있는 자를 발견하는 대로 이것을 추궁하고 체포했다. 제열에서는 방패와 창만이 사용되는 것이 관습이었기 때문이다.

59. ①이리하여 연애사건의 갈등이 이 음모의 실마리가 되고, 하르모디오스와 아리스토게이톤의 순간적인 공포가 무모한 폭거를 가져온 것이다. ②이 사건 뒤에 아테네 시민에 대한 참제정부의 압박은 심해지고, 히피아스는 공포심에서 점점 많은 시민을 살해하고, 나아가 혁명이 일어날 경우에 뭔가 안전을 지킬 수 있는 대책을 강구해두고자 이미 국외로 눈을 돌리고 있었다. ③뒤에 람프사코스인으로 람프사코스의 참제군주인 히포크로스의 아들 아이안티데스(Aeantides)에게 히피아스는 아테네인이면서도 스스로 자기 딸

고 있지만, 그 소재지는 분명치 않다.

을 시집보냈다. 그 이유는, 그들이 다레이오스 왕에게 강한 영향력을 지니고 있는 것을 히피아스가 알고 있었기 때문이다. 그 딸의 묘소가 람프사코스에 있는데, 거기에 다음과 같이 새겨져 있다.

예전에는 헬라스의 제1인자 히피아스 왕의 딸
아르케디케(Archedice) 여기에 잠들다.
왕녀, 왕매(王妹), 왕비, 왕모일지라도
그 가슴에 자만심이란 없었네.[69]

④히피아스는 그로부터 3년이나 더 아테네에서 참제정치를 펴고 있었지만, 4년째에 라케다이몬인과 망명중인 알크메오니다이(Alcmaeonidae) 일족의 손에 의해 참제정치가 무너져, 이 자들의 양해 아래 시게이옴(Sigeum)으로 가고, 다시 람프사코스의 아이안티데스의 땅으로 건너갔다. 여기에서 다레이오스 왕 아래로 달려가, 그로부터 20년 뒤에 늙은 나이로 페르시아군과 함께 마라톤[70] 전투에 참여하고 있다.

60. ①아테네 민중은 이런 일을 잊지 않고 페이시스트라토스 일족에 관해 들어 알고 있던 것을 모두 기억하고 있었으므로, 이제 비의 모독사건의 피의자에 대해 강경한 태도를 보이고, 이들 사건은 모두 과두정체화 또는 참제정체화를 기도하는 모의라고 말했다. ②이 때문에 사람들은 점점 더 흥분하여 상당한 지위에 있던 많은 사람들까지도 투옥하고, 이 소동은 언제 그칠지 몰랐다. 사람들은 날이 지나감에 따라 더욱더 난폭해지고, 체포된 자의 수는 증가일

---

69) 이 시는 아리스토텔레스에 따르면 키오스인 시모니데스(Simonides)의 작품이라고 한다(아리스토텔레스의 《레토릭》 1367 b 19).
70) 기원전 490년의 일이다.

로를 걸었다. 이런 사태가 벌어졌을 때 체포된 자 중 한 명으로 큰 혐의를 받고 있던 자가 같은 수인(囚人)들에게 설득당해 진위를 가리지 않고 자백을 했다. 그 이유는 어느 쪽이든 추측의 영역을 넘지 않고, 실제 범인이 언제까지 기다려도 결코 판명될 리 없다고 판단되었기 때문이다. ③그리고 그가 한 짓은 아니라 하더라도 자백을 하면 그 자신은 사면받을 수 있고, 아테네 시내의 불신을 일소할 수 있으니 자백을 해야 한다고 주위 사람들이 설득을 한 데다가, 이 자는 법정에서 혐의를 벗기보다 자백하고 사면받는 쪽이 안전하리라 생각한 것이다. ④헤르메스 상 훼손사건에 대해서도 이 자가 자신이나 다른 사람들을 가리지 않고 자백을 해서, 아테네 대중은 진실을 알아냈다고 생각하고 주권재민(主權在民)의 기본을 뒤집어엎으려 하고 있는 일파를 적발하지 못하는 것은 아닐까 하는 지금까지의 공포에서 해방되어 겨우 안심할 수 있었다. 그리고 이 자백한 남자와 그 자백 속에서 거론되지 않은 사람들을 곧 석방하고, 범인으로 참소된 자들을 재판에 회부한 뒤 처형하고, 망명 상태에서 사형이 선고된 자들을 체포해 죽이는 자에게는 상금을 줄 것을 약속했다. 아무튼 이렇게 하여 처형된 자들이 부당한 처벌을 받았는지 어쨌는지 하는 것은 밝혀지지 않았지만, 그 당장은 아테네가 안도의 숨을 내쉴 수 있었던 것이다.

61. ①그런데 알키비아데스로 돌아가면, 그가 아테네를 떠나기 전부터 그를 공격하고 있었던 알키비아데스 반대파의 공작으로 아테네 시민은 알키비아데스에 대해 강한 반감을 지니고 있었다. 그리고 헤르메스 상 훼손사건의 내용이 밝혀졌다고 생각한 그들은 알키비아데스에게 혐의를 두고 있던 비의 모독사건도 그와 같은 이유에서 공민주의 타도를 노린 알키비아데스의 소행이라고 더욱 굳게 믿었던 것이다. ②그 이유는, 아테네 안이 한참 소란스러운 이 시기

에 마침 라케다이몬의 소부대가 '지협'까지 대(對)보이오티아 공작을 위해 출병해 왔는데, 이 사실을 보이오티아에 대한 것으로 해석지 않고 알키비아데스가 배후에서 조종하고 있는 것으로 생각하고, 밀고로 알게 된 모반자들을 선수를 쳐서 빨리 체포하지 않으면 아테네 시가 배반자들의 손에 넘어가리라 생각했기 때문이었다. 그래서 심지어 어떤 날은 사람들이 무장을 한 채 시내의 테세우스 신전에 그대로 묵을 정도였다. ③또한 아르고스 시의 친(親)알키비아데스 일파도 아르고스의 공민주의에 모반을 기도했다는 혐의를 받고, 이런 이유에서 아테네인은 섬에 유폐시키고 있던 아르고스인 인질을 아르고스의 공민주의 정부 당국에 처형하라고 건네주었다.[71] ④이처럼 알키비아데스는 사면으로 혐의에 둘러싸여, 아테네인은 그를 법정에 끌어내어 처형해버릴 생각으로 알키비아데스 및 참소된 다른 사람들을 소환하기 위해 공용선 살라미니아호를 파견했던 것이다. 그러나 알키비아데스에겐 다만 해명을 위해 동행할 것을 요청하고 체포하지 말도록 지시했는데, 그것은 시케리아 원정군을 쓸데없이 동요시키지 않고, 적을 자극하지 않으며, 특히 알키비아데스의 힘으로 참여하고 있는 만티네아군이나 아르고스군이 철수하는 일이 없도록 하려는 여러 가지 배려에 따른 것이었다. ⑤알키비아데스는 자기 배로 살라미니아호와 함께 아테네에 가겠다는 명목으로 시케리아 섬을 떠나 투리오이 시까지 왔지만 여기에서부터는 살라미니아호를 뒤따르지 않고 모습을 감추었다. 그들은 참소를 받고 법정에 서기 위해 귀향하는 것을 두려워했던 것이다. ⑥살라미니아호의 승무원들은 알키비아데스 및 그와 함께 있던 자들을 쫓았지만

---

71) 기원전 416년에 아르고스는 친스파르타 정부를 타도하고 공민정체를 수립했다. 그때 아르고스 공민파가 인질 300명을 알키비아데스에게 맡겨, 아테네는 그들을 지배하에 있는 여러 섬에 나누어 유폐시키고 있었다(제5권 제17장 84 참조).

그 행방이 묘연해 귀로에 올랐다. 알키비아데스는 이제 추방자의 몸이 되어 그 후 곧 투리오이 시에서 펠로폰네소스로 건너갔다. 그래서 아테네인은 알키비아데스와 그 일행을 궐석재판에 회부하고 사형을 선고했다.

제 20 장
전쟁 17년째와 18년째 해 — 아테네군의 소극적인 행동 —
스파르타에서의 알키비아데스 — 시라쿠사의 포위

62. ①그 후 시케리아에 남은 아테네 장군 두 명은 전군을 이분하고 각기 추첨으로 수하 부대를 결정한 뒤에 전병력을 이끌고 셀리누스 시와 에게스타 시를 향해 떠났다. 그들이 바란 것은 에게스타인이 비용을 지출할 수 있는지 없는지를 확인하고, 또 에게스타 시와 셀리누스 시의 분쟁의 일체를 아는 것이었다. ②그들은 시케리아 섬을 왼쪽으로 바라보면서 항해했다. 즉 그들은 티르센 해의 일부를 항해한 것이 되는데, 이리하여 시케리아 섬의 이 지역에서는 유일한 헬라스 도시인 히메라에 도착했다. 그러나 히메라도 아테네군을 받아들이지 않아 어쩔 수 없이 먼바다 쪽에 정박해야 했다. ③이 항해중에 시카노스족의 도시로 에게스타의 적인 히카라(Hyccara)[72]를 점령했다. 이곳은 해항도시인데, 아테네군은 에게스타 기병대가 그들과 함께 있어서 이 도시의 시민을 노예로 만들고 나서 히카라 시를 에게스타인에게 위탁했다. 그리고 아테네군 자체는 시케리아의 육로를 통해 카타네 시로 돌아갔다. 노예는 배

---

72) 히카라는 현재의 칼리니로 파레르모 서쪽 24킬로미터 지점에 있다.

에 신고 회항했다. ⑨니키아스는 히카라에서 에게스타 시로 직항하여 물자 외에 현금 30탈란트를 군자금으로 받았다. 또 노예를 판 결과 120탈란트를 얻었다. ⑨그리고는 시켈로스족 중에서 아테네의 동맹도시들을 순방하여 병력을 보낼 것을 요청했다. 그들 중 약 반수가 참여하여 겔라 영역의 히블라(Hybla)[73]를 점령하려 했지만 실패했다. 그리고 이 해 여름은 지나갔다.

63. ①겨울이 되자 아테네군은 곧 시라쿠사 공략을 준비하기 시작했는데, 시라쿠사군 자체도 아테네군에 대한 공격을 계획하고 있었다. ②요컨대 처음에 그들이 예상하고 두려워하고 있던 대로 아테네군이 즉시 공격해 오지 않자 날이 지나감에 따라 시라쿠사인은 용기를 회복하고, 아테네군이 멀리 시케리아 섬 반대쪽 연안으로 항해해 가 히블라를 공략하는 데 실패하자 시라쿠사인은 아테네 세력을 깔보기 시작했기 때문이다. 군중이 확신이 있을 때에는 흔히 그렇듯이 그들은 장군들을 몰아세우며 아테네군이 시라쿠사에 공격해 오지 않는 것을 보고 카타네 시를 공격할 것을 촉구했다. ③시라쿠사의 기병 정찰대는 아테네 진지 가까이까지 접근해서 레온티노이의 복귀보다는 아테네군 자신이 외지에 이주하려고 온 것이냐고 말하며 저마다 욕설을 퍼부어댔다.

64. ①아테네 장군들은 이 사실을 알고 시라쿠사군이 전병력으로 시라쿠사 시를 떠나 되도록이면 멀리까지 나오기를 바랐다. 그것은 그 사이에 아테네군 자체는 승선하고 야음을 틈타 항해하여 적합한 장소를 골라 상륙해서 유유히 진을 쌓을 수 있으리라 생각했기 때문이다. 적이 충분히 방비를 하고 있는 곳에 적전(敵前) 상

---

73) 히블라의 소재지는 아직 밝혀져 있지 않다.

륙을 하거나 육로를 통해 공격하는 것을 사전에 적이 알고 있거나
하면 같은 결과를 얻을 수 없다는 것을 아테네 장군들은 잘 알고
있었다. 그것은 시라쿠사측에는 많은 기병대가 있는 데 반해 아테
네측에는 기병대가 없어 아테네의 경무장병이나 다른 집단은 크게
곤욕을 치를 것이기 때문이었다. 하지만 이처럼 적의 기병대가 가
까이 접근할 수 없는 지점을 점거해버리면 손실이 적으리라 생각했
다. 나아가 시라쿠사의 망명자로 아테네군과 함께 있던 자들이 올
림피에이옴(Olympieum)74) 주변 지점을 가르쳐주어 뒤에 아테네군
은 그곳도 점령했다. 그리하여 아테네 장군들은 다음과 같은 방법
으로 소기의 목적을 달성하려고 공작을 꾸몄다. ⓐ먼저 신뢰할 수
있는 자로, 시라쿠사 장군들에게도 똑같이 신용이 있는 카타네 사
람을 보냈다. 이 남자는 시라쿠사측에 가서 자신을 이곳에 보낸 사
람들의 이름으로 시라쿠사측에서 신뢰를 하고, 아직도 카타네 시내
에서 시라쿠사에 호의를 보이고 있다고 시라쿠사 장군들이 생각하
고 있는 자들의 이름을 들고 나서 다음과 같이 말했다. ⓑ즉 아테네
군이 숙영을 할 때 무장을 풀고 시내에서 숙박하고 있으니, 만약
정해진 날 아침에 시라쿠사군이 전력을 다해 아테네 진으로 출격해
오면 카타네인이 자기들 곁에 있는 아테네 병사들을 감금하고 배에
불을 질러버릴 것이므로, 시라쿠사군은 쉽게 방책(防柵)을 부수고
아테네 진을 점령할 수 있을 것이라고 말했다. 그리고 카타네인 중
에 이 일에 협력할 사람이 많이 있을 것이며, 자신은 이러한 준비
를 하고 있는 사람들이 보낸 것이라고 덧붙여 말했다.

65. ⓐ그래서 시라쿠사 장군들은 이 남자가 오기 전에 이미 다

---

74) 올림피에이옴은 시라쿠사 시에서 남쪽으로 뻗어 있는 헬로론 도로
가 아나포스 강을 넘어 언덕을 이룬 곳 위에 있고, 제우스 신전의
유적으로 현재도 두 개의 돌기둥이 서 있다.

른 일로 용기를 얻고 카타네 시를 공격할 계획을 세우고 있던 참이라 부주의하게도 이 남자를 완전히 믿어버리고 곧 출격일을 결정하여 이 자를 돌려보냈다. 그리고 자신들은——이때까지는 이미 셀리누스인이나 다른 동맹 세력들도 와 있었으므로——시라쿠사의 전병력을 거느리고 출격하겠다고 명을 내렸다. 그리고 약속된 날이 가까워지고 준비도 끝난 어느 날 밤 카타네를 향해 출발한 뒤 레온티노이 시 지역의 시마이토스(Symaethus) 강변에서 밤을 보냈다. ②그들이 진격한 것을 알아차린 아테네측은 시켈로스족이나 그 외에 자신들에게 와 있던 자들도 포함해 아테네군 전병력을 동원해 노선이나 범선에 승선시키고 밤중에 시라쿠사를 향해 출항했다. ③그리고 이튿날 새벽에 진지를 확보하기 위해 올림피에이옴 방면을 향해 상륙했다. 시라쿠사군은 기병대가 카타네 시에 접근해서야 비로소 적의 전병력이 이동한 뒤인 것을 발견하고 보병 부대로 돌아가 이 사실을 보고했기 때문에, 그제야 전병력의 방향을 돌려 시라쿠사 시 방위를 위해 떠났다.

66. ①이 무렵 아테네군은 시라쿠사군이 먼 거리를 돌아오는 동안 여유 있게 적합한 지점에 진을 구축하고 적당한 시기에 전투를 시작할 수 있도록 해놓았다. 그 장소가 전투중에 시라쿠사 기병대에 곤욕을 치를 염려가 없었던 것은, 이 지점 한쪽이 벽·건조물·숲·습지 등으로 방어되고, 다른 쪽은 절벽으로 되어 있었기 때문이다. [75] ②아테네군은 근처의 나무를 베어 해안까지 운반한 뒤 배를 두는 곳 앞에 방책을 세우고, 또 적의 접근이 가장 용이한 다스콘(Daskon) 주변지역에도 방채(防砦)를 구축했다. 여기에는 주워모은 돌이나 말뚝도 긴요하게 사용되고, 아나포스 강에 걸린 다리도

---

75) 시라쿠사의 지도 A 주변으로 생각된다.

제 20 장　163

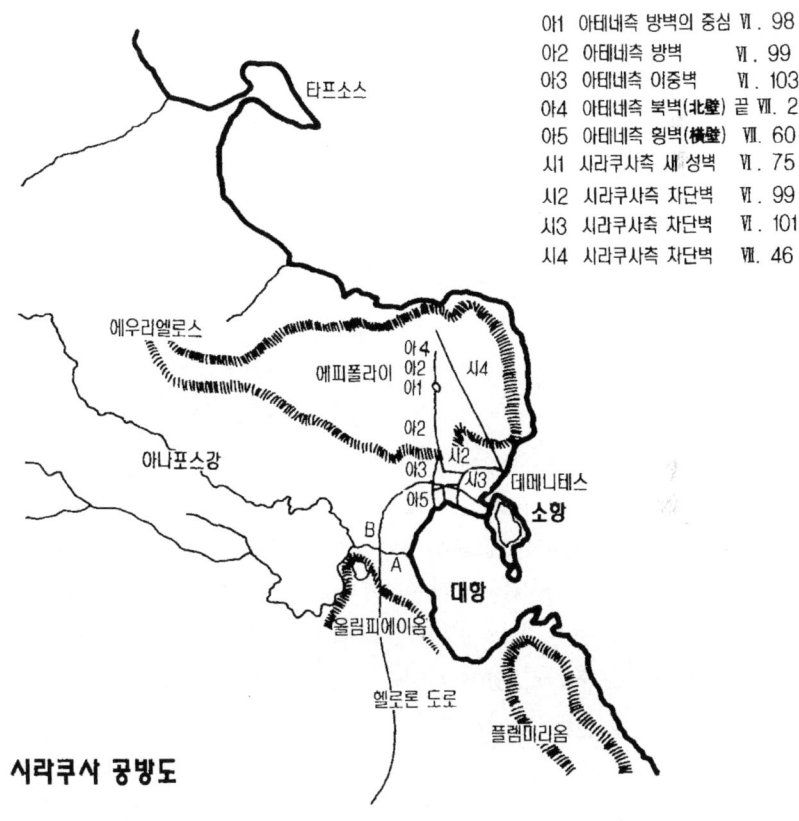

아1　아테네측 방벽의 중심　Ⅵ. 98
아2　아테네측 방벽　　　　 Ⅵ. 99
아3　아테네측 이중벽　　　 Ⅵ. 103
아4　아테네측 북벽(北壁) 끝 Ⅶ. 2
아5　아테네측 횡벽(橫壁)　 Ⅶ. 60
시1　시라쿠사측 새 성벽　　Ⅵ. 75
시2　시라쿠사측 차단벽　　 Ⅵ. 99
시3　시라쿠사측 차단벽　　 Ⅵ. 101
시4　시라쿠사측 차단벽　　 Ⅶ. 46

시라쿠사 공방도

파괴되었다. 이렇게 그들이 준비하고 있는 동안 시라쿠사에서 공격해 오는 자는 없었다. 그러고 나서 처음에 나타난 것은 시라쿠사 기병대였고, 그 뒤에 보병 전병력이 모습을 보였다. 그들은 처음에 아테네 진으로 접근을 시도했지만 아테네군이 반격해 오지 않았기 때문에 후퇴하여 헬로론(Helorine) 도로를 가로지르고 그날 밤은 그곳에서 야영했다. [76]

67. ①그 이튿날 아테네군과 그 동맹군은 전투 준비를 갖추고 다음과 같은 전열을 폈다. 즉 아르고스군과 만티네아군은 우익을 지키고, 아테네군은 중앙에 위치하며, 나머지 동맹군은 좌익을 굳게 지켰다. 아테네측의 반수는 8열 횡대로 앞에 서고 나머지 반수는 자군 진지의 숙영 지점에 8열 횡대로 세워 전체가 직사각형이 되도록 했다. 그리고 그들은 적의 압력이 강한 곳으로 가라는 명령을 수시로 받았다. 나아가 수행 비전투원은 이 대형 중앙에 에워싸인 채 있었다. ②시라쿠사측은 전중무장병 부대를 16열 횡대로 편성했다. 여기에는 전시라쿠사군과 동맹군이 참여하고 있었다. 즉 시라쿠사측에는 셀리누스군이 먼저 참여하고 있었고, 다음으로 겔라 시에서 기병대가 모두 200기 정도 참가하고, 또 카마리나 시에서 기병대 20기와 50명의 군병이 와 있었다. 시라쿠사측은 기병대를 우익에 두고, 그 총수는 1200을 밑돌지 않았으며, 그들은 창병대(槍兵隊) 옆에 진을 치고 있었다. ③아테네측이 먼저 바야흐로 공격을 시작하려고 늘어서 있을 때, 각 도시별 대열 사이를 누비며 니키아스는 장병들에게 다음과 같이 격려 연설을 했다.

68. ①"장병 여러분, 우리와 마찬가지로 이 전투를 위해 여기에

---

76) 시라쿠사의 지도 B 주변으로 생각된다.

있는 여러분에게 대체 무엇을 길게 격려할 필요가 있겠는가. 그것은 능변(能辯)으로 취약한 전력의 용기를 고무하기보다 우리의 이 장비와 준비야말로 훨씬 유효하게 우리의 사기를 진작시키리라 생각하기 때문이다. ②즉 해군의 제일등국인 아르고스, 만티네아, 아테네가 모인 곳에서 그 정예로 숫자를 자랑하는 동맹군과 함께 승리 이외에 어떤 큰 소망을 지닐 수 있겠는가. 특히 대적하는 적은 우리처럼 정예병이 아니고 방어전을 펴기 위해 전체를 규합한 자들이며, 게다가 우리를 조종하는 시케리아군도 그 용맹에 뒤떨어지는 지혜 때문에 반드시 버티지 못할 것이다. ③나아가 또한 멀리 조국을 떠나 우리가 이 땅에 있는 이상 자력(自力)으로 활로를 열지 못하면 적에 사면으로 둘러싸이리라는 것을 기억하라. 생각건대 적은 필시 우리와는 반대되는 말로 스스로를 격려하고 있을 것이다. 즉 적이 조국을 위한 싸움이라고 말하는 데 대해, 우리는 조국 밖에서 이기지 못하면 많은 기병의 압력 앞에 이 땅을 떠나기 어렵게 된다고 격려하기 때문이다. ④그러므로 여러분은 현재의 운명과 적보다 더 심한 곤경을 자각하고 스스로의 긍지를 잊지 말고 용감하게 적을 맞이해 싸워야 할 것이다."

69. ①이렇게 연설하고 나서 니키아스는 곧 전진했다. 한편 시라쿠사측은 그때 즉각적인 전투를 예상하고 있지 않았기 때문에 자군 진지가 시라쿠사 시 가까이에 위치해 있는 관계로 시내로 돌아가 있는 자도 있었고, 뒤에서 열심히 달려오는 자도 있었다. 아무튼 가까스로 각자 도착하여 겨우 몸만 집단 속에 있는 그런 상태였다. 그러나 이 전투에서도, 또 다른 전투에서도 그들에게 용기나 투지가 결여되어 있었던 적은 없었고, 전략이 뒷받침되는 한 그들의 용기는 아테네측에 조금도 뒤떨어지지 않았다. 그러나 하루 아침에 이 전략이 궁해지자, 본의는 아니지만 목적을 단념하지 않을

수 없는 상태였다. 그들은 아테네측이 선수를 치고 나오더라도 그 때문에 급히 방어전을 펼칠 생각을 하고 있지는 않았지만 곧 무기를 들고 대항하러 나갔다. ②먼저 처음에 양진영의 투석병·투창병·궁병 사이에 전초전이 벌어지기 시작하고, 예상대로 서로의 경무장병을 각기 패주시키자, 점술가가 관례대로 희생을 제시하고 나팔이 중무장병에게 돌격을 재촉했다. 이리하여 양전열이 접촉하자, 시라쿠사군의 어떤 자는 조국을 걸거나 각자의 목전의 존망(存亡)을, 혹은 장래의 자주 독립을 걸고 싸우고, 이에 대적하는 아테네군은 다른 나라를 그들 것으로 삼고, 또 패하거나 해서 자기 땅을 잃는 일이 없도록 하려 했다. 아르고스군과 자치 동맹도시군은 아테네군에 협력하여 그 목적을 달성하고 승리하여 조국을 다른 눈으로 바라볼 수 있도록 하기 위해 싸우고, 아테네 지배하의 동맹도시 병사들은 대부분 이기지 못하면 바로 자기 몸의 안전부터 절망적이라 생각하고, 또 아테네에 협력하여 다른 곳을 새로 정복하면 자신들에게 떨어지는 압력이 경감되지 않을까 생각하고 투지를 불태웠다.

70. ①전투는 백병전이 되고, 오랫동안 서로 물러서지 않았는데, 이와 때를 같이하여 천둥, 번개가 치고 비가 억수같이 쏟아져 내려 전쟁 경험이 적고 처음으로 싸우는 자들에게는 공포심을 불러일으켰다. 그러나 경험이 많고 익숙한 자들에게는 이것도 이 계절에 일어나는 보통 날씨로 보이고, 오히려 적의 집요한 저항에 간담이 서늘해졌다. ②그러나 아르고스군이 적의 좌익을 먼저 격파하고, 그에 뒤이어 아테네군이 그 중앙을 쳐부수자, 나머지 시라쿠사측의 전열도 곧 붕괴되어 패주하기 시작했다. ③그러나 아테네군의 추격은 오래 계속되지 않았는데, 그것은 다수의 시라쿠사 기병대가 건재해 이것을 방해했기 때문이다. 그들은 자군의 중무장병이 쫓기고

있는 곳으로 몸을 던지고는 자신들을 방벽으로 삼았다. 아테네측은 한 무리를 이루어 추격을 했지만 감히 위험을 무릅쓰지 않고 발길을 돌리고 전승총을 세웠다. ③시라쿠사측은 헬로론 도로가 있는 지점에 집결하여 사정이 허락하는 한 진용을 다시 가다듬고, 올림피에이옴에는 경비병까지 파견할 정도였다. 이것은 아테네측이 그곳에 있는 신전의 보물에 손을 댈까 우려되었기 때문이었다. 다른 부대는 시라쿠사 시내로 철수했다.

71. ①그러나 아테네측은 이 신전에는 가지 않고 자기 군대의 사망자를 거둬 화장을 하고 그날 밤은 그곳에서 숙영했다. 다음날 시라쿠사측에 사망자를 휴전협정하에 인도했다. 시라쿠사군과 그 동맹군의 손실은 약 260명이었다. 아테네군과 그 동맹군의 사망자 수는 50명 정도였는데, 이들의 뼈를 모으고 전리품을 챙겨 카타네 시로 철수했다. ②그 이유는, 아무튼 계절이 겨울이었고, 적의 기병대에 철저하게 압도당하지 않도록 아테네에 기병대를 파견토록 하거나 현지의 동맹도시에서 징용하고, 나아가 군자금을 현지에서 모으는 동시에 본국에서도 보내게 하고, 또 이번 전투의 결과를 보고 자기 편에 설 마음이 생겼으면 하고 바라는 도시를 아테네측에 끌어들이고, 더욱이 춘계 시라쿠사 공세에 대비해 식량이나 그밖의 필요한 물자를 준비해두지 않으면 전투를 이대로 속행할 수 없다고 판단했기 때문이었다.

72. ①이러한 상황 판단에서 겨울을 보내기 위해 아테네측은 낙소스 시와 카타네 시로 철수하고, 시라쿠사측은 자군 사상자를 매장하고 의회를 열었다. ②그곳에서 그들 앞에 선 것은 헤르몬의 아들 헤르모크라테스였다. 이 남자는 제반 일에 관해 누구 못지않게 총명하고, 특히 군사에 관해서는 충분한 경험과 발군의 용기를 지

니고 있었다. 헤르모크라테스는 사람들을 격려하며 일의 결과에 대해 낙심하지 말라고 말하고, ③패인(敗因)은 의지력에 있었던 것이 아니라 질서가 부족한 데 있었다고 했다. 게다가 이 점에 있어서도 예상했던 만큼 뒤떨어졌던 것은 아니고, 전쟁 경험으로 말하면 초심자인 그들이 헬라스 제일의 직인(職人)에 맞섰다는 점에서는 특히 그렇다는 점을 지적했다. ④패배의 주요 원인은 장군이나 지휘관이 너무 많다는 점과 —— 시라쿠사측에는 15명의 장군이 있었다 —— 지휘계통의 혼란에 따른 무질서함에 있었기 때문에, 만약 장군의 수를 유능한 자만으로 축소하고, 이번 겨울에 중장비가 없는 자에게는 이것을 지급하여 중무장 부대를 완비하며 그 병력수를 최대한 증가시키고, 나아가 제반 사항에 세심한 주의를 기울이면 승산은 반드시 시라쿠사측에 있을 것이라고 말했다. 그 이유는, 그들에게는 이미 용기가 있고, 여기에 실전에서의 질서가 덧붙여지면, 이 질서와 용기가, 전자는 위험한 곳에서 사람들에게 훈련장을 제공하고, 후자는 자기 지식에 대한 자신감의 뒷받침을 받아 더욱 견고해질 것이기 때문이라고 말했다. 그리고 결론으로, 그들은 소수의 장군을 선출하고 그들에게 일체의 권한을 부여하여 그들 생각대로 지휘하도록 허락할 것을 맹세해야 한다고 주장했다. 그 이유로, 그렇게 해야만 기밀을 지키기 쉽고 단호히 질서를 지키며 준비를 할 수 있기 때문이라고 설명했다.

73. ①시라쿠사인은 이 말을 듣자 모두 헤르모크라테스의 주장대로 결의하고, 헤르모크라테스 자신과 리시마코스의 아들 헤라클레이데이, 그리고 엑세케스토스(Execestes)의 아들 시카노스(Sicanus) 세 명을 장군으로 선출하고, 코린토스·라케다이몬에 사절을 파견했다. 이것은 그들과의 동맹조약 체결을 요청하고, 라케다이몬에 아테네에 대한 전투행위를 더욱더 분명히 공개적으로 밝혀 아테

네가 시케리아에 있는 군대를 부득이 철수하도록 하든가, 혹은 시케리아에로의 증원 부대 파견이 어려워지도록 만들어 달라고 설득하기 위해서였다.

74. ①그런데 카타네 시에 있던 아테네군은 메세네 시가 자기들 쪽으로 배반해올 것이라고 해서 곧 메세네 시로 항해해 갔다. 그러나 이 항해의 성과는 없었다. 그 원인은, 알키비아데스가 장군직에서 해임되고 본국 송환 명령이 내려졌을 때 그는 망명할 운명임을 예감하고, 또 무슨 일이 일어나려 하는지 알고 있었기 때문에 메세네 시에 있는 친시라쿠사파에 그 내용을 은밀히 알려주어, 사전에 그들은 친아테네파를 살해하고, 또 무기를 들고 일어나자 내밀히 배반을 지지하고 있던 자들도 체포하고 아테네군을 받아들이는 것을 저지하는 데 성공했기 때문이다. ②아테네군은 13일간 그 땅에 머물렀지만, 겨울 날씨에 고생을 하고 식량이 떨어져도 아무 할 일이 없어 낙소스로 돌아와 진 주위에 방책을 세우고 호를 판 뒤 그곳을 월동 숙영지로 삼았다. 아테네에는 삼중노선을 보내 봄이 되자마자 곧 군자금과 기병대를 보낼 것을 요구했다.

75. ①시라쿠사인은 겨울 동안 방벽을 쌓았다. 이 방벽은 시라쿠사에 가깝고 '신역(테메니테스)'을 포함하고 있었으며, 에피폴라이 전체에 면해 설사 적이 전투에 이기더라도 시라쿠사를 완전히 포위하기 위해서는 여분의 거리가 필요하도록 해놓았다.[77] 또 메가라와 올림피에이옴에는 각기 수비대를 두고, 나아가 상륙이 가능한 해안지대에는 어디든 방책을 세웠다. ②또 아테네군이 낙소스에서 월동 중인 것을 알고 시라쿠사군은 전병력으로 카타네 시에 가 그

---

77) 본권 주 88)을 참조할 것.

땅을 유린하고 아테네군의 천막과 야영지를 불태우고 귀국했다. ③ 나아가 그들은 아테네측이 라케스가 체결한 조약에 따라 카마리나 시에 사절을 보낸 것을 알고, 카마리나 시를 자기들 측에 붙잡아둘 수 없게 되지 않을까 하여 시라쿠사측에서도 사절을 파견했다. 그 이유는, 최초의 전투 때부터 이미 카마리나는 부대를 파견하는 데 열성을 보이지 않고, 게다가 아테네측이 제1차 전투에서 성공을 거둔 것을 보고 옛 조약에 따라 아테네와의 우호관계를 부활시키고 앞으로는 시라쿠사와의 협력을 거부하지 않을까 의심하고 있었기 때문이다. ④그래서 시라쿠사에서는 헤르모크라테스 등이 카마리나에 도착하고, 아테네측에서도 에우페모스(Euphemus) 일행이 와 카마리나 시에서 회담이 열렸다. 헤르모크라테스는 먼저 아테네를 비난하기 위해 다음과 같이 말했다.

76. ①"카마리나인 여러분, 우리가 여기에 온 것은 여러분이 아테네의 실력 앞에 깜짝 놀라지 않았을까 위구심을 품었기 때문이 아닙니다. 오히려 우리가 두려워한 것은 여러분이 우리 말을 듣기 전에 아테네인이 지금부터 여러분에게 이야기하려 하는 내용에 여러분이 설득당하지 않을까 하는 것이었습니다. ②아테네인은 많은 사람들이 아는 핑계를 대고 시케리아에 원정하러 와 있는데, 그 뜻하는 바에 대해서 우리 모두는 의혹의 눈길을 보내고 있습니다. 특히 내가 볼 때, 그들은 레온티노이 시의 복권은커녕 우리 도시의 멸망을 노리고 있는 것처럼 생각됩니다. 그 땅에서 도시를 멸망시킨 자가 이 땅에서 도시를 건설하리라 생각될 이유도 전혀 없거니와, 하물며 에우보이아의 칼키스 시를 아테네가 지배하에 두고 있는 이상, 그 직접적인 식민도시인 칼키스계의 레온티노이 시를 동족이라는 이유로 아테네가 특별히 아량을 베풀 것이라고 볼 아무런 근거도 없습니다. ③그들은 그 땅에서 여러 도시를 빼앗았는데, 그

제 20 장 171

와 똑같은 정책으로 지금 이 땅에서도 그것을 기도하고 있는 것입니다. 일찍이 반(反)페르시아운동의 일환으로서 이오니아의 도시와 아테네에서 이주한 동맹도시는 적극적으로 아테네에 그 통치·지휘권을 위탁했는데, 아테네는 그들의 전진(戰陣) 포기나 내란 등등 적당한 이유를 붙여 그들을 자기들의 직접적인 지배하에 두고 말았습니다. ④그들은 헬라스의 자유를 위해 페르시아에 반항한 것도 아니고, 헬라스인이 페르시아와 싸운 것도 헬라스인 자신의 자유를 위해서가 아니었습니다. 아테네는 다만 여러 도시가 페르시아에 예속되는 것을 막은 데 불과하며, 이 도시들에 있어서는 섬기는 주인이 더욱 교활한 주인으로 대치된 것을 의미하는 데 지나지 않았습니다.

77. ①아무튼 우리는 아테네의 악행을 잘 알고 있는 여러분에게 새삼 그것이 충분히 비난할 만하다고 알리러 온 것은 아닙니다. 오히려 그 땅의 헬라스 도시가 자신들을 서로 지키려 하지 않고 노예화된 예를 체험하고, 아테네가 또다시 레온티노이와의 동족관계라든가, 에게스타 시와의 동맹관계를 예의 상투적인 핑계로 내세우고 우리에게 그것을 시도하고 있기 때문에 우리 자신을 비판하기 위해 와 있는 것입니다. 왜냐하면 우리는 때로는 페르시아를, 또 때로는 다른 도시를 주인으로 섬기며 늘 예속되어 있는 이오니아인이나 헬레스폰토스인이나 섬나라 도시인들과는 달리 펠로폰네소스에서 벗어나 시케리아가 자주적으로 독립한 자유로운 도리아족임을 적극적으로 나타내는 일도 없고, 일치 협력하는 일도 없기 때문입니다. ②우리는 각 도시를 하나하나 빼앗길 때까지 수수방관하고 있을 것입니까? 개별 공략이야말로 우리를 정복하는 유일한 방도임을 우리는 알고 있고, 아테네가 어떤 도시에 대해서는 설득 수단으로 분리시키고, 다른 도시들 사이에 맹약을 미끼로 서로 싸움을 시켜 피폐

시키고, 또 다른 도시에 대해서는 갖은 감언이설로 낚고 나서 나쁜 짓을 저지르는 것을 우리는 보아온 터입니다. 멀리 있는 우리 동족이 멸망당하고 있는데 그 위험이 이 땅의 누구에게도 닥쳐오지 않으리라고 우리는 생각하고 있는 것입니까? 이 도시 이전에 불행한 일을 당한 도시는 그 도시만의 재난을 겪은 것이라고 우리는 해석하는 것입니까?

78. ①그리하여 만약 누군가가 아테네의 적은 시라쿠사며 자신은 아니라고 생각하고, 시라쿠사의 영토 때문에 위험을 무릅쓰기를 두려워하는 자가 있다면, 전쟁은 시라쿠사 때문만이 아니라 그와 동시에 그 자신의 영토 때문이기도 하다는 것을 상기하지 않으면 안 됩니다. 그리고 시라쿠사가 멸망당하기 전에 그와 손을 잡는 것이 자신의 고립화를 막는다는 점에서도 더 안전하다는 것을 지적해 두어야 하겠습니다. 나아가 여기에 와 있는 아테네인의 목적은 시라쿠사의 아테네에 대한 적의를 벌하기 위해서가 아니라, 다른 이유로 여러분과 아테네의 맹약의 강화를 바라고 있다는 것도 깨달을 필요가 있습니다. ②시라쿠사에 대해 질투나 두려움을 품고 ─ 이 두 가지 감정은 강자에게는 피할 수 없는 것입니다만 ─ 시라쿠사가 제정신을 차리기 위해 조금은 시라쿠사에 나쁜 일이 있는 쪽이 좋다고 생각하고, 자신들은 이 기간을 안전하게 타개해나갈 수 있다는 그런 의견을 지니고 있는 자가 있다면, 그는 초인간적인 생각을 품고 있다고밖에 말할 수 없습니다. 즉 사람은 희망을 지배할 수는 있어도 그와 동시에 운명을 지배할 수는 없기 때문입니다. ③게다가 그 기대조차 배반당했을 때에는 시라쿠사를 질투하던 그 상태를 다시 회구하게 될 것입니다. 명분 문제가 아닌 현실과 관련된 공동의 위험을 분담하는 것을 거부하고 시라쿠사를 버리는 것은 불가능합니다. 그것은 명목상으로는 어떤 자가 시라쿠사의 힘을 돕는

형태더라도 실제로는 그 사람 자신을 구원하는 것이 되기 때문입니다. ③특히 카마리나인 여러분은 시라쿠사의 이웃인 이상 시라쿠사 다음으로 위험 속에 놓여 있다는 것을 예상해야 했습니다. 현재와 같은 미온적인 동맹군의 태도를 버리고, 만약 아테네가 시라쿠사를 공격하기 전에 카마리나를 내습했다면, 여러분은 스스로 적극적으로 시라쿠사에 와서 현재 이 땅에서 여러분에게 요청하고 있는 것을 시라쿠사에 요구하고 있지 않으면 안 되었을 것입니다. 그러나 여러분을 포함해 다른 어떤 누구도 그 정도의 적극성을 보이고 있지 않습니다.

79. ①아마도 두려움에서 여러분은 우리에 대해서도, 또 침략자에 대해서도 의리를 지킬지 모르겠습니다. 그 핑계로 여러분은 아테네와는 동맹 관계에 있다고 주장할 것입니다. 그러나 그 동맹은 안전 보장을 목적으로 체결된 것으로, 어떤 적이 여러분의 영토에 침입해 왔을 때나 아테네가 다른 나라로부터 부당한 침략을 받았을 경우에만 상호원조의 의무가 생기며, 현재와 같이 아테네 자신이 침략자고, ②칼키스계의 레기온인조차도 동족인 레온티노이 시의 복권에 협력하고 있지 않을 경우 그 동맹 조항은 적용되지 않습니다. 레기온인도 그 행위의 정당성에 의문을 품고 오히려 현명한 판단을 내리고 있는데, 만약 여러분이 도리만 따지고 그것을 방패로 본래의 적을 돕고 본질적으로 훨씬 가까운 동족을 자신의 적과 협력하여 멸망시키려 하고 있다면, 그것은 두려운 일이며 또 부당한 일입니다. ③도리어 여러분은 적의 장비를 두려워하지 않고 그에 저항해야 합니다. 단결만 하면 두려워할 것이 없으며, 반대로 그들의 의도대로 우리가 대립한다면 모든 것이 절망입니다. 그들은 시라쿠사 한 도시를 공격해 왔을 때조차 그 목적을 달성하지 못하고 창황히 퇴각하고 있습니다.

80. ①그러므로 일치 단결하면 낙담할 필요가 전혀 없지만, 그러기 위해서는 먼저 동맹체결을 더욱더 촉진시켜야 합니다. 그리고 특히 펠로폰네소스로부터는 현재의 적보다 훨씬 우월한 정예 원병이 도착할 것입니다. 나아가 여러분이 아테네와도, 시라쿠사와도 조약을 맺고 있기 때문에 중립을 지키겠다는 그런 상황 판단은 결코 우리에게 공정하지도 않고, 또 여러분 자신의 안전을 보증해주지도 않습니다. ②왜냐하면 이를 구실로 정당화하고 있는만큼 실제적으로는 공정하지 않기 때문입니다. 즉 여러분의 그 중립주의 때문에 피침략국이 멸망하고 침략국이 융성을 자랑할 때에는, 분명히 여러분은 여러분의 불참을 통해서 시라쿠사를 도와 정의를 지키지 못하고 아테네의 악행을 저지하지 못한 결과가 될 것이기 때문입니다. 그러므로 피해자며 동족인 시라쿠사와 동맹을 맺고 시케리아섬에서의 상호 이익을 지키며 맹방인 아테네의 잘못을 허용치 않는 것이야말로 정도(正道)입니다. ③결국 우리 시라쿠사인이 여러분이나 다른 도시에 주장하고 설명하고자 하는 내용은 여러분 자신이 잘 알고 있는 사실 이외에 그 무엇도 아닙니다. 우리는 여러분에게 청원하는 동시에, 만약 여러분의 지지를 얻지 못할 경우 우리는 종래의 적인 이오니아인에게 위협받을 뿐 아니라 우리와 같은 도리아인인 여러분에게서도 배반당하였음을 맹세코 선언할 것입니다. ④그리고 만일 아테네가 우리를 격파한다면, 그 승리가 여러분의 결정 덕분일지라도 그 승리의 영예는 아테네가 향유하고 승리의 대가로 이 승리를 획책한 공로자인 여러분까지 아테네는 병탄(倂吞)해버릴 것입니다. 나아가 만약 거꾸로 우리가 승리를 거두게 된다면, 여러분은 이런 위험을 우리에게 초래한 주범으로 그 대가를 치러야 할 것입니다. ⑤그러므로 여러분, 눈앞의 안전을 위해 예속신분을 감수할 것인지, 혹은 우리와 함께 이 곤경을 타개하고 당당히 지배자를 거부하며 우리의 씻기 어려운 원한을 피할 것인지 검토하고 결단을

내리기 바랍니다."

81. ①이상과 같이 헤르모크라테스가 연설하자, 그 뒤를 이어 아테네 사절단의 에우페모스가 다음과 같이 말했다.

82. ①"우리가 여기에 온 목적은 오직 종래의 동맹조약을 갱신하는 것이었지만, 시라쿠사인의 비판 앞에서 우리가 지배권을 보유하는 것이 정당하다고 주장하지 않을 수 없게 되었습니다. ②아무튼 그 자신이 말한 사실, 즉 이오니아인은 언제나 도리아인의 적이라는 말 자체가 있는 그대로의 실태(實態)를 보여주는 최대의 증언입니다. 그것은 펠로폰네소스의 도리아인이 우리 이오니아인보다 수적으로 많고, 게다가 이웃에 위치해 있어, 우리는 그들에게 지배당하지 않을 방도를 강구하기 위해 언제나 주의를 게을리하지 않을 수 없었기 때문입니다. ③여기에 덧붙여 페르시아 전쟁 뒤에 우리가 해군을 충실히 길러 라케다이몬의 제국주의와 그 지배에서 벗어난 것은 당시 그들이 가장 강력했다는 이유 외에, 그들의 우리에 대한 지휘권이 우리의 그들에 대한 지휘권보다 더 정당하다는 아무 근거도 발견하지 못했기 때문입니다. 그리고 우리 자신이 메도스 왕의 옛 영토였던 도시를 지배하는 입장이 되었을 때 그 통치권을 획득한 것입니다. 그것은 이렇게 해서 자신을 방위하는 힘을 비축해두면 펠로폰네소스인의 지배를 받는 일이 없으리라고 생각했기 때문이었습니다. 그리고 시라쿠사가 이오니아인의 동족으로서 우리를 비난하고 이오니아인을 우리의 예속하에 두었다고 말하고 있지만, 정확히 말해 우리는 결코 정의를 짓밟으면서까지 이오니아인이나 섬나라 도시들을 우리의 지배하에 둔 일은 없습니다. ④그들은 모도시인 우리에게 페르시아와 함께 공격을 가해왔으며, 우리가 모국을 버리고 일어섰듯이 그들 자신의 고향을 희생하면서까지 페르시아에

반항할 용기를 지니지 못하고, 게다가 우리에게 그들과 같이 행동하도록 강요했습니다.

83. ①그러므로 우리는 지배할 만한 자격이 있습니다. 그 이유는, 먼저 우리가 최대의 해군력을 보유하고 헬라스를 위해 진심으로 공헌한 데 반해, 그들은 페르시아에 순순히 굴복하고 우리에게 손해를 준 것이 그 첫째고, 그와 동시에 펠로폰네소스의 힘을 배제하길 우리가 바란 것이 둘째 이유로 거론될 수 있을 것입니다. ②우리가 독자적인 힘으로 이어족을 격파하고 우리의 자유보다 헬라스 전체와 페르시아의 지배하에 있던 헬라스 도시의 해방을 위해 우리가 감히 위험을 무릅썼다는 그런 듣기 아름다운 말들을 늘어놓을 생각은 없습니다. 자기 보존을 위한 책동은 만인에게 허용되어야 합니다. 현재도 우리는 우리 자신의 안전을 구해 여기에 와 있는 것이며, 이것이 여러분에게도 이익이라는 것을 우리는 알고 있습니다. ③사람들의 비난의 원인이며, 특히 여러분이 두려움 때문에 품고 있는 의혹의 원인을 나는 밝혀보고자 합니다. 왜냐하면 전전긍긍하며 의심을 품는 자는 눈앞의 감언이설에 한때는 귀를 기울이지만 뒤에 실제 행동을 하게 될 때에는 자기에게 이익이 되는 쪽을 선택한다는 것을 나는 알고 있기 때문입니다. ④우리가 공포심에서 지배권을 유지하고 있다는 것은 이미 말한 그대로인데, 이 땅에 우리가 온 것도 그와 같은 이유로, 우호관계를 통해 안전하게 사태를 해결하고, 타국의 예속화는커녕 타국이 지배당하는 것을 방지하려는 의도에서 우리는 여기에 와 있는 것입니다.

84. ①여러분은 우리가 여러분과는 관계없는 복잡한 일을 여러분에게 가져오고 있다고 생각해서는 안 됩니다. 요컨대 여러분이 명맥을 유지하고 강력하게 시라쿠사에 압력을 가하면 시라쿠사가

펠로폰네소스에 원군을 보내 우리에게 손해를 줄 가능성이 적어진다는 것을 깨닫길 바랍니다. ②그리고 이 점에서 여러분은 우리에게 중대한 의의를 지니고 있습니다. 또 이와 동일한 관점에서 레온티노이 시의 복권도 이해할 수 있으며, 그들이 에우보이아에 있는 그들의 동족 도시처럼 아테네의 예속도시가 되지 않고 되도록이면 강력한 도시로 복권되어 시라쿠사 시에 인접해 우리를 위해 그 장애물 역할을 해주길 바라는 것이 목적입니다. ③그 땅에서 우리는 충분히 적에 대항할 수 있습니다. 사람들이 아테네가 그 땅은 부당하게 예속화시키고 있으면서 이 땅에서는 자유화한다고 외치고 있다고 비난하는 칼키스계 도시에 대한 우리의 정책도, 그 땅의 칼키스계 도시는 아무런 군비도 없이 우리에게 공금(貢金)만을 지불하는 것이 우리에게 형편이 좋기 때문이며, 이 땅에서는 레온티노이 시 및 그밖의 도시가 독립된 우호국이 되어주는 것이 우리에게 이롭기 때문입니다.

85. ①참제군주제나 지배권을 유지하는 도시에서는, 이익을 위해서는 도리를 따지는 일이 없고 신뢰가 가지 않는 곳은 혈연도 의미가 없습니다. 각기 우방이 되는 것도 적이 되는 것도 형편에 의거하지 않으면 안 되고, 이 땅에서는 우호국의 피폐가 우리에게 이롭기는커녕 도리어 우호도시의 강화를 꾀하고 적의 힘을 꺾지 않으면 안 되는 입장에 있습니다. ②여러분은 이 점을 의심해서는 안 됩니다. 그 땅에서는 각 도시마다 다른 조건으로 동맹을 맺는 것이 우리에게 유리합니다. 키오스인이나 메팀네인은 독립 국가로서 선박을 제공하고, 다른 대부분의 도시는 공금 지불을 그 의무로 하고, 또 펠로폰네소스 주위에 위치해 편리한 도시에는 설사 그곳이 섬나라 도시국가고 정복이 용이하더라도 완전한 자주 독립을 인정하고 있습니다. ③이처럼 이 땅에서는 이미 말한 대로 시라쿠사에

위협을 주는 것이 우리에게는 이롭습니다. 왜냐하면 그들의 야심은 여러분을 지배하는 것이며, 우리에 대한 여러분의 의혹을 이용해 여러분과 함께 우리를 공격하려고 기도하고 있고, 우리가 이 땅을 떠나면 폭력, 혹은 고립화의 책략으로 전시케리아를 지배하려고 노리고 있기 때문입니다. 여러분이 그들 편에 선다면 필연적으로 그런 결과가 될 것입니다. 그때에는 이미 우리로서는 사태를 수습할 수 있는 군사력의 집결이 불가능할 것이고, 여러분에 대한 그들의 압력을 막을 우리의 존재도 없기 때문입니다.

86. ①이 이외의 의견은 사실 자체가 반증(反證)하고 있습니다. 즉 처음에 여러분이 우리에게 구원을 의뢰해왔을 때 여러분이 주장한 것은, 만약 우리가 시라쿠사에 정복당하도록 여러분을 방치해둔다면 똑같은 위험이 우리에게 닥쳐올 것이라는 공포 이외에 아무것도 아니었습니다. ②그런데 지금에 와서 우리를 설득하기 위해 사용한 그 논리 자체를 인정하지 않는다는 것은 부당하며, 또 나아가 우리가 적보다 우세한 군대를 가지고 구원하러 왔다고 해서 우리를 의심하는 것도 옳지 않습니다. 신용해서는 안 되는 쪽은 오히려 시라쿠사입니다. ③우리는 여러분의 협력을 얻지 못하면 여기에 머물 수 없습니다. 게다가 비록 우리가 여러분을 지배하에 둔다 하더라도 본국에서 멀리 떨어져 있기 때문에 수비하기가 곤란하고, 또 도시의 규모와 육상 장비 때문에 여러분을 통제할 수 없게 될 것입니다. 그러나 진지가 아니라 강력한 도시를 갖고 여러분에게 인접하여 틈을 노리고 있는 자야말로 기회가 닿으면 언제든지 여러분을 습격해 올 것입니다. ④그들은 이미 레온티노이 사건 등으로 그 본성을 드러냈지 않습니까? 게다가 또 이제 와서 뻔뻔스럽게도 여러분을 바보 취급하며 지금까지 시케리아를 그들의 독재에서 지켜내 왔던 세력에 반항하도록 요구하고 있습니다. ⑤우리는 이에 대해 여

러분이 훨씬 안전한 참된 활로를 선택할 것을 소리높여 권합니다. 또 여러분이 우리와의 공동 안전을 배신하지 말기를 요청합니다. 그들에겐 동맹군을 기다리지 않고도 그 수적인 우세를 이용해 언제라도 여러분을 습격할 수 있는 길이 열려 있는 데 반해, 여러분에게는 이에 대항할 수 있을 정도의 우군을 가지고 항전할 수 있는 기회가 드물다는 것을 잘 생각해보기 바랍니다. 만약 여러분의 의혹 때문에 우리를 헛되이 돌려보내거나 그 기도를 좌절시키거나 한다면, 우리가 정작 여러분에게 아무런 도움도 주지 못하게 되었을 때에 이르러서는 지금과 같은 우리의 극히 일부의 구원이라도 바라는 처지가 될 것입니다.

87. ①그러므로 카마리나 시민 여러분, 여러분도 다른 사람들도 결코 시라쿠사의 비방에 속아넘어가서는 안 됩니다. 우리에 대한 의혹에 관해 그 진상을 모두 여러분에게 설명했지만, 여기에서 다시 그 요점을 되풀이해 그 취지를 명확히 전달하고자 합니다. ②첫째로 우리가 헬라스 도시를 지배하고 있는 것은 우리 자신이 다른 도시에 지배당하지 않기 위해서며, 이 땅의 여러 도시에 자유를 주려 하는 것은 우리가 피해를 입지 않기 위해서입니다. 둘째로 우리가 어쩔 수 없이 다방면으로 활동을 하고 있는 것은 방비해야 할 것들이 많다는 것을 나타내는 데 불과한 것이고, 셋째로 이 땅에서 부당한 피해를 입은 여러분의 도시를 위해 옛날이나 지금이나 우리는 구원을 요청받고 와 있는 것이지, 우리가 제멋대로 개입하고 있는 것이 아니라는 것입니다. ③여러분은 우리의 행동에 대해 감시원이나 재판관 같은 태도를 취하며 우리를 돌려보내는 그런 헛된 일을 기도해서는 안 됩니다. 그리고 우리의 다각적인 행동과 그 정책 속에서 여러분에게 이익이 될 것들을 모두 이용하고 활용해야 하며, 우리의 정책이 획일적으로 모두에게 해를 주는 것이 아니라 도

리어 대부분의 헬라스 도시에 이익을 주고 있다고 생각해야 합니다.

⑧모든 지역에서, 설사 우리의 지배의 손길이 닿지 않는 곳이더라도 만인에게, 즉 부정행위를 저지르려 하는 자에게도, 그런 일을 당할 위험이 있는 자에게도, 전자에게는 감히 위험을 무릅써도 우리가 도착하면 무서운 결과가 되리라는 생각이 언제나 그 염두에서 떠나지 않기 때문에 본의는 아니더라도 냉정한 행동을 강요하게 되고, 후자에게는 우리에게서 부당행위에 대항하는 원조를 언제라도 받을 수 있다는 기대 때문에 필연적으로 평온 속에 구원이 존재하는 것입니다. ⑨여러분에게, 또 이것을 희구하는 자 모두에게 주어지는 이 만인의 안전을 여러분은 지금 거절해서는 안 됩니다. 다른 도시들처럼 우리와 함께 시라쿠사에 대항하고, 소극적인 방어정책으로 일관하지 말고 그들이 공격하는 것과 마찬가지로 여러분도 그들을 공격하도록 정책을 바꾸어야만 합니다."

88. ①이상과 같은 에우페모스의 연설이 끝나자, 카마리나인은 다음과 같이 생각했다. 아테네에 대해서는 그들이 시케리아 지배를 기도하고 있다는 의심이 들지 않는 한 카마리나 시는 호감을 품어 왔지만, 시라쿠사와는 인접 도시로서 언제나 분쟁이 그친 적이 없었다. 그래서 카마리나인은 시라쿠사에 인접해 있다는 바로 그 사실 때문에 카마리나의 협력 없이 시라쿠사가 승리를 거두는 그런 사태가 벌어질까 대단히 우려하여 당초에는 소수의 기병 부대를 시라쿠사에 파견하고, 그 후로는 사실상 시라쿠사 편에 서 있으면서도 소극적으로 행동했다. ②그러나 우선 당장은 아테네측이 처음 전투에서 승리를 거둔 뒤인만큼 아테네측을 가볍게 여긴다고 생각되지 않도록 양자에게 논리적으로 평등한 회답을 주기로 했다. 즉 그들의 이런 고려에서 나온 회답은, 카마리나에 있어서 동맹국인 두

나라가 서로 적대하고 있는 이상 카마리나는 당분간 중립을 지키는 것이 동맹조약에 충실히 따르는 것이라고 결정했다는 것이었다. 이리하여 각각의 사절단은 떠났다.

③그리고 시라쿠사측은 전쟁을 대비한 준비에 박차를 가하고, 아테네측도 낙소스 시에 진을 치고 되도록이면 많은 시케리아 도시가 자기 편에 서도록 공작을 진행시켰다. ④저지(低地)의 시켈로스 도시는 시라쿠사 지배하에 있었기 때문에 시라쿠사에 등을 돌리는 도시가 적었다. 이에 반해 내륙의 토착 독립부락은 소수의 예외를 제외하고는 곧 아테네측에 가담하여 아테네 진에 식량을 보내고, 어떤 경우에는 군자금을 보내오는 곳도 있었다. ⑤아테네군은 복종하지 않는 곳에는 군대를 파견해 이를 강요했지만, 시라쿠사가 수비대를 보내 그 저항에 협력한 지방은 점령할 수 없었다. 나아가 이 겨울 동안에 아테네군은 낙소스에서 카타네 시로 진을 옮기고 시라쿠사군에 의해 불타버린 진지를 재건하고 월동 숙영지로 삼았다. ⑥그리고 칼케돈 시[78]에 삼중노선을 보내 가능하면 우호조약을 맺으려 하고, 티르센[79]에도 삼중노선을 보냈는데, 이 지방의 도시 중에는 부름에 응해 아테네 쪽으로 참여해오는 도시도 있었다. 시켈로스인 도시에는 전체에 걸쳐 사절을 보내고, 에게스타 시에는 되도록이면 많은 기병대를 파견하라고 명했다. 또 그뿐 아니라 이밖에 벽돌·철 등등 포위진에 필요한 물자를 요구하고, 봄이 되자마자 전투를 벌일 수 있도록 준비했다.

⑦한편 라케다이몬과 코린토스에 파견된 시라쿠사 사절단은 가는 도중에 이탈리아의 여러 도시도 순방하며 아테네의 행동을 간과하지 말도록 설득하고, 아테네는 그들에 대해서도 같은 일을 기도하고 있다고 설명했다. 그리고 코린토스에 도착하자 코린토스는 혈족

---
78) 본권 주 12)를 참조할 것.
79) 티르센은 '에트라스칸'의 그리스식 이름.

관계 때문에라도 시라쿠사를 원조할 의무가 있다고 진술했다. ⑧코린토스인은 이 말을 듣자 곧 코린토스 자체적으로 전력을 다해 원조하기로 결의하고, 시라쿠사 사절단과 함께 동반하여 라케다이몬에 코린토스 사절단을 파견하고, 라케다이몬의 반(反)아테네 전쟁을 보다 공공연히 행동으로 옮기고 시케리아에도 뭔가 원조를 제공하도록 요구하려고 했다. ⑨코린토스에서 사절단이 라케다이몬에 와 보니, 알키비아데스가 다른 망명자들과 함께 라케다이몬에 와 있었다. 알키비아데스 일행은 투리오이 시에서 예의 당시 상선을 이용해 먼저 엘리스의 킬레네(Cyllene) 시로 건너가고, 그 후 라케다이몬으로부터 우선 안전 통행권을 받은 뒤 그 초대를 받아 그곳에서 라케다이몬으로 들어갔다. 그것은 알키비아데스에게는 만티네아전의 전력이 있어 그것을 두려워했기 때문이었다. ⑩그런데 라케다이몬 의회가 열리자, 코린토스인도 시라쿠사인도 또 알키비아데스도 같은 의견을 가지고 라케다이몬을 설득했다. 독시관과 정부 고관들은 시라쿠사에 사절을 파견해 아테네에 굴복하지 말도록 통고할 것은 결의했지만 원군 파견에는 열성을 보이지 않았다. 그래서 라케다이몬인의 전의(戰意)를 자극하고자 알키비아데스는 일어나 다음과 같이 말했다.

89. ①"서두에서 먼저 나에 대한 탄핵에 관해 말해야만 하겠습니다. 그것은 여러분이 공적인 문제와 관련해 기꺼이 내 말에 귀를 기울이길 원하기 때문입니다. ②내 조상은 여러분의 외국 대표인직을 무슨 이유에선가 거절했지만,[80] 내 대(代)에 이르러 다시 그 직을 받아들여 여러분의 편의를 도모하고, 필로스 사건과 관련해서는 특히 그러했습니다. 이런 나의 열성적인 운동에도 불구하고 여러분

---

80) 알키비아데스의 조부는 스파르타의 대표인직을 포기했다. 제5권 제16장 43을 참조할 것.

은 내 정적(政敵)을 통해 아테네와 교섭하는 쪽을 택하고, 그리하여 그들의 권위를 강화시켜 나에게 수치를 주었습니다. ③그래서 만티네아나 아르고스 편에 서게 된 데다, 그밖에 여러분에게 여러 가지로 도전한 나 때문에 여러분이 피해를 입은 것은 당연한 일입니다. 그리고 만약 당시 누군가 나에 대해 부당하게도 분개한 사람이 있었다면 실정을 알고 생각을 바꾸기 바랍니다. 또 만약 달리 나의 공민주의적인 경향 때문에 나를 경멸하는 사람이 있다면 그 분노가 옳지 않다는 것도 깨닫기 바랍니다. ④왜냐하면 우리는 언제나 참제정체에 반대하고 무엇이든 권위에 반항하는 자를 공민파라 부르고, 이 때문에 우리는 공민파의 지도자로서의 지위를 유지해왔기 때문입니다. ⑤이와 동시에 아테네 시는 공민주의에 지배되고 있었으므로 대체로 현실에 따를 수밖에 없었습니다. 그러나 우리는 당시 정계의 극단적인 추세에 대해서는 좀더 절도가 있도록 하려고 노력했습니다. 하지만 옛날이나 지금이나 똑같이 대중을 타락시키는 자들이 있고, 사실 나를 추방한 것도 이들이었습니다. ⑥아무튼 우리는 민중 전체를 대표하고 있었기 때문에, 아테네를 가장 위대한 도시로 이끌고 좀더 자유로운 도시로 만든 정치구조를 긍정하고 그것을 계승하고 유지시키는 것이야말로 우리의 할 일이라고 판단했던 것입니다. 물론 지각 있는 사람들은 공민주의의 본질이 무엇인지 잘 알고 있고, 나 자신이 누구보다 그에 대해 많은 비판을 가할 수 있습니다. 그러나 이 만인이 다 아는 광기어린 사태에 아무것도 새로운 것을 덧붙일 수는 없지만, 정치체제의 변경은 여러분이 적으로서 우리에게 압력을 가해오고 있는 이상 위험하다고 판단했던 것입니다.

90. ①나에 대한 탄핵에 관해서는 이상 그대로입니다. 다음은 여러분이 검토해야 할 사항이며, 또 뭔가 아직 내가 알고 있다면

진술해야 할 사항입니다. ②우리의 시케리아 원정의 목적은 가능하면 첫째로 시케리아 섬을 수중에 넣고 나서 이탈리아의 도시를 함락시키고, 그 뒤에 칼케돈인과 그 주권까지 공격해보려는 것이었습니다. ③그리고 만약 이 모든 일, 혹은 대부분의 기도에 성공한다면 다음으로 펠로폰네소스를 공격하려 했던 것입니다. 즉 그 땅에서 새로 획득한 헬라스의 병력을 총동원하고, 이베리아족 등 오늘날 그 호전성으로 가장 잘 알려져 있는 많은 이어족을 용병으로 삼고, 나아가 이탈리아의 풍부한 목재를 이용해 삼중노선을 건조하고 이것을 현재 세력에 추가하여 펠로폰네소스 연안을 봉쇄하려고 했던 것입니다. 그리고 또 육지로부터는 여러 도시를 지상군으로 공격하여 이 도시는 적극적인 습격으로, 저 도시는 포위작전으로, 이런 식으로 차례로 함락시켜 쉽게 굴복시키고, 마침내는 전헬라스의 패권을 목표로 삼으며, 또 자금·식량과 관련해서도 좋은 결과를 얻기 위해 이 땅에서 징수하는 일 없이 근래에 획득한 그 땅의 산물로 충당하려 했던 것입니다.

91. ①이상 현재의 원정에 관해 그 목적이 무엇인지 그것을 가장 잘 알고 있는 사람으로부터 여러분은 들었습니다. 그리고 뒤에 남은 장군들은 되도록이면 동일한 목적을 달성하려고 시도할 것입니다. 여러분이 구원의 손길을 뻗치지 않는 한, 그 땅은 반드시 함락될 것이라는 사실을 여러분은 지금 잘 알아두지 않으면 안 됩니다. ②그 이유는 이렇습니다. 우선 설사 시케리아인의 경험이 적더라도 그들이 연합하여 통일전선을 펼 수 있다면 지금이라도 구조될 가능성이 있습니다. 그러나 시라쿠사 단독으로는 이미 전병력을 동원한 전투에서 패하고 배로 연안이 봉쇄된 이상 현지의 현아테네군에 저항할 수가 없을 것입니다. ③그리고 이 도시가 만약 함락된다면 시케리아 전역이 아테네 수중에 넘어가고, 이윽고 그 물결이 이

탈리아에도 곧 미치게 될 것입니다. 방금 말한 그 땅에서의 위험은 머지않아 곧 여러분에게 닥쳐올 것입니다. ④그러므로 우리는 이를 시케리아만의 문제라고 여겨서는 안 되며, 오히려 펠로폰네소스의 문제임을 깨달아야 합니다. 여러분은 당장 내 주장대로 실행하여 즉시 전투장비를 마련하고 상륙시에 참전할 수 있는 조수(漕手)를 승선시킨 선단을 시라쿠사에 파견해야 하며, 특히 내가 중요하다고 생각하는 것은, 한 명의 스파르타 장군을 전군의 총사령관으로 삼아 현세력의 통일을 기하고 소극적인 태도를 취하는 자들을 일소해 버리는 것입니다. 이렇게 하면 종래의 여러분의 벗과는 점점 더 그 유대가 강화되고, 우유부단한 도시는 두려움을 떨치고 적극적으로 협력해올 것이기 때문입니다.

⑤이와 동시에 이 땅에서도 여러분은 전투를 격화시켜 시라쿠사인에게 여러분이 그들을 결코 잊지 않고 있다는 것을 보이고, 그들의 사기를 앙양시키며, 아테네의 그 땅으로의 후속부대 파견기도를 좌절시켜야만 합니다. ⑥아티카령의 데켈레아(Decelea)[81]에 요새를 구축할 필요가 있습니다. 이 지점은 아테네인이 언제나 가장 두려워하고 있는 곳이고, 이것만이 이번 대전에서 아직 그들이 경험하지 않은 일이라고 생각하고 있습니다. 적에게 타격을 정확히 주기 위해서는 적이 가장 두려워하는 약점을 알고 이 지식을 이용해 공격하는 것입니다. 누구나 자기 약점을 가장 잘 알고 있고, 이것을 가장 두려워하는 것이 당연하기 때문입니다. ⑦이 요새는 여러분에게 이익을 가져오는 한편, 적에게는 장애를 주게 될 것입니다. 아무튼 많은 세세한 점은 접어두고 주된 사항만 언급하는 데 그치겠지만, 우선 그 땅이 산출하는 많은 물자가 자동적으로, 혹은 여러분 자신의 손으로 여러분의 수중에 들어오게 될 것입니다. 둘째로 아테네

---

81) 데켈레아는 아티카령으로 아테네에서 북으로 약 18킬로미터 떨어진 지점에 있다.

인은 라우레이옴[82] 은광산에서 나오는 수입을 잃고, 셋째로 토지의 수입, 법정으로부터의 수입도 잃게 될 것이며,[83] 특히 동맹도시로부터의 공급액이 감소될 것입니다. 요컨대 동맹도시는 여러분이 전의(戰意)를 적극적으로 나타내는 것을 보고 여러분에 대한 신뢰도가 높아져 아테네에 대한 태도가 소극적으로 변할 것이기 때문입니다.

92. ⓐ라케다이몬 여러분, 신속히, 그리고 보다 효과적으로 이러한 일들을 실현시키는 것은 오로지 여러분에게 달려 있습니다. 그 실현성에 대해서는 나의 판단이 잘못되어 있지 않다고 확신하는 이상 나는 완전한 자신감을 갖고 있습니다. ⓑ누군가가 내가 이전에는 대단한 애국자였는데 지금은 불구대천의 적과 함께 감연히 모국에 반역하고 있다 하여 나를 악인으로 생각하거나, 혹은 망명자의 신분이기 때문에 감히 격한 말을 하고 있다고 의심스런 눈길로 바라보지 말길 바랍니다. ⓒ왜냐하면 나는 나를 추방한 자들의 적의로부터 도피하긴 했지만 여러분이 내 말을 따르는 한 여러분을 원조하는 일을 회피하지 않을 것이기 때문입니다. 적만을 해치는 여러분이 친구도 적으로 삼는 그들보다 훨씬 더 친구처럼 여겨집니다. ⓓ나의 애국심은 나에게 해를 끼친 곳에 있지 않고 시민으로서 안전하게 거주할 수 있는 곳에 있습니다. 나는 지금 조국에 맞서 도전하고 있다고 생각지 않고 잃어버린 조국을 탈환하려 한다고 생각하고 있습니다. 참된 애국자란 자신에게 부당한 짓을 한 모국에 맞서

---

82) 라우레이옴은 아티카 남단의 광산.
83) 데켈레아에 적이 있게 되면 건강한 남자 시민은 언제나 병역에 종사하지 않으면 안 되게 되어 배심원으로서 재판에 출석하고 그 의무에 따른 보수를 받을 수 없게 된다는 것을 가리키고 있는 것이리라.

길 거부하는 자를 가리키는 것이 아니라, 망향심(望鄕心)에서 모든 수단을 강구해 조국을 되찾으려 하는 자를 말하는 것입니다. 그러므로 여러분이 어떤 종류의 위험한 일이나 고통을 겪을 때에도 두려움 없이 나를 이용하길 바랍니다. 만인의 속담에도 있듯이 최대의 적이 친구가 되면 최대의 아군이라는 것을 기억하고, 아테네에 관해서 나는 잘 알고 있지만 여러분에 관한 나의 지식은 추측의 영역을 넘지 않았음을 알아주기 바랍니다. 그리고 이제 여러분은 가장 중요한 이해(利害)문제를 논의하고 있다는 것을 깨닫고, 시케리아 섬에도 아티카령에도 출병하는 것을 망설여서는 안 됩니다. 여러분의 일부분의 힘으로 그 땅의 중대 이권(利權)을 확보하고, 장래 아테네의 힘과 확장을 저지하며, 이리하여 여러분의 안전과 힘에 의한 강요가 아니라 전헬라스의 찬성과 호의를 얻어 그 통치권을 획득하는 것을 여러분의 목적으로 삼지 않으면 안 됩니다."

93. ①이렇게 알키비아데스가 말했다. 라케다이몬인은 이전부터 이미 아테네에 파병할 것을 생각하고는 있었지만 여러 가지로 검토를 하고 주저하고 있던 참이었기 때문에, 각 사항에 걸쳐 알키비아데스의 의견을 듣자 가장 사정에 정통해 있는 자로부터 정보를 얻었다며 크게 고무되었다. ②그래서 그들의 마음은 이미 데켈레아에 요새를 쌓는 데 기울고, 또 당장 구원부대를 시케리아에 보내기로 결심할 정도였다. 라케다이몬인은 클레안드리다스(Cleandridas)의 아들 길리포스(Gylippus)를 시라쿠사측의 총사령관에 임명하고, 코린토스인과 시라쿠사인과 협의해 어떻게 하면 현시점에서 가장 빨리, 그리고 가장 효과적으로 그 땅에 구원부대를 보낼 수 있을지 연구하라고 명했다. ③길리포스는 그래서 코린토스 사절단에 2척의 배를 아시네에 보내라고 명하고, 나머지는 코린토스가 결정한 수의 배만큼 준비를 하고 필요할 때 언제라도 출항할 수 있도록 하라고

명했다. 이상과 같은 준비가 갖추어지자 그들은 라케다이몬을 떠나 귀국했다. 그 사이에 군자금과 기병대를 요청하기 위해 아테네 장군들이 시케리아에서 보낸 삼중노선이 도착했다. 아테네인은 원하는 것이 무엇인지 들은 뒤에 군비 물자와 기병대를 보내기로 표결했다. 그리고 겨울이 끝나고, 이와 함께 투키디데스가 기록한 이번 대전의 제17년째 해도 저물었다.

94. ①봄이 되고 여름도 가까워지자 곧 시케리아 섬의 아테네군은 카타네 시에서 퇴거하고 시케리아의 메가라 시를 향해 연안을 따라 항해했다. 이 땅은 이미 말한 바와 같이[84] 시라쿠사인이 겔론 참제군주일 때 주민을 쫓아내고 장악한 도시다. ②아테네인은 상륙하자 곧 그 땅을 유린하고 시라쿠사측의 요새를 공격했지만 그곳을 빼앗지 못하고, 다시 수륙 양군으로 나누어 테리아스 강을 따라 진군하고 평지로 들어가 곡식을 불태웠다. 시라쿠사의 소규모 군대와 마주쳤지만 이것을 격파하고 전승총을 세우고는 다시 배 위로 돌아왔다. ③그리고 카타네 시에 입항하자 여기에서 물자를 보급하고 전군을 이끌고 켄토리파(Centoripa)[85]로 향해 이 시켈로스인의 성채를 빼앗고 화의(和議)를 성립시키고 나서 이곳을 떠났다. 이와 동시에 이네사 시[86]와 히블라 시의 곡식을 불태웠다. 카타네 시로 아테네군이 돌아오자 아테네로부터 250명의 기병대가 도착해 있었다. 마필은 현지에서 징발하게 되어 있었지만, 기사병(騎射兵) 30명 및 30은탈란트도 함께 와 있었다.

95. ①같은 해 봄에 라케다이몬인은 아르고스령에 침입했지만,

---

84) 본권 제18장 4.
85) 현재의 친톨비로 카타네 시에서 북서쪽으로 40킬로미터 떨어진 지점에 있다.
86) 이네사 시의 위치는 분명치 않다.

클레오나이[87]까지 왔을 때 지진이 일어나 귀국했다. 아르고스인도 또한 이웃 나라인 테레아 시에 침입해 라케다이몬 소속의 물자를 대량 약탈했다. 그것을 매각한 총액은 거의 25탈란트에 달했다. ② 그 뒤 같은 해 여름에 테스피아이의 공민파가 정부 전복을 꾀했지만 실패로 끝나고, 이에 연루된 자들이 테베의 구원부대에 사로잡히거나 아테네로 망명했다.

96. ①같은 해 여름, 시라쿠사군은 아테네측에 기병대가 도착하고 공격이 임박했음을 알았지만, 설사 아테네군이 전투에 이기더라도 시라쿠사 시 위에 직접 마주 서서 굽어보고 있는 언덕, 에피폴라이를 아테네군이 점령하지 못하는 한 시라쿠사를 포위하기는 곤란할 것이라고 판단했다.[88] 그래서 그들은 적이 몰래 에피폴라이에 상륙하지 못하도록 그 올라가는 입구[89]에 경비대를 두기로 했다. ② 다른 곳에서는 에피폴라이에 올라갈 수 없었는데, 그 이유는 다른 지점은 절벽으로 되어 있고 그 비탈은 시라쿠사 시까지 이어져 있어 시내에서 에피폴라이의 사면을 잘 관측할 수 있었기 때문이다. 시라쿠사인이 이곳을 에피폴라이라고 부르는 것은 이곳이 마침 언덕[폴레]이 높이[에피] 솟아 있었기 때문이다. 시라쿠사측은 새벽이 되자 곧 총병력을 동원해 아나포스 강에 면한 습지까지 진출했

---

87) 클레오나이는 아르고스 북북서 약 23킬로미터 지점에 있는 아르고스 동맹도시의 하나.
88) 에피폴라이는 시라쿠사 시 북쪽에 인접해 있는 언덕. 본권 제20장 75에서 언급하고 있듯이 '신역(테메니테스)'이 에피폴라이 아래의 시라쿠사와 에피폴라이가 가장 접근한 지점에 있고, 이미 이 지점을 시라쿠사측이 외벽 속에 포함시키고 있어, 아테네측이 에피폴라이 위를 점령하지 못하는 한 시라쿠사 시로의 입구가 돌파될 수 없다는 의미다(시라쿠사 시 부근도를 참조할 것).
89) 에우리엘로스를 가리킨다.

다. 그 동기는, 마침 이때에 시라쿠사인에 의해 헤르모크라테스를 포함한 막료 장군들이 선출되어 그 지휘관직에 취임했기 때문이었다. 그들은 중무장병의 전열을 짜고는 미리 선발한 600명의 정예 중무장병을 안드로스에서 망명해 온 디오밀로스(Diomilus)의 지휘 하에 맡겨 에피폴라이를 수비하게 하고, 필요하면 신속히 그 급박한 상황을 도울 수 있도록 해놓았다.

97. ①한편 아테네측은 이날 밤중에 카타네 시에서 지참한 전장비를 레온[90]이라는 지점으로 비밀리에 운반했다. 이 지점은 에피폴라이에서 6,7스타디아 떨어진 곳으로, 육상 부대가 상륙하자 선단은 타프소스 먼바다에 정박했다. 타프소스[91]는 반도 형태로 되어 있고, 좁은 지협을 가지고 바다에 돌출해 있으며, 시라쿠사 시로부터는 육로로도 해로로도 그다지 멀리 떨어져 있지 않은 지점이다. ②아테네 선단은 타프소스의 지협에 방책을 세우고 휴식을 취했다. 육상 부대는 곧 속보로 에피폴라이로 떠나고, 그곳에 도착하자 곧 습지대에서 정열해 있는 시라쿠사군이 깨닫고 나오기 전에 에우리엘로스(Euryelus)에 오르는 데 성공했다. ③디오밀로스 휘하의 병사 및 그밖의 부대는 각기 전속력으로 반격하러 달려갔지만, 습지대에서 적과 교전할 지점까지는 25스타디아[92]나 떨어져 있었다. ④이처럼 시라쿠사측은 혼란상태로 교전에 들어갔기 때문에 금세 에피폴라이 위의 전투에서 패하고 시내로 퇴각했다. 게다가 디오밀로스가 전사하고, 그밖에 300명의 사상자가 나왔다. ⑤그 후 아테네측

---

90) 레온의 정확한 위치는 판별할 수 없지만 에피폴라이에서 1킬로미터 약(弱)의 해안에 있었던 것이 된다.
91) 현재의 마그니지 반도를 말한다. 시라쿠사 시에서 북쪽으로 약 8킬로미터 떨어진 지점.
92) 약 4.5킬로미터 정도.

은 전승총을 세우고 휴전조약 아래 시라쿠사측에 그 시체를 인도하고, 다음날에는 에피폴라이를 내려가 시라쿠사 시를 향했지만, 시내에서 아무런 반격도 해오지 않아 다시 에피폴라이에 올라가 랍달롬(Labdalum)[93)]에 방채를 쌓았다. 이곳은 에피폴라이의 단애 위에 있고 메가라에 면해 있었다. 그 목적은 여기에 물자나 자금을 저장하고 전투시에나 포위 공격시에 필요에 따라 언제라도 그것을 손에 넣을 수 있도록 하기 위해서였다.

98. ①그 뒤 곧 아테네측에 에게스타 시로부터 300명의 기병대와 시켈로스 및 낙소스, 그밖의 도시에서 약 100명의 기병대가 참가했다. 이리하여 아테네 시에서 온 기병 250명이 에게스타와 카타네에서 마필을 사들였기 때문에 아테네측의 기병대 총수는 600기가 되었다. ②아테네군은 랍달롬에 경비병을 두고 시카(Syca)로 향하고 그곳에 진을 치자 곧 이곳에 성채를 쌓고 '중심지'[94)]로 삼았다. 이 일이 신속히 진행되는 데 놀란 시라쿠사인은 출격해 일전을 겨루고 그것을 저지하려 했다. ③그래서 곧 양군은 서로 대치했지만, 시라쿠사측이 혼란상태에 빠져 전열을 갖추기가 곤란한 것을 알게 된 시라쿠사의 장군들은 시내로 다시 군대를 철수시키고 소수의 기병대만 남겨놓았다. 이 기병대는 그곳에 머무르며 아테네군의 석재 운반을 방해하고 또 그것이 먼 거리까지 확대되는 것을 막으려 했다. 그러나 아테네의 중무장병 일개 소대와 기병대 전체가 이에 대항해 격퇴시키고 몇 명의 기병을 살해한 뒤 기병전 전승총을 세웠다.

99. ①그 이튿날 아테네군 일부는 '중심지'의 북쪽을 향해 방벽

---
93) 시라쿠사 시 부근도를 참조할 것.
94) 시라쿠사 시 부근도를 참조할 것.

을 쌓고, 다른 일부는 석재와 목재를 트로길로스⁹⁵⁾라 불리는 지점으로 쉬지 않고 옮겨 쌓았다. 이리하여 대항(大港)에서 반대쪽 바다로 나오는 최단거리의 방벽을 구축하려 한 것이다. ②시라쿠사측은——장군들 중에서도 특히 헤르모크라테스가 그 주도권을 쥐고 있었는데——아테네군에게 총공격을 가하는 위험을 무릅쓰는 대신 아테네인이 구축중인 방벽의 연장선상⁹⁶⁾에 맞서 방벽을 쌓고, 제시간에 이 일을 완결하여 아테네의 앞길을 막으려고 계획했다. 그와 동시에 만약 아테네군이 그들의 기도를 저지하려고 나오면 시라쿠사군의 일부를 그 방어에 충당하고 그들이 접근하는 것을 방책에 의존해 격퇴할 수 있으리라 판단했다. 한편 아테네측은 시라쿠사측을 공격하려면 축벽 공사를 중단하고 전병력을 사용하지 않으면 안 되리라고 생각했다. ③그래서 그들은 행동으로 옮겨 자신들의 시에서 축벽 공사를 시작해서 아테네의 '중심지' 밑을 향해 비스듬히 방벽을 연장시켜갔다. 그리고 신역(테메니테스)의 올리브 나무를 베어 목재 탑을 세웠다. ④아테네 선단이 아직 타프소스에서 대항으로 회항해 오지 않아 시라쿠사측이 이 해역의 제해권을 장악하고 있었기 때문에 아테네측은 보급 물자를 육로로 타프소스에서 운반해 왔다.⁹⁷⁾

100. ①방책도 방벽도 충분한 규모에 달한 듯 시라쿠사인에게 생각될 때가 되었는데도 아테네측은 자군이 이분되어 쉽게 공격을

---

95) 시라쿠사 시 부근도를 참조할 것.
96) 이 연장선은 북으로 향해서가 아니라 '중심지'에서 남쪽으로 향한 연장선으로 보아야 할 것이다. 시라쿠사 공방도를 참조할 것.
97) 요컨대 시라쿠사측은 '중심지'의 남쪽에서 작업을 하고, 아테네측은 '중심지' 북쪽에서 공사를 진행시키고 있었기 때문에, 아테네측은 '신역' 부근의 자재를 이용할 수 없었다는 의미일 것이다.

받게 될까 우려하여 그 활동을 저지하러 나오지 않았기 때문에, 시라쿠사군은 한 부대만 수비대로 남겨두고 시내로 철수했다. 다른한편 아테네군은 시라쿠사 시내에 음료수를 공급하고 있던 수도관을 끊었다. 그리고 한낮에 시라쿠사측에서는 천막 속으로 들어가거나 시내로 철수하고, 게다가 방책의 경비도 소홀한 것을 알아챈 아테네군은 300명의 정예 중무장병과 일정수의 경무장병을 선발해 이에 중장비를 지참시키고 돌연 시라쿠사측의 방벽을 향해 돌진케 했다. 다른 군대는 두 패로 나뉘어, 한 부대는 한 장군의 지휘하에 시라쿠사 시로 가 시내에서 구원하러 나오는 것을 저지하고, 다른 한 부대는 또 다른 한 장군과 함께 시라쿠사 시 뒷문 가까이에서 방책을 습격했다. ⓐ300명의 중무장 부대는 방책을 점거했다. 경비대는 곧 그곳을 버리고 '신역(테메니테스)' 외벽 속으로 도망쳐 들어갔다. 추격하던 아테네군도 그들과 함께 외벽 속으로 밀려들어갔지만, 그 안의 시라쿠사군의 반격을 받아 밀려나오고, 아르고스군과 아테네인은 소수의 사상자를 냈다. ⓑ아테네군은 한 덩어리가 되어 방벽이 있는 곳으로 돌아가 방책을 점거한 뒤 그것을 해체시키고 자기 진으로 옮기고는 전승총을 세웠다.

101. ⓐ그 이튿날 아테네인은 에피폴라이의 대항(大港)에 면하고 습지대 위에 해당하는 단애 부분을 향해 '중심지'에서 방벽을 쌓아갔다. 이리하여 아테네측은 습지와 평지와 습지대를 지나 항구로 나오는 포위벽을 가장 짧은 지점에 구축할 수 있게 된다.[98] 그래서 시라쿠사측은 재차 활동을 개시해 시에서 습지대 한가운데를 지나 아테네의 축벽에 맞서는 방벽을 쌓기 시작했다. 이와 동시에 호(濠)를 파고 아테네군이 바다에 이르는 연속된 포위벽을 쌓지 못

---

98) 시라쿠사 공방도를 참조할 것.

하도록 했다. ②아테네측은 단애까지의 공사를 마치자 다시 시라쿠사측의 방책과 축호작업을 방해하러 나왔다. 타프소스의 선단에는 시라쿠사의 대항(大港)으로 회항하라는 명령을 내리고, 육군은 새벽 어둠을 틈타 에피폴라이를 내려간 뒤 평지를 지나 습지대의 진흙의 가장 단단한 곳을 골라 판자나 목재를 걸치고 그 위로 지나가고는 동이 트자마자 극히 일부분을 제외하고는 시라쿠사측의 방책과 호를 점령했다. ③그리고 뒤에는 그 나머지 부분도 획득했다. 전투가 벌어졌지만 여기에서도 아테네측이 승리를 거두었다. ⑤시라쿠사군의 우익을 맡고 있던 자들은 시내로 도망쳐 들어가고, 좌익에 있던 자들은 아소포스 강으로 내달았다. 그래서 아테네측은 그 도주로를 차단하고자 300명의 정예병을 다리를 향해 강행군시켰는데, 시라쿠사측은 그 지점에 그들의 기병 대부분이 있었기 때문에 크게 동요하고 곧 그곳으로 300명으로 이루어진 그들의 일개 부대를 보내 아테네 부대에 대항케 해 마침내 그들을 격퇴하고 아테네군의 우익에 다가갔다. 그들이 아테네군에 공격을 가하자, 그 우익의 전열(前列)은 당황해 공포에 빠졌다. ⑥좌익에 있던 라마코스는 이것을 알고 휘하의 궁병과 소수의 아르고스군을 동반하고 구원하려고 호를 건넜지만, 함께 호를 건넌 소수의 병사와 함께 고립되어 라마코스 자신은 전사하고 함께 있던 5,6명도 살해되었다. 시라쿠사군은 급거 이들의 시체를 빼앗고는 강을 건너 안전지대로 옮겼다. 그리고 다른 아테네군이 추적해 오는 것을 보고 철수했다.

102. ①이때 처음에 시라쿠사 시내로 도망쳐 들어갔던 한 부대가 사태가 바뀐 것을 보고 다시 시라쿠사에서 나와 자신들과 면해 있는 아테네군에 반격할 태세를 갖추었다. 나아가 일부를 에피폴라이 위의 '중심지'로 보내 적이 없는 사이에 그곳을 점거하려고 했다. ②그들은 아테네측의 전벽(前壁)을 10플레트롬[99] 정도 빼앗고

그것을 무너뜨렸다. 그러나 '중심지' 자체는 니키아스가 지켜냈다. 마침 니키아스는 병 때문에 '중심지' 안에 남아 있었던 것이다. 니키아스는 사람이 부족하고 달리 아무런 방어 수단도 없는 것을 깨닫고 하인들을 시켜 토목, 기계, 목재 등에 불을 붙여 방벽 앞에 내던지게 했다. ③이 명령이 실행에 옮겨지자 시라쿠사군은 불 때문에 접근하지 못하고 철수했다. 게다가 적을 추격하고 있던 아테네군이 이때 밑에서 '중심지'를 구원하러 올라오고, 앞서 말한 타프소스의 선단도 대항으로 들어왔다. ④이것을 위에서 본 시라쿠사군은 창황히 떠나고, 전시라쿠사군은 시내로 퇴각했다. 아테네군의 방벽이 해안까지 연장되는 것을 현재의 시라쿠사 실력으로는 막을 수 없음을 깨달았던 것이다.

103. ①그 후 아테네군은 전승총을 세우고, 휴전조약 아래 시라쿠사측에 시체를 인도하고 라마코스 및 그 휘하 병사들의 시체를 시라쿠사측에서 인수했다. 이제 아테네의 해륙 양군과 그 장비가 모두 이곳에 집결하고, 에피폴라이와 그 단애의 지배권을 장악하며, 해안선에 이르기까지 이중의 방벽으로 시라쿠사 시를 포위한 것이다. ②군수 물자는 이탈리아의 모든 지방에서 모이고, 지금까지 주저하고 있던 많은 시켈로스 도시가 아테네와 동맹조약을 맺었다. 또 티르센에서는 오십노선을 3척 보내고, 다른 일도 모두 그들의 희망대로 유리하게 전개되었다. ③왜냐하면 시라쿠사 스스로도 펠로폰네소스에서 어떤 원조도 올 기미가 보이지 않자 이미 이 전쟁에서 이길 승산은 없다고 생각하고, 라마코스 사후 유일한 지휘관이 된 아테네의 장군 니키아스에게 접근해 강화교섭을 진행할 정도였기 때문이다. 비록 결정은 아무것도 내리지 못했지만, 곤란에 직면

---

99) 6플레트롬은 약 1스타디옴으로 생각되므로 1플레트롬은 대략 25미터 정도였을 것이다.

한 자가 흔히 그렇듯이 포위되기 이전보다 니키아스에게 더욱 다양한 교섭을 시도하고, 또 그보다 훨씬 더 많은 것이 시내에서 논의되었다. 그리고 상황이 악화됨에 따라 시라쿠사인은 서로 의심의 눈초리를 보내고, 이런 사태가 벌어지기까지 장군으로 있던 자들을 마치 그들의 불운과 배신행위 때문에 피해를 보게 된 듯이 파면하고, 그 대신 헤라클레이데스, 에우클레스, 텔리아스[100]를 임명했다.

104. ①한편 이 무렵 라케다이몬인 길리포스와 코린토스 선단은 이미 레우카스 주변에서 시케리아를 구원하려고 서두르고 있었다. 게다가 이렇게 서두르고 있는 그들에게 절박한 정보가 전해졌다. 그리고 모든 소식이 시라쿠사가 이미 완전히 포위되었다는 잘못된 점에서 일치하고 있었다. 그래서 길리포스는 시케리아는 단념하고 최소한 이탈리아만이라도 구원해야겠다며 스스로 코린토스인 피텐(Pythen)과 함께 2척의 라케다이몬 배, 2척의 코린토스 배를 이끌고 이오니아 해를 전속력으로 달려 타라스 시로 건너갔다. 나머지 코린토스군은 10척의 배에 승선하고, 레우카스인은 2척, 암브라키아인은 3척에 각각 승선하고 그들 뒤를 쫓을 준비를 갖추었다. ②길리포스는 타라스에서 투리오이에 처음엔 사절을 보내 아버지의 투리오이 시민권을 이용하려 했지만,[101] 타라스를 아군으로 삼는 데

---
100) 헤라클레이데스와 에우클레스는 5년 뒤에 에게 해에서의 시라쿠사 선단의 사령관으로서 크세노폰이 《그리스사》(제1권 128절)에서 기록하고 있는데, 아마 같은 인물일 것이다. 텔리아스에 대해서는 전혀 알려져 있는 것이 없다.
101) 길리포스의 아버지 클레안드리다스는 기원전 446년에 스파르타에서 추방당하자 투리오이의 설립(기원전 443년)과 함께 그 시민권을 획득하고 투리오이군의 유력한 장군으로 활약했다.

실패하여 그곳에서 출항해 이탈리아 연안을 항해했다. 그리고 테리나(Terinaean) 만[102])에 접어들었을 때 이곳의 강한 북풍에 밀려 외양으로 흘러가고, 또 이번에는 폭풍우를 만나 타라스로 돌아갔다. 그리고 이곳에서 폭풍에 파손된 배를 수선하고 정비했다. ③니키아스는 길리포스가 접근한 것을 모르고 있지는 않았지만 투리오이인과 마찬가지로 그 배의 수 때문에 경시하고 약탈행위를 할 생각으로 항해를 하고 있는 것이리라 보고 전혀 신경쓰지 않았다.

105. ①이 해 여름 같은 무렵에 라케다이몬인은 자군과 동맹군과 함께 아르고스령에 침입해 광범위한 지역에 걸쳐 그 땅을 유린했다. 이에 대해 아테네는 아르고스를 구원한다는 의미에서 30척의 배를 파견했다. 이 행위로 분명히 아테네와 라케다이몬의 동맹조약은 파기된 것이 된다. ②이전에는 아테네군의 필로스에서의 출격도, 또 라케다이몬에 직접 공격을 가하지 않는 펠로폰네소스 해안지역에 대한 공격도 아르고스와 만티네아에 협력한 데 불과했다. 지금까지는 다만 중무장병을 동반하고 라코니아에 들어가 조금이라도 그 땅을 유린하고 돌아오라는 만티네아의 집요한 요구를 아테네측은 거부해왔다. 그러나 이때에 이르러 아테네는 처음으로 스스로 피토도로스, 라이스포디오스(Laespodius), 데마라토스(Demaratus)의 지휘하에 에피다우로스에 상륙해 리메라, 프라시아이 및 그 밖의 땅을 유린했다. 이 행위는 라케다이몬측에 아테네에 대한 그

---

102) 테리나 만은 현재 이베리아 반도 서안 산타 에우페미아 만으로, 이곳의 풍향은 서남서다. 게다가 길리포스가 시케리아 섬을 왼쪽으로 바라보면서 그곳을 통과하는 것도 부자연스럽고, 폭풍을 만난 뒤 테리나에서 타라스 시까지 돌아오는 것도 현실성이 없다. 아마도 이오니아 해에 면한 항구에서 일어난 사건을 잘못 전하고 있는지도 모른다.

들의 적의의 근거를 보다 확고하게 제공하는 결과가 되었다. ③아테네 선단도 라케다이몬군도 아르고스에서 철수한 뒤, 아르고스인은 플레이우스령에 침입해 그 땅을 황폐화시키고 소수를 상륙시킨 후 귀국했다.

제 7 권[1)]

제 *21* 장
전쟁 18년째 해와 19년째 해 — 길리포스의 시라쿠사 도착
— 데켈레아의 요새화 — 시라쿠사인의 성공

1. ①길리포스와 피텐은 배의 수선이 끝나자 타라스 시를 떠나 에피제피로스(Epizephyrian)의 로크리스로 항해해 갔다. 그리고 시라쿠사 시가 아직 완전히 포위되지는 않았고 에피폴라이에서 병력을 투입할 수 있다는 좀더 정확한 정보를 얻게 되자, 시케리아 섬을 오른쪽으로 바라보면서 직접 시라쿠사 시로 향하는 위험을 무릅써야 할 것인가, 아니면 시케리아 섬의 북쪽 해안을 따라 이동해 히메라 시에 입항한 뒤 그곳에서 히메라군 및 그밖의 세력과 의논하고 함께 육로로 시라쿠사 시로 향해야 할 것인가를 검토했다. ②결국 히메라 시로 항해하기로 결정했는데, 이것은 특히 그들이 로크리스에 있는 것을 알고 니키아스가 보낸 4척의 아테네 선박이 아직 레기옴 시에 도착하지 않았기 때문이었다. 이 순시선들에 앞서 해협을 통과한 그들은 레기옴 시, 메세네 시에 기항한 뒤에 히메라에 도착했다. ③여기에 도착하자마자 곧 히메라인들을 설득해 참전 의사를 얻어냈을 뿐만 아니라, 히메라에서 배를 육지에 끌어올리고 전원 하선했기 때문에 상륙하긴 했어도 무기를 지니고 있지 않았던 선원들에게 무기를 공급하도록 하는 데도 성공했다. 그리고 그들은

셀리누스인에게는 지정한 지점에 전병력²⁾을 동원해 집합하라고 명령했다. ⑧겔라 시나 그밖의 시켈로스 도시로부터도 소수의 파병(派兵)을 약속받았는데, 이것은 최근 친아테네파로 이 지역 시켈로스의 왕이며 실력자였던 아르코니데스(Archonidas)³⁾의 죽음과, 라케다이몬에서 사기 왕성한 길리포스가 도착한 데 영향을 받았기 때문이었다. ⑨이리하여 길리포스는 자군 선원과 승무원으로 중무장한 병사 약 700명과, 히메라인 중무장병 및 경무장병 1000명, 기병 100기, 셀리누스인 경무장병과 기병 약간, 여기에 소수의 겔라인과 총 1000명의 시켈로스군을 이끌고 시라쿠사로 향했다.

2. ①한편 레우카스의 코린토스군은 그곳에서 나머지 배⁴⁾를 이끌고 급거 출발했다. 그리고 코린토스군 장군이었던 곤길로스는 레우카스에서 가장 뒤늦게 한 척의 배를 타고 떠났지만 시라쿠사에는 길리포스가 도착하기 바로 전에 누구보다 빨리 당도했다. 그는 시라쿠사인이 바야흐로 전쟁 종결과 관련하여 민의회를 열려 하는 것을 발견하고는 이것을 저지하고 그들의 원기를 북돋아주며 다른 구원 선단과 라케다이몬인이 파견한 사령관 길리포스가 오고 있는 것

---

1) 제6권과 제7권의 구분은 후대에 이루어진 것이므로, 투키디데스가 새로 이 부분을 쓰기 시작하고 있는 것이 아니라는 것을 잊어서는 안 된다.
2) 길리포스의 요청이 있었지만 셀리누스 시는 기병과 경무장병밖에 제공하지 않고 있다.
3) 아르코니데스는 히메라 남동쪽 약 70킬로미터 지점에 있는 헬비타의 왕이었다. 시켈로스인의 도시 칼레아크테의 건설자며 시케리아 섬의 헬라스 도시 반대운동의 중심 인물이기도 했던 디케티우스가 기원전 440년경에 죽자, 이에 협력했던 아르코니데스가 반(反)시라쿠사의 의미에서 아테네에 호의를 보인 것을 이해할 수 있다.
4) 13척.

을 알렸다. ②시라쿠사인은 용기를 되찾고 길리포스가 이미 접근중인 것을 알고는 이들을 만나고자 곧 전병력을 동원해 시라쿠사 시를 나왔다. ③길리포스는 도중에 이에타에(Ietae)[5]에 있는 시켈로스족의 요새를 함락시키고 전투 대열을 짜서 에피폴라이까지 왔다. 그리고 전에 아테네군이 상륙했던 에우리엘로스[6]에서 길리포스 일행도 에피폴라이에 상륙하고 시라쿠사군과 합류한 뒤 아테네군의 방벽[7]으로 향했다. ④이 무렵에는 아테네측의 대항(大港)으로 뻗은 이중 방벽은 이미 7 내지 8스타디아[8]의 길이에 달하고, 조금만 있으면 바다로 나올 수 있을 정도로까지 되어 있었는데, 아테네군은 이 나머지 부분을 구축하고 있었다. 한편 '중심지'에서 다른 바다와 트로길로스(Trogilus)로 향하는 방벽도 이미 대부분 돌이 깔리고 일부는 공사가 절반쯤 진행되고 있었으며, 어떤 곳들은 방벽이 완전히 축조되어 있었다. 시라쿠사의 위기는 실로 이 정도로까지 절박했던 것이다.

3. ①길리포스와 시라쿠사군의 돌연한 습격에 아테네군은 처음에는 당황했지만 곧 이에 대항하며 전열을 가다듬었다. 길리포스는 전열이 서로 가까운 지점에서 전진을 멈추고는 사자를 보내 5일 이내에 소지한 물자를 거두어 시케리아 섬을 떠날 의도가 있다면 정전할 의사가 있다고 말했다. ②아테네군은 이 제안을 문제삼지도 않고 사자에게 회답조차 주지 않았다. 그리하여 그 후 양군은 전투태세를 갖추려 했는데, ③길리포스가 시라쿠사군이 혼란상태에 빠진

---

5) 이에타에의 소재지는 분명치 않다.
6) 제6권 제20장 97 참조.
7) 이 방벽은 '중심지'에서 북으로 연장되었다고 제6권 제20장 99에 기록되어 있는 방벽을 가리키고 있을 것이다.
8) 약 910미터에서 약 1360미터의 길이.

채 쉽게 전열을 짜지 못하는 것을 보고 전군을 보다 넓은 곳으로 이동시켰다.[9] 니키아스가 아테네군을 전진시키지 않고 자군 방벽에 머무르게 했기 때문에, 길리포스는 아테네군이 나오지 않는 것을 알고는 '신역(神域) 대지(臺地)'라 불리는 곳[10]으로 부대를 이끌고 가 그곳에서 밤을 보냈다. ④이튿날이 되자 길리포스는 주력 부대를 보내 아테네 방벽 앞에 전열을 펴게 하고, 일부를 랍달롬 요새[11]에 보내 이곳에서 원군이 오지 못하도록 그곳을 점거하고 이 지점이 아테네측에서 보이지 않는 것을 이용해 그곳에 있는 자들을 모두 죽였다. ⑤같은 날 시라쿠사측은 항구에 정박중인 아테네의 삼중노선을 포획했다.

4. ①그 후 시라쿠사군과 그 동맹군은 시 방벽에서 시작해 에피폴라이를 가로지르고 아테네측의 방벽에 교차되도록 한 겹의 방벽을 쌓기 시작했다.[12] 그 목적은 가능하면 아테네측의 포위벽을 도중에 저지하려는 데 있었다. ②아테네측은 바다에 면한 방벽을 완성시켜놓고 있었으므로 이때에는 이미 에피폴라이 위에 있었다. 한편 길리포스는 아테네군 방벽의 불완전한 지점을 공격하기 위해 밤중에 군대를 정렬시키고 그곳으로 향했다. ③아테네군은 방벽 바깥쪽에서 야영중이었으므로 이 움직임을 알아채고 항전 태세를 갖추었다. 길리포스는 적이 준비를 하고 있는 것을 알고 곧 철수하고, 아

---

9) 북쪽, 혹은 북서쪽으로 이동시켰을 것이다.
10) '신역 대지'란 아마 '신역'의 북쪽에 해당하는 에피폴라이 일부의 명칭일 것이다. 요컨대 길리포스는 남쪽으로 부대를 이동시킨 것이 된다.
11) 제6권 제20장 97 참조할 것.
12) 즉 시라쿠사 시로 들어가는 입구에서 서북쪽으로 공사를 진행시켜 갔을 것이다.

제 21 장 **205**

테네측은 이 지점의 방벽을 보강하여 보다 높이 쌓고는 이곳에 아테네인 부대를 경비대로 남겨두었다. 그리고 다른 동맹군은 각각 예정된 담당 구역을 수비하러 갔다. ⓐ니키아스는 플렘미리옴(Plemmyrium)이라 불리는 곳에 방벽을 쌓으려고 생각했다. 이 지점은 시라쿠사 시의 대안(對岸)을 형성하며 돌출해 있고 대항의 입구를 협소화시키고 있는 지점이다. 만약 이곳에 방루를 쌓으면 보급물자를 공급하는 데 편리할 것처럼 보였는데, 그것은 배를 동원할 때에 현재처럼 배를 항내(港內) 깊숙한 곳에서 항행시킬 필요 없이 시라쿠사 시 선착장 근처에 배를 정박시킬 수 있기 때문이었다. 니키아스는 길리포스가 도착한 이상 육상전을 단념하고 해전에 희망을 걸고 있었다. ⓑ그래서 니키아스는 군대와 선단을 이동시켜 세 지점에 방채를 쌓고, 그 안에 주요 군수물자를 저장하고, 수송선이나 쾌속선을 그 부근에 정박시켰다. ⓒ이러한 움직임은 조수(漕手)들에게 처음으로 큰 곤란을 가져다주는 결과가 되었다. 그것은 급수지에서 멀리 떨어져 있어 물이 부족하고, 게다가 선원들이 장작을 모으러 나가면 육지를 장악하고 있는 시라쿠사 기병대의 습격을 받았기 때문이다. 시라쿠사측의 전기병대의 3분의 1은 플렘미리옴에 있는 아테네군의 약탈행위를 막기 위해 올림피에이옴의 소읍(小邑)에 배치되어 있었다. 코린토스의 나머지 선단이 접근하고 있는 것을 알게 된 니키아스는 그 선단을 경비하도록 20척을 파견하고, 로크리스·레기옴 및 시케리아 섬으로의 접근로에서 대기하며 경계하라고 명했다.

5. ⓐ길리포스는 에피폴라이를 횡단하는 방벽공사를 아테네군이 앞에 늘어놓은 돌을 이용해 진행시키는 한편, 시종 시라쿠사군과 동맹군으로 하여금 방벽 앞에 전열을 펴게 했다. 아테네측도 이에 대항하는 전열을 짓고, ⓑ길리포스는 적이 방심한 틈을 노려 공격을

가했다. 그리고 양 방벽 사이[13]에서 백병전이 전개되었는데, 여기에서는 시라쿠사측의 기병대가 사용될 여지가 없어 ③시라쿠사와 그 동맹군은 패했다. 그리하여 휴전조약 아래 시체를 인수하고, 아테네측은 전승총을 세웠다. 길리포스는 장병들을 집합시키고서 패인(敗因)은 장병들에게 있지 않고 자신에게 있다고 말했다. 그 이유는 너무나도 전열을 방벽 가까이 접근시켜 기병대나 투창대의 엄호를 받지 못하게 만들었기 때문이라 하고, 다시 한 번 더 시도해보자고 말했다. ④그리고 군비면에서 그들이 결코 뒤떨어지지 않는 이상 펠로폰네소스인과 도리아인이 단결하고서도 이오니아인, 섬나라 도시인들, 나아가서는 단기간내에 그러모은 병력을 자기 영내에서 쫓아낼 자신감을 갖지 못한다면 실로 중대한 문제라고 말했다.

6. ①그리고 그 후 길리포스는 기회를 포착하자 재차 공격에 나섰다. 니키아스와 아테네군은 적의 방벽이 아테네측 방벽을 이미 조금 앞지르는 듯한 상태가 되어 있었기 때문에 추월당해버리면 전투에 이기더라도, 혹은 처음부터 싸우지 않더라도 결과적으로 아무 변화도 없게 되고 말기 때문에, 설령 적이 습격해 오지 않더라도 적의 방벽공사를 묵인할 수 없다고 생각하고 시라쿠사군에 응전했다. ②길리포스는 중무장병을 방벽에서 지난번보다 멀리[14] 유도해놓고 나서 교전시키고, 기병대와 투창대를 양군의 방벽공사가 끊긴 평지에 배치해 아테네군의 측면을 위협케 했다. ③그리고 기병대가 아테네 전열의 좌익으로 쇄도하자, 그 부분의 적은 곧 퇴각하고, 이 때문에 다른 전열도 시라쿠사군에 패해 방벽으로 도망쳤다. ④그

---

13) 요컨대 아테네측의 '중심지'에서 북쪽으로 뻗은 방벽과 시라쿠사측의 그것을 저지하려는 방벽 사이를 가리키는 것이리라.
14) 북쪽으로 이동해 동쪽을 향해 전열을 펴고 있었던 아테네군의 좌익을 위협한 것이 된다.

날 밤 시라쿠사측의 방벽이 아테네측의 방벽공사를 앞질러, 이제 시라쿠사측은 아테네군에 방해받을 염려가 없게 되고, 또 설사 시라쿠사군이 전투에 패한다 해도 시라쿠사 시를 아테네군이 포위하는 것은 이제 전혀 불가능하게 되었다.

7. ①그 후 코린토스인, 암브라키아인, 레우카스인으로 구성된 12척의 후속 선단이 코린토스인 에라시니데스(Erasinides)의 인솔 아래 아테네 선단의 눈을 피해 시라쿠사에 입항했다. 그리고 비스듬히 뻗은 시라쿠사 방벽의 나머지 부분의 완성을 도왔다. ②길리포스는 시케리아의 다른 군대를 방문해 육해 병력을 모으고, 지금까지 소극적이었던 도시나 전쟁권 밖에 있었던 도시 등에 적극적으로 길리포스를 따를 것을 요청했다. ③시라쿠사인 및 코린토스인으로 구성된 다른 사절단은 라케다이몬이나 코린토스에 가서 아테네측도 후속 부대를 보내오고 있으므로, 더 많은 군대를 수송선이든 화물선이든 혹은 다른 배를 이용해서라도 조속히 보내 달라고 요청했다. 이 사이에 시라쿠사군은 배에 승선해 해전도 불사할 준비를 하고, 다른 면에서도 극히 사기 왕성한 면모를 과시했다.

8. ①니키아스는 이런 움직임을 알아채고 날마다 적의 힘은 증대되어가는 반면 자군은 점차 곤경 속으로 곤두박질치는 것을 목도하고는 여러 차례에 걸쳐 아테네에 사자를 보냈다. 그는 순차적으로 상황의 변화를 보고해왔지만, 특히 이때에 이르자 사태가 긴박해진 것을 보고 시급히 상당한 규모의 후속 부대를 파견하지 않는다면 상황은 절망적이라고 판단했다. ②그리고 아테네에 파견한 사자들이 언변이 부족하거나, 기억이 확실치 않거나, 혹은 대중을 기쁘게 하기 위해 현실을 보고하지 않을 것을 두려워한 니키아스는 서한을 썼다. 그리고 이렇게 하면 자신의 생각이 사자에 의해 불확실한 것

으로 변질되지 않고 직접 아테네에 전해져, 아테네인은 현실에 대해 검토할 수 있을 것이라 생각한 것이다. 이 서한을 지니고 구두로 전할 만한 훈령을 받은 사자들이 아테네로 출발하자, 니키아스는 진지의 경비에 중점을 두고 감히 새로운 시도는 계획하지 않았다.

9. ①같은 해 여름이 끝날 무렵, 아테네 장군 에우에티온(Euetion)은 페르디카스 왕의 병력과 다수의 트라키아인과 함께 암피폴리스에 갔다. 결국 이곳을 함락시키지는 못했지만 스트리몬 강 하구에서 삼중노선을 타고 거슬러올라가 히메라이옴(Himeraeum)을 기지로 삼고 암피폴리스를 공략했다. 이리하여 이 해 여름은 끝났다.

10. ①겨울이 되자 니키아스가 보낸 사자들이 아테네에 도착했다. 그들은 구두로 전하도록 명받은 것을 전하고 질문에 답한 뒤 니키아스의 서한을 건네주었다. 아테네 시의 서기관(書記官)이 이것을 아테네 대중 앞에 서서 개봉하고 다음과 같은 요지의 글을 낭독했다.

11. ①"아테네인 여러분, 여러분은 지금까지의 상황에 관해서는 그동안 보낸 많은 서한을 통해 알고 있을 것입니다만, 이제 이 중대한 시기에 우리 군의 현황을 알고 결론을 내려주기 바랍니다. ②우리 군은 소기의 목적이었던 시라쿠사군에 대항해 많은 전투에서 이들을 격파하고, 게다가 방벽을 구축해 현재 우리는 그곳에 웅거하고 있는데, 라케다이몬의 장군 길리포스가 이끄는 펠로폰네소스군과 시케리아 도시의 군대가 도착하자 서전에서는 우리 군이 승리를 얻었으면서도 적의 다수 기병과 투창병에 시달려 어쩔 수 없이

방벽내로 철수했습니다. ③그래서 목하 우리는 적의 수적인 우세 앞에서 포위벽 구축공사를 중지하고 정관하는 상태입니다. 그 원인은, 우리 군의 방벽 경비에 적지 않은 중무장병이 필요해 전병력을 투입할 수 없기 때문입니다. 게다가 이 사이에 적이 우리의 방벽에 대항해 한 겹의 방벽을 완성시켰기 때문에, 우리가 상당히 강력한 병력을 갖고 이 방벽을 쳐서 점거하지 않는 한 시라쿠사 시를 우리의 방벽으로 완전히 포위할 수 없게 되었습니다. 그리고 명목상 적을 포위하고 있던 우리 군이 이제 육상과 관련해서는 오히려 적에 포위되어 있는 것과 같은 상태에 빠져 있습니다. 그 주된 원인은 적의 우세한 기병대에 의해 육상에서의 행동의 자유가 억제되고 있기 때문입니다.

12. ①그뿐더러 적은 사절을 펠로폰네소스에 보내 다른 군대를 더 요구하고 있고, 길리포스는 시케리아의 도시를 순방하며 아직 수수방관하고 있는 도시에 참전을 설득하고 그들 도시로부터 가능하면 지금까지 이상의 육상 부대와 수군 장비를 모으려 하고 있습니다. ②요컨대 나 자신이 이해하는 바로는 적은 해륙 양면에서 아군의 방벽에 대적하려 하고 있습니다. ③우리 군이 바다로부터도 공격을 받는다는 점에 대해 누구도 이상하게 생각해서는 안 됩니다. 확실히 처음에는 적도 깨닫고 있었듯이 우리 군의 해군력은 배의 건조도(乾燥度)와 선원들의 건강에 상응하여 그 세력이 매우 우세했습니다. 그런데 이제 배는 장기간에 걸쳐 물 위에 있었기 때문에 완전히 습기에 차 있고, 또 선원들 가운데서 결원이 빈번히 발생하고 있습니다. ④그 이유는 아군의 선박수에 필적하는, 아니 오히려 그 이상의 적의 군선이 언제 어느 때 우리를 습격해 올지 알 수 없는 까닭에 배를 육지에 끌어올려 건조시킬 수 없기 때문입니다. ⑤적은 명백히 연습을 하고 있고, 그들이 원하는 때에 공격을 가할

수 있으며, 아군과 달리 다른 자들을 경계할 필요가 없기 때문에 배를 육지에 끌어올려 마음대로 건조시킬 수 있는 형편입니다.

13. ①그러나 우리는 이런 자유를, 설사 수적으로 우리 선단이 우세를 자랑하더라도, 또 현재처럼 수세에 몰려 있지 않더라도 획득할 수가 없습니다. 왜냐하면 현재조차도 시라쿠사 시 옆을 통해 물자를 공급하는 데 곤란을 느끼고 있고, 거기에다 조금이라도 경계심을 늦춘다면 곧 보급로를 잃고 말 것이기 때문입니다. ②또한 과거에 우리가 선원을 잃고, 현재도 점점 더 결원수가 증가일로를 걷고 있는 원인은, 우선 첫째로 물·장작·양식을 징발하는 데 먼 거리를 오가기 때문에 그 사이에 적의 기병대의 습격을 받아 많은 손실을 입고 있다는 것이고, 둘째로는 우리 군의 전황이 불리해지자 종졸(從卒)들의 탈주가 늘고, 게다가 용병 중 어떤 자들은 강제로 배에 승선시키자 곧 각 부대의 출신지로 귀국해버리고, 또 어떤 자들은 당초부터 고액의 봉급을 받기 위해 참전하여 전투보다 임금에 흥미가 있었는데, 하루아침에 예상했던 것보다 더 강력한 적 선단이 출현한 것을 보자 그럴 듯한 이유를 붙여 탈주해 귀국하고 있기 때문입니다. 나아가 어떤 자들은 시케리아가 풍요로워 각각 상당히 부유해져 있고 스스로 상업에 종사하고 있기까지 하여, 삼중노선의 선장을 설득해 자기들 대신 히카라인[15] 노예를 배에 승선시키고 있기 때문에 우리 선단의 효율이 극도로 저하되어 있습니다.

14. ①여러분이 잘 알고 있는 일이지만, 조수(漕手)가 한창인 시기는 짧고, 게다가 배를 시동시키고 나서도 계속 노를 저을 수 있는 숙련된 선원이 적다는 것을 덧붙여 말합니다. 그러나 여러 가

---

15) 제6권 제20장 62 및 주 4)를 참조할 것.

지 곤란한 점 중에서도 가장 곤란한 것은 ⓐ장군인 내게 이런 경향을 저지할 힘이 없다는 것입니다. 그 원인은 통제하기가 어려운 아테네인의 성격에 기인한 것입니다만, 그것은 여하튼간에 이에 덧붙여 장군이 주위의 가까운 어디에서도 인원을 모아와서 배에 승선시킬 수 없기 때문이기도 합니다. 우리는 현재 승무원도, 손실된 자도 모두 당초 처음부터 있었던 만큼의 인원으로 조달하고 보충하지 않으면 안 됩니다. 그 이유는 이제 낙소스 시도, 카타네 시도 동맹 도시로서의 역할을 하지 않게 되었기 때문입니다. ⓑ그리고 적이 우리에게 압력을 가할 수 있는 또 하나의 수단은 이탈리아의 도시를 우리에게서 분리시키는 것으로, 만약 여러분이 우리에게 구원 부대를 파견하지 않는 것을 알게 되면 그들은 이들 도시를 자기 편으로 끌어들일 것입니다. 이리 되면 전쟁은 끝납니다. 그리고 우리 군은 반격할 방도가 없는 상태에서 포위전 앞에 무너지게 될 것입니다. 당연히 여러분에게 좋은 보고서를 쓰고 싶지만, 현지 실정을 확실히 인식하고 나서 판단을 내리는 것이 여러분에게 필요하다고 한다면 그러한 보고는 아무 쓸모도 없을 것입니다. 나아가 또 나는 여러분의 성격을 잘 알고 있는 바, 여러분은 좋은 것만 듣고 싶어하고, 뒤에 가서 결과가 보고와 달랐다 하여 보고자를 비난하므로 진실을 명기하는 쪽이 안전하다고 생각한 것입니다.

15. ⓐ현재로도 원정의 소기의 목적과 관련해서는 그 지휘관이나 병사들에게는 아무런 비난할 점이 없다는 것을 잘 알아두기 바랍니다. 그러나 지금 전시켈리아가 한 덩어리가 되어 있고 펠로폰네소스로부터 후속 부대가 기대되고 있는만큼, 이 땅에 현존하는 적에 대한 반항 중지를 여러분이 결정하든가, 그렇지 않으면 규모 면에서 제1차 원정에 못지않은 해륙 양군을 많은 비용과 함께 보내지 않으면 안 됩니다. ⓑ나는 적어도 여러분의 동정을 받을 만하다

고 생각하는데, 그것은 내가 몸이 건강한 동안은 사령관직에 머물며 여러분을 위해 큰 역할을 했기 때문입니다. 아무튼 어느 쪽으로 여러분이 결정하든 지체없이 봄이 되는 동시에 행동하지 않으면 안 됩니다. 적은 가까운 장래에 시케리아 전역에서 원조를 받게 될 것이고, 장차는 펠로폰네소스로부터도 원조가 올 것이기 때문입니다. 그런데도 여러분이 주의를 게을리한다면 지난번과 똑같이 여러분의 눈을 피해 여러분보다 먼저 이들 선단이 시라쿠사에 도착하게 될 것입니다."

16. ⓘ니키아스의 서한 내용은 이와 같았는데, 이것을 들은 아테네인은 니키아스의 해임을 인정하지 않았다. 새 장군을 선택하고 그가 임지에 도착할 때까지 니키아스와 함께 현지에 있던 메난드로스(Menandros)16)와 에우티데모스(Euthydemus)를 임시로 니키아스의 막료 장군에 임명하고 니키아스 혼자서 병든 몸을 무릅쓰고 고생하는 일이 없도록 했다. 그리고 새로 아테네 징병 명부와 동맹도시들로부터 육해군 후속 부대를 파견하기로 표결했다. ②그리고 니키아스의 정식 막료 장군으로 알키스테네스의 아들 데모스테네스와 투클레오스의 아들 에우리메돈을 선출했다. 동지 무렵에 에우리메돈은 10척의 배와 120은탈란트를 갖고, 곧 구원 부대가 도착할 것이며 제반 문제에 선처가 있으리라는 것을 전하기 위해 시케리아로 출발했다.

17. ⓘ한편 데모스테네스는 아테네에 머물며 원정 준비를 하고 봄이 되자마자 출항할 수 있도록 애를 썼다. 동맹도시에 병사를 요청하고, 아테네에서는 배·자금·중무장병을 마련했다. ②아테네인

---

16) 메난드로스는 새로 임명된 장군이 온 뒤에도 아테네 장군의 한 사람으로 싸우고 있다. 본권 제23장 69 참조.

은 또한 20척의 배를 펠로폰네소스 연안에 보내 코린토스나 펠로폰네소스의 다른 지방에서 시케리아로 배가 항해하지 못하도록 경계했다. ③그 이유는, 이 무렵 코린토스에 시케리아의 정황이 호전되었다는 소식이 전해져 지난번의 코린토스 선단 파견이 결코 시기를 놓친 것이 아니었다는 것을 알고 크게 자신감을 갖게 된 코린토스인은 상선을 준비하고 여기에 중무장병을 태워 보내려 하고 있었고, 또 펠로폰네소스의 다른 지방에서도 같은 수단으로 라케다이몬인이 원군을 파견하려 하고 있었기 때문이다. ④그래서 코린토스인은 25척의 배에 승선해 나우파크토스로 가 해전을 도발해, 나우파크토스의 삼중노선 경비선대가 코린토스의 군선에 대항하는 데 정신이 팔려 코린토스의 수송선단의 행동을 방해하는 데 효과를 거두지 못하도록 했다.

18. ①한편 라케다이몬인은 예정되어 있는 데다가 시라쿠사인 및 코린토스인의 요청도 있어 아테네군이 시케리아에 후속 부대를 보내려 하고 있는 것을 알게 되자, 아티카에 침입해 그 기도를 저지하고자 아티카 침범 준비를 갖추었다. 게다가 알키비아데스는 빈번히 데켈레아에 성채를 축조할 것을 주창하고 전투의 활성화를 주장했다. ②그러나 라케다이몬인을 움직인 주된 원인은, 이제 아테네는 시케리아 및 자신들과 두 전쟁을 동시에 치르고 있어 함락시키기 쉽다는 생각과, 또 최초의 전쟁에서는 라케다이몬측이 조약을 파기해 열등감을 느끼고 있었기 때문이다. 요컨대 최초의 10년 전쟁에서는 라케다이몬측에 많은 위법행위, 예컨대 테베인이 조약 유효기간 중에 플라타이아에 침입하거나,[17] 예전 조약[18]의 한 항목에

---

17) 제2권 제6장 2 이하를 참조할 것.
18) 기원전 445년에 체결된 30년 휴전조약을 가리킨다.

한쪽이 법적인 조정을 희망할 경우에는 무력행위를 금지한다고 되어 있는데도 아테네가 법적인 조정을 신청하는 것을 무시한 일[19] 등이 있어, 이들 위법행위 때문에 그들에게 일어난 재난을 당연한 대가로 생각하고, 필로스 사건이나 그 외의 무엇이든 그들에게 일어난 재난은 이렇게 해석하고 있었다. ③그러나 아테네측이 필로스에서 나와서는 약탈행위를 하고, 또 아르고스로부터는 30척의 배를 내어 에피다우로스와 프라시아이의 여러 구역을 유린한 데다[20] 조약 사항의 해석상의 문제로 분쟁이 끊임없고, 라케다이몬측이 법적인 조정을 요청해도 아테네측은 그것을 계속 거부했기 때문에, 라케다이몬인은 지난번에는 자신들이 위법행위를 저질러 예의 실패를 불러일으켰으므로 이번에는 아테네측에 같은 일이 일어나리라 생각하고 전의(戰意)를 불태웠다. ④그리고 이 해 겨울에는 동맹도시에 성채 축조용 재료로서의 철, 그밖의 물자를 요청하고 그 준비를 갖추었다. 이와 동시에 시케리아에는 구원 수송단을 보낼 목적으로 라케다이몬인 자신을 포함해 다른 펠로폰네소스 도시에 강제 징병령을 내렸다. 이 해 겨울이 끝나고, 투키디데스가 기록한 전쟁 제18년째도 이리하여 저물었다.

19. ①봄이 되자마자 라케다이몬인과 그 동맹군은 아티카에 침입하고, 아르키다모스[21]의 아들 아기스가 라케다이몬군의 왕으로서 병력을 지휘했다. 그리고 먼저 평야지방을 황폐화시키고는 데켈레아에 방루를 쌓았다. 그 의무를 각 도시가 분담해 그 책임량을 완

---

19) 기원전 432년 말경의 일. 제1권 제5장 126을 참조할 것.
20) 제6권 제20장 105 참조할 것. 이 에피다우로스는 유명한 극장이 있는 아르고스 지방의 그곳이 아니라 라코니아 지방 동쪽 끝에 위치해 있고, 프라시아이는 그곳에서 약 60킬로미터 북쪽에 있다.
21) 아르키다모스는 기원전 427년경에 사망.

수했다. ⓔ데켈레아는 아테네 시에서 약 120스타디아[22]의 거리에 있고, 보이오티아와 꼭 중간, 혹은 약간 아테네에 가까운 지점에 있다. 그 방루가 구축된 지점을 아테네에서도 바라볼 수 있어, 평야와 이 지역을 황폐화시키기에는 가장 유리한 지점이었다. ⓕ이리하여 아티카에 있던 라케다이몬군과 동맹군이 방루를 완성시키자, 펠로폰네소스에 있던 자들은 때를 같이하여 중무장병을 실은 수송선단을 시케리아를 향해 출발시켰다. 라케다이몬인은 농노와 자유인 중에서 선발한 최우수 정예 600명을 중무장시키고 스파르타인 엑크리토스(Eccritus)를 대장으로 임명해 보내고, 보이오티아는 300명의 중무장병을 보냈다. 이 지휘관으로는 테베인 크세논과 니콘 및 테스피아이인 헤게산드로스가 임명되어 있었다. ⓖ이리하여 이 선단은 제1부대로서 라코니아의 타이나론 강에서 바다로 나와 있었다. 이 부대의 뒤를 쫓아 곧 코린토스의 중무장 부대 500명이 바다를 건넜다. 이 부대는 코린토스인과 아르카디아 용병으로 편성되고, 지휘관으로는 코린토스인 알렉사르코스(Alexarchus)가 임명되어 있었다. 또 코린토스 부대와 같은 시기에 시키오니아인도 200명의 중무장병을 보냈다. 이 부대의 지휘관은 시키오니아인 사르게우스 (Sargeus)였다. ⓗ겨울 동안에 코린토스인은 나우파크토스에 있던 25척의 선단에 승선해 펠로폰네소스의 중무장병 수송선단이 출발할 때까지 그 해역에서 아테네 선단과 대치하고 있었다. 이리하여 이 아테네 선단의 주의를 중무장병 수송선단으로부터 돌려 이 삼중노선 선단에 신경을 쏟도록 하려 했던 소기의 목적을 달성했다.

---

22) 데켈레아와 아테네 간의 거리는 지름길로는 18킬로미터다. 보이오티아와 데켈레아는 직선 거리로는 9킬로미터 정도다. 투키디데스가 데켈레아가 보이오티아보다 아테네 쪽에 더 가깝다고 한 것은 아마도 보이오티아와 데켈레아의 거리를 오로포스를 경유하는 바깥 도로의 도정(道程)으로 생각했기 때문일 것이다.

20. ①봄이 되자마자 데켈레아 성채 축조가 시작되었는데, 이 기간 동안 아테네측도 게으름을 피우지 않고 펠로폰네소스 해안 주변에 30척의 배를 보냈다. 이 선단의 사령관으로는 아폴로도로스의 아들 카리클레우스(Charicles)[23]가 임명되었다. 이 카리클레우스에게는 아르고스에 도착하면[24] 조약에 따라 아르고스 중무장병의 선단 승선을 요구하라는 훈령이 내려져 있었다. ②또 데모스테네스는 바야흐로 시케리아를 향해 출항하려 하고 있었는데, 그의 선단은 60척의 아테네 선박, 5척의 키오스 배로 구성되어 있었다. 그리고 아테네 징병 명부에서 1500명의 중무장병을 소집하고, 섬나라 도시로부터는 되도록이면 많은 수를 집합시키고, 여기에 산하의 다른 동맹도시로부터의 군대도 덧붙이며, 전쟁에 유용하다고 생각되는 모든 물자를 징발했다. 데모스테네스에게도 먼저 카리클레우스의 선단과 함께 행동을 같이해 라코니아 지방을 습격하라는 훈령이 내려져 있었다. ③그래서 데모스테네스는 아이기나 섬까지 가서 뒤늦게 뒤에서 올지도 모르는 배를 기다리고, 카리클레우스가 아르고스 군과 합세해 올 때까지 기다리며 그곳에 머물러 있었다.

21. ①한편 시케리아 섬에서는, 이 해 봄 무렵에 이미 길리포스는 각 도시가 될 수 있는 한 많은 수를 파병하도록 설득해서 얻은 군대를 이끌고 시라쿠사 시에 돌아와 있었다. 그리고 시라쿠사 시민을 회의에 소집해 되도록이면 많은 배에 승선해 적에게 해전을 도발하지 않으면 안 된다고 말했다. ②그 이유는, 직면하고 있는 위

---

23) 이 카리클레우스를 기원전 404~403년에 아테네에 단기간 수립된 30인 참제정체에 참가한 카리클레우스와 같은 인물로 보는 것이 통설이다.
24) 아르고스·아테네 동맹은 기원전 417년에 체결되었다. 제5권 제16장 82를 참조할 것.

험에 상응한 활동을 그가 해군력에 기대하고 있기 때문이라고 했다. ③그리고 헤르모크라테스도 이 점을 역설하면서 아테네군에 해전을 도발하는 데 자신감을 가져야 한다고 말하고, 아테네인의 강력한 해군력도 결코 선천적인 독특한 이유에 기인한 것이 아니라, 그들이 시라쿠사인보다 이에 대한 경험이 많고 페르시아 해군에 저항할 필요에 쫓긴 데 기인한다고 했다. 그리고 아테네인처럼 대담한 자들에게는 다른 대담한 자들이 그 최대의 위협자로 비치고, 그 때문에 아테네군이 이웃 나라보다 실제 힘으로는 우월하지 않더라도 다른 나라보다 우월한 대담함으로 상대를 위축시키고 있다며, 아테네인도 또한 상대의 대담함에는 똑같이 압도될 것이라고 말했다. ④나아가 그는 말을 이어 시라쿠사인이 대담하게 아테네 해군에 공격을 가하면 아테네측은 이것을 예상하고 있지 못한 만큼 아테네의 해전 일반에 대한 기술이 시라쿠사측의 무경험에 주는 해악보다 더 강한 충격을 아테네측에 주리라는 것을 확신한다고 설명했다. 마지막으로 그는 해전으로 도발할 것을 권하고 결코 겁내지 말라고 명했다. ⑤그리하여 시라쿠사인은 길리포스, 헤르모크라테스, 그밖의 사람들에 설득당해 해전을 시도할 것을 결의하고 배에 승선하기 시작했다.

22. ①이 준비가 끝나자 길리포스 자신은 전육상 부대를 이끌고 플렘미리옴을 습격하기 위해 밤중에 출발했다. 한편 대항(大港)으로부터는 시라쿠사 선박 35척이 신호와 동시에 노를 젓기 시작하고, 소항(小港)에 정박중인 45척도 이와 때를 같이하여 출항해 대항내의 선박과 협력하여 플렘미리옴으로 가 아테네군을 양측면에서 위협하려고 했다. ②그래서 아테네군은 급거 반격하기 위해 60척의 배를 출항시켰는데, 그 중 25척은 대항에서 나온 35척의 시라쿠사 선단에 대항하여 해전을 전개하고, 나머지는 소항의 정박지에서 온

선단을 맞아 싸웠다. 대항 입구에서 곧 전투가 시작되어 한쪽이 항내 침입을 강행하려 하면 다른 한쪽은 그것을 막으려 하며 서로 양보하지 않아 오랜 동안 전투가 벌어졌다.

23. ①이 무렵 길리포스는 플렘미리옴의 아테네군이 해안에 내려와 해전에 마음을 빼앗기고 있는 사이에 새벽과 동시에 적의 방채(防砦)를 급습해 먼저 세 곳의 방채 중에서 가장 큰 방채를 함락시켰다. 이 방채가 간단히 패한 것을 알게 된 다른 두 개의 방채 경비대는 저항도 하지 않고 도망쳤다. 그리하여 길리포스는 이곳들도 손안에 넣었다. ②최초의 방채가 함락되자 그곳에서 도망친 아테네군은 상선이나 쾌속선을 타고 달아났지만, 대항의 시라쿠사 선단이 해전에서 우세를 보이며 도망치려 하는 아테네인을 집요하게 추적했기 때문에 그들은 아테네 진에 겨우 도착할 수 있었다. 그러나 다른 방채가 함락되었을 때에는 시라쿠사 선단이 이미 열세에 놓였기 때문에, 이들 방채에서 도망친 아테네인은 저항을 받지 않고 아테네 진을 향해 항해할 수 있었다. ③대항의 입구에서 강제 침입을 기도한 시라쿠사 선단은 아테네 선박에 대해 통일되지 못한 전열을 편 채로 공격해 왔기 때문에 서로 방해가 되어 아테네 선단에 승리를 양보한 결과가 되었다. 이 아테네 선단은 대항내에서 처음에 우세를 지키고 있던 시라쿠사 선단에도 승리를 거두고 그들을 패주시켰다. 시라쿠사측의 손해는, 11척의 배가 침몰되고 생포된 3척의 승무원을 제외하고는 거의 모든 승무원이 살해되었다. 아테네측의 손해는 3척이었다. 아테네측은 시라쿠사 선박의 표류품을 모아 플렘미리옴 앞에 있는 작은 섬에 전승총을 세우고 자기 진지로 철수했다.

24. ①시라쿠사측은 해전에서는 이런 결과가 되었지만 플렘미리

옴의 방채를 획득해 3개의 전승총을 세웠다. 뒤에 함락시킨 2개의 방채 중 한 곳은 무너뜨리고 다른 두 곳의 방채에는 수비대를 두고 경비했다. ②이들 방채에 있던 아테네군은 많은 사람들이 살해되거나 생포된 데다 대량의 물자를 빼앗겼다. 아테네측이 이들 방채를 물자 저장소로 사용하고 있었기 때문에 상인의 매물이나 식량이 대량으로 있고, 게다가 삼중노선 선장들의 소유물이나 돛 40척분, 육지로 인양된 3척의 삼중노선 등등이 있었는데, 이것들을 모두 시라쿠사측에 빼앗긴 것이다. ③플렘미리옴에서의 패배는 아테네군이 열세에 몰리는 전기가 되는 최대의 원인이 되었다. 요컨대 이때에 이르러서는 이미 물자가 안전하게 공급되는 입구를 아테네측은 잃어버리고, 시라쿠사 선단이 항구 입구에 정박해 그것을 방해했기 때문에 싸우지 않고서는 물자의 보급이 불가능해지고, 여기에 더하여 이 패퇴는 아테네군의 사기를 떨어뜨리고 그들을 실망시켰기 때문이었다.

25. ①그 후 시라쿠사인은 아가타르코스(Agatharchus)를 사령관으로 한 12척의 배를 파견했다. 그 중 한 척은 사절과 함께 펠로폰네소스에 가서 시라쿠사에서의 희망적인 관측을 보고하고 펠로폰네소스군이 더욱 적극적으로 전쟁을 진전시킬 것을 요청했다. 다른 11척은 이탈리아로 항행했는데, 이것은 물자를 실은 배가 아테네군을 향하고 있다는 정보를 얻었기 때문이었다. ②그래서 이 수송선단을 만나자 이를 격파하고 나서 아테네군을 위해 카울로니아(Caulonia)령에 준비되어 있던 선재(船材)를 불살랐다. ③그 후 로크리스 시에 도착하자 펠로폰네소스에서 온 상선 1척이 테스피아이의 중무장병을 운반해 와서 ④시라쿠사 선박은 이들 병사를 받아들이고는 시라쿠사 시로 귀환했다. 아테네측은 20척의 배를 가지고 메가라 먼바다에서 매복하며 그들이 귀환하길 기다리고 있었지만 1

척의 배와 그 승무원을 잡았을 뿐이고, 나머지는 시라쿠사 시로 피해 달아났다. ⑥항구내에서도 방어책(防禦柵) 주위에서 작은 충돌이 벌어졌다. 이 방어책은 선박을 계류시키고 아테네 선박의 습격으로부터 이들 배를 지키려는 의도에서 종래의 정박 지점 주위의 물 속에 박아넣은 것인데, 아테네측은 천석선(千石船)[25]을 동원해 ⑥여기에 목재나 쇠그물을 싣고, 소선(小船)들로부터는 방책의 말뚝에 그물을 걸어 반대편으로 잡아뽑거나 물 속에 잠수해 이것들을 잘라버리거나 했다. 시라쿠사측은 정박지에서 창이나 화살로 공격했지만, 아테네측도 상선 위에서 이에 응전하며 결국 말뚝 대부분을 제거하는 데 성공했다. ⑦가장 위험한 말뚝은 숨어 있는 것으로, 그것을 모르고 있으면 수면 밑에 박아넣은 말뚝이 얕은 여울에 걸린 듯이 배에 닿게 돼 항해하는 배에 위협을 주었다. 잠수부들은 임금을 노리고 물 속에 들어가 이들 말뚝을 잘라냈다. 그러나 시라쿠사측은 그 옆에다 새 말뚝을 박아넣었다.

⑧양군은 접근해 대치하고 있다는 조건에 입각해 이밖에도 많은 방법을 가지고 서로 계책을 구사하고 작은 충돌이나 기타 온갖 수단을 강구했다. 시라쿠사인은 코린토스, 암브라키아, 라케다이몬 등의 도시에 사절을 보냈다. 이 사절의 목적은 플렘미리옴의 점령 소식을 알리고, 또 그들의 해전의 패배도 적의 실력에 의한 것이 아니라 시라쿠사측의 무질서가 원인이었다고 전하며, 전망은 결코 어둡지 않으며 해륙 양면의 병력으로 시라쿠사를 도울 가치가 충분하다는 것을 알리기 위해서였다. 또한 아테네측의 증원 부대가 오기 전에 그들이 시라쿠사에 도착해 아테네의 현세력을 격파한다면 이 전쟁의 승리를 얻을 수 있으리라 통보하기 위해서였다. 아무튼

---

25) 천석선이라고 여기에 번역되어 있지만, 몇천 탈란트의 무게인지, 또 무엇을 단위로 1000탈란트라 하는지, 그리고 그 배는 어떤 역할을 하는 배인지 알 수가 없다.

이 시기의 시케리아 섬에서의 상황은 이상과 같았다.

26. ①한편 데모스테네스는 시케리아 구원에 필요한 물자 준비가 완료되자 수하 군대를 한데 모아 아이기나 섬을 출항해 펠로폰네소스로 향했다. 그리고 그곳에서 카리클레우스 및 아테네 선단 30척과 합류하고, 또 아르고스의 중무장병을 승선시키고는 라코니아 해역을 항해했다. ②먼저 에피다우로스령의 리메라[26]를 유린하고, 다시 라코니아의 키테라[27] 맞은편 해안 지점, 즉 아폴론[28] 신전이 있는 곳에 상륙해 유린할 수 있는 만큼 이곳을 유린하고 지협 형태로 되어 있는 곳에 방채를 쌓았다. 그것은 이곳에 라케다이몬의 농노가 도망쳐 들어올 수 있게 하는 동시에 필로스와 마찬가지로 여기에서 수시로 아테네군이 출격해 주변지역을 황폐화시킬 수 있도록 하기 위해서였다. ③데모스테네스는 이 지점을 점령하자 곧 케르키라 섬으로 향했다. 그 이유는, 그 땅의 동맹군을 자기 군대에 편입시키고 될 수 있는 한 빨리 시케리아를 향해 항해하기 위해서였다. 카리클레우스는 방채 구축이 완료될 때까지 뒤에 남아 그 땅의 수비대를 편성하고 나서 30척의 배와 함께 아테네로 돌아오고, 아르고스군도 귀국했다.

27. ①같은 해 여름, 트라키아 지방의 무인(武人)들인 디아족이

---

26) 주 20)을 참조할 것.
27) 키테라 섬은 기원전 424년에 아테네에 점령되고(제4권 제13장 54), 기원전 421년 평화조약으로 라케다이몬측에 반환된 것으로 되어 있지만, 기원전 413년 아테네의 시라쿠사 원정군에 키테라인 부대가 참가하고 있으므로(제7권 제23장 57), 아마 키테라는 라케다이몬에 반환되지 않았을 것이다.
28) 이 신전은 보이오티아 만에 면해 있었을 텐데, 그 소재지는 밝혀지고 있지 않다.

방패병 3000명을 데모스테네스군에 편입시킬 예정으로 파견해 왔지만 ②시간이 맞지 않아 아테네인은 그들을 출신지 트라키아로 귀국시키기로 결정했다. 그 원인은 그들의 1인당 일당이 1드라크마여서 대(對)데켈레아전에 그들을 사용하는 것이 비경제적인 것처럼 생각되었기 때문이다. ③이 데켈레아가 이 해 여름에 처음으로 방채가 되었을 때에는 전펠로폰네소스군이 이곳을 지키고 있었지만, 뒤에는 각 도시 부대가 교대로 결정된 기간만큼 수비대로 주둔하면서 아테네측을 크게 괴롭혔다. 먼저 아테네의 생산물에 피해를 주고 아테네인도 많이 죽여, 이것이 아테네측의 사태 악화에 심대한 영향을 주었다. ④데켈레아 점거 이전에는 펠로폰네소스측의 아티카 침입 기간이 짧고 침입 기간 이외에는 아무 불편도 느끼지 않았다. 그러나 데켈레아에 언제나 적이 주둔해 있게 되자 큰 압력을 받게 되었다. 즉 이 적에 대응할 만큼의 수비대를 언제나 두지 않으면 안 되고, 영토내에서 약탈행위가 행해지며, 라케다이몬의 왕 아기스가 시종 만사를 제쳐놓고 전투 제일주의로 일관하고 있었기 때문에, 아테네측의 피해는 막대했다. ⑤아테네인은 전아티카 지역에서 쫓겨나고, 2만 이상의 노예가 탈주했으며, 게다가 이 대부분은 직인(職人) 계급의 노예였다. 그리고 양·가축류는 전멸 상태고, 말들도 연일 데켈레아 습격과 여러 지역의 경비 때문에 혹사당해 연속된 피로와 딱딱한 도로로 인해 어떤 말들은 절름발이가 되고, 어떤 말들은 적에게 살해되었다.

28. ①에우보이아로부터의 필요 물자의 운송도 이전에는 오로포스에서 육상으로 데켈레아로 통하는 지름길을 이용하고 있었지만, 수니옴(Sunium) 곶을 우회하는 해상운송 쪽을 택하게 되어 비용이 많이 들었다. 아테네 시는 모든 물자를 반입품에 의존하지 않을 수 없게 되고, 도시라기보다는 요새의 양상을 띠고 있었다. ②아테네인

은 낮에는 교대로 시 방벽을 경비하고, 밤이 되면 기병을 제외하고는 중무장을 하거나 시 방벽 위에 서서 춘하추동 구별없이 모두 방비에 힘썼기 때문에 점차 피로의 기색이 짙어져가고 있었다. ③특히 아테네가 두 전쟁을 동시에 치르고 있다는 사실이 아테네에 큰 짐이 되어 사람들은 조급하게 승리를 서두르고, 전에는 들어도 믿기지 않았을 일이 실제로 일어나게 되었다. 즉 아테네 시 자체가 펠로폰네소스군에 포위되어 있었는데도 시케리아 원정군을 철수시키기는커녕 그 시케리아 시를 거꾸로 자신들과 같은 상태로 포위한 일이 그것인데, 이 시라쿠사 시도 그 규모는 아테네 시의 그것에 필적할 정도였다. 게다가 다른 헬라스인들은 전쟁 발발 당초에는 모두 한결같이 전쟁이 단기간내에 동결될 것으로 예상하고, 일단 펠로폰네소스군이 아티카에 침입하면 아테네가 견뎌낸다 하더라도 1년, 2년 혹은 3년 정도로 생각하고 누구도 그 이상 계속되지는 않으리라 생각했다. 하지만 아테네인은 펠로폰네소스군의 제1차 침입이 있은 지 17년째가 되어 이미 모든 면에서 피로해져 있었지만, 새로이 시케리아에 원정군을 보내고 종래의 대펠로폰네소스전에 비해 우세할지언정 뒤떨어지지 않는 새 전쟁을 전개할 정도의 대담한 행동을 취한 것이다. ④이러한 사실 외에도 다시 이때가 되면 데켈레아에 의한 피해와 그밖의 많은 손실에 의한 피해액이 방대해지고, 이 때문에 아테네는 경제적으로 파탄을 초래했다. 그래서 아테네는 이 시기에 산하의 동맹도시에 공금 대신에 2할의 수출입세를 부과하여 경제 상태의 호전을 도모했다. 그 원인은, 지출은 이전과 달리 전황에 수반하여 현저히 증가해가는 반면 공금의 수입은 감소되어가고 있었기 때문이다.

29. ①그래서 데모스테네스가 출항한 뒤 늦게 도착한 트라키아 군을 당시 아테네의 경제적 불황에 의한 저지출 정책 때문에 곧 되

돌려보낸 것이다. 디에이트레페스[29]가 이 트라키아군의 지휘를 맡고 있었는데, 아테네인은 디에이트레페스에게 그들이 귀로에 에우리포스(Euripus)령 먼바다를 항해할 것이니 도중에 할 수 있는 한 적에게 손해를 입히라고 명했다. ②디에이트레페스는 먼저 타나그라에 상륙해 이 땅의 물자를 신속히 약탈했다. 그러고는 저녁 무렵에 에우보이아의 칼키스에서 에우리포스로 건너가 보이오티아령에 상륙해 미칼레소스(Mycalessus)로 수하들과 함께 향했다. ③그리고 발견되지 않은 채 미칼레소스에서 약 16스타디아 떨어진 곳에 있는 헤르메스 신전[30]에서 하룻밤을 보내고, 날이 밝자마자 소도시 미칼레소스로 가 무방비 상태의 이 도시를 급습했는데, 그때까지 누구도 바다에서 올라와 이런 공격을 가해온 일이 없었기 때문에 미칼레소스인은 예상하고 있지도 않았고, 방벽도 튼튼하지 않은 데다가 곳에 따라서는 무너진 채 그대로거나 높이가 낮거나 했으며, 또 시의 성문은 방심하여 개방된 채 그대로 있었다. ④트라키아군은 미칼레소스 시에 쇄도해 가옥·신전을 유린하고, 노소를 불문하고 사람을 죽이고, 여자와 아이도 닥치는 대로 찔러 죽였다. 그리고 숨을 쉬는 자가 보이면 가축도, 무엇도 용서하지 않았다. 트라키아계 사람들은 다른 이어족과 거의 비슷해 두려워할 것이 없는 것을 알게 되면 더할 나위 없이 잔인해진다. ⑤아무튼 이때는 완전히 혼란 상태에 빠지고, 온갖 종류의 살인이 행해졌다. 더군다나 그들은 이 지역에서 가장 큰 학교를 습격해 갓 등교한 아이들을 한 명도 남기지 않고 살해했다. 이 재해는 전시가지에 미쳤는데 이것이야말로 아무 예고도 없이 돌연히 일어난 참사로서 달리 유례를 발견할 수 없는 일이었다.

---

29) 제8권 제25장 64의 디에이트레페스와 동일 인물일 것이다.
30) 이 헤르메스 신전은 테베 시에서 미칼레소스로 가는 도로에 있고, 미칼레소스에서 약 3킬로미터 떨어진 지점에 있다.

30. ⓛ이 소식을 들은 테베인이 곧 구원하러 달려오자, 트라키아인은 철수를 시작했지만 아직 멀리 가지 않은 사이에 테베인에게 추격당했다. 테베인은 약탈한 것을 도로 빼앗고, 두려워 도망치는 트라키아인을 쫓아가 그들의 배가 대기중인 에우리포스 해안으로 바싹 다가갔다. ②그런데 배에 타고 있던 자들이 육지의 상황을 알고 육지에서 쏜 화살이 닿지 않도록 배를 먼바다로 옮겼기 때문에 헤엄칠 줄 모르는 트라키아인은 해안에서 배에 오르려다 대부분 여기에서 죽었다. 그러나 다른 트라키아인은 테베의 기병대에 과감히 저항하여 처음에 기병대의 공격을 받자 뛰쳐나와 습관대로 대형을 갖추고 전열을 굳히며 응전했다. 이쪽에서의 그들의 피해는 얼마 되지 않았다. 시내에서 약탈물을 물색하고 있다가 살해된 트라키아인의 수는 상당수에 달했다. 트라키아측의 손해 총수는 전병력 1200명 중에서 250명이고, 구원하러 온 테베인 및 기타 손해는 약 20명이었다. 이 중에는 기병, 중무장병 그리고 테베의 보이오티아 연맹장관 중 한 사람인 스키르폰다스(Scirphondas)도 포함되어 있었다. 그러나 미칼레소스 시는 인구의 상당수를 잃었다. 미칼레소스 사건의 발생은, 이 도시의 규모에서 말하면 이번 대전 중 어떤 도시에서 일어난 재난보다 동정을 불러일으키기에 적합한 것이었다.

31. ⓛ이 무렵 데모스테네스는 라코니아 지방에 방채를 쌓은 뒤 케르키라 섬으로 향했다. 그 도중에 엘리스령의 페이아(Phea) 먼바다[31]에서 시케리아로 향하는 코린토스의 중무장병을 실은 수송선을 만나 이것을 격파했지만, 이들 중무장병은 도망치고 뒤에 다른 수송선을 마련해 항해를 계속했다. ②그 후 데모스테네스는 자킨토

---

31) 현재의 카타콜로 시로, 펠로폰네소스 서해안에서 올림피아로 갈 때의 상륙 지점.

스에 도착해 케팔레니아 중무장병을 자군에 편입시키고, 나우파크토스에서 메세니아 병사들을 소집하고, 대륙측의 맞은편 해안에 건너가 아카르나니아 지역에 상륙, 알리지아(Alyzia)와 종래 아테네의 지배하에 있던 아낙토리옴에 들어갔다.[32] ③이 작전에 전념하고 있는 데모스테네스 앞에 시케리아 섬에서 온 에우리메돈이 나타났다. 에우리메돈은 자금을 조달하고 증원 부대를 요청하기 위해 지난 겨울 시케리아를 출발해 아테네로 향하는 도중이었는데, 데모스테네스에게 제반 사항을 알리고는 또 항해중에 알게 된 정보, 즉 플렘미리옴이 시라쿠사측에 점령된 사실도 전했다. ④이러고 있는 두 사람에게 나우파크토스의 사령관 코논(Conon)[33]이 도착해 코린토스의 선단 25척이 나우파크토스의 아테네 선박에 대항해 포진중이라고 전했다. 이 코린토스 선단은 도전하는 양상을 보이고는 있지만 아직 공격을 해오지 않고 있으니 시급히 구원 선단을 보내 달라고 요청했다. 요컨대 코린토스 선단의 25척에 대해 나우파크토스의 아테네 선단은 18척이었기 때문에 전투시 수적인 열세에 몰릴 것을 코논은 두려워했던 것이다. ⑤그래서 데모스테네스와 에우리메돈은 현재의 선단 중에서 가장 우수한 선박 20척을 코논에게 주고 나우파크토스로 향하게 했다. 그런데 에우리메돈은 이미 데모스테네스의 막료 장군으로 임명되어 있었기 때문에 여기에서 곧 그 직에 취임하고 둘이서 선단 편성에 힘쓰게 되었다. 그리하여 에우리

---

32) 아낙토리옴은 코린토스의 식민도시였지만, 기원전 425년에 아테네와 아카르나니아가 협력해 이곳을 빼앗고, 그 후 아카르나니아가 통치해왔다.

33) 펠로폰네소스 전쟁 말기에 트라시불로스에 반대하고, 아에고스포타미 해전에서 패해 키프로스 섬으로 망명한 뒤, 기원전 394년에 크니도스 해전에서 이겨 아테네로 돌아와 아테네 시의 시벽(市壁)을 재건하고 그 부흥을 꾀한 아테네의 해장(海將), 정치가 코논의 첫 등장. 투키디데스의 이 책에서는 여기에 모습을 보일 뿐이다.

메돈은 케르키라로 항해해 가 15척의 배에 요원을 승선시킬 것을 요구하고 스스로도 징병에 종사했다. 한편 데모스테네스는 아카르나니아의 투창병, 궁병을 소집했다.

32. ⓞ그런데 이 무렵 플렘미리온 점령 뒤에 여러 도시를 순방하고 있던 시라쿠사 사절단은 지지를 얻은 도시로부터 군대를 모아 이들을 이끌고 시라쿠사로 돌아오는 도중이었다. 이 움직임을 알아챈 니키아스는 그 군대의 통로에 해당하는 시켈로스인의 아테네 동맹도시 켄토리파, 알리키아이(Alicyaeans),[34] 그밖의 도시에 곧 사절을 보내 이 군대의 통로를 방해하도록 요청했다. 그리고 아그라가스가 이 군대의 통과를 허락하지 않을 것이므로 그들의 영토를 지나는 이외에 다른 길이 없을 것이라고 지적했다. ⓑ이 아테네측의 요구에 따라 시켈로스군은 시케리아군이 지나는 곳에 매복해 있다가 돌연 적의 허를 찌르며 세 방향에서 급습해 800여 명을 죽이고, 또 코린토스인 사절 한 명을 남기고 다른 사절은 모두 살해했다. 이 남은 사절은 도망치는 1500명의 병사를 유도해 시라쿠사 시로 들어갔다.

33. ⓞ또한 카마리아의 원군도 거의 이와 때를 같이하여 시라쿠사에 도착했다. 이 원군은 500명의 중무장병 및 투창병, 궁병 각각 300명으로 이루어져 있었다. 겔라인도 5척의 배와 400명의 투창병,

---

34) 켄토리파는 카타네 시 북서쪽 약 40킬로미터 지점으로 에트나 산 기슭 남서쪽에 해당한다. 알리키아이란 이름을 지닌 도시는 시케리아 섬 북서쪽에 하나 있을 뿐이므로(그러나 그 소재지는 분명치 않다), 시라쿠사인이 모인 이 군대는 아마 시케리아 섬 서쪽 끝 가까이에서 아그라가스 때문에 남하하지 못하고 북쪽으로 돌아 시라쿠사로 돌아오려 했을 것이다.

200명의 기병을 파견해 왔다. ②나아가 다른 도시와는 교섭을 갖지 않는 아그라가스 시를 제외하고는 거의 전시켈리아 섬[35]에서 처음에는 상황을 살피고 있던 도시들이 반(反)아테네 깃발을 확실히 나타내 보이며 시라쿠사 시에 가담했다. ③시라쿠사군은 시켈로스군이 급습당한 사건 이래 아테네군에 공격을 가하는 일은 중단했다. 한편 데모스테네스와 에우리메돈은 케르키라와 대륙측의 부대의 준비가 이루어지자, 전병력을 이끌고 이아피기아 곶을 목표로 이오니아 해를 건넜다. ④그리고 이아피기아 곶에 도착하자 그 먼바다에 있는 코이라데스(Choerades) 섬으로 가 메사피아족의 이아피기아 투창병 150명을 배에 승선시키고 이 투창대의 두령 아르타스(Artas)와 이전의 아테네와의 우호관계를 부활시키고 나서 이탈리아의 메타폰티움(Metapontium)에 도착했다. ⑤그리고 메타폰티움인도 설득해 동맹조약에 따라 투창병 300명에 삼중노선 2척을 파견케 하고 이들과 함께 투리오이로 항해해 갔다. 마침 투리오이에서는 바로 그 전에 내란이 벌어져 반아테네파가 추방된 참이었기 때문에 여기에서 뒤처지는 일이 없도록 전세력을 결집하는 의미에서 열병을 했다. ⑥투리오이인은 때마침 벌어진 사건으로 기꺼이 원정에 참여하기로 동의하고, 아테네와 공동 공수동맹(攻守同盟)[36]을 체결하자는 요청에도 응했다. 그리하여 아테네군은 여기에 머물며 제반 사항의 진행을 도모했다.

---

35) 전시켈리아 섬 운운하는 것은 과장이다. 요컨대 시라쿠사측에 가담한 헬라스 도시는 셀리누스·겔라·카마리나·히메라 등 4개 도시뿐이고, 아그라가스는 중립을 지키고, 낙소스와 카타네는 아테네측에 가담하고, 메세네는 시라쿠사의 연합군으로서 그 이름이 본권 제23장 58에 열거되어 있지 않다.

36) 공동 공수동맹이라고 번역했는데, 이것은 가맹국이 제3국으로부터 공격을 받았을 때 그 방위에 협력할 뿐만 아니라 가맹국이 제3국을 공격할 경우에도 그에 참가할 의무가 있는 동맹조약이다.

34. ⓐ시케리아행 수송선단을 지키기 위해 나우파크토스에서 적의 선단을 견제하고 있던 25척의 펠로폰네소스 선단은 마침 이 무렵 해전 준비를 하고 소수의 배를 더 편입시켜 아테네 선단의 수에 되도록 가까이 접근하게 되자 아카이아 지방의 리피케(Rhypic) 근처에 있는 에리네오스(Erineus)[37] 먼바다에 정박했다. ⓑ이 정박 지점의 해안선은 반월형으로 되어 있는데, 그 돌출된 양쪽 끝의 곶에 코린토스군과 이 지방 동맹도시의 지상군이 진을 치고 있었다. 그리고 선단은 이 곳의 양끝 사이를 봉쇄했다. 선단 사령관은 코린토스인 폴리안테스(Polyanthes)였다. ⓒ아테네측은 디필로스(Diphilus)를 사령관으로 해 33척을 가지고 나우파크토스에서 출격해 왔다. ⓓ코린토스 선단은 처음에는 단단히 준비를 하고 대기하며 움직이지 않았지만, 좋은 기회를 포착하자 신호를 하고 아테네 선박에 공격을 가하며 해전을 전개했다. ⓔ양선단 모두 공세로 나오며 후퇴하지 않아 전투는 오랫동안 계속되었다. 코린토스 배 3척이 침몰당했지만, 아테네측에서는 1척의 침몰선도 나오지 않았다. 다만 7척 남짓의 배가 코린토스선에 의해 항해가 불가능해졌는데, 이것은 선충전법(船衝戰法)에서 코린토스측이 통상보다 두터운 뱃머리 끝[38]을 준비해 부딪쳐 왔기 때문에 뱃전 윗부분이 파괴되었던 것이다. ⓕ아무튼 쌍방이 호각지세로 싸웠기 때문에 서로 자군의 패배를 인정하지 않았는데, 아테네측이 침몰한 적선에는 완전히 승리를 거두고 있었지만 바람에 밀려 만(灣) 바깥으로 나와버리고, 이것을 코린토스측이 추적하지 못해 겨우 전투는 종식되었다. 양군 모두 추격도, 적병 나포도 하지 않았다. 그 원인은 해안선 가까이에서 싸

---

37) 에리네오스 만은 현재의 파트라스에서 동쪽으로 29킬로미터, 아이기온에서 서쪽으로 9킬로미터 떨어진 지점.
38) '뱃머리 끝'이라 번역했지만, 실제로 두터워진 부분은 뱃머리 끝의 양쪽에 있는 닻을 걸기 위해 돌출시킨 '귀' 부분.

우고 있던 코린토스인이나 펠로폰네소스인은 쉽게 육지로 도망칠 수 있었고, 아테네측은 1척의 침몰선도 나오지 않았기 때문이었다. ⑦아테네 선단이 나우파크토스로 철수하자, 코린토스측은 승리를 거두었다며 전승총을 세웠다. 그 근거는, 코린토스측이 보다 많은 적선을 항행 불능 상태에 빠뜨린 데다 적이 승리를 얻었다고 생각하고 있지 않는 것 자체를 자기들이 지지 않은 이유로 판단했기 때문이었다. 즉 코린토스인은 아테네인이 대승을 거두었다고 생각하지 않는 이상 패배한 것이므로, 코린토스측이 설사 결정적인 것은 아니었다 해도 승리를 거두었다고 본 것이다. ⑧그렇지만 펠로폰네소스측이 철수하고 그 지상군도 자취를 감추자, 아테네측도 승리했다고 생각해 아카이아에 전승총을 세웠다. 이 지점은 코린토스 선단이 정박해 있었던 에리네오스에서 20스타디아 떨어진 장소였다. 이리하여 이 해전은 끝났다.

35. ①그런데 데모스테네스와 에우리메돈은 투리오이가 700명의 중무장병과 300명의 투창병을 갖고 참전 준비를 하자 크로톤(Crotonian)으로 배를 회항시키도록 명하고, 그들 자신은 먼저 시바리스(Sybaris) 강변에 전육상 부대의 진을 펴고는 투리오이령을 통과했다. ②그리고 힐리아스 강까지 오자, 크로톤인 사절이 와서 그들의 영내를 아테네군이 통과하는 것을 바라지 않는다고 통고했다. 그래서 아테네군은 해안으로 내려와 바다에 면한 힐리아스 강 하구 근처에서 야영했다. 그곳에서 해상 부대와 합류하고, 그 이튿날 육상 부대가 승선을 완료하자 출항해 로크리스를 제외한 연안의 도시를 순방하며 레기옴령의 페트라(Petra)까지 항해했다.

36. ①시라쿠사측은 이 움직임을 곧 알아차리고 현재 갖고 있는 배와, 적에게 원군이 오기 전에 공격을 가할 수 있도록 모은 새 육

상 부대로 재차 아테네군을 습격할 준비를 하기 시작했다. ⑧지난번 해전의 경험에서 유용하다고 생각되는 것을 받아들여 뱃머리를 잘라 짧고 견고하게 만들고, 그 양옆구리의 닻을 거는 부분을 두텁게 하며, 또 그것을 보강하는 지주(支柱)를 뱃전까지 대고 그 길이는 안쪽과 바깥쪽을 포함해 6페케이스[39]로 했다. 이 형태는 나우파크토스 해전에서 코린토스 배가 그 닻을 거는 부분에 채용한 유형이었다. ⑨그 이유는, 시라쿠사측이 아테네의 배가 뱃머리와 뱃머리를 부딪치는 전법의 목적보다는 우회하여 적의 선복에 부딪치는 전법용으로 만들어져 있어 그 뱃머리는 길고 예리하지만 그만큼 강도가 부족하다는 것을 알고 있었기 때문이다. 게다가 대항(大港)내의 해전에서는 다수의 배를 갖고는 자유로울 수 없어 그들에게 유리하다고 생각되었기 때문이기도 하다. 즉 시라쿠사측은 뱃머리에 두텁게 부착한 금속의 뾰족한 부위로 적의 취약한 선체에 맞부딪치는 충축전법(衝舳戰法)을 써서 적선의 머리부분을 파괴할 수 있지만, ⑩아테네 배는 항내가 좁기 때문에 그 특기인 전선전법(轉船戰法)[40]도, 파현전법(破舷戰法)[41]도 쓸 수 없기 때문이었다. 요컨대 파현전법에 대해서는 할 수 있는 한 그것을 저지하면 되고, 전선전법은 대항 안이 좁기 때문에 배의 회전이 불가능하다고 시라쿠사측은 판단한 것이다. ⑪지난번 해전에서의 뱃머리 끝과 뱃머리 끝을 충돌시키는 충축전법은 조타수의 미숙한 경험에 의한 것이라고 생각되었었지만, 이제는 바로 이것이 가장 유리한 전법이 되어 시라쿠사측이

---

39) 1페케이스는 팔꿈치에서 가운뎃손가락 끝까지의 길이. 6페케이스는 3미터 정도일 것이다.
40) 전선전법이란 배의 속력을 이용해 급속히 배를 적선 주위에서 한 번 회전시킨 뒤 적의 선복에 뱃머리 끝을 부딪치는 전법.
41) 파현전법은 적의 배와 맞스치면서 그대로 적의 뱃전을 파괴하여 적선을 항행 불능케 만드는 전법.

원하는 바가 되었다. 나아가 시라쿠사측은 그들이 우세해지면 아테네선은 시라쿠사 진 가까이에 있는 좁은 아테네의 지상 진지로 도망치는 수밖에 없으므로 대항의 제해권은 장악할 수 있으리라 보았다. ⑥그리고 시라쿠사측의 압력이 강해지고 열세에 몰리게 되면 좁은 지점에 함께 있기 때문에 서로 방해가 되고 혼란상태에 빠지게 되리라 생각했다. 사실 전(全)해전에서 아테네측을 가장 괴롭힌 한가지 원인은, 시라쿠사측처럼 대항 전체를 사용하며 배를 후퇴시킬 수 없는 데 있었다. 아테네측이 외양(外洋)으로 일단 나가 후퇴하고[42]) 나서 공격을 가할 수는 없다고 시라쿠사측은 생각했는데, 그것은 특히 플렘미리옴이 시라쿠사의 수중에 있는 데다 항의 입구가 충분한 넓이를 갖고 있지 못했기 때문이다.

37. ①시라쿠사측은 자신들의 생각과 힘에 대해 이상과 같은 판단을 갖고 있었던 데다 지난번 해전 때 이상으로 전의를 불태우고 있었으므로 해륙 양면 공격을 기도했다. ②길리포스는 공격 개시 직전에 시라쿠사 시에서 육상 부대를 이끌고 아테네측의 시라쿠사에 면해 있는 방벽 쪽으로 이들을 인도하고, 이에 호응하여 올림피에이옴에서는 그곳에 있던 시라쿠사 중무장병, 기병대 및 경무장병이 다른 측면에서 이 방벽으로 향했다. 시라쿠사와 그 동맹군의 배는 그 후 곧 해안을 떠났다. ③아테네측은 처음에는 지상 공격만 있으리라 생각하고 있었기 때문에 돌연 적선도 출격해 오는 것을 알고는 혼란에 빠졌다. 어떤 자들은 방벽 위나 아래에서 적에 대항해 전열을 짜고, 또 어떤 자들은 올림피에이옴에서 급습해 오는 다수의 기병과 궁병을 맞아 싸우기 위해 나갔다. 또 다른 자들은 배에

---

42) 배를 효과적으로 적선에 부딪치게 하기 위해서는 속력이 빨라야 하는데, 배의 속력을 높이기 위해서는 긴 조주(助走)거리가 필요하고, 그것을 위해 배를 후퇴시킬 장소가 필요했다.

승선해 해안선의 방어에 힘쓰고, 승선이 완료되자 75척이 전열에 가담했다. 이에 대해 시라쿠사측은 약 80척이었다.

38. ⓘ양군의 배는 하루 내내 일진일퇴하며 서로 격전을 벌였지만 시라쿠사측이 아테네 선박을 한두 척 침몰시켰을 뿐, 어느 쪽도 결정적인 승리를 거두지 못한 채 결렬되었다. 이와 동시에 육군도 방벽에서 철수했다. ⓒ그 이튿날은 시라쿠사측이 아무 움직임도 보이지 않아 앞으로 그들이 어떻게 나올지 판단이 서지 않았다. 그래서 니키아스는 해전이 호각지세로 끝난 데서 재차 적의 공격이 있으리라 예상하고 파손된 삼중노선의 선장들에게 수선을 명하고, 또 항구의 방파제 대신 바다에 박아넣은 자군의 방책(防柵) 앞에 수송선을 정박시켰다. 그리고 이들 수송선을 각각 2프레트라[43] 간격으로 두고, 만약 삼중노선이 적에게 압박을 받으면 그 사이로 해서 방책내로 도피해 올 수 있도록 했으며, 또 이들 배가 안정을 되찾고 준비 태세를 다시 갖춘 다음 재차 출격할 수 있도록 했다. 이러한 아테네측의 준비는 하루 종일 계속되고 밤까지 이어졌다.

39. ⓘ그 다음날 지난번 전투 때보다 더 일찍 시라쿠사군은 해류 양면에서 아테네군을 향해 다시 이틀 전과 같은 공격을 시도했다. 양군 모두 전열을 갖추고 싸웠는데, 전과 똑같이 어느 쪽도 물러서지 않고 이날도 하루 종일 전투로 일관할 것처럼 보였다. 그런데 시라쿠사측에서 조타술이 가장 뛰어난 코린토스인 피리코스(Pyrrhicus)의 아들 아리스톤(Ariston)이 시내에 있는 자들에게 전령을 보내, 신속히 시장에 있는 상품을 모아 해안까지 이동시킬 것을 명하라고 시라쿠사측의 각 선장을 설득했다. 그리고 식품을 필

---

43) 약 70미터.

요로 하는 자는 모두 그곳에 와 사도록 꾸미고, 하선한 자들이 배 옆에서 곧 식사를 마치면 그 직후에 아테네군의 허를 찌르며 같은 날 재차 공격을 할 수 있도록 하는 계략을 밝혔다.

40. ①이에 찬성한 각 선장이 사자를 보내 해안에는 시장이 섰다. 그리하여 시라쿠사의 배들은 돌연 시를 향해 후퇴하고, 사람들은 곧 하선해 식사를 했다. ②아테네측은 적이 패배해 시라쿠사 시로 철수한 것으로 생각하고 천천히 하선하여 식사나 그밖의 일을 하려고 했다. 더욱이 같은 날 또다시 해전을 벌이리라고는 꿈에도 생각지 않고 있었다. ③그런데 시라쿠사인들이 갑자기 배에 오르더니 재차 배를 저어 나와, 아테네측은 크게 당황하며 식사도 하지 못한 채 혼란상태에서 승선을 하고 겨우 해안을 떠나 맞아 싸우러 나섰다. ④얼마 동안 양선단은 서로 노려보며 교전하지 않았는데, 미적거리며 스스로를 피로하게 하기보다는 빨리 싸워야 한다고 아테네측은 생각하고 일제히 함성을 지르며 공격을 가했다. ⑤이런 공격을 받은 시라쿠사측은 선충전법으로 미리 준비해둔 대로 보강한 닻을 거는 부분으로 아테네 선박의 뱃전 상단 부분을 대파하고, 갑판 위의 투창병은 아테네측에 많은 사상자를 내게 했다. 나아가 아테네측을 곤혹스럽게 한 것은 시라쿠사측의 경선(輕船)으로, 아테네 선박 주위를 따라다니다 아테네 선박의 노 밑부분을 재빨리 빠져나가 그 뱃전에 다가가서 선원들을 향해 창을 던졌다.

41. ①이리하여 마침내 시라쿠사측이 힘겹게 이 해전에서 승리하자, 아테네측은 수송선 사이를 지나 퇴각하며 자군의 정박지로 도망쳐 들어갔다. ②시라쿠사 선박들은 수송선이 있는 곳까지는 아테네 선단을 추격할 수 있었지만, 이들 수송선에서 항로 위에 뻗친 횡목(橫木)에 매달린 납덩어리에 방해를 받아 더 이상 추적할 수

없었다. ⑨그러나 승리에 도취해 흥분한 나머지 아테네 수송선에 너무 가까이 접근한 시라쿠사의 배 2척이 파괴되고 그 중 한 척의 승무원들이 사로잡혔다. 시라쿠사측은 7척의 아테네 배를 침몰시키고 많은 배를 항행 불능 상태로 만든 데다 다수를 생포했다. 그리고 진지로 귀환하자 이들 포로를 살해하고, 이 두 번에 걸친 해전에서 승리한 것을 기념하여 전승총을 세웠다. 이 해전의 결정적인 승리로 시라쿠사측은 크게 자신감을 갖고 육상에서도 적을 압도할 수 있다고 생각했다.

제 22 장

전쟁 19년째 해 — 데모스테네스의 도착 —
에피폴라이에서의 아테네 패배
— 니키아스의 우매함과 완고함

42. ①그리하여 다시금 해륙 양면에서 아테네측을 공격하려고 준비를 진행시켰다. 이 사이에 데모스테네스와 에우리메돈은 아테네의 구원군을 이끌고 도착했다. 약 73척의 배에 용병 및 아테네인과 그 동맹도시의 중무장병을 거의 5000명 가까이 동반하고, 이밖에 이어족과 헬라스인으로 구성된 투창병 다수, 궁병·투석대 및 그 외 상당한 장비를 지니고 있었다. ②이것은 우선 당장 시라쿠사와 그 동맹군에 적지 않은 타격을 주었다. 요컨대 데켈레아의 성채 구축에도 불구하고 아테네가 지난번 원정군과 같은 규모의 군대를 파견해 아테네의 실력을 남김없이 보여주고 있는 것을 알고 시라쿠사를 위협하는 위험이 사라질 날이 아직 멀었음을 느꼈기 때문이다. 한편 아테네측에서는 지금까지의 패색짙은 형국에 실질적인 보강이 이루어진 셈이 되었다. ③그러나 데모스테네스는 실정을 알게 되자 결코 안도감으로 한가로이 시간을 보낼 수 없으며, 또 니키아스와 같은 전철을 밟아서는 안 된다는 것을 깨달았다. 니키아스가 도착한 사실을 알고 시라쿠사인은 당초 크게 두려워하고 있었지만,

그는 시라쿠사 시에 직접 공격을 가하는 일을 피하고 카타네 시에서 겨울을 보냈기 때문에 그 위협감이 약해진 데다 길리포스에게 기선을 제압당해 펠로폰네소스로부터 군대가 시라쿠사 시에 도착하고 말았던 것이다. 만약 니키아스가 도착 뒤에 바로 시라쿠사 시를 공략하고 있었으면, 시라쿠사인은 펠로폰네소스에 그 파견을 요청하지조차 않았을 것이다. 요컨대 시라쿠사인은 처음에는 그들만으로 아테네군에 대항할 수 있다고 생각하고 포위벽에 둘러싸일 때까지 자신들의 열세를 깨닫지 못했을 것이므로, 설사 그때에 이르러 원군을 요청했다 하더라도 그 도착의 효과가 실제로 당시 일어났던 것과 같을 수는 없었을 것이기 때문이다. 아무튼 이러한 것을 관찰한 데모스테네스는, 원군은 그 도착 당초에 적의 눈에 가장 두렵게 비친다는 것을 생각하고 되도록이면 빨리 이 공포심을 이용하려 했다. ⑧게다가 아테네측의 포위벽을 가로막는 시라쿠사의 방벽이 한 겹인 것을 보고 에피폴라이로 올라오는 길목과 그 적진(敵陣)을 확보할 수만 있으면 누구도 대항하지 못할 것이므로 쉽게 이 방벽을 점령할 수 있으리라 생각했다. ⑨그리고 이것이야말로 전쟁 종결을 향한 가장 짧은 지름길이라 보고 그 작전을 실행에 옮길 것을 결심했다. 즉 시라쿠사에 승리를 거두든가, 혹은 아테네군을 철수시키든가 하는 것만이 종군 병사들의 손실과 아테네 시의 힘의 낭비를 막는 것이 되리라 생각했기 때문이다. ⑩그래서 먼저 아테네군은 아나포스강 부근에 출격해 이 지역을 유린하고, 처음에는 해륙 양쪽에서 시라쿠사군에 대해 우위를 확보했다. 그리고 시라쿠사측은 올림피에이옴의 기병과 투창병으로 저항하는 모습을 보인 이외에는 그들에게 저항해 오지 않았다.

43. ①이에 뒤이어 데모스테네스는 시라쿠사측의 방벽을 먼저 무너뜨리고자 방벽 옆으로 파괴기를 접근시켰다. 하지만 방벽 위의

수비대가 위에서 불을 떨어뜨려 파괴기는 곧 불타버렸다. 이 파괴기나 그밖의 여러 가지 방법으로 방벽에 도전했지만 모두 반격을 받아 아무 효과도 거두지 못하자, 데모스테네스는 이제 더 이상 시간을 낭비할 수 없다고 생각하고 니키아스와 그 막료 장군의 양해 아래 에피폴라이 공격에 착수했다. ②아무튼 대낮에 적의 눈을 피해 에피폴라이에 접근해서 그곳에 오르기는 불가능하다고 생각해, 5일분의 식량과 적을 격파하고 방벽을 쌓을 경우에 필요하다고 여겨지는 석공·목수 전원을 동반하고 활과 화살 기타를 휴대한 채 일몰과 동시에 에우리메돈과 메난드로스와 함께 전군을 이끌고 에피폴라이로 향했다. 니키아스는 방벽내의 후방에 머물러 있었다. ③그리고 지난번에도 아테네군이 에피폴라이에 오를 때 사용했던 산길 어귀에 있는 에우리엘로스에서 시라쿠사 경비대가 눈치채지 못하게 에피폴라이로 오르고는 경비대가 점거하고 있는 방벽을 급습해 그 수비병들을 쓰러뜨렸다. ④그러나 대부분 도피해서 곧 진지에 이 급습 사실을 알렸다. 이 진은 에피폴라이 위의 전선방벽(前線防壁)[44] 내의 세 곳에 세워져 있었고, 시라쿠사군·시케리아군·동맹군 등 각 군마다 진지를 갖고 있었다. 또 마찬가지로 에우리엘로스를 벗어난 이들 병사는 에피폴라이의 지역 수비를 임무로 삼고 있던 본대인, 600명으로 구성된 시라쿠사군에게도 이 사실을 전했다. ⑤곧 구원 부대가 보내졌지만 데모스테네스와 그 휘하 군대는 이에 격렬한 공격을 퍼부어 격퇴했다. 거기에서 그들은 이 기회를 놓치지 않고자 곧 마구 밀어붙이며 소기의 목적을 조기에 달성하려고 전진하

---

44) 전선방벽은 어디에 있었을까? 본절에서 알 수 있듯이 아테네군이 먼저 시라쿠사의 방벽을 면하고, 그 뒤 전선방벽에서 나온 적과 싸우고 있기 때문에 전선방벽이 방벽의 서쪽으로 돌출해 있었다고는 생각되지 않는다. 방벽 끝에서 북동쪽으로 바다를 향해 뻗어 있었던 것은 아닐까?

는 한편, 다른 부대는 수비병이 도망쳐버린 시라쿠사측의 방벽을 무너뜨리는 데 처음부터 전념해 그 흉장(胸牆)을 파괴했다. ⑥시라쿠사군과 그 동맹군 및 길리포스와 그 휘하 군대가 각각의 전선방벽 진지에서 구원하러 왔지만, 아테네군이 야습을 감행해 오리라 예상도 하지 못한만큼 동요된 채 아테네군에게로 향했기 때문에 처음 전투에서는 아테네군에 압도되어 후퇴했다. ⑦거기에서 아테네군은 승세를 타고 전열을 흐트러뜨린 채 계속 전진하여 적이 반격 준비를 하기 전에 재빨리 한결음에 아직 싸우지 못하고 있는 적진 속을 횡단하려 했다. 그러나 보이오티아군이 먼저 그 앞을 가로막고 서서 반격을 가해 패주시켰다.

44. ①여기에서 아테네군은 곧 궁지에 빠지고 아군의 다른 부분의 정황 판단에 어려움을 겪었다. 낮이라 하더라도 사정은 조금 나을지언정 자기 주변에서 일어나고 있는 일 이외에는 전체의 상태를 알기가 불가능한데, 하물며 야전에 무슨 일이 일어나고 있는지 누가 어떻게 판단할 수 있겠는가? ②아무튼 이 야전은 본격적인 것으로서는 이번 대전에서 유일한 예였다. 이날 밤은 달이 뜨긴 했지만 달빛으로는 사람 형체만 보이고 아군인지 적군인지 판단할 수 없었다. 게다가 좁은 지대에서 양군의 많은 중무장병이 전투를 전개했기 때문에, 아테네측의 일부분이 이미 패전의 형국에 접어들고 있는데도 아직 다른 아테네군은 최초의 승리 상태 그대로 우세를 지키며 전진해 오는 그런 상태였다. ③아무튼 아테네군은 이 무렵에 이르러서는 그 대부분이 겨우 에피폴라이에 갓오르든가, 혹은 아직 오르는 도중에 있었기 때문에 그 전진 방향을 가늠할 수 없었다. 앞쪽에서는 패배하여 혼란에 빠지고 그 떠들썩한 소리 때문에 정황 판단을 할 수 없었기 때문이다. ④시라쿠사군과 그 동맹군은 이 우세한 분위기를 타고 더욱 큰소리를 지르며 서로 격려했다. 요컨대

야전에서는 목소리 이외에는 연락 방법이 없었기 때문으로, 이와 동시에 저항해 오는 적을 막아냈다. 아테네측은 아군이라도 전방에서 오는 자는 모두 똑같이 적으로 간주하고 패주해 온 아군인지 아닌지 확인할 다른 방법이 없어 시종 암호를 사용했는데, 모두 저마다 이 말을 외쳐 점차 더 시끄러워지고, 게다가 시라쿠사측이 암호를 바로 알아챘다. ⑤하지만 시라쿠사군의 암호는 전황이 우세하기 때문에 전체가 하나로 뭉쳐 있어 서로 판별하지 못하는 일이 그다지 없었으므로 당연히 이 암호를 필요로 하는 횟수도 적어, 이 때문에 아테네측에는 시라쿠사측의 암호를 발견할 수 있는 기회를 주지 않았다. 그리고 시라쿠사측의 한 부대가 자기들보다 강력한 아테네군의 한 부대와 만나면 이 아테네측의 암호를 이용해 곤경을 벗어났다. 반대의 경우에는 아테네인이 시라쿠사측의 암호에 답할 수 없기 때문에 곧 살해되었다.

⑥그러나 피해의 최대 원인은 전승가(戰勝歌)에 있었다. 즉 양군의 전승가가 비슷한 것이 큰 혼란을 초래했던 것이다. 왜냐하면 아르고스와 케르키라인은 도리아족이면서 아테네 편에 서 있었던 까닭에, 그들이 전승가의 함성을 지를 때마다 그것이 적의 전승가와 흡사해 아테네인을 깜짝 놀라게 했기 때문이다. ⑦그리고 마침내 그들은 전장의 모든 곳에서 서로 칼을 휘두르고, 전체가 곤경에 빠져 아군끼리, 같은 시민끼리 서로 죽이며 공포 속으로 사람들을 몰아넣었다. 그리고 이 공포뿐인가. 일단 이렇게 같은 편이 같은 편을 죽이는 일이 시작되자, 서로 사정을 이해하고 다툼을 중지하는 것은 매우 곤란하게 되었다. ⑧패주한 많은 자는 쫓기는 채 절벽[45]에서 몸을 던져 죽었다. 이것은 에피폴라이에서 밑의 평지로 내려오

---

[45] 에피폴라이의 평지에 면한 절벽은 사람이 죽을 만큼 경사지고 높은 지점은 아니다. 아마도 밤이었기 때문에 눈대중을 잘못해 불필요하게 많은 사람이 죽었을 것이다.

는 길이 좁았기 때문인데, 일단 평지에 내려온 자들은 대부분 아테네 진지로 도망쳐 들어갈 수 있었다. 그러나 이들은 거의가 처음에 에피폴라이에 올라가보았던 자들로 얼마간 지리를 알고 있었기 때문이었다. 반면 뒤에 에피폴라이에 온 자들은 방향을 잃어 그 주변을 우왕좌왕하고 있었기 때문에, 날이 밝자 시라쿠사측 기병대에 잡혀 죽었다.

45. ①이튿날 시라쿠사군은 전승총을 두 개 세웠다. 한 곳은 에피폴라이 산길 어귀, 다른 한 곳은 보이오티아군이 처음으로 아테네군에 저항하고 나선 지점이었다. 아테네측은 휴전조약 아래 시체를 인수했다. ②손실된 병사수는 아테네인 및 동맹군의 병사를 포함해 극히 다수에 달했다. 나아가 포획된 무기는 사상자수를 훨씬 상회하고 있었다. 무기를 버리고 절벽에서 뛰어내린 자들 중에 살아남은 자들도 상당수 있었기 때문이다.

46. ①그 후 이 기대하지 않았던 승리로 자신감을 되찾은 시라쿠사측은 시카노스를 15척의 배와 함께 내란이 벌어지고 있는 아그라가스 시에 파견하고 되도록이면 이곳을 그들 편으로 끌어들이려 했다. 한편 길리포스는 모병(募兵)을 목적으로 육로로 시케리아의 지역을 순방했다. 에피폴라이 위에서의 전투 결과가 이렇게 된 이상 길리포스는 아테네측의 포위벽을 강습, 점거하고자 하는 희망을 품은 것이다.

47. ①아테네의 장군들은 이미 당해버린 패배와 현재 아테네군의 약점에 대해 검토를 했다. 장군들은 이 계획의 실패와, 병사들의 이번 원정에 대한 혐오감을 인정하지 않을 수 없었다. ②사람들이 질병에 걸리기 쉬운 계절이었고 진지가 습지대여서 불쾌감을 극

도로 불러일으킨 것이 원인이 되어 병자가 발생해 아테네군을 괴롭혔고, 그밖의 모든 점에서 희망을 걸 수 있는 것이 아무것도 없는 것처럼 그들 눈에는 비쳤다. ③그래서 데모스테네스는 에피폴라이 공략 작전이 실패한 지금으로서는 이 땅에 머뭇거리고 있어봤자 아무 이익도 되지 않는다며 총철수를 제안하고, 구원하러 온 아테네 선박과 더불어 아테네 선단이 아직 적을 이길 가능성이 있다면 바다를 통과할 수 있는 동안에 빨리 주저하지 말고 행동해야 한다고 말했다. ④그는 또 이젠 공략의 희망도 없는 시라쿠사보다는 자신들의 아티카에 성채를 쌓고 있는 적에 도전하는 것이 아테네를 위한 것이라고도 말하고, 여기에 눌러앉아 있으면 점점 더 많은 돈을 낭비하게 될 것이라고 주장했다.

48. ①이것이 데모스테네스의 의견이었다. 니키아스도 마음속으로는 전황의 악화를 인정하고 있었지만 이 약점을 입 밖에 내서 말하고 싶지는 않았다. 또한 그는 노골적으로 철수 문제를 아테네인이 중론에 붙여 표결하는 것이 적에게 알려지는 것을 바라지 않았다. 이것이 알려져버리면 실제로 철수하려 할 때 일을 비밀리에 진행시키기가 한층 더 어려워지리라 생각했기 때문이다. ②게다가 다른 누구보다도 적의 정보에 정통했던 니키아스는 아테네군이 참을성 있게 눌러앉아 완강히 버티면 아군의 곤경보다 더 곤란한 입장으로 적을 몰아넣을 수 있는 희망이 있다고 생각했던 것이다. 그 이유는, 적에게는 자금이 부족하다는 점이었는데, 특히 아테네측이 현재 보유하고 있는 선박으로 광범한 해역을 장악하고 있었기 때문이기도 했다. 그뿐만 아니라 시라쿠사 시 안에는 친아테네파가 있어 아테네군이 진을 풀지 않도록 다짐해오고 있었다.
③이러한 것들을 알면서도 니키아스는 실제로는 어느 쪽으로도 마음을 정하지 못하고 사태를 지켜보고 있었지만, 입으로는 공공연히

아테네군의 철수를 부정하고 있었다. 그리고 아테네 민의회의 표결을 기다리지 않고 시라쿠사 원정군이 철수하는 것을 아테네인들은 결코 인정하지 않을 것이라고 말했다. 즉 원정군에 대해 재결 투표를 하는 자들은 현장 목격자로서의 지식에 의존하지 않고 비판의 목소리를 듣고 그에 기초하여 투표하는 까닭에 교묘히 논란을 벌이는 자들의 말에 따르고 말 것이기 때문이라고 말하고, ⑧현재 목소리를 높여 그 위험을 호소하고 있는 병사들 중 많은 사람들, 아니 그보다는 오히려 거의 대부분이 아테네 본국에 돌아가면 이와 똑같은 태도로 아테네의 장군들이 뇌물을 받고 원정군을 철수시켰다고 비난의 목소리를 높일 것이라고도 말했다. 또한 니키아스 자신이 아테네인의 기질을 잘 알고 있기 때문에 아테네인으로부터 치욕을 받고 악인으로 간주되어 죽기보다는, 필요하다면 개인으로서 적의 손에 걸려 죽는 것도 감히 사양치 않겠다고 말했다. ⑨그리고 현재도 시라쿠사측은 아테네군에 비하면 아직 열세에 놓여 있다고 니키아스는 주장하고, 시라쿠사는 용병을 기르고 방채를 유지하며 지금 1년 이상이나 대(大)선단을 꾸려가고 있기 때문에 앞으로 점점 더 상태가 나빠져 조만간 궁지에 빠지고 말 것이라고 말했다. 그들은 지금까지 이미 2000탈란트나 썼고, 또 큰 빚을 지고 있으며, 그렇다고 그들이 강제로 징집한 자국 병사에 의존하지 않고 용병에 의존하고 있는 이상 지불을 늦추고 현세력에 감소를 가져오는 그런 일이 있게 되면 사태를 악화시키게 될 것이라고 말했다. 마지막 결론으로 부유하다는 점에서 아테네군이 우위에 서 있으면서도 아테네군이 이 점에서 패해 철수해서는 안 되며, 시라쿠사에 머무르며 끝까지 공략 작전을 속행해야 한다고 니키아스는 주장했다.

49. ①니키아스는 자신감을 갖고 이상과 같이 주장했다. 이유는 그가 시라쿠사의 내부 사정에 정통해 있고, 적의 자금난에 대해 알

고 있으며, 게다가 적 쪽에 많은 친아테네 분자가 있어 아테네군의 철수 반대를 통고해오고 있었기 때문이다. 그와 동시에 니키아스의 눈에는 아테네 선단이 종래 이상으로 믿음직하게 비치기 때문이기도 했다. ②이에 대해 데모스테네스는 더 이상의 체류는 일각도 허용되지 않는다고 강경히 반대하고, 아테네 민의회의 재결을 얻지 않고 철수하는 것이 불가능하고 여기에 머무르지 않으면 안 된다면 타프소스 섬이나 카타네 시로 후퇴할 필요가 있다고 말했다. 그 이유로, 그 땅으로 이동하면 육상 부대의 활동 범위가 넓어져 적의 물자를 약탈할 수도 있고 적에게 손실을 줄 수도 있으며, 해군도 적에 유리한 좁은 해역에서 나와 넓은 수역(水域)에서 전투를 벌일 수 있기 때문이라고 말했다. 그리고 또한 넓은 수역에서라면 아테네 해군의 조타 기술이 효용을 발휘해 전진하든 후퇴하든 단거리에서의 적의 제약을 받지 않고 행동할 수 있다고 주장했다. ③그리고 결론으로 데모스테네스는 이같은 지점에 머무르고 있는 데 대해 절대 반대하는 생각을 밝히고, 일각의 유예도 허용치 않고 조속히 이 자리를 떠나야 한다고 주장했다. 그리고 에우리메돈도 이 의견을 지지했다. ④하지만 이에 니키아스가 동의를 표시하지 않았기 때문에 뭔가 니키아스가 그 생각의 근거가 되는 정보를 입수한 것처럼 보여 즉시 철수를 주장하는 자들에게 일종의 자신감 결여와 주저하는 마음이 생기고 말았다. 이리하여 아테네군은 시간을 허비한 채 그 땅에 머무르고 있었다.

제 23 장
전쟁 19년째 해 — 대항에서의 전투
— 아테네군의 퇴각과 전멸

50. ①길리포스와 시카노스는 이 사이에 시라쿠사로 돌아왔다. 시카노스는 아그리가스의 참전 동의를 얻어내는 데 실패했다. 그 이유는, 시카노스가 아직 겔라 시에 있을 때 아그리가스의 친시라쿠사파가 내란 때문에 추방되고 말았기 때문이다. 한편 길리포스는 시케리아 섬 여러 지역에서 많은 군대를 모아서 돌아왔다. 그뿐만 아니라 봄에 펠로폰네소스에서 파견되어 리비아에서 셀리누스 시에 도착해 있던 수송선에 승선한 중무장병 부대도 길리포스와 함께 있었다. ②이 중무장병 부대는 폭풍을 만나 리비아로 밀려 흘러갔는데, 그곳에서 이 부대에 키레네인이 2척의 삼중노선과 수로 안내인을 제공해줘 거기에서 에우에스페리테(Euesperitae)⁴⁶⁾까지 연안을 항해했다. 마침 에우에스페리테는 리비아인에게 포위 공격을 받고 있었기 때문에, 펠로폰네소스 중무장병 부대는 에우에스페리테와 동맹을 맺고 리비아인을 격파한 뒤 이 땅에서 다시 카르타고인의 상업도시 네아폴리스(Neapolis)⁴⁷⁾로 항해했다. 여기에서 시케리아

---
46) 에우에스페리테는 오늘날의 벵가지(Bengasi).
47) 네아폴리스는 오늘날의 튀니지(Tunisie)의 나벨(Nabeul). 나벨에

섬까지는 겨우 2주야의 항행 거리인데, 이곳을 건넌 펠로폰네소스 중무장병 부대는 셀리누스 시에 도착했던 것이다. ⓐ그런데 시라쿠사측은 이들 군대가 시라쿠사 시에 도착하자마자 곧 다시 아테네의 육해 양군을 공격하고자 양면작전 준비를 갖추었다. 아테네 장군들은 적을 돕기 위해 새 군대가 온 것을 알게 되고, 또 동시에 자군의 상태가 개선되기는커녕 날마다 악화일로로 치닫고, 특히 병자가 속출해 사태를 압박하고 있는 것을 깨닫게 되자 조급히 철수하지 않은 것을 후회하기 시작했다. 니키아스도 이제는 자기 주장을 고집하지 않고 공개적인 표결을 거치지 않은 채 비밀리에 철수 명령을 전군에 전하고, 약속된 신호가 떨어지는 대로 철수할 수 있도록 준비해두라고 명했다. ⓑ그리고 마침내 그 준비도 이루어져 아테네군이 철수하기 시작하려 할 때 월식(月食)이 일어났다.[48] 마침 이 때가 만월(滿月)[49]이었기 때문이다. 그래서 아테네인 거의 대부분이 이것을 걱정하고 장군들에게 이동 연기를 제안했다. 니키아스도 여러 가지 전조를 믿는 성격이었기 때문에 점쟁이의 말에 따라 한 곳에 머물러 9일을 세 번 보낼 때까지 어떻게 조기 철수를 도모해야 할 것인가 하는 문제를 논의하는 것조차 금지해버렸다. 이리하여 철수 일보 직전에 아테네군을 막은 것은 이 월식 이외에 그 무엇도 아니었다.

51. ⓐ시라쿠사인은 이런 사정을 알게 되자 이 철수야말로 적의 약점을 말하는 것이라 보고 이미 해륙 양면에서 우위에 서 있다는

　　서 셀리누스까지 230킬로미터이므로 배의 속도를 시속 6.5킬로미터로 투키디데스는 계산하고 있다.
48) 기원전 413년 8월 27일.
49) 투키디데스는, 월식은 만월때밖에 일어나지 않는 것을 알고 있었을 것이다.

것을 깨달았다. 그리하여 아테네군에 대한 압력을 늦추어서는 안 된다며 사기를 높였다. 나아가 시케리아 섬 어느 곳에도 아테네군이 주둔하는 것을 바라지 않고 점점 더 적대행위에 박차를 가하며 자신들에게 형편이 좋은 지점에서 될 수 있는 한 빨리 적이 해전을 벌이지 않을 수 없도록 하려 했다. ②그리하여 배에 사람들을 승선시켜 납득이 갈 때까지 며칠이고 훈련을 쌓고 시기가 무르익기를 기다리는 한편, 지상군을 동원해 갑자기 아테네의 방벽을 급습했다. 아테네측은 일부 소수의 중무장병과 기병을 몇 개의 방벽 문에서 출격시켰지만, 시라쿠사군은 그 중무장병 부대 일부를 쓰러뜨리고 다른 자들을 패주시킨 뒤 추격했다. 출격한 장소가 좁아 아테네측은 70기(騎)와 소수의 중무장병을 잃었다.

52. ①그리고 이날은 이것을 끝으로 시라쿠사군은 자기 진으로 철수했다. 그 이튿날이 되자 그들은 76척의 배를 출격시키고, 동시에 육상 부대는 방벽에 다시 공격을 가했다. 아테네측은 이에 대해 86척을 가지고 대항하며 해전을 전개했다. 아테네 선대의 우익을 지휘하던 에우리메돈은 대치한 적을 포위하려고 육지 쪽으로 선열을 길게 늘였다. 하지만 시라쿠사와 그 동맹 선단이 먼저 아테네측 중앙을 돌파해 항구내 깊숙이 위치해 있는 다른 아테네 선대로부터 에우리메돈의 우익 선대를 분리시켜버렸다. 시라쿠사군은 에우리메돈과 그 지휘하에 있던 이 선대를 격멸하고, 다시 아테네 선대를 총추격해 해안으로 뒤쫓았다.

53. ①길리포스는 적선이 쫓겨 자신들의 방책이나 진지 건너편 지역에 접안(接岸)해 오는 것을 보고는 육지로 올라오는 자들을 쓰러뜨리고, 시라쿠사인이 적선을 아군에 의해 보호되는 곳으로 쉽게 끌고 갈 수 있도록 하기 위해 수하 일부와 함께 방파제가 있는 곳

으로 향했다. ②하지만 아테네인을 위해 이 지점을 방위하고 있던 티르센인이 이 부대가 대열을 흐뜨린 채 전진해 오는 것을 보고 역습을 가해 선두에 있던 자들을 패주시키고 리시멜레이아(Lysimeleia)라 불리는 습지대로 몰아넣었다. ③그러나 그 후 시라쿠사군과 그 동맹군 후속 부대가 도착해 그 수가 늘자, 아테네측도 선대를 걱정하여 이에 대항해 전투를 벌이고 시라쿠사측을 압도하며 그 중무장병 부대를 추격, 소수를 쓰러뜨렸다. 그리고 아테네 선박 대부분을 구출해 자기 진 안으로 끌고 갔다. 그러나 시라쿠사측과 그 동맹군에 19척의 배를 빼앗기고 승무원은 모두 살해되었다. ④나아가 시라쿠사측은 아테네측의 나머지 배를 불살라버리고자 잡목 장작을 수송선에 가득 싣고 여기에 불을 붙인 뒤 마침 아테네 진을 향해 바람이 불고 있어 그대로 이 배를 띄워 보냈다. 아테네인은 배가 불타버릴까 크게 두려워하며 소화에 힘써 이를 진화하고, 또 이 수송선의 접근을 막아 위험에서 벗어났다.

54. ①그 후 시라쿠사측은 해전의 승리와, 그들이 붙잡은 적의 기병과 또 방벽 가까이에서 사로잡은 적의 중무장병에 대한 승리를 기념하여 전승총을 세웠다. 아테네군도 티르센 부대가 패주시킨 육상 부대와 아테네군 자신이 다른 전역(戰域)에서 얻은 승리를 기려 전승총을 세웠다.

55. ①그러나 시라쿠사측이 승리를 얻고, 특히 데모스테네스와 함께 온 아테네 구원 선단에 시라쿠사측이 처음에는 크게 공포심을 느끼고 있었던만큼 그 아테네 해군에 대해 이렇게 결정적인 전과(戰果)를 거두게 되자, 아테네군은 완전히 사기를 잃고 깊은 실망감에 휩싸여 마침내 이 원정에 대한 후회감에 사로잡혔다. ②자신들의 나라와 같은 공민주의를 그 정치체제로 삼고 있는 이들 도시에

원정온 데다 이들 도시는 많은 기병대와 강대한 해군을 거느리고 있고, 게다가 정쟁(政爭)이나 내분을 일으켜 그것을 이용해 그들을 아테네측에 끌어들일 수도 없으며, 또 절대 우세한 무력을 그들에 대해 투입하지도 못하고, 많은 면에서 실패를 거듭해온 아테네군은 그 대책이 궁할 뿐만 아니라 생각지도 못한 해군의 패배에 의해 더욱더 곤경에 빠졌던 것이다.

56. ⓐ이에 대해 시라쿠사측은 곧 아무 위험도 느끼지 않고 자유로이 대항내를 항해하고, 항구를 폐쇄하고, 설사 아테네측이 대항을 탈출하려 해도 곧 발견할 수 있도록 하려고 했다. ⓑ시라쿠사측은 이젠 방위 대책뿐만 아니라 아테네군을 못박아놓을 방도를 연구하고, 사실 아테네군보다 훨씬 우위에 서 있는 현재 상황에서 만약 아테네군과 그 동맹도시의 원정 부대에 해륙 양면에서 완승을 거둔다면 이 투쟁은 반드시 그들의 이름을 헬라스 세계에 진동시킬 것이라고 생각했다. 즉 이 결과로 헬라스 세계는 아테네의 지배에서 해방되거나, 혹은 그에 대한 두려움이 없어지리라 생각했기 때문으로, 아테네의 잔존 세력으로는 앞으로의 전쟁을 유지·지속해 가기가 불가능하리라 추정하고, 다른 사람들로부터 시라쿠사야말로 헬라스 해방의 효시라는 영광을 부여받고, 나아가 후세에까지 찬탄의 대상이 되리라 생각한 것이다. ⓒ그리고 또 이 전투가 가치 있다고 생각한 것은, 시라쿠사는 아테네에 승리를 거둔 것이 될 뿐만 아니라 다른 많은 동맹도시에 대해서도 승리한 것이 되기 때문이었다. 게다가 그것은 그들뿐만 아니라 원군 도시와 함께, 특히 코린토스와 라케다이몬과 함께 지휘권을 장악하게 되는 것이었다. 요컨대 자신들의 도시를 먼저 위험에 걸고 해군력을 확립하는 기초가 되었기 때문이라고 본 것이다.

ⓓ사실 라케다이몬과 아테네 사이의 전쟁에 현재까지 소요된 총병

력수를 제외하면 이 한 도시에 모인 사람들의 수는 공전(空前)의 것이었다.

57. ①즉 여기에 기록하는 것과 같이 양진영은 시라쿠사에서 시케리아의 운명을 결정하고자, 한쪽은 이 섬의 정복을 노리고, 다른 한쪽은 그 방위를 걸고 싸웠다. 그들을 적과 아군으로 나눈 것은 정의(正義)도 아니고 혈연도 아니며, 오히려 각자 그 이익과 필연 (必然)이 명하는 대로 각각의 진영에 참여한 것이다.[50] ②이오니아족에 속하는 아테네인은 스스로 적극적으로 도리아족인 시라쿠사인에 도전해 왔는데, 아테네인과 함께 그 땅에 참전해 온 도시는 그들과 같은 방언을 사용하고, 그들과 아직 같은 정치 형태를 유지하고 있었던 렘노스, 임브로스, 아이기나 —— 아이기나는 당시 아직 아테네의 지배하에 있었다 ——, 그리고 아테네의 식민도시인 에우보이아의 헤스티아이아에 거주하는 헤스티아이아인 등이었다.

③이밖에 속국으로서, 혹은 독립된 동맹국으로서, 또는 공납국(貢納國)으로서 아테네군과 행동을 같이한 나라들도 있었다. ④속국으로서 공납금을 바친 도시는 에레트리아·칼키스·스티레스(Styrians)·에우보이아의 카리스토스, 그리고 섬나라 도시로는 케이오스·안드로스·테네아, 이오니아 해역으로부터는 밀레토스·사모스·키오스 등의 도시였다. 이 중에서 키오스인은 공납금을 내지 않고 독립국으로서 배를 제공하며 참전했다. 이들 도시 대부분은 이오니아족이고 또 아테네의 직접적인 이민도시이기도 했지만〔다만 카리스토스는 드리오프스족이었다〕 아테네의 속국이기도 했으므로, 이오니아족에 속해 있었지만 대(對)도리아족의 전쟁에는 아테네의

---

50) 투키디데스가 여기에 참전 도시 이름을 열거하고 있는 이유는, 각각의 도시의 참전 동기가 정의라든가 혈연 때문이 아니라 이익과 힘에 의한 것이라는 사실을 증명하고자 하는 데 있다.

강제하에 참가했다.[51] 이밖에도 속국이면서 공납금을 바치지 않고 배를 제공한 도시로는 아이올리스·메팀네가 있고, 공납금을 납입한 도시로는 테네도스(Tenedians)·아이노스(Aenians) 등을 헤아릴 수 있다. 이 아이올리스인은 아이올리스 시의 창설자인 보이오티아인이 시라쿠사족에 선 데 대해 동족이면서 어쩔 수 없이 전투를 벌여야 했다. 그러나 플라타이아만은 순수한 보이오티아인이면서 보이오티아에 대한 증오심에서 당연한 도리로 동족에게 싸움을 걸었다. ⑥로도스 및 키테라는 모두 도리아족이고, 키테라는 라케다이몬의 이민도시지만 아테네측에 가담하여 라케다이몬인과 길리포스에 칼을 겨루고, 로도스는 아르고스계의 일족인데도 도리아족인 시라쿠사와 여기에 가담한 로도스 자체 식민도시인 겔라를 상대로 전투를 벌이지 않을 수 없었다. ⑦펠로폰네소스 주변의 섬이나 도시로서는 케팔레니아와 자킨토스는 독립국이었지만 아테네 해군의 실력 앞에서 사실상 강제된 형태로 아테네측에 가담했다. 케르키라는 도리아족일 뿐만 아니라 코린토스의 이민도시며 시라쿠사와는 동계족(同系族)이면서도 표면상의 형세에 밀린 점도 있지만, 사실은 코린토스에 대한 증오심에서 적극적으로 아테네측에 섰다. ⑧메세네인도 현재의 나우파크토스나, 당시 아테네가 점령하고 있던 필로스에서 소집되어 전쟁에 참가했다. 적지 않은 메가라 망명자는 불행한 운명으로 메가라, 셀리누스인과 싸우는 결과가 되었다.

⑨다른 세력들은 보다 자주적인 태도로 전쟁에 참가해왔다. 아르고스는 아테네의 동맹도시였기 때문이라기보다는 오히려 라케다이

---

51) 여기에서 먼저 이오니아족으로 반시라쿠사전에 참가한 도시의 이름을 보면 언뜻 이 전쟁은 이오니아족 대 도리아족의 다툼, 즉 한 혈족과 다른 혈족의 다툼처럼 보이지만, 실제의 그들의 참전 동기는 아테네 속국이라는 어쩔 수 없는 입장에서 참전하고 있는 점을 밝히고 있다.

몬에 대한 증오심과 개인의 즉각적인 이득 때문에 도리아족이면서 이오니아족인 아테네를 따르며 다른 도리아족에 대항했던 것이다. 만티네아 및 아르카디아 지방의 용병은 그들에게 언제나 적의를 내보이고 있는 자들에 대한 전쟁에 적극적으로 참여해, 아르카디아인이라도 이득 때문에 코린토스군에 선 자들은 적으로 간주했다. 크레타인과 아이톨리아인은 보수에 마음이 끌려 참전했다. 이리하여 로도스인과 협력해 겔라 시를 설립한 크레타인은 보수 때문에 자신들의 이민도시의 적이 되었다. ⑩또한 아카르나니아인의 일부도 어떤 자는 임금(賃金) 때문에, 어떤 자는 데모스테네스에 대한 신뢰와 아테네에 대한 호의에서 아테네와 동맹을 맺고 아테네의 용병이 되었다. ⑪이들은 이오니아 해 연안의 주민인데, 이탈리아 연안에서는 투리오이인, 메타폰티옴인 등은 마침 한창 내란중이었기 때문에 상황의 필요에 쫓겨 아테네에 협력하고, 또 시케리아에서는 낙소스와 카타네, 그리고 이어족 중에서는 아테네의 원조를 요청한 에게스타와 시켈로스인 대부분이 아테네에 가담하고, 또 시케리아 섬 외부로부터는 티르센인과 이아피기아인이 시라쿠사와의 분쟁 때문에 아테네의 용병이 되었다. 이상의 여러 민족이 아테네측에 가담해 참전했다.

58. ①이에 대해 시라쿠사측에는 인접 도시인 카마리나 시와 그 앞에 위치한 겔라 시, 중립인 아그라가스 시를 건너뛰어 섬 끝에 있는 셀리누스 시 등이 가담했다. ②또 시케리아 섬의 리비아에 면한 지역에는 티르센 해에 접한 유일한 헬라스 도시 히메라가 있는데, 이 지방에서는 그들만이 시라쿠사 편에 섰다. ③시케리아 섬의 헬라스인 도시에서는 이상의 도시가 시라쿠사군 편에 서서 참전했다. 즉 독립해 있는 도리아계 제도시 전부와, 이어족으로는 아테네측에 넘어가지 않은 시켈로스의 도시가 시라쿠사에 가담했다. 시케

리아 섬 외부의 헬라스 도시로는 먼저 라케다이몬이 스파르타인 사령관, 새 시민 및 농노군을 시라쿠사에 제공하고, 코린토스는 육해 양군을 제공한 유일한 도시였다. 또 코린토스와 동족관계에 있는 레우카스와 암브라키아도 여기에 참가했다. 아르카디아로부터는 코린토스에 고용된 용병이 참전하고, 시키온인은 출병의 명을 받고 파병했다. 펠로폰네소스 이외의 지역에서는 보이오티아인이 참전하고 있다.[52] 그렇지만 이들 원조에 비해 모든 부문에서 시켈로스 도시의 세력들이 구성 인원의 대부분을 차지했다. 그들은 많은 중무장병, 선박, 기병 부대, 그밖의 인력을 아낌없이 동원했다. 그러나 이들 전부를 합계해도 시라쿠사인의 숫자가 그것을 상회했다. 이것은 시라쿠사 시가 컸기 때문이기도 하지만, 또 그들이 위기에 직면해 있었기 때문이었다.

59. ①이렇게 양군의 지원군이 모인 때에 이르러 뒤늦는 자 없이 모두 집합하였다. ②시라쿠사와 그 동맹군은 당연한 일이지만 해전의 승리 이래 이 전투가 그들에게 영광을 가져다주리라 생각하고 눈앞에 보이는 전아테네군의 퇴로를 해륙 양면에서 차단하고 포획하려고 노렸다. ③그래서 곧 약 8스타디아[53]의 대항 입구를 봉쇄하기 시작해 삼중노선·상선·경선을 나란히 늘어세워 투묘(投錨)시키고, 또 설사 아테네군이 다시 해전을 도발해 오더라도 그에 대처할 수 있도록 만반의 준비를 갖추며 한치의 빈틈도 없도록 해놓았다.

---

52) 투키디데스가 아테네측 도시의 참전 동기를 이익, 증오, 강제 등에서 찾아 설명하고 있는 데 반해, 시라쿠사측 도시의 참전 동기는 기록하지 않고 지리적인 소재지에 따라 그들을 구분하고 있다는 것을 주목할 가치가 있다.
53) 1킬로미터 강(强).

60. ①항구가 봉쇄된 것을 보고 또 그밖의 적의 기도를 알게 된 아테네인은 참모회의를 소집했다. ②장군과 막료들이 모여 현상황의 여러 가지 어려운 점에 대해 논했지만, 주제는 즉각적인 물자의 보급은 기대할 수 없다는 것〔즉 철수할 예정이었던 까닭에 보급물자를 보내지 말라고 카타네 시에 이미 연락해두었기 때문이다〕과, 또 제해권을 장악하지 못하는 한 앞으로의 물자 보급은 불가능하다는 것이었다. 그래서 그들은 언덕 위의 방벽을 포기하고 자군 선박 옆에 비품과 병자들에게 필요한 최소한도의 좁은 공간만을 확보해놓은 채 방벽 사이에 울타리를 두르고 이곳을 수비대에게 지키게 하고 나서, 배의 상태가 좋든 나쁘든 전선박에 가능한 한 많은 지상군을 승선시키고 적의 해군에 도전해 승리를 거두면 카타네 시로 철수하고, 그렇지 못할 경우에는 배를 불살라버리고 대열을 갖춘 뒤 육로로 이어족 도시든 헬라스 도시든 아테네군을 받아들여주는 가장 가까운 도시까지 철수하기로 결정했다. ③이상과 같이 일단 결정되자 그들은 곧 행동으로 옮겼다. 언덕 위의 방벽에서 병사들을 퇴거시켜 전선박에 승선시키고, 쓸모 있다고 생각되는 연령[54]에 이른 자는 모두 강제로 승선시켰다. ④승선이 완료된 선박수는 모두 약 110척이었다. 아카르나니아인이나 그밖의 외인 궁병 부대나 투창대도 모두 승선시키고, 이밖에 이 작전에 필요한 것은 모두 동원했다. ⑤그리고 니키아스는 전체 준비가 거의 완료되자, 병사들이 지난번 해전에서 미증유의 결정적인 패전을 경험해 사기를 잃고, 또 물자 결핍 때문에 빨리 이 위기에서 벗어나려고 애태우는 것을 보고 전원을 소집해 격려하며 다음과 같이 말했다.

61. ①"아테네인 및 동맹군 병사들이여, 눈앞에 다가온 전투는

---
54) 정규병은 모두 병역 연령에 해당하기 때문에 노예도 전투에 기용되었을 것이다,

적에게도 우리에게도 똑같이 목숨을 건, 조국의 운명을 건 전투다. 만약 우리 군이 이 해전에서 승리를 거두면 그 도시가 어디든 각자 고향을 다시 볼 수 있을 것이기 때문이다. ②결코 낙담해서는 안 된다. 서전(緒戰)의 실패로 장래의 희망을 버리는 무지한 인간이 되어서는 안 된다. ③여기 늘어선 여러분이 수많은 전투에서 경험을 쌓은 아테네인과, 또 오랫동안 그 아테네인과 전투를 같이해온 동맹군 병사인 이상, 전투에는 이변이 많다는 것을 상기하고 무운(武運)이 우리 군에 있길 기원하며, 여러분 자신이 보듯이 이 대군(大軍)에 어울리게 활동할 수 있도록 다시 결전의 각오를 다지지 않으면 안 된다.

62. ①이토록 좁은 항구 안에서 배를 조종하는 문제에 대해, 또 지난번 해전에서 우리를 괴롭힌 적의 갑판상의 방비에 대해 조타수들과 연구한 결과, 현재 우리 형편에서 가능한 범위에서 쓸모 있다고 생각되는 것은 모두 준비되었다. ②즉 많은 궁병, 투창병 및 그 밖의 집단을 배에 태우는 것은 외양(外洋)에서의 해전에서는 배의 중량을 높여 그 기동성을 빼앗기 때문에 우리가 채용하지 않는 전법이지만, 이번처럼 배에서 육상전을 벌이지 않을 수 없는 경우에는 이 조치가 유리하다는 것이 증명될 것이다. ③또 우리는 선체를 강화시킬 필요가 있음을 깨달았고, 특히 우리에게 막대한 피해를 입힌 적의 뱃머리에 부착된 금속의 돌기에 대항하여 갈고리를 준비했다. 이것은 적선이 부딪쳐왔을 때 갑판 위의 전투원이 그 자리를 지키고만 있으면 적선의 후퇴를 막는 데 도움을 줄 것이다. ④요컨대 우리는 배 위에서 육상전을 벌이지 않으면 안 되고, 특히 육지는 우리 육상 부대가 있는 지점 이외에는 모두 적지인 이상, 선박을 후퇴시켜서는 안 되며, 또 적에게 그것을 허용해서도 안 될 것이다.

63. ①여러분은 이러한 점들을 잊지 말고 전력을 다해 싸워야 한다. 그리고 결코 육지를 향해 후퇴하지 말고, 일단 적선과 접촉하게 되면 적선의 갑판 위에서 전투원을 일소해버릴 때까지는 떠나지 않을 각오를 해주기 바란다. ②게다가 이 작업은 주로 갑판 위의 활동에 의지하는 바가 크므로, 나는 선원을 격려하는 이상으로 중무장병에게 크게 기대한다. 현재 우리의 주력은 육상 세력이기 때문이다. ③조수(漕手) 여러분에 대해서는 어떤 재난이 일어나든 결코 놀라지 말길 희망하고 또 충고한다. 배는 이전보다 강한 갑판을 지니고 있고, 수도 더 많기 때문이다. 또 마음에 똑똑히 새겨두었으면 하는 것은 여러분이 받아온 은혜가 얼마나 소중한 가치가 있는 것인가 하는 점이다. 여러분 중에는 아테네인이 아닌데도 아티카 방언을 사용하고, 아테네인의 생활양식을 받아들인 덕택으로 전 헬라스의 찬탄의 표적이 되고 속국에 두려움을 주며, 다른 나라로부터 부당한 대우를 받지 않는다는 의미에서 우리의 지배력을 완전히 우리와 함께 향유해온 자들도 있다. ④그러므로 여러분은 우리와 자유로이 이 지배권을 즐겨온 이상, 지금에 이르러 그것을 배반해서는 안 된다. 수없이 우리가 패배시킨 코린토스를 경시하고, 또 우리 해군이 건재할 때에는 누구도 우리에 대항할 수 있다고 생각지 못했던 시케리아인을 격퇴해, 여러분의 기량이 패색이 짙은 불운한 상태 속에서도 운이 강한 적보다 뛰어나다는 것을 보여주지 않으면 안 된다.

64. ①나아가 아테네인 병사들에게는 다음과 같은 말로 다시금 주의를 환기시키고자 한다. 즉 조국의 항구에는 이 정도의 선단은 존재하지 않고, 또 우리 군과 같은 중무장 정예부대도 없다는 것이다. 그러므로 승리를 거두지 못하면 이 땅의 적은 새로이 동맹군들을 더 끌어들인 뒤 곧 아테네 시로 항해해 갈 것이다. 그리고 아테

네의 잔류 부대는 이것을 격퇴하지 못할 것이다. 그러므로 이 땅에 무슨 목적으로 원정해 왔는지 잘 알고 있는 여러분이 시라쿠사를 앞에 두고 여기에서 만약 무슨 일을 당하게 된다면, 아테네 본토는 라케다이몬인의 손에 떨어지게 될 것이다. ②그런 까닭에 양자의 운명은 바로 이 일전에 걸려 있으므로 이 전투에서 꿋꿋이 버텨내지 않으면 안 된다. 그리고 만약 현재 배에 오르려 하고 있는 전원이 각자 아테네의 해병이자 육군임을 자각하고, 아테네 본토에 남아 있는 사람들을 생각하고, 또 아테네의 소중한 명예를 떠올리며, 이것을 위해 모든 사람이 각기 지용(智勇) 어느 한쪽에서 공헌을 할 수 있다면, 지금이야말로 바로 그것을 보여주고, 그리하여 스스로를 돕고 모두를 구할 각오를 하지 않으면 안 된다."

65. ①니키아스는 이렇게 격려하고는 곧 배를 띄우도록 명했다. 한편 길리포스와 시라쿠사인은 아테네군이 준비하는 것을 보고 해전을 걸어오리라는 것을 알아채고 있었는데, 게다가 아테네측의 강화된 갈고리나 그밖의 장비에 관해서도 일일이 정보가 들어오고 있었다. ②그래서 배의 윗부분을 가죽으로 덮어 손붙일 곳을 적게 만들고, 던진 갈고리가 걸리지 않게 했다. 그리고 모든 준비가 갖추어지자 길리포스와 그 장군들은 다음과 같이 말했다.

66. ①"시라쿠사와 그 동맹 병사들이여, 과거에 달성한 업적이 위대하고, 이 전투가 보다 빛나는 미래의 영광을 위해서라는 것은 여러분도 잘 알고 있는 사실이라고 생각한다. 그렇지 않으면 이 정도의 열의를 보여줄 리가 없었을 것이다. 하지만 누군가 이것을 충분히 이해하지 못하고 있는 자들을 위해 설명하겠다. ②즉 아테네군은 먼저 시케리아 섬에 와서 승리를 거두면 이곳을 지배하에 두고 펠로폰네소스 및 그밖의 헬라스 세계를 수중에 넣으려 할 것이며,

또 현재까지 헬라스 세계에 고금에 없는 미증유의 대제국권(大帝國圈)을 건설하고 있다. 아테네인들이 그 모든 것을 얻은 데 도구가 된 아테네 해군에 대해 여러분이 앞장 서서 처음으로 저항을 해 지금까지 승리를 거두었고, 또 현재의 해전에서도 마땅히 승리를 거둘 수 있을 것이다. ③즉 사람이라는 것은 자신 있었던 것이 무너지면 처음부터 자신감을 지니지 않았던 것보다 훨씬 더 자신감을 잃어버리고, 자만하고 있었던 곳에서 생각지 않게 패배를 당하게 되면 실제로는 가능한 일까지 단념해버리기 때문이다. 그리고 지금 아테네인도 아마 그 예외는 아닐 것이다.

67. ①이에 반해 우리는 초기에는 미숙함을 용기로 보완하고 있었지만, 이제는 안정되어 자신감이 깊어지고, 강자를 이겨낸 우리야말로 강자임에 틀림없다 하여 우리 한 사람 한 사람의 희망이 두배로 커졌다. 그리고 대체로 시도하는 일에 성공의 전망이 있으면 사람은 점점 더 적극적이 되게 마련이다. ②우리의 장비를 흉내낸 적은 우리에게 낯설 것이 없으므로 우리는 하나하나 그것에 적응할 수 있을 것이다. 많은 중무장병이 이전 습관과 달리 갑판 위에 오르고, 본래는 육상병으로 선상에 위치해 조용히 창을 던지는 기술을 익히지 못한 아카르나니아병 및 기타 투창병이 승선해 있는데, 대체 어떻게 그들 자신이 자기들 배의 조종을 방해하지 않고, 혹은 자기들 자신의 종래 전법을 쓰지 않고 스스로를 혼란에 빠뜨리지 않을 수 있겠는가. ③또 여러분 중에는 적선의 숫자가 많은 것을 보고 이 해전을 두려워하는 자가 있을지 모르겠지만, 선박수가 많다는 것이 결코 적에게 득이 되지 않는다. 좁은 장소에 배가 많으면 생각대로 배가 움직이지 않아 자유롭지 못하게 되어 우리가 준비한 공격의 좋은 목표가 되기 때문이다. ④우리가 분명히 알고 있는 정보를 가지고 여러분에게 사태의 진상을 알리고 싶다. 적은 참패를

맛보고 현상황에 몰린 나머지 장비보다 천운(天運)을 믿고 남은 활로로 감히 위험을 무릅쓰려 하고 있다. 그리고 현상황을 더 이상 악화시키지 않으려고 항구를 억지로 돌파하든가, 혹은 이에 실패하면 육지를 통해 철수할 작전을 세우고 있다.

68. ⓛ적의 혼란상은 이상과 같으며, 그들이 운명에조차도 버림받고 있는 이상 우리는 강한 적개심을 가지고 싸우지 않으면 안 된다. 또 이와 동시에 침략자를 징벌하고자 전의를 불태우는 자를 긍정하는 것은 지극히 당연한 일이며, 또 우리 편에 승산이 있는 적을 격퇴하는 것은 속담에도 있듯이 가장 만족감을 주는 것이라는 점을 잊어서는 안 된다. ②또 우리를 예속화하려는 목적을 가지고 와 이에 성공하면 남자는 혐오해야 할 처지에 몰아넣고, 부녀자는 부당하게 취급하고, 그리고 전시(全市)에 가장 치욕스런 이름을 주려55) 하는 그런 적은 증오하고 증오해도 족하지 않은 자들이라는 것을 누구 한 사람 잊어서는 안 된다. ③이러한 자들을 불쌍하게 여기거나, 우리를 더 큰 위험에 빠뜨리지 않고 그들을 보내버리는 것이 이익이라고 생각해서는 안 된다. 왜냐하면 그들은 승리를 거두기만 하면 언제라도 똑같은 일을 할 것이기 때문이다. 그러므로 우리가 기대하는 바와 같이 적의 토벌에 성공하고, 시케리아가 종래 향유해온 자유를 더욱 확고한 것으로 만들어 후대에 전하게 될 이 전투는 그야말로 정당하다. 패하더라도 해를 입지 않고, 이기면 지상(至上)의 행운을 가져올 이 위험은 극히 드물게밖에 일어나지 않는 것이다."

69. ⓛ이처럼 시라쿠사의 장군들과 길리포스는 자군 병사들을

---
55) 즉 남자는 살해되고, 부녀자는 노예로 팔리고, 조국은 속국화된다는 뜻.

격려하고는 아테네측이 배에 올라타는 것을 보고 그들 자신도 즉시 승선하기 시작했다. ②니키아스는 현상황을 비관하고 얼마나 큰 위험이 신변에 다가오고 있는지 깨닫고는, 바야흐로 배가 해안을 떠나려 할 때가 되자 큰 위기에 직면한 자가 늘 그러듯이 전반적으로 준비가 아직 부족한 것처럼 생각되고 말해야 할 것을 충분히 다 말했다고 느껴지지 않아 다시 선장 한 사람 한 사람을 찾아가 각자의 이름과 그 부친의 이름, 부족의 이름을 들먹이며 격려하고, 그 이름을 욕되게 하지 말라고 요청하거나 조상의 빛나는 전통의 명예를 손상시키지 말라고 고무하고, 또 자유의 대표로서의 조국, 만인에게 제한 없는 행동의 자유를 허용하며 마음대로 살게 해주는 조국 아테네를 상기시켰다. 그리고 또 이런 위기에 부딪쳐 사람들이 예로부터 늘 써온 말까지 입에 담으며, 진부한 것을 말하고 있다고 생각되어도 이에 조금도 괘념치 않고, 일반적으로 아내, 자식, 그리고 조국의 신들까지 언급하며 궁지를 벗어나는 데 조금이라도 도움이 되리라 생각하고 사람들이 큰 소리로 외치는 것을 니키아스도 말했던 것이다. ③그래도 니키아스는 충분히 필요한 것을 다 말하지 못했다고 생각하며 돌아와, 배에 타고 있는 병사들의 사기를 조금이라도 높이고자 육상 부대를 이끌고 해안에 나와 되도록이면 길게 대열을 펼쳤다. 한편 데모스테네스, 메난드로스, 에우티데모스는 아테네군의 사령관으로서 승선하고 있었으므로 진지를 떠나자 곧 항구의 장벽을 향해 항구 밖으로 강행·탈출하고자 장벽 사이에 남겨진 개구부의 돌파를 시도했다.

70. ①시라쿠사와 그 동맹군은 전번과 거의 같은 수의 배를 다시 내어 일부는 개구부를 지키고, 그 나머지는 대항 전체를 에워싸고서 모든 방향에서 아테네 선단을 동시에 공격할 수 있도록 해놓았다. 그리고 시라쿠사 육상 부대는 자군의 배가 어느 지점으로 쫓

겨오든 구원하러 갈 수 있도록 채비를 갖추었다. 시라쿠사 선단의 지휘는 시카노스와 아가타르코스가 맡아 각각 선열(船列)의 양날개에서 전체를 통합하고, 코린토스 선단은 피텐의 지휘하에 선열의 중앙을 지켰다. ②그런데 나머지[56] 아테네 선단이 장벽에 접근했을 때에는 아테네측의 제1차 공격이 그곳에 배치되어 있던 배들을 격파하고 폐쇄부를 끊어놓으려 하고 있었다. 그러나 그 뒤에는 시라쿠사와 그 동맹군이 모든 방향에서 아테네 선단에 공격을 가해 전투는 장벽 부분에 한정되지 않고 대항 전체로 확산되어 유례없는 치열한 격전이 벌어졌다. ③양군 모두 조수(漕手)는 갑판장이 호령하는 대로 배를 전진시키는 데 큰 열성을 보이고, 타수(舵手)는 힘을 다해 서로 기량을 다투었다. 그리고 병사들도 적군과 아군의 뱃전이 접촉하면 선원의 기량에 뒤지지 않으려고 애쓰며 모두 각자 맡은 자리에서 다른 자들보다 뛰어난 솜씨를 보이려 했다. ④양군의 배를 합계하면 거의 200척에 가까웠는데, 이처럼 좁은 곳에서 이만큼 많은 배가 해전을 벌인 예는 없었다. 아무튼 좁은 해역에서 많은 배가 싸웠기 때문에 일단 후퇴하고 나서 적의 선열에 돌입할 여지가 없어 통례적인 수단인 선충(船衝)전법은 그다지 보이지 않고, 공격하려 하거나 그것을 피하려 한 배가 우연히 서로 충돌해 교전하는 쪽이 훨씬 더 많이 보였다. ⑤배가 달려가고 있는 동안은 갑판 위의 병사들은 적선에 돌·화살·창 등을 퍼부어대고, 적선에 뱃머리가 닿으면 백병전이 벌어져 병사들은 서로 상대 선박에 뛰어들려 했다. ⑥전장(戰場)이 좁기 때문에 종종 한 척의 배가 동시에 한편으로는 공격을 하고 다른 한편으로는 공격을 받는 상태가 벌어졌다. 또 한 척의 배가 2척, 때로는 몇 척의 적선과 동시에 교전하는

---

56) 즉 메난드로스와 에우티데모스가 먼저 그 휘하 선박을 이끌고 항구로 향하고(본권 제23장 69), 그 뒤 여기에 기록되어 있는 나머지 아테네 선단이 폐쇄되어 있는 항구로 접근했을 것이다.

궁지에 빠지거나, 타수(舵手)도 공방의 구별이 없어 일시에 모든 각도에서 여러 가지 일을 하지 않으면 안 되고, 배가 부딪치는 큰 소리가 공포를 불러일으키는 한편 지휘명령 소리도 들을 수 없게 만들었다. ⑦양군 지휘자의 입에서는 전술에 대한 명령이나 질책 소리가 수없이 튀어나왔다. 아테네인에게서 여기를 빠져나가 고국으로 안전하게 돌아갈 때는 바로 이때라며 항구 밖으로의 강행 탈출을 독려하는 소리가 높아지면, 시라쿠사와 그 동맹군에게서는 적을 놓치지 말고 승리를 거두어 각자의 조국에 신명을 다하라고 격려하는 소리가 높아졌다. ⑧더욱이 양군 장군들도 이유없이 후퇴하는 배를 보면 그 배의 선장 이름을 불러대며, 아테네 배에서는 힘들여 확보해놓은 해역보다 적이 가득한 육지 쪽이 가담하기 쉽다고 생각해 퇴각하는 것이냐고 힐문하고, 시라쿠사측의 배에서는 어떻게든 도망치려 애쓰는 아테네군인 줄 잘 알고 있으면서 왜 도피하는가 하고 격려했다.

71. ①양군의 육상 부대는 해전이 호각지세로 벌어지고 있는 동안 손에 땀을 쥐고 한편으로는 보다 큰 성과를 거두길 바라며 애를 태우고, 다른 한편으로는 더 큰 불행에 시달리게 되지 않을까 우려했다. ②모든 것을 배에 건 아테네측은 그 운명에 대한 공포가 비할 데 없어 시시각각 변화하는 전황(戰況)에 일희일비했다. ③시야가 부분적으로 제한돼 전체를 바라볼 수 없었기 때문에 아군이 우세한 곳을 보고 있는 자는 용기를 내고 이 구원을 빼앗아가지 말아 달라고 신(神)에게 열심히 기도하는가 하면, 다른 자는 아군이 패퇴하는 것을 보고 비탄의 신음 소리를 흘렸다. 이렇듯이 싸우고 있는 자보다 그것을 보고 있는 자의 마음이 천 갈래 만 갈래의 생각으로 흩어졌다. 또 어떤 자는 비등하게 싸우는 배를 보고 승부의 행방을 예측하지 못한 채 구제될지 어쩔지 승부의 갈림길에 놓인 상태로

그 마음에 따라 몸까지 좌우로 흔들면서 공포에 사로잡힌 채 고뇌의 심연 속으로 빠져들기도 했다. ⑤이처럼 같은 아테네군 중에서도 전투가 거의 비등하게 진행될 동안은 이겼다, 졌다 하는 비명 소리와 신음 소리가 한꺼번에 들리고, 이밖에 극단적인 격전의 위기 때에는 입을 벌리고 내는 온갖 소리가 들렸다. ⑥한편 배에 타고 있던 자들도 육상 부대와 똑같은 생각을 품고 있었는데, 시라쿠사와 그 동맹군은 오랜 전투 끝에 마침내 아테네 선단을 무너뜨리고 한층 더 압력을 가하며 질책, 격려의 소리와 함성을 높이 지르며 육지를 향해 아테네 선박을 추적했다. ⑥바다 위에서 적선에 잡히지 않은 아테네 선박은 이 추격을 받으며 각기 육지의 아테네 진지를 향해 도망쳤다. 이리 되자 아테네 육상 부대는 모두 똑같은 기분으로 비탄과 신음 소리를 지르고, 이 결과를 참지 못하여 어떤 자는 배를 도우러 달려가는가 하면, 다른 자는 방벽이라도 지키자며 그곳을 향해 달려갔다. 그러나 남은 대부분은 이미 어떻게 하면 자기 한 몸을 구할 수 있을까 하고 생각하기 시작했다. ⑦이때의 공포는 무엇에도 비유할 수 없었다. 일찍이 아테네군이 필로스에서 라케다이몬인에게 불러일으킨 재난을 이제 아테네군 자신이 맛보고 있었다. 즉 그때 당시 라케다이몬인은 해전에 패함과 동시에 섬으로 건너간 병사들을 잃었는데, 이제 아테네측도 뭔가 기적이라도 일어나지 않는 한 육지에서도 구원의 길을 찾을 희망은 전혀 없었다.

72. ①해전은 극도로 치열하게 벌어져 양군 모두 많은 병사와 배를 잃었다. 시라쿠사와 그 동맹군은 적을 격파하자 표류물이나 시체를 주워모아 시라쿠사 시로 귀항해 전승총을 세웠다. ②아테네인들은 불운에 기가 꺾여버려 시체나 표류 물자 수집을 요청하는 것도 잊고 밤중에 곧 철수하려고 했다. ③그러나 데모스테네스는 니키아스를 찾아가 현재도 사용할 수 있는 남은 아테네 배의 수가 적

선보다 아직 많으니 가능하면 이들 배에 또다시 병사들을 태우고 날이 새자마자 다시 항구 밖으로의 강행 탈출을 시도해보자고 제안했다. 아테네측에는 아직 약 60척의 배가 남아 있고, 이에 반해 시라쿠사측은 50척도 채 되지 않을 정도였기 때문이다. ⑨니키아스도 찬성해, 그들은 병사들에게 배에 승선하도록 요구했지만, 선원들은 패전에 완전히 사기를 잃고 승산이 있을 리 없다며 승선을 거부했다.

73. ①그래서 이제 아테네군 전체가 육로로 철수하는 데 의견이 모아졌다. 시라쿠사인 헤르모크라테스는 그들의 이러한 생각을 눈치채고, 만약 이 정도의 군대가 퇴각에 성공해 시케리아 어느 곳에 웅거하며 시라쿠사를 다시 공격할까 우려해 책임자들이 있는 곳을 찾아와 아테네군이 밤중에 퇴각하는 것을 묵인하는 것은 좋지 못한 계책이라고 지적했다. 그리고 전시라쿠사군과 그 동맹군을 동원해 도로를 폐쇄하고 산길을 우회해 이곳을 점거해야 한다고 말했다. ② 책임자들은 이 의견에 전적으로 동의하고 그 실행의 필요성도 충분히 인정했지만, 일반 사람들은 해전의 대승에 도취해 쉬고 있는 데다 그날이 제일(祭日)이기도 해〔이날 시라쿠사인은 헤라클레스 희생제를 지내고 있었다〕 그들의 출진을 설득하기가 어려울 것이라고 생각했다. ③상층부에서는 이와 같은 이유에서 이 계획의 실시가 불가능하다고 보고, 헤르모크라테스도 그들을 움직일 수 없음을 깨닫자 아테네군이 밤중에 험한 곳을 비밀리에 넘어가지 못하도록 다음과 같이 손을 썼다. 즉 밤이 되자 그는 수하 몇 사람을 기병 몇 명과 함께 아테네 진영의 병사들이 들을 수 있는 곳까지 접근시켜 친아테네파로 가장하고 아테네측 사람을 불러내게 했다. 〔이것이 가능했던 것은, 니키아스와 내통하고 있던 자들이 시라쿠사에 있었기 때문이다.〕 그리고 시라쿠사측이 통로를 점거하고 있으니 밤에 철

수하지 말고 충분히 준비를 갖춘 뒤에 낮에 철수하라고 니키아스에게 전하라고 명했다. ③이렇게 말하고 그들이 떠나자, 이 말을 들은 자들은 아테네 장군에게 보고했다.

74. ①그들은 이 이야기를 믿고 이 정보에 따라 그날 밤은 행동을 하지 않았다. 게다가 어차피 곧 이동을 시작하지 않을 것이라면 하루 더 체류하여 장병들이 되도록이면 편리하게 짐을 꾸리고, 쓸모없는 물자는 버리고 철수시에 꼭 필요한 물품만 휴대할 수 있도록 하기로 결정했다. ②시라쿠사인과 길리포스는 병사들과 함께 아테네군이 틀림없이 지나갈 지역으로 가서 하천의 여울 부분을 확보하고 또 적을 맞아 방해하는 데 적합하다고 생각되는 지점에 전열을 폈다. 또 시라쿠사의 배는 언덕에 끌어올려져 있던 아테네 선박을 포획했다. 아테네군 자신의 손으로 이미 소수의 배는 계획대로 불살라져버렸지만, 남은 배는 저항해 오는 아테네군도 없어 천천히 사슬로 엮어서 시라쿠사 시로 끌고 갔다.

75. ①그 후 니키아스와 데모스테네스가 철수 준비가 완료된 것을 겨우 보게 되었을 때는 해전이 있은 지 이미 사흘[57]이 지나 있었다. ②아테네 시도, 원정군 자신도 품었던 큰 꿈 대신 이제 전선단을 잃고 철수하는 것이 이 사태를 비참하게 만들었을 뿐만 아니라 진을 떠나기에 이르러 눈도 마음도 참을 수 없는 고뇌로 깊이 얼룩져 있었다. ③즉 시체들이 매장되지도 않고 흩어져 있고, 그 중에 아는 사람이 끼여 있는 것을 보게 되면 더욱더 슬픔과 두려움에 깊이 사로잡혔기 때문이다. 그러나 살아 남은 자들의 마음을 더욱 죄어대고 괴롭힌 것은 이들 죽은 자들보다도 살아 있으면서 뒤에

---

57) 요컨대 해전이 벌어진 날로부터 이틀 밤이 지난 날의 일.

남겨질 중상자나 병자들이었다. ④그들의 애절한 간청은 가는 자들을 당황하게 하고, 한 사람 한 사람이 함께 데려가 달라고 병사들을 불러대고, 동료나 아는 사람이 보이면 이들 무리에 매달리며 힘이 다할 때까지 쫓아갔다. 그리고 힘이 다하면 그들은 신에게 호소하는 비통한 소리와 함께 뒤에 방치되었다. 전군에는 슬픔이 넘쳐흐르고, 설사 지금까지 눈물 이상의 피해를 적에게서 받고 또 앞으로 어떤 재난이 기다리고 있을지 알지 못하는 채 공포를 느끼며 가는 자들도 이런 고뇌 때문에 발걸음은 쉽게 떼어지지 않았다. ⑤실의와 자책감에 시달려 그들의 모습은 마치 포위되었다가 함락된 대도시 시민이 난을 피해 달아나는 모습과 같았다. 이 군중은 총계 4만 명을 밑돌지 않았는데, 이 규모가 한번에 철수를 시작한 것이다. 각기 필요한 물자를 짊어지고, 중무장병이나 기병도 종래의 습관과는 달리 스스로 장비 밑에 식량을 짊어졌다.[58] 이것은 노예가 부족했기 때문이기도 하지만, 노예를 믿지 못했던 것도 한 원인이었다. 이전부터 탈주자가 있었지만, 이때가 되자 그 숫자가 급격히 증가했다. 그런데 아테네군은 충분한 식량을 휴대하고 있지 못했다. 어차피 아테네군에겐 이미 식량이 없었던 것이다. ⑥힘든 일도 나누어서 하면 가벼워진다고 했지만 전장병이 한결같이 겪은 이때의 불운과 재난은 결코 견뎌내기 쉬운 것이 아니었다. 특히 그토록 호화찬란했던 원정 당초부터 비참의 끝에 이른 이 결말까지의 과정을 되돌아보면 점점 더 그런 느낌이 강해져갔다. ⑦게다가 이만큼 큰 전락을 경험한 헬라스군은 이제까지 없었다. 즉 다른 도시를 예속화하려고 원정해 온 부대가 이제 예속될까 두려워 철수하고, 무운을 기원하며 전승가를 부르는 시민의 전송을 받으며 출정해 왔는데 이제는 사정이 바뀌어 적의 불길한 목소리에 쫓겨 떠나려 하고

---

58) 병사에게 각각 딸린 노예가 있었다는 것을 알 수 있다.

있고, 배로 왔는데도 육지로 가고, 해군력보다 육상 병력에 의지하지 않을 수 없었기 때문이다. 그러나 다가올 일대 위기에 비하면 이 모든 것을 합쳐도 아직 견뎌내기 쉬운 것으로 여겨졌다.

76. ①니키아스는 장병들이 실의에 빠져 갖가지 생각으로 혼란스러워하는 것을 보고 현재 상황에서 할 수 있는 한 원기를 북돋아주고자 큰 소리로 외치면서 대열 사이를 누비고 돌아다녔다. 되도록이면 많은 사람에게 조금이라도 도움이 돼주고자 하는 생각과 열정에서 눈앞에 있는 자들뿐만 아니라 다른 사람들도 들으라고 소리를 높여가며 니키아스는 말했다.

77. ①"아테네인과 그 동맹군 여러분, 지금 상황에서도 희망을 버려서는 안 된다. 과거에는 이런 상태보다 더 나쁜 조건 속에 있으면서도 구원받은 자들이 있었다. 또 여러분은 이런 환경 때문에, 또 현재의 부당한 곤경 때문에 멋대로 자책해서는 안 된다. ②여러분도 알다시피 나조차 여러분 그 누구보다 체력적으로 나은 바가 없고 또 병 때문에 약해져 있다. 게다가 본래 사생활이나 그밖의 면에서 나는 누구보다 행운의 길을 걸어왔다고 여기고 있었는데 여러분 중에서 가장 불운했던 자와 똑같은 위기에 나도 직면해 있다. 더욱이 내 생활은 신에 대해 부끄러울 것이 없었으며, 다른 사람들에 대해서는 친밀히 대하고 원한을 살 만한 짓은 결코 하지 않았다. ③그러므로 이런 부당한 재난을 나는 두려워하지 않으며, 장래의 희망이 내게 용기를 북돋아주고 있기까지 하다. 아마도 이 고통은 곧 가벼워질 것이 틀림없다. 적의 행운은 지금까지로 충분하고, 게다가 설사 우리의 원정이 신들의 노여움을 샀을지라도 천벌은 이미 현재까지로 충분히 우리에게 내려졌기 때문이다. ④과거에 다른 자들을 공격하고 사람으로 할 수 있는 짓을 다했는데도 겪어낼 수

없을 정도의 재난을 입지 않은 자들도 있다. 하물며 우리는 신들에게 그들보다 더 많은 은혜를 기대할 수 있지 않은가. 그것은 우리가 신들에게 자비의 대상은 될지언정 미움을 살 리가 없기 때문이다. 그리고 또 여러분 자신이 어떤 병사며, 어느 정도의 전열을 갖추고 있는지 되돌아보고 멋대로 낙담해서는 안 된다. 어디든 여러분이 머무는 곳에 여러분은 도시를 형성하고, 누구도 여러분에 대항하기 어려우며, 일단 머무르면 여러분을 추방하기란 쉬운 일이 아니다. ⑤문제는 안전과 질서를 유지하기 위해 어떻게 대열을 확보하는가에 있다. 그리고 각자 전투를 벌이지 않을 수 없을 때에는 서 있는 그 자리야말로 조국이며 방벽이라고 생각하고 그곳을 사수해야만 한다. ⑥식량이 부족한 것을 감안해서 우리는 주야를 불문하고 강행군을 감행할 것이지만, 일단 친아테네파인 시켈로스인의 도시에 들어가기만 하면, 그들은 시라쿠사에 대한 두려움 때문에 우리 편에 가담하고 있으므로 우리는 안전권내에 들어섰다고 말할 수 있을 것이다. 우리를 위해 모든 필요 물자 및 그밖의 식량을 준비해두도록 그들에게 이미 사자를 보내놓았다. ⑦요점을 말하면, 병사 여러분은 용기를 내지 않으면 구원의 길이 가까이에 있지 않음을 깨닫고, 용맹하고 과감해지지 않으면 안 됨을 알라. 그리고 일단 적의 손길에서 벗어나면 여러분이 간절히 원하는 땅을 눈앞에 둘 수 있게 될 것이며, 아테네인은 잃었던 아테네의 힘을 크게 부흥시킬 기회를 부여받게 될 것이다. 즉 사람이 국가를 만드는 것이며, 사람 없는 배나 방벽이 국가는 아니기 때문이다."

78. ①이처럼 니키아스는 장병들을 격려하며 대열 사이를 걸어다녔다. 그리고 대열이 무너져버린 부분을 볼 때마다 그 부분을 대열 속으로 다시 끌어들이고 대형(隊形)을 정돈했다. 데모스테네스도 니키아스와 비슷한 말을 자기 수하 부대원에게 말했다. ②전군은

상자형태로 편성되었는데, 선두 부대는 니키아스가 이끌고, 후미는 데모스테네스가 지휘했다. 중무장병이 바깥 부분을 지키고, 치중대(輜重隊 : 군수품)와 그밖의 대부분의 병사는 그 안에서 행군했다. ③아나포스 강의 여울 부분에 이르자 맞은편 강변에서 시라쿠사와 그 동맹군 일부가 대열을 짓고 기다리고 있는 것이 보였지만, 아테네군은 이들을 패배시키고 행군을 강행했다. 시라쿠사측의 기병대와 투창대는 이들에게 공격을 가하며 아테네군을 끊임없이 괴롭혔다. ④아무튼 이날 아테네군은 약 40스타디아의 거리를 행군하고 그날 밤은 어느 언덕 위에서 숙영했다. 그 이튿날 이른 아침에 다시 행군을 시작해 약 20스타디아 정도 나간 지점에 이르러 지금부터는 한동안 물도, 식량도 적은 곳을 지나가지 않으면 안 되었기 때문에 평지로 내려와 진을 쳤다.[59] 이 지점에는 부락이 있어 그 주민들로부터 식량과 물 보급을 받으려 했다. ⑤시라쿠사군은 이 지점에 와 아테네군의 진행 방향에 있는 통로에 방채를 쌓았다. 그 지점은 아크라이온(Acraean) 절벽[60]이라 불리는 곳으로 험한 고개가 있고, 그 양측이 급경사의 협곡으로 되어 있었다. ⑥그 다음날 아테네군이 행동을 개시하자, 시라쿠사와 그 동맹군의 기병과 투창병이 양측면에서 아테네군의 행군을 방해했다. 기병대는 아테네군이 전진하는 방향으로 말을 타고 달려가고, 투창병은 창을 퍼부어댔다. 아테네측은 오랜 동안 이들과 교전했지만, 마침내 어쩔 수 없이 출발점으로 되돌아왔다. 그러나 적 기병대의 위협 앞에서 진지를 떠날 수 없었기 때문에 저번처럼 여기에서 새로 물자를 보급받기가 이미 불가능했다.

79. ①그 이튿날 아침 일찍 다시 전진을 시도해 방채가 있는 고

---

59) 시라쿠사 시 서쪽 약 10킬로미터 지점.
60) 이 절벽은 현재의 프로리디아 시에서 서쪽으로 2.5킬로미터 떨어진 카바디 클라톨레로로 생각되고 있다.

개까지 강행군을 했는데, 여기에서 아테네군은 적의 방패가 수없이 두텁게 열을 지어 늘어서 있는 것을 발견했다. 이곳의 폭이 좁기 때문에 대열의 세로 길이가 길어졌던 것이다. ②아테네군은 이 벽을 향해 쇄도해 들어갔지만 고지에서 쏘는 쪽이 유리해, 경사가 급한 고개 위에서 공격을 받아 전진하지 못하고 뿔뿔이 흩어진 채 다시 출발점으로 후퇴해 휴식을 취했다. ③이 사이에 폭우가 쏟아져내렸다. 늦은 가을에는 흔히 있는 현상이지만, 아테네군은 이 때문에 더욱 사기가 떨어지고 일어나는 일을 모두 자신들의 괴멸과 연관지어 생각했다. ④이리하여 아테네군이 휴식을 취하고 있는 사이에, 길리포스와 시라쿠사인은 한 부대를 보내 아테네군의 후방, 즉 아테네군이 지나온 통로 위에 방벽을 쌓게 하려 했다. 아테네측도 반격 부대를 보내 이를 방해했다. ⑤그 후 아테네측 전군은 평지에서 이동해 그곳에서 숙영했다. 그런데 그 이튿날이 되어 전진을 시작하자, 시라쿠사측이 아테네측을 완전히 포위하고 사면팔방에서 공격을 해왔다. 아테네측의 사상자수가 점점 늘어났다. 아테네군이 반격해 나오면 적은 후퇴하고, 아테네군이 뒤로 물러서면 전진했다. 특히 시라쿠사군은 아테네군의 후미에 공격의 중점을 두고 이 부분을 분쇄하면 전군이 동요하리라 생각했다. ⑥그리고 아테네측도 그 상태로 오랫동안 싸웠지만, 마침내 5, 6스타디아 전진한 평지에서 정지했다. 그곳에서 시라쿠사측도 자기 진지로 돌아갔다.

80. ①그날 밤 니키아스와 데모스테네스는 서로 의논한 결과 전황의 불리, 모든 물자의 부족, 집요한 적의 공격에 의해 전투를 전개할 수 없는 사람들이 속출하는 등 때문에 그때까지 지나가려고 한 통로를 단념하고, 시라쿠사군이 감시하고 있는 곳의 반대쪽에 있는 바다로 이동하기로 결정했다. ②이 도로는 아테네군을 카타네 시로 인도하지 않고 시케리아 섬의 다른 부분, 즉 카마리나 시·겔라 시 등과 이 방면의 헬라스나 이어족 도시로 통하고 있었다. ③아

테네군은 많은 횃불에 불을 붙이고 나서[61] 밤중에 행군을 개시했다. 두려워하는 것은 어느 군대에나 있는 일이지만, 대군(大軍)이 되면 그 느끼는 것도 강하고, 특히 야간인 데다 적진 부근의 적지를 가기 때문에 큰 혼란에 빠졌다. ④니키아스 부대는 그 지휘에 따라 대열을 흐트러뜨리지 않고 전진을 계속했지만, 전군의 반수 이상이 되는 데모스테네스의 부대 행진은 사뭇 지체되고, 게다가 대열이 흐트러져버렸다. ⑤그렇지만 밤이 샐 무렵쯤에 그들은 해안에 도착하고, 헬로론[62]이라 불리는 도로를 따라 앞으로 나아가 카키파리스(Cacyparis) 강[63]에 이른 뒤 그곳에서 강줄기를 따라 내륙으로 향할 예정으로 있었다. 그리고 그곳에서 먼저 사자를 보내두었던 시켈로스군과 만나려 한 것이다. 그런데 이 강가까지 와보니 이미 시라쿠사군의 한 부대가 진을 치고 방책을 두르고 있는 것이 보였다. 아테네군은 이곳을 강행 돌파해 강을 건너고, 다시 또 에리네우스 강[64]으로 향했다. 이 경로는 길안내자의 권유에 따른 것이었다.

81. ①날이 밝아 아테네군이 이동한 것을 알게 된 시라쿠사인과 그 동맹군은 아테네인을 일부러 놓아주었다고 길리포스를 질책하고 급히 그 추적에 나섰다. 그러나 그 행방이 간단히 밝혀져 대낮 무렵에는 이미 따라붙고 있었다. ②밤행군의 피로로 대열이 흐트러지고 완만한 움직임을 보이고 있던 데모스테네스의 후미 부대를 습격

---

61) 이 횃불은 아테네군이 이동하지 않고 진지에 머물러 있는 듯 보이려는 수단.
62) 헬로론 시는 시라쿠사 남쪽 약 25킬로미터 지점에 있다.
63) 카키파리스 강은 현재의 카시비리 강.
64) 에리네우스 강의 위치는 확증되지 않았지만, 17세기의 대지진으로 고갈된 캬바 만마레디일 것이라 여겨지고 있다. 이곳은 아브라 남쪽, 카시비리 강 남쪽 약 9킬로미터 지점에 있다.

하고는 곧 전투를 벌였다. 시라쿠사측의 기병대는 적의 후미와 선행 부대가 둘로 나뉘어 있는 덕분에 후방 부대를 어려움 없이 포위하고 한 지점으로 몰아넣었다. ③니키아스의 선행 부대와는 50스타디아[65] 정도 떨어져 있었다. 니키아스가 선행 부대로 급히 서둘러 간 것은, 머물러 싸울 상황이 아니고, 어쩔 수 없지 않는 한 싸우지 않고 급거 철수하지 않으면 안 된다고 생각하고 있었기 때문이다. ④한편 데모스테네스는 후미에 있었기 때문에 적의 첫 공격을 받아 언제나 선행 부대보다 괴로운 상태에 놓여 있었다. 그리고 시라쿠사 추격대가 습격해 온 것을 알게 되자 행군을 멈추고 전열을 폈다. 그곳에 머물러 있는 동안에 적에게 포위된 데모스테네스도, 그 주위에 있던 자들도 완전히 혼란 상태에 빠져버렸다. 그 이유는 그들이 주위가 벽으로 둘러싸인 곳으로 밀려들어갔기 때문으로, 그 양쪽에는 통로가 있고 올리브숲이 있었다. 시라쿠사군은 그 주위에 서서 창을 던졌다. 시라쿠사측이 백병전을 택하지 않고 이런 사격전을 택한 이유는 결사적으로 몸부림치는 자에게 감연히 칼로 맞서는 것은 아테네군에 유리해 시라쿠사군이 취해야 할 전법이 아니었고, 또 이만큼 승리가 확실한 상황에서 그 전에 죽어버린다면 자기 목숨이 아깝다는 생각이 들은 데다가 어떻게든 아테네군을 항복시켜 생포하려 했기 때문이다.

82. ①그곳에서 시라쿠사측은 하루 종일 아테네인과 그 동맹군에게 사면팔방에서 화살과 활을 퍼부어대고 아테네측이 부상자, 기타 피해로 극도의 피로에 이른 것을 간파하자, 길리포스와 시라쿠사인 및 그 동맹군은 우선 아테네측에 있는 시케리아 섬 주민에게 투항자는 자유로이 풀어주겠다고 선언했다. 이에 응한 도시는 있었지만 많지는 않았다. ②그 후 데모스테네스가 지휘하는 전부대와의

---

65) 약 700미터.

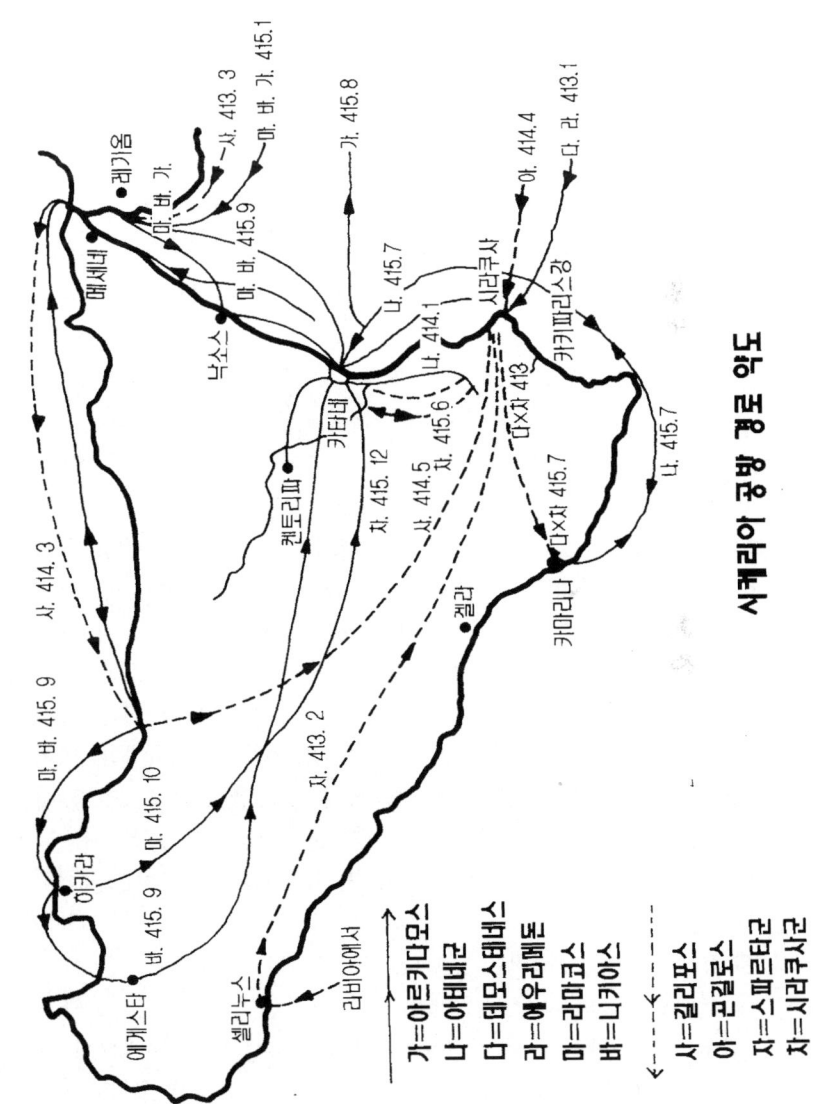

사이에 아테네측은 무장을 완전히 해제하고, 시라쿠사측은 폭력·투옥·필요한 물품 결핍 등에 의해 살인 행위는 하지 않는다는 조건으로 항복조약이 체결되었다. ③이 조약에 따라 무장 해제된 자가 총계 6000명 정도였다. 그리고 소지한 금품은 뒤집은 방패 속에 모아졌는데 4개 방패 속에 가득 찼다. 이것들은 곧 시라쿠사 시내로 운반되었다. 한편 니키아스와 그 부대는 이날 안으로 에리네우스 강변에 도착해 이곳을 건넌 뒤 고지에 올라 휴식을 취했다.

83. ①그 이튿날 시라쿠사군은 니키아스를 추격해 데모스테네스가 항복한 것을 전하고 니키아스도 똑같이 항복할 것을 요구했다. 니키아스는 이 말을 믿지 않고 척후 기병을 보낼 동안 휴전할 것을 제안했다. 이 기병이 돌아와 그 사실을 전하자 니키아스는 길리포스와 시라쿠사인에 대해 아테네인을 대표해 다음과 같은 조약을 체결할 용의가 있다고 전했다. 그 조건은 즉 시라쿠사측이 만약 니키아스의 군대를 풀어주면 이번 전쟁에서 시라쿠사가 지출한 총액을 아테네인이 변상하고 그 변제가 완료될 때까지 1인당 1탈란트의 계산으로 아테네 병사를 인질로 시라쿠사가 확보한다는 것이었다. ③시라쿠사인과 길리포스는 이 조건에 만족하지 않아 이를 거절하고는 아테네군을 완전히 포위하고 공격을 가하며 날이 저물 때까지 화살이나 창을 퍼부어댔다. ④그들도 데모스테네스의 부대와 마찬가지로 물자와 식량 결핍이 완전히 극에 달해 있었다. 그래도 다시 밤이 되자 조용해지길 기다려 이동하려 했다. 그리고 무기를 들자 시라쿠사측은 이것을 감지하고 함성을 질러댔다. ⑤아테네군은 적에게 발각된 것을 알게 되자 그 자리에 다시 머물렀다. 다만 약 300명 정도는 적의 경계망을 돌파해 야음을 틈타 도망쳤다.

84. ①니키아스는 날이 새자 부대로 하여금 행동을 개시하게 했다. 시라쿠사와 그 동맹군도 전날과 똑같은 전법으로 사면팔방에서

공격을 가하며 화살과 창을 비오듯 퍼부어댔다. ②아테네군이 아시나로스(Assinarus) 강⁶⁶⁾에 쇄도하자, 시라쿠사측의 무수한 기병대와 기타 군대가 일제히 공격을 가하며 에워쌌다. 하지만 아테네군은 극도의 피로와 갈증 때문에 이 강만 건너면 사태가 호전되지 않을까 하는 착각에 빠져들었다. ③그리고 일단 그곳에 도착하자 뿔뿔이 앞을 다투어 흩어져 달려내려가자 적은 그것을 노려 쓰러뜨리며 도강(渡江)을 저지했다. 아테네군은 한 덩어리가 되어 서로 밀치락 달치락하며 누가 넘어지면 그 위를 밟고 넘어가고, 창에 맞아 쓰러지는 자가 있는가 하면, 서로 뒤엉켜 쓰러지는 자도 있었다. ④맞은편 강변의 급경사진 둑 위에서 시라쿠사군은 열심히 물을 마셔대는 많은 아테네군을 향해 화살을 쏘아대고 창을 던졌다. 아테네군은 깊은 하천 바닥에 스스로 뛰어들고 극도의 혼란 상태에 빠져들었다. ⑤펠로폰네소스군이 강으로 내려와 특히 강물 속에 있는 자들을 베어 쓰러뜨려 물이 곧 탁해지고 더러워졌지만, 그래도 상관하지 않고 피와 진흙이 뒤섞인 물을 아테네군은 다투어 마시고, 또 많은 자들이 그것을 마시려고 애를 태웠다.

85. ①마침내 강물 속에 시체가 첩첩이 쌓일 만큼 쌓이고 강변에 있던 자들도 살해되고 그곳을 피해 도망친 자들도 기병대에 쓰러지자, 니키아스는 시라쿠사인보다 길리포스를 신뢰하고 있었기 때문에 길리포스에게 신병을 의탁했다. 그리고 길리포스와 라케다이몬인에게 자신은 그들 마음대로 처우해도 괜찮지만 다른 장병은 죽이지 말아 달라고 요청했다. 그래서 그 후 곧 길리포스는 전원을 포로로 잡으라고 명했다. ②그래서 상당수에 이른 도망자를 제외하고는 모두가 사로잡히고, 또 지난 밤에 시라쿠사측의 경계망을 뚫고 탈주한 300명도 추격대에 잡혔다. ③공개적으로 알려진 포로의

───────────

66) 아시나로스 강은 현재의 노트 강으로 카시비리 남쪽 11킬로미터 지점에 그 하구가 있다.

총수는 그다지 많지 않았다. 그 대부분은 무사히 멀리 달아나 시케리아 섬으로 퍼졌다. 그 이유는 데모스테네스가 항복할 때처럼 조약이 체결되지 않았기 때문이다. ③많은 사람들이 그 자리에서 살해되고, 그 수는 이번 시라쿠사전 이외에는 그 유례를 볼 수 없을 정도로 많았다. 나아가 철수 행군중에 벌어진 무수한 전투에서 쓰러져 죽은 자의 수도 많았다. 그러나 도망치는 데 성공해 돌아갈 수 있었던 자도 있는가 하면, 당분간 노예가 되어 있었던 자도 많았다. 그리고 이들은 그 후 카타네 시로 도망쳐 들어갔다.

86. ①시라쿠사군과 그 동맹군은 많은 포로와 포획품을 가지고 시라쿠사 시로 돌아왔다. ②그리고 사로잡힌 아테네인과 그 동맹군 병사들은 채석장에 투옥되었다. 시라쿠사인은 채석장이 죄수들을 넣어두는 데 가장 안전하다고 생각했기 때문이다. 니키아스와 데모스테네스는 길리포스의 반대가 있었지만 살해되었다. 길리포스가 반대한 이유는 적의 장군을 라케다이몬 및 기타 다른 도시에 끌고 돌아가는 것이야말로 승리의 영광이라고 생각하고 있었기 때문이다. ③그것은 때마침 데모스테네스는 필로스와 스팍테리아 사건으로 라케다이몬인에게는 불구대천의 적이었고, 또 니키아스는 같은 사건으로 라케다이몬인에게 가장 호의를 보인 사람이었기 때문이다. 스팍테리아의 라케다이몬인 포로 송환에 가장 애쓴 사람이 바로 니키아스며, 그것이 실현되도록 아테네인을 설득해 조약을 체결시킨 것도 그였기 때문이다. ④이 때문에 라케다이몬인은 니키아스에 대해 호의적이었고, 니키아스도 이 일로 적지않이 그들을 신뢰하고 있었기 때문에 길리포스에게 자신의 신병을 인도했던 것이다. 그러나 전해지는 바에 따르면 시라쿠사인 일부가 니키아스가 고문을 받게 되면 니키아스와 내통하고 있었던 것이 밝혀져 그 죄로 모처럼 성공한 이때에 또 불필요한 문제가 일어날까 우려했고, 또 다른 자들이, 특히 코린토스인은 니키아스가 부자이기 때문에 사람들을 매

수해 죽음을 면하고 그들에게 새로운 사건을 야기시킬까 우려해서 동맹군에게 니키아스를 죽일 것을 주장했다는 것이다. ⑤니키아스를 살해한 동기는 대체로 이것이거나, 또는 이에 가까운 이유 때문이었다. 니키아스의 전생애는 깊은 신앙에 의해 이끌리고 있었기 때문에, 이러한 비참한 최후를 마친 것은 나와 동시대의 헬라스인 중에서 가장 어울리지 않은 인물이었다.[67]

87. ①채석장에 투옥된 포로들은 시라쿠사인에게서 처음에는 가혹한 대우를 받았다. 좁은 구덩이 속에 많은 수가 들어 있는 데다 태양이 내리쬐고 지붕이 없어 견디기 힘든 열기에 찌들리고, 밤에는 반대로 추운 가을 하늘로 변해 그 급격한 변화 때문에 병자가 속출했다. ②게다가 장소가 좁아 모든 일을 같은 장소에서 처리하지 않으면 안 되고, 전투에서 입은 상처나 기후 변화 때문에 죽어가는 자들의 시체도 첩첩이 쌓인 채 방치되어 있었다. 그 때문에 악취를 견뎌내기가 힘들고, 또 굶주림과 갈증이 그들을 괴롭혔다. 아무튼 8개월 동안 1인당 1인분의 곡류가 2코티레, 물은 1코티레였다.[68] 이런 상황하에 놓인 자들에게서 일어날 수 있는 온갖 괴로움과 재난이 그들에게 닥쳐왔다. ③약 70일간 모두 이런 고통을 맛보았는데, 그 후 아테네인과 그에 가담한 시케리아인·이탈리아인을 제외하고 다른 자들은 모두 노예로 팔렸다. ④포로의 총수를 확실히 알기는 어렵지만, 그래도 7000명[69] 이상이라는 것은 확실할 것이다.

---

67) 투키디데스가 니키아스를 동정하고 있는 것이 아니다. 운명의 톱니바퀴가 신앙의 유무를 무시하고 움직여가는 데 투키디데스는 주목하고 있다.

68) 1코티레의 액체는 0.27리터. 곡류 1코티레는 270~275cc.

69) 데모스테네스와 함께 사로잡힌 자가 6000명이므로(본권 제23장 82), 니키아스와 함께 사로잡힌 자는 겨우 1000명이라는 것이 된다. 본권 제23장 75~80에서 니키아스는 처음에 약 2만 명을 지휘하고 있었던 것을 알 수 있다.

⑤이 전투는 이번 대전 중 최대의 동란이었다. 생각건대 우리에게 전해지고 있는 헬라스 세계의 전투 중에서 이 전투야말로 승자에게는 가장 큰 명예를 주고, 패자에게는 최대의 불행을 가져온 전투일 것이다. ⑥아테네는 모든 면에서 완패하고, 그 모든 고난도 물거품으로 화했으며, 그들의 해륙 양군은 궤멸당했다. 게다가 많은 출정 병사 중에서 귀환한 자는 극히 소수에 불과했다. 이상이 시케리아에 관한 전말이다.

제8권

제 24 장
전쟁 19년째와 20년째 — 이오니아의 반란
— 페르시아의 간섭 — 이오니아에서의 전쟁

1. ⑴아테네에 이 정보가 전해지자, 상황을 정확히 전하기 위해 시케리아에서 귀국해 이 재난을 면한 역전(歷戰)의 병사들[1]조차 그 정도의 병력이 그렇게 간단히 궤멸돼버렸으리라 생각하지 않고, 오랫동안 이 소식을 믿지 못했다. 그러나 사실이 확인되자 이 원정에 찬성했던 정치가들을, 대중은 자신들이 원정을 지지하고 찬성표를 던졌던 것도 잊은 듯이 비난하고, 당시 시라쿠사 원정에 희망을 품게 하고 대중들을 선동한 예언자, 점쟁이 등등에 대해서도 분노를 나타냈다. ⑵사람들은 이 사건 때문에 극단적인 공포와 경악에 사로잡혔다. 중무장 부대를 잃고, 기병대를 잃고, 그리고 병역 적령자층을 잃어 이젠 그것을 보충할 수도 없는 상황에서 도시 전체도, 또 일개 시민으로서도 침울해지지 않을 수 없었다. 게다가 선고(船庫)의 배는 부족하고, 국고(國庫)의 재산도 탕진되고, 배에 탈 승무원도 없으니 구원의 길이 없다고 사람들은 절망했다. 적 선

---
[1] 제7권 제21장 11에서 니키아스는 그때까지 많은 편지를 보냈다고 쓰고 있으므로, 마지막까지 상당히 많은 병사가 보고하기 위해 본국에 돌아가 있었을 것이다.

단이, 특히 이런 대승리를 거두었기 때문에 오늘이라도 시케리아에서 피라이에우스 항으로 입항해 아테네를 공격하고, 아티카에 있는 적도[2] 아테네와의 동맹을 파기한 도시들을 규합해 모든 장비를 두 배로 증가시켜 해륙 양면에서 아테네를 공격해 오리라고 사람들은 생각했다. ③그래도 그들은 현상황에서 항복하는 것은 좋은 계책이 아니라고 판단하고는 쓸모 있는 재목, 자금을 어디든 가능한 곳에서 모아 선단을 건설하고, 동맹도시의 문제, 특히 에우보이아와의 관계[3]의 안정을 강화하고, 국내에서는 재정 긴축을 꾀하고, 현상황에 관해 필요할 때에 권고할 수 있는 장로(長老)위원의 선출을 결정했다. ④민중의 움직임이 늘 그렇듯이 현재의 두려움 속에서 가능하나마 안정화 채비를 갖춘 것인데, 아무튼 이런 것들을 결정하자 그들은 그것을 실행에 옮기고, 이 해 여름은 저물었다.

2. ①겨울이 되자 시케리아에서의 아테네군의 대패퇴는 곧 전헬라스 세계를 동요시키고, 지금까지 중립을 지키고 있던 도시는 요청도 받기 전에 전쟁을 방관하고 있어서는 안 되겠다며 타도 아테네의 결단을 내리고, 아테네가 만일 시케리아에서 성공을 거두었다면 반드시 자기들 땅에 밀려닥쳤을 것이라고 각 도시는 생각하고, 또 이것을 동시에 이 전쟁의 고비로 보고 승전하는 쪽에 가담하는 것이 상책이라고 생각했다. 한편 종래의 라케다이몬 동맹도시는 한시 바삐 무거운 부담을 덜어버리고자 전보다 더 크게 사기를 올렸다. ②그 중에서도 아테네의 지배하에 있었던 도시들은 감정에 휩쓸

---

2) 즉 데켈레아에 있는 펠로폰네소스군을 가리킨다.
3) 에우보이아는 아테네에 있어 전술적으로도 지리적으로도 물자 보급로로서, 또 적의 습격을 피하기 위한 피난처로서 중요한 의미를 지니고 있었다. 제2권 제6장 14, 제7권 제21장 28, 본권 제26장 96 등을 참조할 것.

린 채 정황 판단을 하고 자신들의 실력을 무시하고 반기를 들어 아테네가 적어도 다음해 여름까지는 버티리라는 말에도 귀를 기울이지 않았다. ③라케다이몬인 도시를 고무시킨 이유 중에서도 특히 중요한 것은, 시케리아에 있는 라케다이몬 동맹도시가 지금까지는 필요에 쫓겨 해군력을 길러왔는데, 그들이 그 대병력을 이끌고 봄이 되자마자 원정해 올 가능성이 높다는 점이었다. ④모든 면에서 밝은 전망을 지닌 라케다이몬인은 아무 주저 없이 전쟁 완수에 전념했다. 이것은 승리를 획득하는 그날에야말로 시케리아를 정복해 시종 아테네인이 라케다이몬을 위협하리라는 그런 위험으로부터 그들이 비로소 벗어나고, 또 아테네를 완전히 굴복시켜야만 라케다이몬인이 안심하고 전헬라스에 군림할 수 있으리라고 생각했기 때문이다.

3. ①그래서 라케다이몬의 왕 아기스는 조속히 이 해 겨울 동안에 소수의 휘하 군대와 함께 데켈레아에서 나와 선단(船團)건설 자금을 여러 동맹도시로부터 모으고, 멜리에 만(Malian)으로 가 예전의 분쟁[4]을 이유로 오이타인의 소유물을 대량으로 약탈했다. 그리고 그것을 반환하는 대가로 오이타인으로부터 현금을 징수하고, 또 아카이아족의 프티오티스인과, 비판적이고 복종하지 않는 테살리아족에 종속되어 있던 도시에게는 인질과 자금을 내놓도록 강요하고, 인질은 코린토스로 보내고 이들 도시를 라케다이몬의 동맹도시로 삼으려 했다. ②라케다이몬인은 도시가 100척의 배를 건조하는 것을 목표로 삼았다. 그 내역을 살펴보면 라케다이몬 자체와 보이오티아가 각각 25척씩, 포키스와 로크리스가 15척, 코린토스는 15척, 아르카디아·펠레네·시키온이 공동으로 10척, 메가라·트로이젠·에피다우로스·헤르미오네도 공동으로 10척을 제공하게 되어

---

4) 기원전 426년의 사건을 가리키고 있다. 제3권 제11장 92 이하를 참조할 것.

있었다. 나아가 그밖의 준비도 갖추며 이른 봄의 전투에 대비했다.

4. ①아테네인도 계획대로 준비를 계속해 목재를 모아 선박 건조에 힘썼다. 수니온 곶에 방벽을 쌓고 식량 수송선이 안전하게 회항할 수 있도록 도모하고,[5] 또 시케리아 원정 도중에 쌓은 라코니아의 방채[6]를 헐어버렸다. 이밖에 불필요한 지출이라고 생각되는 것은 모두 생략하고 경제 긴축을 실시하며, 특히 아테네 동맹도시의 이반을 방지하는 데 주력했다.

5. ①이처럼 양진영이 다시 새로운 전쟁 상태로 돌입할 움직임을 보이고 있었으므로, 이 해 겨울에 우선 에우보이아가 아테네 동맹 이탈과 관련하여 아기스가 있는 곳으로 사찰을 보내왔다. 아기스는 그 교섭을 승인하고는 라케다이몬에서 와 있던 스테넬라이다스의 아들 알카메네스와 멜란토스(Melanthus)를 지휘관으로 삼아 에우보이아로 파견하기로 결정했다. 아기스는 그들에게 신시민병(新市民兵)[7] 약 300명을 주고 출병 준비를 하게 했다. ②그런데 이때 레스보스로부터 사자가 또 찾아와 아테네 동맹에서 이탈하겠다는 의향을 전하고, 게다가 보이오티아인이 레스보스인의 이런 움직임을 지지해, 아기스는 에우보이아에 대한 결정을 반복하고 레스보스의 아테네 동맹 이탈을 돕기로 했다. 그리고 에우보이아를 향해

---

5) 데켈레아를 빼앗긴 아테네는 식량을 에우보이아에서 데켈레아를 경유해 육상으로 운송할 수 없게 되자, 수송선이 수니온 곶을 회항해 아테네로 들어오고 있었다. 제7권 제21장 28 참조.
6) 제7권 제21장 26 참조.
7) 신시민은 농노계급과 주주민(周住民)계급 중간에 있었던 계급으로, 대부분은 농노로 뭔가 공적을 세워 한정된 시민권을 부여받은 자를 가리킨다. 제7권 제23장 58 참조.

출발하려 하고 있던 알카메네스를 레스보스인에게 총독으로 주고, 보이오티아인과 아기스는 각기 10척씩 배를 파견할 것을 레스보스인에게 약속했다. ③이 조치는 라케다이몬 본국의 훈령을 받지 않고 행해졌다. 즉 아기스는 데켈레아에 있는 한 휘하 병력에 대해 절대권을 지니고 자신이 원하는 곳에 병력을 파견하고 징집할 수 있으며, 또 공납금을 징수할 수도 있었기 때문이다. 아무튼 이 시기에는 라케다이몬 동맹군은 라케다이몬 본국의 지시보다도 아기스의 명령을 오히려 더 따랐다고 말해도 좋을 정도로, 그가 어디를 가든 그 권력에 두려움을 품지 않는 곳이 없었다. ④그런데 아기스가 레스보스 문제에 몰두하고 있는 동안, 키오스도 에리트라이도 자주적으로 아테네 동맹 이탈을 꾀했다. 그러나 그들은 아기스가 있는 곳으로 가지 않고 라케다이몬 본국과 교섭했다. 그들의 사절 일행과 함께 아르타크세르크세스의 아들 다레이오스 왕의 장군으로 소아시아[8] 지역을 다스리고 있던 티사페르네스(Tissaphernes)의 사자도 라케다이몬에 갔다. ⑤이 티사페르네스도 펠로폰네소스와 손을 잡으려고 자금 제공을 약속했다. 그 이유는 이즈음 다레이오스 왕[9]이 이 지방으로부터의 공납금 납입을 티사페르네스에게 재촉해왔는데, 아테네 때문에 그는 이 지방의 헬라스 도시로부터 공납금을 징수하지 못하고 있던 참이었기 때문이다. 티사페르네스는 아테네를 약체화시킴으로써 공납금 징수가 촉진되리라 생각하고, 또 이와 동시에 라케다이몬을 다레이오스 왕의 동맹국으로 삼을 수 있고, 그리 되

---

8) 소아시아 지역이란 이 경우 현재의 터키 서해안 지방을 가리키고, 또 티사페르네스에게 위탁된 지역은 이 지역 중에서도 아트라미티옴 이남을 의미하는 것으로 보인다.
9) 이 왕(王)은 다레이오스 2세로 아르타크세르크세스 1세의 서자(庶子). 기원전 424~405년까지 페르시아를 통치했다.

면 왕의 명령대로 카리아에서 왕에게 모반을 일으킨 피수트네스[10]의 서자 아모르게스(Amorges)를 죽이거나 혹은 생포할 수도 있으리라 생각했다.

6. ⓐ이처럼 키오스인과 티사페르네스는 공동으로 행동을 했다. 한편 라오폰(Laophon)의 아들인 메가라인 칼리게이토스(Calligeitus)와 키지코스인(Cyzicene) 아테나고라스(Athenagoras)의 아들인 티마고라스는 두 사람 모두 각각 조국으로부터 추방되어 있었기 때문에 파르나케스의 아들 파르나바조스[11]에게 몸을 의탁하고 있었는데, 이 두 사람이 파르나바조스의 사절로 파견되어 때마침 이 무렵 라케다이몬에 도착했다. 그 목적은 헬레스폰토스에 라케다이몬의 배를 보내게 하는 것과, 티사페르네스의 희망과 마찬가지로 가능하면 공납금을 목표로 자령(自領)내의 헬라스 도시들을 아테네로부터 이반시키고 파르나바조스의 힘으로 라케다이몬을 다레이오스 왕의 동맹국으로 삼으려는 데 있었다.

ⓑ파르나바조스가 보낸 일행과 티사페르네스가 보낸 일행이 서로 독자적으로 그 목적을 달성하려고 해, 라케다이몬인 사이에 큰 분쟁이 일어났다. 한쪽은 이오니아·키오스를 향해 선단과 병력을 우

---

10) 피수트네스에 관해서는 제1권 제4장 115와 제3권 제9장 31을 참조할 것.
11) 제2권 제7장 67에 파르나바조스의 아들 파르나케스의 이름이 기원전 430년의 기사(記事) 중에 나타나고, 제5권 제15장 1에도 다시 그 이름이 기원전 422년의 사건과 함께 기록되어 있다. 그리고 기원전 413년의 기사인 본절에 파르나케스의 아들 파르나바조스의 이름이 보이므로, 페르시아 왕의 대관(代官)으로서 헬레스폰토스 지방을 다스린 것은 세습으로, 파르나바조스·파르나케스·파르나바조스로 계승되었다고 생각된다.

선적으로 파견할 것을 주장하고, 다른 한쪽은 먼저 헬레스폰토스로 파견해야 한다고 말했다. ③그러나 대세는 티사페르네스와 키오스인 쪽으로 기울어져 있었다. 그 이유는, 알키비아데스가 그들을 지지했기 때문이었다. 알키비아데스의 가계(家系)는 본래 독시관(督視官) 엔디오스(Endius)의 가계와 아주 친밀한 교우관계를 지니고 있었다. 이 때문에 라코니아 이름인 알키비아데스란 이름이 그의 가계에서 사용되고 있었던 것이며, 엔디오스가 알키비아데스의 아들이라고 불리고 있는 것으로도 그 까닭을 알 수 있다. ④아무튼 라케다이몬인은 이런 대세에도 불구하고 먼저 주변에 살던 주민 중 한 사람이었던 프리니스(Phrynis)를 키오스에 보내 보고되고 있는 정도의 선단을 키오스인이 보유하고 있는지, 또 키오스 시가 정보대로 신뢰할 수 있는 도시인지 시찰케 했다. 귀국 보고에 의해 모든 것이 사실임이 확인되자, 라케다이몬인은 곧 키오스 시 및 에리트라이 시와 동맹을 맺고 40척의 배를 파견할 것을 표결했다. 또한 키오스인은 키오스에는 60척 이상의 배가 이미 있다고 말했다. ⑤그리고 라케다이몬인은 먼저 40척 중에서 최초의 10척을 출발시키기로 하고 멜란크리다스(Melanchridas)를 제독으로 임명했다. 그 후 지진이 일어나 멜란크리다스 대신 칼키데우스(Chalcideus)를 제독으로 삼고 예정된 10척을 5척으로 줄이고 라코니아에서 그 준비를 갖추었다. 그리고 이 해 겨울도 끝나고, 투키디데스가 기록한 전쟁 제19년째도 이리하여 끝났다.

7. ①여름이 되자 이때까지 극비리에 라케다이몬과 교섭을 해온 키오스인은 아테네인이 자신들의 움직임을 알아차릴까 우려해 조속히 선단을 파견해줄 것을 촉구했다. 그래서 라케다이몬인은 3인의 스파르타인을 코린토스에 보내 되도록이면 빨리 '지협'을 통해 코린토스 선박을 아테네에 면한 바다로 옮기고 전선단을 이끌고 키오스

로 항행하도록 요청하고, 또 아기스가 레스보스로 보내려고 준비한 다른 배도 이와 행동을 같이하라고 명했다. 그리고 이때 모인 동맹도시의 선박수는 총 39척에 달했다.

8. ①그런데 파르나바조스를 대표해 와 있던 칼리게이토스와 티마고라스는 이 키오스 파견 선단과는 전혀 관계가 없어 파견 선단 자금으로 가져온 25탈란트의 금액을 지출하지 않고 다른 선단을 자신들의 목적을 위해 마련하려고 했다. ②라케다이몬 본국이 키오스에 선단을 파견하려고 힘을 쏟고 있는 것을 알게 된 아기스가 별도의 행동을 취하지 않았기 때문에, 동맹도시들은 코린토스에 모여 협의한 결과 먼저 키오스 파견 선단에는 라코니아에서 5척의 배를 준비해 온 칼키데우스를 사령관에 임명하고, 그 후 레스보스에 갈 때에는 아기스가 생각했던 대로 알카메네스를 이 선단의 장(長)으로 삼고, 마지막으로 헬레스폰토스에 보내기로 했다. 그리고 그때에는 람피아스의 아들 클레아르코스(Clearchus)가 그 사령관이 되어야 한다고 결정했다. ③또 선단의 반을 급거 파견해 먼저 '지협'을 넘어가게 하기로 했다. 그 이유는, 아테네의 주의를 이 최초의 반수의 선단에 쏠리게 해놓고, 나머지 반수가 '지협'을 넘어갈 때에는 그 주의를 받지 않도록 하려는 데 있었다. ④그때까지 아테네로부터는 특히 중요시하지 않으면 안 될 정도의 선단이 출현하지 않고 있었기 때문에 아테네의 해군력을 경시하고 이 군사 행동을 공개적으로 채택하기로 했기 때문이다. 이상과 같이 결의하자 그들은 곧 41척의 배를 준비했다.

9. ①하지만 코린토스인은 다른 도시들로부터 즉시 출항할 것을 재촉받았음에도 불구하고 때마침 이때 닥쳐온 이스미아 제례를 마칠 때까지는 출항할 수 없다고 발표했다. 그래서 아기스는 코린토

스가 이스미아 제례 조약[12]을 지키는 데 이론을 제기할 수 없었지만, 그 자신은 독자적으로 병력을 출발시킬 결심을 하고 있었다. ② 그러나 코린토스측의 동의를 얻지 못한 채 출항이 지체되고 있는 동안에 아테네가 쉽사리 키오스 문제를 알아채고 장군 중 한 사람인 아리스토크라테스(Aristocrates)를 키오스에 보내 그들을 비난했다. 그러나 키오스인이 그 사실을 부인해 증거로써 조약에 따라 그들 배를 아테네까지 동행시킬 것을 명했다. ③그래서 키오스인은 7척을 보냈다. 그 이유는, 첫째로 키오스의 대중파가 라케다이몬과의 교섭 사실을 몰랐기 때문이고, 둘째로는 소수파로 사정을 알고 있던 자들은 충분한 힘을 얻기 전에 다수파를 적으로 삼고 싶지 않았기 때문이며, 그리고 셋째로는 펠로폰네소스군의 내항(內航)이 너무도 늦어지고 있어 그 내원(來援)에 희망을 잃고 있었기 때문이다.

10. ①그 사이에 이스미아 제례가 행해지고 정전(停戰)이 공고되어 아테네측도 이 제례에 사절을 보냈기 때문에, 키오스의 사정이 점차 분명히 아테네측에 이해되었다. 그래서 아테네측의 사절이 귀국하자, 선단이 아테네인의 눈을 속이고 켄크레이아에서 출항하지 못하도록 긴급히 준비를 했다. ②이스미아 제례가 끝나자 펠로폰네소스측은 키오스에 21척의 배를 보내고 그 사령관에 알카메네스를 임명했다. 이에 대해 아테네측도 처음에는 같은 수의 배를 공해(公海)로 출발시켰지만, 멀리 쫓아가기 전에 펠로폰네소스측 선단이 먼저 항로를 변경해 아테네 선박들도 귀항했다. 아테네측의 선단에는 키오스의 선박 7척이 포함되어 있었지만, 아테네인은 이에 신뢰를 두지 않았기 때문에 또다시 37척의 배에 요원을 승선시키고

---

12) 제례중에는 교전국은 정전하고, 그 제례에 출장하는 각종 선수를 보내고, 그 왕복 교통의 안전이 보장되었다.

③적 선단을 추적해 이들을 코린토스령의 스페이라이옴(Spiraeum) 곶으로 몰아넣었다. 이곳은 무인항(無人港)으로 에피다우로스령과 그 끝이 닿아 있다. 펠로폰네소스측은 외양(外洋)에서 1척의 배를 잃었지만, 다른 배들은 한데 모여 항내에 정박했다. ④그러나 아테네측이 해상에서는 배로 펠로폰네소스측을 공격하고 또 육지에도 상륙해 그들을 압박하여, 펠로폰네소스측은 큰 혼란에 빠졌다. 아테네인은 해안에 있던 배 대부분을 격파하고 사령관 알카메네스를 죽였지만, 아테네측도 소수의 사상자를 냈다.

11. ①아테네측은 적과 결별하고 적선을 감시하기에 충분한 수의 배를 남긴 뒤 숙영하기 위해 약간 떨어진 섬의 항구에 닻을 내렸다. 그리고 아테네에 병력의 증강을 요청했다. ②그 이유는 이튿날이 되자 펠로폰네소스 측의 선단에 코린토스의 원군이 나타나고, 게다가 곧 그 주변의 다른 주민들도 이에 가담했기 때문이다. 그러나 무인지대에서 방비하기가 곤란하다는 것을 알고 있었기 때문에 펠로폰네소스측도 그 대책에 부심하고 선박을 불태워버릴 생각도 했지만, 그 후 결국 육지에 올라 도망칠 수 있는 기회가 찾아올 때까지 수비대를 두고 경계하면서 머물러 있기로 결정했다. 이 사정을 알게 된 아기스는 스파르타인 테르몬(Thermon)을 그들에게 보냈다. ③그러나 라케다이몬인에게는 전에 선단이 '지협'에서 출항했다고 보고되어 있었기 때문에 —— 알카메네스는 출항시에는 기병을 보내 그것을 통고하도록 독시관들에게 명령을 받고 있었다 —— 그 후 곧 칼키데우스를 장(長)으로 한 5척의 선단을 알키비아데스와 함께 보내려 했다. 그리고 그들이 때마침 출발하려 하고 있는데 스페이라이옴 만으로 선발 선대가 피난해 있다는 정보가 전해졌다. 이오니아전(戰)의 초기 단계에 실패한 경험을 갖고 있는 그들은 이 소식에 크게 낙담해 라케다이몬의 배를 새로 보내는 것을 단념해버

렸고, 뿐만 아니라 이미 출항해 있는 배도 소환하기로 했다.

12. ①이것을 알게 된 알키비아데스는 엔디오스 및 그밖의 독시관들에게 두려워할 필요가 없다고 재차 말했다. 그리고 키오스에 이 선단의 불상사가 전해지기 전에 라케다이몬으로부터 선단이 도착하고, 알키비아데스도 이오니아로 건너가 아테네의 약점을 지적하고 또 라케다이몬의 열의를 전하기만 하면, 그 자신이 누구보다 신뢰받고 있기 때문에 여러 도시를 아테네 동맹에서 쉽게 이반시킬 수 있다고 말했다. ②또 엔디오스에게는 개인적으로 이오니아 도시들을 아테네로부터 이반시키고 라케다이몬을 페르시아 왕의 동맹국으로 만드는 것이 알키비아데스 자신의 손으로 달성되어, 이 목적 때문에 아기스가 자신의 경쟁 상대가 되지 않으면 다행이라고도 말했다. ③그 이유는 알키비아데스와 아기스 사이가 좋지 않았기 때문이다. 아무튼 알키비아데스는 엔디오스 및 그밖의 독시관들을 설득하고는 라케다이몬인 칼키데우스와 함께 5척의 배를 이끌고 출발해 급히 항해길을 재촉했다.

13. ①마침 때를 같이하여 시케리아 섬에서 길리포스와 함께 싸웠던 펠로폰네소스 선단 16척[13]이 귀국해 왔다. 그리고 레우카스 부근에서 시케리아에서 오는 귀환선을 노리고 매복해 있던, 메니포스(Menippus)의 아들 히포클레스(Hippocles)를 우두머리로 하는

---

13) 제6권 제20장 104와 제7권 제21장 1에 따르면 라케다이몬 배와 코린토스 배 각각 2척씩이 보내졌고, 제7권 제21장 2에서는 코린토스가 또 1척을 추가하고, 그 뒤 제7권 제21장 7에서는 12척의 펠로폰네소스 배가 시케리아로 항행하고 있다. 그러므로 시케리아에 귀환한 펠로폰네소스 선단의 총수는 17척이어야 한다. 이 모순은 무슨 이유 때문인지 확실치 않다.

27척의 아테네 함대와 마주쳐 강습을 받았지만 1척을 제외하고는 모두 아테네 선박의 공격을 피해 코린토스로 입항했다.

14. ①한편 칼키데우스와 알키비아데스는 그들의 행동이 알려지지 않도록 항해중에 만나는 자들을 모두 포로로 삼았다. 그리고 제일 먼저 대륙측의 코리코스(Corycus)에 기항해 여기에서 사로잡아 온 자들을 석방하고, 또 키오스의 동지들과도 만나 협의했다. 이 자들이 알키비아데스에게 키오스에 사전에 알리지 말고 직행해 달라고 요청해, 그들은 돌연히 키오스에 모습을 나타냈다. ②키오스의 대중파가 허를 찔려 다만 놀라고 있을 때, 소수파는 의회가 열려 있도록 공작하고 있었다. 그래서 칼키데우스와 알키비아데스는 다수의 후속 선단이 아직 입항할 예정이라고만 말하고 스페이라이옴 선단에 관해서는 언급하지 않았다. 이 때문에 키오스 시 및 에리트라이 시는 아테네 동맹에서 이탈했다. ③그 후 그들은 3척의 배를 이끌고 클라조메나이(Clazomenae)에 가 그들도 아테네에 반기를 들게 했다. 클라조메나이인은 급거 대륙으로 건너가 폴리크나 (Polichna)¹⁴⁾에 방벽을 쌓고, 만일의 경우 자신들이 살고 있는 작은 섬에서 그곳으로 도피할 수 있는 준비를 했다. 또 아테네에 반기를 든 자들은 방벽으로 각자의 도시 방비를 확고히 하고 전쟁 준비를 했다.

15. ①아테네에는 키오스의 정보가 곧 전해졌다. 아테네인은 분명히 일대 위기가 다가오고 있는 것을 느끼고 중요 도시가 이반한 이상 다른 동맹도시들도 방관하고 있을 리 없다고 생각했다. 아테네인은 현상에 놀란 나머지 이번 대전중에 손대는 것을 금하고 그

---

14) 폴리크나는 '작은 도시'란 뜻인데, 고유명사로 쓰인 것인지, 보통명사인지는 분명치 않다.

사용을 제안하거나 혹은 의제로 내세우는 자를 벌하기로 해온 1000 탈란트에 대한 법규를 무효화하고 그것을 사용할 것을 표결한 뒤 상당수의 배에 요원을 승선시킬 것을 의결했다. 또 스페이라이옴에서 적을 감시하고 있던 선단 중 8척이 그곳을 떠나 칼키데우스의 뒤를 쫓았지만 따라잡지 못하고 아테네로 돌아와 있었기 때문에, 디오티모스(Diotimus)의 아들 스트롬비키데스(Strombichides)를 그 사령관에 임명하고 그 8척을 키오스에 조속히 보내기로 했다. 그 후 곧 트라시클레스(Thrasycles)가 지휘하는 다른 선단 12척을 원군으로 삼아 똑같이 스페이라이옴의 수비군에서 파견하기로 결정했다. ②또 스페이라이옴을 아테네군과 함께 포위하고 있던 7척의 키오스 배를 소환해 그 노예를 해방시키고 이제까지 시민이었던 자들을 노예로 삼았다. 그리고 키오스를 향해 출항한 전선단 대신 스페이라이옴의 펠로폰네소스군을 감시할 다른 선단을 급히 마련해 현지에 파견하고, 그밖에 또 30척의 선단을 조직할 계획을 세웠다. 아테네인의 열의는 실로 진지했고, 키오스 대책에 만전을 기했다.

16. ①이 무렵 스트롬비키데스와 그 8척의 배는 사모스 섬에 도착해 사모스 시로부터 1척을 참가시키고는 테오스(Teos)로 가 동요하지 말라고 요청했다. 테오스에는 키오스로부터 칼키데우스가 23척의 배와 함께 내항하고, 또 클라조메나이와 에리트라이의 지상군도 그곳으로 모여왔다. ②이 움직임을 일찌감치 알아차린 스트롬비키데스는 외양으로 피하고, 다시 키오스로부터 많은 배가 항해해 오고 있는 것을 보고 사모스 섬으로 달아났다. 그래서 키오스측은 이를 추적했다. ③테오스인은 처음에는 지상군을 받아들이지 않았지만 아테네군이 달아나버리자 그것을 허용했다. 육상군은 칼키데우스가 추격에서 돌아올 때까지 당분간 기다리고 있었지만, 그 후 대륙 쪽을 향해 아테네군이 쌓아놓은 방벽을 파괴했다. 티사페르네스

의 대관(大官)15)이었던 스타게스(Stages) 휘하의 노예도 많이 와서 그들을 도왔다.

17. ①칼키데우스와 알키비아데스는 사모스로 스트롬비키데스를 몰아넣고는 펠로폰네소스 선박의 선원들을 무장시켜 키오스에 남겨두고, 그 대신 키오스인 선원을 20척의 배에 승선시키고 밀레토스로 가 아테네 동맹에서 이탈시키려 했다. ②알키비아데스의 계획은, 밀레토스 요인들이 그에게 호의를 가지고 있으므로 펠로폰네소스 선단이 오기 전에 밀레토스에 가 그들을 아테네 동맹에서 이탈시키는 데 성공하면 키오스와 칼키데우스의 협력으로 알키비아데스가 대부분의 도시의 반(反)아테네화에 성공한 것이 되고, 그 결과 키오스인, 알키비아데스 자신, 칼키데우스, 그리고 알키비아데스를 파견할 것을 지지한 엔디오스에게도 약속대로 명예를 안겨줄 수 있다는 것이었다. ③항해하는 동안 거의 발견되지 않고 그곳에 이른 알키비아데스 일행은 스트롬비키데스와 트라시클레스가 도착하기 조금 전에 밀레토스에 도착했다. 트라시클레스는 아테네에서 12척의 배와 함께 와 있다가 스트롬비키데스와 함께 그들 뒤를 쫓아왔지만, 알키비아데스 일행은 밀레토스를 이반시켰다. 그리고 아테네인이 뒤를 바짝 쫓아 19척의 배를 이끌고 밀레토스에 입항했지만 밀레토스인이 받아들이지 않아 먼바다의 라데(Lade) 섬에 정박했다. ④밀레토스의 이반 뒤에 곧 티사페르네스와 칼키데우스에 의해 페르시아 왕과 라케다이몬 사이에 처음으로 다음과 같은 조건으로 동맹이 성립되었다.

18. ①라케다이몬과 그 동맹도시는 페르시아 왕과 티사페르네스

---
15) 페르시아 왕의 영토는 총독령으로 나뉘어 통치되고, 그 총독령은 대관령(代官領)으로 세분되어 있었다.

에 대해 다음과 같이 동맹조약을 맺었다.

1) 현재 페르시아 왕이 지배하거나 혹은 페르시아 왕의 조상이 지배해 온 도시 및 지역은 페르시아 왕에게 속하는 것으로 한다. 그들 도시로 아테네에 공납금이나 기타를 바쳐온 도시에 대해 페르시아 왕과 라케다이몬 및 그 동맹도시는 협력해 이를 방해하고, 그 공납금이나 기타의 아테네 유입을 방지한다.
2) ②페르시아 왕과 라케다이몬 및 그 동맹도시는 아테네를 공동의 적으로 삼고 전투행위를 택한다. 페르시아 왕과 라케다이몬 및 그 동맹도시 사이에 합의가 없는 한 대(對)아테네전의 종결은 인정되지 않는다.
3) ③페르시아 왕을 이반하는 자는 라케다이몬 및 그 동맹도시의 적국으로 인정된다. 또한 라케다이몬 및 그 동맹도시를 이반하는 자는 똑같이 페르시아 왕의 적으로 인정된다.

19. ①이상이 체결된 동맹조약이었다. 그 후 곧 키오스인은 10척의 배에 승선하여 아나이아로 항행해 밀레토스의 사정을 탐지하고 여러 도시를 아테네로부터 이반시키려 했다. ②그러나 칼키데우스로부터 그들이 있는 곳으로 사자가 와 그 귀환을 요구하고 아모르게스가 육상 부대를 동반하고 와 있는 것을 알려, 그들은 제우스 신전으로 건너갔다. 그곳에서 그들은 아테네가 파견한 디오메돈 (Diomedon)에게 맡겨 뒤에 트라시클레스가 그 우두머리가 된 16척의 선단을 발견했다. ③이 아테네 선단을 보고 1척은 에페소스로, 나머지는 테오스로 도망치고, 아테네인은 육지로 승무원이 도망쳐 버린 빈 배 4척을 나포했다. ④다른 배는 테오스 시로 도망쳐 들어갔다. 그래서 아테네 선단은 사모스로 향했는데, 키오스인은 나머지 배를 다시 출항시키고 이와 함께 육상 부대도 출동시켜 먼저 레베도스(Lebedos)를 아테네로부터 이반시키고, 이어서 하이라이

(Erae)[16]도 이반시켰다. 이후 해륙 양군 모두 귀국했다.

20. ①마침 이 무렵, 아테네 배 20척에 쫓겨 스페이라이옴으로 도망쳐 들어가 있던 같은 수의 펠로폰네소스 선단이 갑자기 아테네 선단을 기습하고 해전에서 이들을 압도해 4척의 아테네 선박을 획득하고 켄크레이아로 항행한 뒤 곧 키오스, 이오니아를 향해 출발할 준비를 갖추었다. 라케다이몬으로부터 아스티오코스(Astyochus)라는 제독이 와서 합류했는데, 그는 전펠로폰네소스 선단의 총사령관 자격으로 되어 있었다. ②테오스에서 육상 부대가 철수하자, 티사페르네스도 군대를 이끌고 그곳에 나타나 남아 있던 테오스 영내의 방벽을 무너뜨리고 철수했다. 티사페르네스가 가자 곧 디오메돈이 10척의 아테네 선박과 함께 와 그들을 받아들이도록 테오스인과 협약을 맺었다. 그리고 하이라이에도 항해해 가 이곳을 공격했지만 그 공략에 실패하고 철수했다.

21. ①이 무렵 사모스의 대중파가 3척의 배를 가지고 와 있던 아테네인과 함께 혁명을 일으켜 사모스의 유력자 거의 대부분에 이르는 200명을 살해하고 400명을 추방했다. 그리고 그들 스스로 토지와 건물을 서로 분배하고, 또 아테네인이 이후 그들의 자주권을 보증하고 인정할 것을 표결해서, 그 후로는 그들이 사모스 시정(市政)을 담당하고 구지주(舊地主)의 개입을 불허하며 지주계급과 대중파 간의 결혼도 금했다.

22. ①그 후 같은 해 여름 동안 키오스인은 여전히 펠로폰네소스인이 없어도 열심히 여러 도시를 아테네로부터 이반시키는 데 노

---

16) 하이라이 시의 위치는 확실치 않다. 스트라보에 따르면 테오스 시에서 에리트라이 시로 향하는 도로에 있는 소읍이라고 한다.

력을 기울였다. 그리고 될 수 있는 한 많은 도시에 그들의 위험을 분담시킬 목적으로 13척의 배를 이끌고 레스보스로 향했다. 즉 라케다이몬인의 방침에 따르면, 레스보스에는 키오스 다음에 가고, 마지막으로는 헬레스폰토스에 가기로 되어 있었기 때문이다. 키오스인은 그 땅에 있던 펠로폰네소스 육상 부대와 인근의 동맹도시들과 함께 클라조메나이 시와 큐메 시로 갔다. 이들은 스파르타인 에우알라스(Eualas)가 지휘하고, 배는 원주민 디니아다스(Diniadas)가 지휘했다. 그리고 선단은 메팀네로 건너가 먼저 그곳을 아테네로부터 이반시키고 그곳에 4척의 배를 남긴 다음, 나머지는 미틸레네로 가 그곳 역시 이반시켰다.

23. ①라케다이몬의 제독 아스티오코스는 계획대로 4척의 배와 함께 켄크레이아에서 키오스에 도착했다. 그로부터 3일째 되는 날 아티카 선박 25척이 레스보스에 입항해 왔다. 이 선대의 지휘는 레온과 디오메돈이 맡고 있었다. 레온은 10척의 배를 가지고 아테네에서 원군으로 뒤따라 출범한 것이다. ②아스티오코스는 같은 날 저녁에 출항해 키오스 배 1척을 다시 가담시키고 나서 레스보스로 가 가능한 한 지원하려고 했다. 그리고 피라에 기항하고, 이튿날 에레소스로 항행했지만, 그곳에서 미틸레네가 아테네측의 일격에 함락되었다는 보고를 들었다. ③그 이유는, 아테네 선단이 불시에 나타나더니 항내로 들어와 키오스 선대를 격파하고 상륙한 뒤 저항하는 자들을 압도하고 미틸레네 시를 점거했기 때문이었다. ④아스티오코스는 에레소스인과, 메팀네에서 에우불로스와 함께 온 키오스 선대 중에서 미틸레네에 이전부터 배치되어 있다가 그 함락과 동시에 도피해 온 3척의 배──다른 1척은 아테네인에 나포되었다──를 만나 그 정보를 들었다. 그래서 이젠 미틸레네로 가지 않고 에레소스를 아테네로부터 이반시킨 그 시민을 무장시킨 뒤, 몸소 배에

타고 있던 중무장병들을 육로로 안티사와 메팀네에 보냈다. 그 지휘관으로는 에테오니코스(Eteonicus)를 임명했다. 그리고 아스티오코스 자신도 자군(自軍)의 배와 키오스 배를 동반하고 그 땅으로 항행해, 메팀네인이 그 선단을 보고 원기를 되찾고 아테네로부터의 이반을 단념하지 않기를 빌었다. ⑤그러나 레스보스의 상태가 그의 희망과는 정반대로 되어버렸기 때문에 육상 부대를 모아 키오스로 돌아갔다. 그리고 헬레스폰토스를 향해 출발하려고 배에 타고 있던 동맹도시의 육상 부대는 각 도시로 귀환했다. 그 후 켄크레이아에 있던 펠로폰네소스 동맹도시의 선대 6척이 그들이 있는 키오스에 도착했다. ⑥아테네군은 레스보스 사태를 수습하고는 그곳에서 클라조메나이로 항해해 가 클라조메나이인이 대륙 쪽에 방벽을 쌓은 폴리크나를 점령하고, 클라조메나이인을 다시 섬 위의 시내로 송환했다. 다만 아테네 이반의 주모자들은 다프누스(Daphnus)[17]로 도망쳤다. 그리하여 클라조메나이는 다시 아테네의 지배하에 들어갔다.

24. ①이 해 같은 여름에 라데 섬에 있던 아테네군은 20척의 배로 밀레토스의 파노르모스로 건너가 상륙한 다음 소수의 군대로 저항해 오는 라케다이몬의 지휘관 칼키데우스를 죽이고 전승총을 세웠다. 그로부터 3일째 되는 날 아테네군이 바다로 떠나자, 밀레토스인은 아테네군이 육지를 점령하지 않았다 하여 전승총을 무너뜨렸다. ②한편 레온과 디오메돈은 레스보스의 아테네 선박을 이끌고 키오스 앞바다의 섬 오누사에(Oenussae) 및 그들이 에리트라이에서 점령하고 있던 방채 시두사(Sidussa)[18]와 프텔레옴(Pteleum)에서, 그리고 또 레스보스에서 키오스에 대해 도전했다. ③이 전투에서는 정예 중무장병들조차 필요에 쫓겨 하급 조수(漕手) 역할을 했

---
17) 이 위치는 분명치 않다.
18) 시두사 및 프텔레옴의 확실한 장소는 분명치 않다.

다. 그들은 카르다밀레(Cardamyle)[19]에 상륙해 볼리스코스(Bolissus)[20]에서 저항해 오는 키오스인을 압도하고 많은 자를 살해한 다음 이 지역을 유린했다. 그리고 재차 파나이(Phanae)[21] 전투에서 승리를 얻고는 제3의 승리도 레우코니옴(Leuconium)[22]에서 획득했다. 그리고 그 뒤에는 키오스인도 저항을 체념해, 아테네군은 페르시아전 이래 황폐화되는 일 없이 골고루 잘 손질이 된 이 지역을 유린했다. ⑤그 이유는 라케다이몬인을 제외하고는 키오스인이 내가 아는 한에서는 번영 속에서도 절도와 지혜를 잃지 않았던 유일한 시민이었기 때문으로, 키오스 시가 시민을 부유하게 만들면 만들수록 그만큼 그 시민은 키오스 시의 번영과 강화를 도모했다. ⑥키오스인의 최근의 행동이 안전을 무시한 듯이 보일지도 모르지만, 이 행동 역시 다른 많은 강력한 동맹도시와 공동으로 위험에 노출될 때까지는 감히 적극적으로 취해지지 않았고, 또 아테네인 자신조차 시케리아 원정 실패 후에는 아테네가 일대 궁지에 몰렸다는 것을 인정하지 않을 수 없는 상태에 있는 것을 안 연후에야 비로소 취해진 행동이었다. 또 설사 그들이 인간의 지혜의 한계를 나타내는 그런 오산을 했다 하더라도 그것은 조급히 아테네 지배권이 붕괴한다는 대세의 관측에 동의했다는 점에서 오류를 범하고 있는 데 불과하다. ⑥아무튼 키오스는 이제 대륙 양쪽이 차단되어 있었기 때문에, 키오스인 중에는 아테네측에 키오스 시를 건네주려 하는 자가 나타났다. 하지만 키오스의 지도자들은 이런 움직임을 알고도 결코 소란을 피우지 않고 에리트라이에서 아스티오코스 및 그 수하에 있는 4척의 배를 끌어들이고 인질을 잡든가, 혹은 다른 방법으

---

19) 카르다밀레는 키오스 섬 북동안(北東岸)에 있다.
20) 볼리스코스는 키오스 섬의 서북서에 있다.
21) 파나이는 키오스 섬 남동쪽에 있다.
22) 레우코니옴은 현재의 레우코니아 시.

로 어떻게든 평온리에 음모를 해결하려 했다. 키오스인의 상황은 이상과 같았다.

25. ①이 해 여름 말경에 아테네로부터 아테네 중무장병 1000명과 아르고스인 중무장병 1500명——이 중 500명은 경무장병이었으므로 아테네가 중장비를 공급했다——, 또 1000명의 동맹도시의 병력이 48척의 배에 승선하고 프리니코스(Phrynichus), 오노마클레스(Onomacles), 스키로니데스(Scironides)를 그 지휘관으로 삼고 사모스 섬으로 건너간 뒤 밀레토스로 가서 진을 쳤다. ②밀레토스인 자신은 800명의 중무장 부대를 가지고 이에 저항했는데, 그들 외에 칼키데우스와 함께 왔던 펠로폰네소스군과 티사페르네스의 용병 보충 부대, 그리고 티사페르네스 자신과 그 기병대도 있었다. 이들이 하나가 되어 아테네와 그 동맹군에 공격을 가했다. ③그래서 먼저 아르고스인은 자신들의 날개 부분만 다른 곳보다 앞으로 내고 대하는 적이 이오니아인이라는 생각에 이를 경시하고 대열을 엄격히 지키지 않고 전진해, 밀레토스인에게 압도당해 300명 이상이 살해되었다. ④아테네군은 먼저 펠로폰네소스인에게 승리를 거두고, 이어족 및 기타 혼성 부대를 압도했다. 아테네군이 밀레토스군을 적대하지 않은 것은, 밀레토스군이 아르고스를 격파하고 돌아오다가 자군(自軍)의 다른 전선이 패하고 있는 것을 보고 시내로 철수해버렸기 때문으로, 아테네군은 밀레토스측을 압도해 그 시벽(市壁)에 이르는 지역을 지배하고 무장을 해제했다. ⑤또한 이 전투에서는 양진영 모두 이오니아족이 도리아족을 제압한 것이 되었다. 아테네인은 적대한 펠로폰네소스인을 격파하고, 밀레토스인은 아르고스인을 패배시켰기 때문이다. 아테네군은 전승총을 세우고는 이 지역이 지협 모양으로 되어 있기 때문에 이곳을 방벽으로 에워쌀 준비를 했다. 그리고 아테네군은 밀레토스만 함락시키면 다른 도시

는 쉽게 굴복하리라 생각했다.

26. ①그러나 이때 오후가 한참 지나서 펠로폰네소스와 시케리아에서 파견된 55척의 선단이 매우 가까이까지 와 있다는 보고가 있었다. 요컨대 시케리아 섬으로부터는, 특히 시라쿠사인 헤르모크라테스의 강한 주장에 따라 아테네의 여력을 완전히 분쇄하는 작전에 참가할 목적으로 20척의 시라쿠사 배와 2척의 셀리누스 배를 파견하고, 지난번부터 펠로폰네소스에서 마련하고 있었던 선박의 준비도 이루어져, 그 선대가 합류해 내항해 온 것이다. 양 선대는 제독 아스티오코스의 지휘하에 들어가도록 되어 있는 라케다이몬인 테리메네스(Therimenes)에게 맡겨져 있었고, 이들은 우선 밀레토스의 앞바다에 있는 섬 레로스(Leros)[23)]에 입항했다. ②거기에서 아테네군이 밀레토스에 있는 것을 알게 되어 이아소스(Iasic) 만으로 직행해 밀레토스의 사태를 관찰하려 했다. 그런데 이 선대가 밀레토스령의 테이키우사(Teichiussa)[24)]만으로 들어가 숙영하고 있는데, 알키비아데스가 말을 타고 와 전투 결과를 보고했다. 알키비아데스는 밀레토스인 및 티사페르네스와 함께 싸우고 있었는데, 그는 만약 그들이 이오니아에서의 전반적인 사태의 파멸을 바라지 않는다면 시급히 밀레토스를 구원하러 가고, 그곳이 포위되어버리는 것을 간과하지 말아 달라고 요청했다.

27. ①그래서 그들은 이튿날 새벽에 출발할 계획을 세웠다. 하지만 아테네군의 지휘관 프리니코스는 레로스 섬으로부터 이 선단의 움직임을 알게 되자 그의 막료 장군들이 그곳에 머무르며 해전

---

23) 레로스 섬은 밀레토스에서 약 60킬로미터 남서쪽에 있다.
24) 테이키우사는 밀레토스에서 남서쪽으로 약 15킬로미터 떨어진 지점.

을 벌이자고 주장하는 것을 억누르고 그 자신은 물론, 다른 누구도 싸우지 못한다고 극력 반대했다. ②그 이유로, 적 선단의 규모를 알고 자군에게 어느 정도의 증강이 필요한지[25] 명확한 지식을 지니고 전투에 대해 천천히 준비가 이루어진 후라면 해전이 허용될 수 있지만, 치욕의 비난을 두려워한 나머지 무턱대고 위험을 무릅써서는 안 된다고 말했다. ③물러서야 할 때 물러서는 것은 아테네인에게 치욕이 아니고, 어떠한 형태로든 전쟁에 지는 것이야말로 더 부끄러워해야 할 일이기 때문이라고 했다. 그리고 이 일은 아테네 시에 치욕이 될 뿐만 아니라 아테네 시를 일대 위기에 몰아넣는 일이 된다고도 말했다. 특히 시케리아 원정의 쓴맛을 본 뒤에는 설사 이쪽에 충분한 대비가 있어도, 또 설사 필요에 쫓기더라도 스스로 적극적으로 전투행위를 해서는 안 된다, 하물며 공격도 받고 있지 않는데 자발적으로 감히 위험을 무릅쓰는 것은 피해야 한다고 말했다. ④그리고 그는 부상자를 수용하고, 육상 부대를 배에 태우고, 가져온 기구를 배에 싣고, 또 배의 속력을 높이기 위해 적으로부터 약탈한 물자를 남기고 사모스로 급히 가라고 명했다. 그리고 그 땅에서 전선단을 합류시키고 나서 기회를 보아 공격에 나서라고 명했다. ⑤사람들이 이에 찬성하자, 그는 이것을 행동으로 옮겼다. 프리니코스가 대단히 예민한 사람이라는 것은 이때뿐 아니라 다른 때에도, 특히 이 문제에 한정되지 않고 그가 다룬 모든 일 가운데서 발견된다. ⑥그리고 아테네군은 저녁때가 되자 곧 이 불완전한 승리를 위해 밀레토스에서 철수하고, 아르고스인은 자군의 패배에 분노해 사모스에서 곧 귀국해버렸다.

---

25) 라데 섬에는 20척의 아테네 배가 있고, 프리니코스 휘하에는 48척의 배가 있었지만, 펠로폰네소스측은 방금 도착한 선단 55척과, 밀레토스에 이전에 파견되어 있던(본권 제24장 17을 참조) 20척을 가지고 있었다.

28. ①한편 펠로폰네소스측은 아침이 되자마자 테이키우사를 나와 밀레토스로 들어가 그곳에서 하룻동안 머물고, 그 이튿날 키오스 선단과 합류했다. 이 키오스군은 칼키데우스의 지휘하에 요전에 추격을 받아 테이키우사에 남겨두고 왔던 장비를 되찾으려 하고 있던 참이었다. ②그들이 밀레토스에 왔을 때, 티사페르네스가 육군을 동반하고 와 적군의 아모르게스가 점거하고 있는 이아소스에 가자고 그들에게 말했다. 그래서 그들은 돌연 이아소스에 나타나 그곳을 점령했다. 이아소스에 있던 자들은 이 선단을 자발적으로 받아들일 생각은 아니었지만 그들을 아테네 선단으로 착각했던 것이다. 여기에서는 시라쿠사인의 공훈이 크게 칭찬되었다. ③펠로폰네소스군은 피수트네스의 서자로 페르시아 왕에 반기를 들었던 아모르게스를 생포해 티사페르네스에게 인도하고, 명받은 대로 티사페르네스가 바란다면 페르시아 왕이 있는 곳으로 아모르게스를 연행해 갈 수 있게 했다. 그리고 펠로폰네소스군은 이아소스를 유인했다. 이 땅은 예로부터 부유했기 때문에, 그들이 빼앗은 물자는 아주 큰 금액에 달했다. ④그러나 아모르게스의 휘하에 있던 보충 용병 부대에는 해를 주지 않고 자군으로 편입시켰다. 그 이유는, 이 보충 용병 부대는 펠로폰네소스 출신이 대부분을 차지하고 있었기 때문이다. 티사페르네스에게 이아소스 시를 인도하고, 시민·노예를 불문하고 포로 1인당 1다레이코스 스타테르(Doric stater)[26] 값으로 티사페르네스에게 넘기고 나서 펠로폰네소스군은 밀레토스 시로 귀환했다. ⑤그들은 라케다이몬인이 키오스의 사령관으로 보낸 레온의 아들 페다리토스(Pedaritus)를 아모르게스에게 속해 있던 보충 용병 부대와 함께 에리트라이까지 육로로 파견했다. 또 밀레토스에선 필리포스를 그들의 지휘관으로 삼았다. 그리고 이 해 여름은 끝났다.

---

26) 1다레이코스 스타테르는 페르시아화(貨)로 아테네화와의 환산율은 20은드라크마이로 생각되고 있다.

29. ⓘ겨울이 되자 티사페르네스는 이아소스의 방비를 단단히 해놓고는 밀레토스로 건너와 라케다이몬에서 약속한 대로 1인당 1 아티카 드라크메 꼴로 전원에게 1개월분을 지불했다. 그 이후로는 페르시아 왕으로부터 허락을 받지 않는 한 3오볼로이(obols)[27]밖에 지불할 수 없다고 말하고, 페르시아 왕이 인정한다면 1드라크메를 지불하겠다고 말했다. 테리메네스는 아스티오코스에게 선단을 인도할 책임만 지고 선단과 항행하고 있었기 때문에 급료에 관해서는 약한 입장이기도 해, 이 조치에 대해 시라쿠사군의 장군 헤르모크라테스가 이의를 제기했지만 결국 1인당 3오볼로이보다 많은 5척분(五隻分)을 더 지불하기로 합의했다. 55척에 대해 그는 30탈란트를 1개월[28]에 지불했다. 그리고 55척보다 선박수가 증가했을 경우에는 이와 같은 비율로 그만큼 더 많이 지불했다.

30. ⓘ이 해 같은 겨울에 사모스에 있던 아테네인의 진영으로 카르미노스(Charminus), 스트롬비키데스, 에우크테몬(Euctemon)을 지휘관으로 삼은 35척의 선단이 아테네에서 도착했다. 그래서 지휘관들은 키오스로부터 배를 불러모으고 그밖의 배도 전부 모아, 누가 밀레토스 앞바다에 정박해 대진(對陣)하고, 어느 지휘관이 키오스에 대해 해륙 양병력을 이끌 것인지 추첨으로 결정하기로 했다. ⓶그리고 그것이 실행에 옮겨지자, 스트롬비키데스·오노마클레

---

27) 1드라크메는 6오볼로이였으므로 5할이 삭감된 급여다.
28) 원전(原典)에 이설(異說)이 있고, 원뜻을 정확하게 판단할 수 없는 난해한 대목이다. 일단 뜻이 통하도록 해석해둔다. 이 해석으로는 1탈란트는 6000드라크마이(즉 60미나이)므로 일당을 3오볼로이로 보면 1200명의 1개월분 급료가 된다. 1척의 승무원을 200명으로 계산하면 이 급료는 60척분의 급료가 되어 실제 선박수보다 5척분만큼 더 티사페르네스가 지불한 것이 된다.

스·에우크테몬은 30척의 배와 밀레토스를 향하는 1000명의 중무장 병의 일부를 이끌고 추첨 결과대로 수송선을 타고 키오스로 향했다. 그리고 사모스에 남은 다른 74척의 배는 제해권을 완전히 장악하면서 밀레토스로 배를 항해시켰다.

31. ①한편 아스티오코스는 이 무렵 키오스의 모반사건에 대한 인질의 인선을 하고 있었는데, 테리메네스의 선단이 도착한 사실과 페르시아 왕과의 동맹이 다시 효력을 발생한 사실을 알게 되자 인질의 인선을 중지하고 펠로폰네소스 배와 키오스 배 각 10척씩을 이끌고 프텔레옴을 습격했다. ②그러나 이곳을 함락시키지 못하고 클라조메나이로 항행해 아테네측에 가담한 자들은 다프누스로 이주시킨다는 조건으로 자신들에게 굴복하라고 설득했다. 그리고 이오니아 지역의 상관 타모스(Tamos)도 같은 취지로 그들에게 말했다. 그러나 그들이 이 말을 듣지 않자 방벽이 없는 클라조메나이 시에 공격을 가해 그곳을 점령하는 데 성공했지만, 강풍에 밀려 아스티오코스 자신은 포카이아와 큐메로 흘러가고, 다른 배는 클라조메나이 앞바다에 있는 마라투사(Marathussa), 펠레(Pele), 드리무사(Drymussa) 등의 섬으로 밀려갔다. 이 바람 때문에 이들 섬에 8일간 머문 뒤에 클라조메나이 시 밖에 있는 것을 황폐화시킬 수 있는 것은 황폐화시키고, 약탈할 수 있는 것은 약탈하고 나서 아스티오코스와 합류하기 위해 포카이아와 큐메로 향했다.

32. ①아스티오코스가 그 땅에 있는 동안 레스보스로부터 사절이 찾아와 다시금 아테네 동맹 이탈 의지를 전했다. 그래서 아스티오코스는 그에 찬성했지만, 코린토스와 그밖의 동맹도시들은 지난번 실패의 경험으로 인해 열의를 보이지 않았다. 그래서 아스티오코스 선대만 그곳을 떠나 키오스로 항해해 갔다. 그들은 도중에 폭

풍을 만나 흩어졌지만 그 후 곳곳에서 키오스로 모여왔다. ②그리고 그 후에 당시 밀레토스에서 육군을 동반하고 에리트라이에 와 있던 페다리토스도 키오스에 일군의 병력과 함께 왔다. 페다리토스의 수하에는 칼키데우스가 남기고 갔던 5척의 배에서 온 500여 명의 중무장병도 있었다. ③레스보스인 일부가 아테네 동맹 이탈 의지가 있다는 소식을 전하자, 아스티오코스는 페다리토스와 키오스인에게 선단을 레스보스에 보내 그 이반 활동을 돕는 일이 얼마나 중요한지 넌지시 비추고, 그런 행위로 더 많은 동맹도시를 가담시킬 수 있을 것이며, 설사 이에 실패한다 해도 적어도 아테네의 약체화를 꾀할 수 있다고 말했다. 그러나 페다리토스도 키오스인도 이 말을 듣지 않고, 페다리토스는 아스티오코스에게 키오스 배를 보내는 것을 거절했다.

33. ①그래서 아스티오코스는 코린토스 배 5척, 메가라 배 6척, 헤르미오네 배 1척, 그리고 자신이 라코니아에서 이끌고 온 선대를 동반하고 밀레토스에 와 전선단의 총지휘관으로 취임하려 했다. 그리고 키오스인을 협박하며 그들이 아스티오코스를 필요로 할 때 결코 도우러 오지 않을 것이라고 말했다. ②그리고 에리트라이령의 코리코스에 입항해 숙영했다. 사모스에 있던 아테네군은 키오스로 항행해 아스티오코스가 있는 장소와는 반대되는 쪽의, 고개 하나를 사이에 두고 있는 바다에 닻을 내렸는데, 양군 모두 서로의 존재를 깨닫지 못했다. ③그날 밤중에 페다리토스가 아스티오코스에게 편지를 보내 에리트라이의 포로로 사모스에서 석방된 자들이 에리트라이 시로 돌아와 반란을 획책하고 있다고 알려와, 아스티오코스는 곧 에리트라이 시로 돌아왔다. 이리하여 아스티오코스는 가까스로 아테네 선단의 손길을 모면했다. ④페다리토스도 아스티오코스가 있는 곳으로 찾아와 반란을 일으키려 하고 있는 의심스런 자들을 추

궁한 결과 사모스에서 풀려나오려고 이용한 평계였음이 판명되어, 의심을 풀고 예정대로 한 사람은 키오스로, 다른 한 사람은 밀레토스로 돌아갔다.

34. ①이 무렵 아테네군은 배로 코리코스를 회항해 아르기노스(Arginus) 먼바다에서 키오스의 장선(長船) 3척과 만나자 곧 추적에 나섰다. 하지만 갑자기 강풍이 불어와 키오스 배는 간신히 만(灣)내로 피난을 했지만 아테네 선대 중 추적의 선두에 섰던 3척이 난파돼 키오스의 해안으로 밀려가는 바람에 아테네인은 사로잡히거나 살해되었다. 다른 배들은 미마스(Mimas) 언덕 아래에 있는 포이니케스(Phoenicus)라 불리는 만으로 피해 들어갔다. 그 후 여기에서 레스보스에 입항하여 방벽 구축 준비를 했다.

35. ①이 해 같은 겨울에 펠로폰네소스로부터 라케다이몬인 히포크라테스가 투리오이 배 10척을 이끌고 크니도스로 향했다. 이 선대는 히포크라테스와 디아고라스(Diagoras)의 아들 도리에우스 외 1명이 지휘하고 있는 선대로, 여기에 라코니아 및 시라쿠사의 배 각 1척씩이 가담해 있었다. 그러나 크니도스는 티사페르네스의 사주로 이미 아테네를 이반하고 있었다. ②그래서 이 일을 밀레토스에 있는 동안 알게 된 그들은 선대의 반수에게 크니도스의 경계를 명하고, 다른 반수에게는 트리오피옴(Triopium) 부근에서 이집트에서 오는 상선을 습격해 이들을 나포하라고 명했다. 이 트리오피옴은 바다로 뻗어 있는 크니도스의 곶으로 아폴론의 신역이 되어 있다. ③이것을 알게 된 아테네군은 사모스에서 출항해 트리오피옴 부근을 지키고 있던 배 6척을 나포했다. 그러나 승무원들은 배를 버리고 도망쳤다. 그 후 아테네군은 크니도스에 입항해서 방벽이 없는 크니도스 시를 습격해 함락 일보 직전까지 몰아넣고 이튿날

다시 공격했지만, 밤새 다시 방비를 단단히 하고 또 트리오피옴에서 나포된 배에서 도망친 병사들이 시내로 돌아와, 아테네군의 공격은 전날만큼 효과를 발휘하지 못했다. 그래서 크니도스 시 교외를 불지르고 사모스로 철수했다.

36. ①마침 이 무렵 아스티오코스가 밀레토스의 본국에 도착해서, 이제 펠로폰네소스측의 군비는 모든 면에 걸쳐 풍부해졌다. 급료가 윤택해지고, 이아소스에서 빼앗은 막대한 금액이 병사들 수중에 있었고, 게다가 밀레토스인은 열심히 전쟁을 이끌고 나갔기 때문이다. ②그렇지만 펠로폰네소스측은 전에 티사페르네스와 칼키데우스 사이에 맺어진 조약에 결함이 있고 그들에겐 오히려 불리하다고 느껴 테리메네스가 있는 동안 새로운 조약을 작성했다. 그 조약 내용은 다음과 같다.

37. ①다레이오스 왕 및 그 아들과 티사페르네스에 대한 라케다이몬과 그 동맹도시의 동맹, 우교국(友交國)으로서의 조약은 다음과 같다.
1) ②다레이오스 및 그 조상과 자손에 속하는 도시와 지역에 대해 라케다이몬과 그 동맹도시가 전쟁을 일으켜 해를 가하는 일을 금한다. 또 이들 도시로부터의 라케다이몬 및 그 동맹도시의 공납금 징수를 금한다. 다레이오스 왕 및 그 치하의 시민이 라케다이몬 및 그 동맹도시에 전쟁을 일으켜 해를 주는 것을 금한다.
2) ③라케다이몬과 그 동맹도시가 다레이오스 왕에 대해, 혹은 다레이오스 왕이 라케다이몬과 그 동맹도시에 대해 요구할 것이 있을 경우에는 상호간의 양해하에서만 그 요구가 충족될 필요가 있다.
3) ④아테네 및 그 동맹도시에 대한 전쟁은 라케다이몬과 그 동맹도시 및 다레이오스 왕이 공동으로 싸우는 것으로 한다.
4) 다레이오스 왕이 파견한 병력의 비용은 다레이오스 왕 영내에서는

다레이오스 왕이 부담한다.
5) ⑧다레이오스 왕과 맹약을 맺은 도시가 다레이오스 왕의 영토를 침범할 때에는 다른 맹약 체결 도시들은 이를 방해하고 왕령(王領) 옹호에 모든 수단을 다 강구한다. 또 다레이오스 왕의 영내에 있는 자, 혹은 그 치하에 있는 자가 라케다이몬령, 혹은 그 동맹도시령을 침범할 때에는 다레이오스 왕은 이것을 저지하고 그 옹호에 모든 수단을 다 강구한다.

38. ①이 협약 성립 후 테리메네스는 아스티오코스에게 선단을 인도하고 경선(輕船)에 오른 채 다시는 그 모습을 나타내지 않았다. ②그런데 레스보스에서 키오스로 이미 이동해 있던 아테네군은 해륙을 제압하고 델피니옴(Delphinium)[29]에 방벽을 쌓았다. 이 지점은 특히 육지를 장악하는 요지일 뿐만 아니라 항구를 지니고 있었고, 또 키오스 도시에서 그다지 멀리 떨어져 있지 않았다. ③한편 키오스인은 최근의 많은 재난에 무기력해지고, 특히 내분에 시달리며, 이온(Ion)의 아들 티데우스(Tydeus)가 이미 페다리토스에 의해 친아테네파란 죄목으로 처형돼버렸고, 시정(市政)은 무리하게 소수파에 의해 장악되고 있었기 때문에, 시민끼리 서로 의심하고 침묵해버리고 있었다. 그러나 그들도, 또 페다리토스 휘하의 보충용병대도 아테네에 저항할 자신이 없어 ④밀레토스의 아스티오코스에게 원조를 요청했다. 그러나 아스티오코스가 그들의 요구에 아무 반응도 보이지 않아, 페다리토스는 라케다이몬에 자신들은 아스티오코스로부터 부당한 대우를 받고 있다고 항의하는 편지를 보냈다. ⑤키오스에서의 아테네에 관한 사태는 이와 같았다. 한편 사모스에서 아테네 배가 밀레토스에 왔지만, 적이 항전해 오지 않아 사모스

---

29) 델피니옴은 키오스 시 북쪽으로 약 11킬로미터 떨어진 지점에 있었다.

로 다시 돌아가 활동을 중지했다.

39. ①이와 같은 겨울에 펠로폰네소스로부터 라케다이몬인에 의해 준비된 20척의 배가 메가라인 칼리게이토스와 키지코스인 티마고라스의 주선으로 파르나바조스를 위해 동지(冬至) 무렵에 이오니아에 도착했다. 이 선단의 지휘관은 스파르타인 안티스테네스(Antisthenes)였다. ②라케다이몬인은 이와 함께 11명의 스파르타인 막료를 아스티오코스에게 보내왔는데, 그 중에는 아르케실라오스의 아들 리카스도 있었다. 이들 막료단은 밀레토스 도착 뒤에 모든 문제에 걸쳐 최선이라 생각되는 정책을 취하는 동시에 선단 자체, 혹은 그보다 다소 수의 차이가 나는 선단을 헬레스폰토스의 파르나바조스에게 계획대로 파견하고, 그 지휘관으로는 그들과 함께 온 람피아스의 아들 클레아르코스를 임명하도록 명을 받고 있었다. 게다가 이 11인의 막료가 승인하면 아스티오코스를 총제독의 위치에서 사임시키고 그 대신 안티스테네스를 등용하라는 명도 받고 있었다. 페다리토스의 서한이 라케다이몬인의 아스티오코스에 대한 의심을 불러일으켰던 것이다. ③그래서 이 선단은 말레아에서 출발해 바다를 건너 멜로스로 갔는데, 도중에 아테네 선박 10척과 만나 3척의 빈 배를 나포하고 이를 불태웠다. 그 후 멜로스에서 도망친 아테네 배가 그들의 항해를 방해하려고 사모스에 있는 아테네군에 연락할 것을 두려워해―또 실제로도 그래서 항로를 크레타로 바꾸고, 안전을 도모해 멀리 우회해서 아시아의 카우노스로 들어갔다. ④그리고 안전권에 들어섰으므로 그곳에서 밀레토스에 있는 선단에 사자를 보내 호송을 요청했다.

40. ①같은 무렵 키오스인과 페다리토스는 전에 거절을 당했으면서도 아스티오코스에게 사자를 보내 포위되어 있는 그들을 전선

단을 동원해 구원해야 하는 중요성을 강조하고, 아시아 동맹도시들 중에서 최대의 도시가 해로가 차단되고 영토가 유린되고 있는 것을 간과하지 말아 달라고 요구했다. ②그 이유는, 키오스인이 하나의 도시로서는 라케다이몬 다음으로 많은 노예를 쓰고 있었으므로 아테네군이 방벽과 함께 그 땅에 확고하게 자리잡은 것을 보자 이들 많은 노예들이 아테네측으로 도망치고, 게다가 그들은 지리에 무척 밝아 아주 막대한 피해를 이 땅에 가져왔기 때문이다. ③그래서 키오스인은 아스티오코스에게 아직 아테네군이 델피니옴 방벽을 구축 중이고 아테네 선단과 그 진지 방벽도 대부분 구축되어 있긴 해도 아직 완성되어 있지 않으므로 이것을 저지할 가능성이 있을 때 키오스를 구원하러 와 달라고 말했다.

41. ①이때 카우노스로부터 배 27척과 라케다이몬 막료가 도착했다는 연락이 왔다. 그래서 아스티오코스는 자신을 감독하러 온 자들을 안전하게 항해시키는 일과, 보다 큰 제해권을 획득하기 위해서 이들 선단과 합류하는 일이야말로 어떤 일보다 중요하다고 판단하고 키오스를 원조할 생각을 버리고 곧 카우노스로 향했다. ②그리고 메로피스(Meropid)의 코스(Cos)에 오자 때마침 우리가 기록하는 바로는 최대의 지진이 일어나 이 지진 때문에 그 방벽이 무너지고 무방벽 도시로 변해 있었고, 그 주민이 산으로 도망쳤기 때문에 그곳에 상륙해 땅을 유린하고 약탈했다. 다만 자유민만은 사로잡지 않았다. ③코스에서 크니도스에 밤중에 도착하고는 크니도스인의 요청으로 그 땅에 상륙하지 않고 곧 항해를 계속해 20척의 아테네 선박을 뒤쫓았다. 이 아테네 선단은 아스티오코스가 합류하려고 항해중인, 펠로폰네소스에서 온 27척의 선단에 대한 경계선으로서 사모스에 있던 장군 중의 한 사람인 카르미노스의 지휘하에 행동중인 선단이었다. ④사모스의 아테네인은 멜로스에서 그들이 출항했다

는 정보를 얻고는 시메(Syme), 칼케(Chalce), 로도스 및 리키아 주변 지역에 카르미노스를 우두머리로 한 경비선단을 배치했다. 그 때문에 그들은 적 선단이 이미 카우노스에 있는 것을 알고 있었다.

42. ①그래서 아스티오코스는 자신이 내항해 온 정보가 전해지기 전에 시메에 도착하길 빌면서 항해하고, 적선을 어딘가 외양(外洋)에서 잡을 수 없을까 생각하고 있었다. 그러나 해가 지고 안개가 껴 배가 어둠 속을 헤매는 위험한 상태에 빠졌다. ②선단은 사방으로 흩어지고 새벽이 되자 그 좌익은 곧 아테네 선단에 의해 뚜렷이 확인되었지만, 다른 배들은 여전히 인근 섬 사이를 헤매고 있었다. 카르미노스와 아테네인은 이 선단이야말로 기다리고 있던, 카우노스에서 온 선단이라 믿고 곧 20척이 채 안 되는 배를 가지고 싸움을 걸었다. ③그리고 교전하자마자 곧 3척을 격침시키고 다른 배들을 격파해 우세를 지켰지만, 예상과 달리 나머지 선단 대부분이 그들 앞에 나타나 사방으로 포위했다. ④그래서 그들은 패주했는데, 그 사이에 6척을 잃었다. 그 나머지는 테우틀루사(Teutlussa) 섬으로 도피하고, 그곳에서 할리카르나소스(Halicarnassus)로 도망쳤다. 그 후 펠로폰네소스 배는 크니도스에 모이고, 카우노스로부터 27척도 합류했다. 그리하여 모든 배를 이끌고 출항해 시메에 전승총을 세우고는 다시 크니도스로 돌아와 닻을 내렸다.

43. ①한편 아테네측은 해전 결과를 알게 되자 사모스에서 전세력을 동원해 시메로 출항했지만, 크니도스의 적 선단에 도전하지 않고, 또 펠로폰네소스측도 공격을 해오지 않아 시메로 건너가 선구(船具)를 탑재하고는 대륙측의 로리마(Lorymion)를 습격한 뒤 사모스를 향해 해안을 떠났다. ②이제 크니도스에 펠로폰네소스 선단의 전세력이 집결해 필요한 준비를 하고, 라케다이몬의 막료단도

그곳에 와 있던 티사페르네스와 함께 현재까지의 성과와 앞으로의 전투 계획을 연구하고, 어떻게 쌍방 모두에게 가장 유리하고 또 효과적인 전투를 할 것인가 토의했다. ③특히 리카스는 종래의 결과를 보고, 칼키데우스의 조약도 테리메네스의 조약도 정당성이 결여되어 있다며 이전에 다레이오스 왕 및 그 조상에게 소속되어 있던 영토의 지배권을 현재에도 인정하는 것은 부당하다고 말했다. 왜냐하면 그 조약은 모든 섬을 페르시아 영토에 귀속시킬 뿐만 아니라 테살리아, 로크리스, 그리고 보이오티아에 이르기까지의 헬라스를 라케다이몬의 자유 대신 페르시아의 지배하에 두는 것이 되기 때문이라고 했다. ④그리고 현행 조약을 파기하고 개정된 새 조약을 체결할 것을 요청하고, 누구도 이런 조건으로는 공납금을 지불할 필요가 없다고 말했다. 티사페르네스는 감정이 상해 화를 내며 아무것도 해결짓지 않은 채 돌아가버렸다.

제 25 장
전쟁 20년째와 21년째 — 알키비아데스의 음모 —
페르시아 보조금의 축소 — 아테네에서의
과두제 쿠데타 — 사모스 주둔 군대의 애국심

44. ①그런데 펠로폰네소스군은 로도스의 유력자들이 내통해오고 있었으므로 그곳으로 출항하기로 계획했다. 펠로폰네소스인은 그들의 다수 선원과 육상 부대로 로도스 섬을 자기 편으로 삼는 것은 어려운 일이 아닐 것이라고 보고, 이리하여 티사페르네스의 자금에 의지하지 않고도 독립해 자신들의 치하(治下)에서 선대(船隊)를 유지시킬 수 있으리라 생각한 것이다. ②그래서 이 해 겨울에 조속히 크니도스에서 출항해 먼저 94척을 가지고 로도스 섬의 카메이로스에 입항했다. 주민들은 사정도 모르고 크게 놀라고, 특히 이 도시에는 방벽이 없었기 때문에 도망치려고 우왕좌왕했다. 라케다이몬인은 카메이로스 시민을 불러모으고, 린도스(Lindus)와 이엘리소스(Ialysus) 두 도시로부터도 사람들을 불러 로도스 섬의 아테네 동맹 이탈을 설득했다. ③아테네인도 얼마 되지 않아 곧 이 일을 알게 돼, 사모스에서 선대가 출항해 펠로폰네소스 선단을 앞지르려고 외양에 그 모습을 나타냈다. 약간의 차이를 두고 펠로폰네소스 선단에 뒤늦은 아테네 선단은 곧 칼케로 가고, 그곳에서 다시 일단

사모스로 돌아온 뒤에 칼케, 코스 등에서 출격해 로도스를 습격했다. ③펠로폰네소스군은 32탈란트에 이르는 공납금을 모았을 뿐, 80일간을 하릴없이 보내며 배를 내보내지 않았다.

45. ①이 무렵, 그리고 펠로폰네소스 선단이 로도스 섬에 오기 전부터 다음과 같은 상황이 벌어지고 있었다. 즉 칼키데우스가 죽고 밀레토스에서 전투가 벌어진 뒤에 알키비아데스는 펠로폰네소스측으로부터 의심을 사게 되었다. 그래서 그들의 서한이 라케다이몬에서 아스티오코스가 있는 곳으로 와 알키비아데스를 살해하라고 했다. 특히 알키비아데스가 아기스와 사이가 나빴기 때문에 더 의심을 샀던 것이다. 때문에 알키비아데스는 처음에는 먼저 공포심에서 티사페르네스에게 의지했지만, 뒤에는 자신의 능력을 총동원해 펠로폰네소스측의 활동을 방해하고, ②티사페르네스의 고문이 되어 티사페르네스의 펠로폰네소스군에 대한 재정 원조를 줄이고, 1아티카 드라크메의 급여를 3오볼로이로 감하고, 게다가 이 지급조차 제 때 이루어지지 못하게 했다. 그리고 티사페르네스에게 그들을 향해 다음과 같이 말하게 했다. 즉 아테네인은 배에 관한 한 숙련되어 있는데도 오랫동안 3오볼로이의 급료에 만족하고 있었는데, 그 이유는 그들의 재정이 곤란해서가 아니라 선원은 여유를 주면 사치로 흐르고 몸을 해쳐 허약해지거나, 혹은 규정된 급료를 상대하지 않고 배를 포기하는 자가 나오기 때문이라고 말하게 했다. ③또 알키비아데스는 티사페르네스에게 삼중노선 선장이나 각 도시의 장군에게 지불하도록 권고하고, 이 점에서 그 자신에게 그들이 양보하도록 도모했다. 다만 여기에 시라쿠사만이 포함되지 않았던 것은 헤르모크라테스가 전동맹군 중에서 이 일에 반대하는 유일한 인물이었기 때문이다. ④티사페르네스가 있는 곳으로 급여를 받으러 오는 각 도시의 대표를 알키비아데스는 처소로 오게 해 티사페르네스의

대변자로서 얼마나 키오스인이 부끄러움을 모르고, 헬라스 제일의 부를 갖고 있다면서 보충 용병 부대의 원호를 받고 도움을 받는 것을 당연한 일처럼 알고 있고, 자신들의 자유를 위해 타국의 병력·재력을 위험에 빠뜨리고 있는지를 말했다. ⑨또 다른 도시에 대해서는 그들이 아테네 동맹에서 이탈하기 이전에 아테네에 공납금을 바친 것은 잘못된 일이라고 비난하고, 이제 그와 똑같이 그 이상의 공납금을 그들 자신을 위해 바치는 일에 적극적으로 나서야 한다고 말했다. ⑩그리고 현재는 티사페르네스의 사재(私財)로 전비(戰費)가 충당되고 있는 이상 지불 긴축은 당연하며, 다레이오스 왕으로부터 자금이 오기만 하면 그들에게 급여를 충분히 지불하고 각 도시를 그에 상응하여 원조할 것이라고 언명했다.

46. ①그리고 알키비아데스는 티사페르네스에게 너무 전쟁을 빨리 종결지으려고 서둘러서는 안 된다고 충고하고, 또 티사페르네스가 준비하고 있는 포이니키아 선대를 사용하고 싶어하거나, 많은 헬라스인에게 자금을 주어 한쪽에만 해륙 양면의 지배력이 넘어가도록 해서는 안 되며, 쌍방이 각기 우세한 면을 지니도록 하고, 언제나 다레이오스 왕을 위해 티사페르네스는 양군이 서로 지쳐버리도록 만들어야 한다고 말했다. ②그리고 만약 해군력과 육군력의 우세가 한쪽으로만 넘어가게 되면, 티사페르네스는 자신을 위해 다른 세력을 억제해오던 상황에서 티사페르네스 스스로 막대한 지출과 위험을 치러가며 이에 대항하지 않을 수 없게 될 것이라고 말했다. 또 좋은 결과를 얻기 위해서는 돈을 조금씩 지출하고 자신의 안전을 지켜가면서 헬라스인끼리 서로 지치게 만들어야 한다고 주장했다. ③그리고 또 아테네인이 다레이오스 왕과 지배력을 공유하는 것이 좋은 까닭은 아테네가 육지에 그다지 흥미가 없기 때문이며, 그들이 다레이오스 왕에게 가장 형편 좋은 이유와 행동으로 전쟁을

수행하리라는 의미는 아테네인이 바다에 면한 헬라스 세계를 정복한다면 다레이오스 왕은 자령(自領)에 인접해 있는 헬라스 세계의 정복을 목적으로 삼고 있기 때문이라고 말했다. 이와 반대로 라케다이몬인은 헬라스 세계를 해방시키기 위해 온 것이며, 현재의 헬라스 세계를 헬라스인의 손으로 해방시키려고 와 있는 자가 아테네를 정복했을 때 이어족의 손으로부터도 해방시키려 하지 않으리라고 생각할 수 없다고 주장했다. ⑩그래서 알키비아데스는 양군을 피폐화시키고, 먼저 아테네의 국력을 바라는 지점까지 낮추고 나서 펠로폰네소스를 다레이오스 왕의 영토 안에서 추방해버리라고 권고했다. ⑪게다가 티사페르네스의 그 이후의 행동에서 엿볼 수 있듯이 그 자신도 큰 목적을 비밀리에 지니고 있었던 것 같다. 요컨대 이들 정략(政略)의 최상의 고문으로서 알키비아데스를 전적으로 신뢰한 티사페르네스는 펠로폰네소스군에 대한 자금 공급을 억제하는 한편, 그들이 해전을 벌이는 것을 불허하고, 포이니키아 선단이 내항할 예정이라고 핑계를 대며 수적으로 우세해진 뒤에 싸우라고 권고했다. 이리하여 펠로폰네소스측의 행동 계획을 망가뜨리고 그 해군력이 발전, 강화되는 것을 막았다. 이렇게 다른 면에서도 티사페르네스는 펠로폰네소스에 도움이 되는 일에 그다지 흥미가 없음을 감추지 않고 분명하게 드러냈다.

47. ①알키비아데스는 티사페르네스와 다레이오스 왕의 곁에 있는 동안 이상과 같은 정책이 그들에게 최상이라고 생각되었기 때문에 그것을 권고했던 것인데, 이것은 동시에 아테네를 존속시켜두는 한 조국이 자신을 다시 불러줄 때가 반드시 오리라 믿고 조국에 소환될 때를 꿈꾸고 있었기 때문이기도 했다. 아테네인에게 자신을 소환해야겠다고 납득시키는 제일 좋은 방법은 티사페르네스를 아테네 편으로 생각하게 만드는 것이었다. ②그리고 이 점에서도 그는

성공했다. 즉 사모스에 있던 아테네군의 장군들은 알키비아데스가 티사페르네스에게 아주 큰 영향력을 지니고 있는 것을 알고 있었기 때문에, 절반은 알키비아데스에게 사주를 받아 아테네인 가운데 유력자들에게 사자를 보내 알키비아데스는 과두정치를 바라고 있고, 그를 추방한 공민주의나 악인의 손에서 정권을 되찾으려 하고 있는 것을 상기하라고 전했다. 그리고 그는 티사페르네스를 아테네의 친구로서 데려올 것이라고도 말하게 했는데, 다른 한편으로 사모스에 있던 선장들이나 아테네인 유력자는 공민주의 타도를 노리고 있었기 때문에 반자주적으로 이 방향으로 움직였던 것이다.

48. ①이 움직임은 먼저 아테네군 진영내에서 일어나고, 그 뒤 시내로 침투해들고 있었다. 사모스에서 알키비아데스가 있는 곳으로 와 회담을 하는 자도 있었는데, 알키비아데스는 먼저 티사페르네스를 같은 편으로 끌어들이고 나서 다레이오스 왕과 손을 잡을 것을 권하고, 만약 공민주의를 포기한다면 —— 그리 되면 다레이오스 왕도 그들을 더욱 신뢰할 것이므로 —— 시민의 유력자들은 시정(市政)에 관해 큰 희망을 품게 되고, 현재 가장 역경에 놓여 있는 이들이 정권을 장악하고 적을 이길 수 있게 될 것이라고 말했다. ② 그리고 그들은 사모스로 돌아가자 이 목적에 찬성하는 동지들을 모아 서약을 교환하고, 대중에게 숨기지 않고 알키비아데스가 소환되고 공민주의가 폐지되면 다레이오스 왕은 아테네 편이 되어 재정원조를 할 것이라는 말을 퍼뜨렸다. ③대중들은 돌아가는 현상에 크게 불만을 느끼고 있었지만, 다레이오스 왕으로부터의 급여에 대한 욕망 때문에 반대하지 않았다. 과두정체를 설립하려 하고 있던 자들도 대중에게 그 의도를 전하고는 알키비아데스의 계획을 자기들 사이에서, 특히 그 지지자들 사이에서 재검토했다. ④많은 사람들에게 그것은 신뢰가 가고 실현 가능한 일처럼 보였지만, 그 당시 아

직 장군이었던 프리니코스는 이것을 좋게 생각지 않고, 알키비아데스가 과두정체를 공민정체보다 더 지지하고 있다고 생각되지는 않는다고 말하고, 그의 눈에 알키비아데스는 아테네 시의 현체제로부터의 변혁 수단의 하나로서 그의 동지에 의해 아테네로 소환되는 기회를 노리고 있는 이외에 아무 목적도 갖고 있지 않는 것으로 비친다고 말했다. 그리고 프리니코스는 그들이 내란 상태에 이끌리지 않도록 특히 주의해야 한다고 강조하고, 펠로폰네소스측의 해군력은 지금 아테네의 그것과 거의 비등해지고, 펠로폰네소스측이 많은 도시를 다레이오스 왕 영내에 확보하게 된 현재 상황에서는 다레이오스 왕이 아테네측을 쉽게 지지할 수 없을 것이라고 말했다. 특히 다레이오스 왕은 아테네를 애초부터 믿어오지 않았고, 다레이오스 왕에게 해를 입힌 일이 없는 펠로폰네소스와의 교우관계보다 아테네 문제를 선행시킬 가능성은 적다고 말했다.

⑤그리고 아테네에서 공민정체가 전복될 것이라 해서 지금 과두정체를 권유받고 있는 동맹도시들에 관해 말한다면, 그렇게 된다 해도 이미 아테네 동맹에서 이탈해버린 도시가 그들에게 복귀할 리도 없거니와, 동맹내에 남아 있는 도시가 장래에도 그대로 남아 있을 것이라는 보장이 어디에도 없다는 것을 프리니코스는 잘 알고 있다고 말했다. 그 이유는, 과두정체하에서든 공민정체하에서든 그들은 예속을 싫어하고 어느 체제든 자유롭기를 희망하고 있기 때문이라고 설명했다. ⑥교양 있다고 하는 사람들조차 정권을 잡으면 공민정권에 못지않게 문제를 일으킨다고 동맹도시들은 생각하고 있다고 말하고, 그 사람들에게 가장 형편 좋게 되는 것 자체가 공민 일반에게는 해를 끼치고 사람들을 잘못된 방향으로 이끌게 된다고도 말했다. 과두정체에 있어서는 사람들이 정당한 재판도 받지 못한 채 간단히 살해되고, 공민정체에서는 공민이 비호자가 되고 과두파에 대한 재판관이 된다고 말했다. ⑦그리고 여러 도시가 이러한 사정을

실제 사건에서 이미 경험했다고 생각하고 있는 것도 자신은 잘 알고 있다고 프리니코스는 덧붙였다. 그리고 결론으로서 알키비아데스의 제안도, 현재의 움직임도 자기로서는 승인하기 어렵다고 말했다.

49. ①그러나 혁명을 위해 모인 자들은 먼저 제안된 문제를 그대로 의결하고는 아테네에 페이산드로스(Pisander)와 다른 사람들을 사자로 보낼 준비를 하고 알키비아데스의 소환 실현과 공민정체 폐지 및 티사페르네스와 아테네 사이의 교우관계의 설립을 꾀했다.

50. ①그런데 프리니코스는 알키비아데스의 소환 요청이 이루어지고 아테네가 그것을 수리하리라 보고, 알키비아데스가 본국에 소환되면 자신이 그의 소환을 반대하는 말을 했으므로 그의 행동을 방해한 자로서 그에게 박해를 받지 않을까 우려하여 다음과 같은 수단을 강구했다. ②즉 프리니코스는 당시 밀레토스에 있던 라케다이몬의 총제독 아스티오코스에게 비밀리에 서한을 보내 알키비아데스가 티사페르네스를 친아테네파로 만들어 라케다이몬인의 계획을 망가뜨리려 하고 있다고 쓰고, 또 이밖에도 여러 가지 사실들을 모두 노골적으로 썼다. 그리고 적에 대항하기 위해서는 자신의 조국에 조금 불리한 일을 생각하는 것도 이해할 수 있을 것이라고 말했다. ③하지만 아스티오코스는 알키비아데스의 영향력이 특히 내리막길을 걷고 있기 때문에 원수를 갚으라고 알키비아데스와 티사페르네스가 있는 마그네시아를 찾아가 사모스에서 온 서한의 내용을 공개하고 아스티오코스 자신이 고소자가 되었다. 그리고 알키비아데스는 자신의 이익을 위해 티사페르네스 밑에 몸을 의탁하고 있는 것이라며 이런저런 정보를 밝히고, 그런 이유에서 펠로폰네소스측에 대한 티사페르네스의 지불이 감소되었을 때에도 강력하게 반대

하지 않았던 것이라고 말했다. ⑨알키비아데스는 곧 편지를 사모스의 당사자에게 보내 프리니코스의 행위를 밝히고 그를 살해할 것을 촉구했다. ⑩자신이 큰 위험 속에 빠진 것을 알게 된 프리니코스는 크게 동요해 다시 사자를 아스티오코스에게 보내 지난번의 일을 비밀리에 선처하지 않은 것을 비난하고, 또 지금이라도 사모스의 아테네군을 모두 아스티오코스 쪽에 넘겨 전멸시킬 용의가 있다고 했으며, 사모스는 방벽이 없는 도시였기 때문에 각 사항을 일일이 들어가며 아스티오코스가 취해야 할 조치를 지시하고, 이 행동으로 자신을 이미 이런 큰 위험에 몰아넣은 자들에 대해 양심의 가책을 느끼기는커녕 자신이 죽을 정도라면 무슨 일이든 다 하겠다고 썼다. 그래서 아스티오코스는 이것도 또 알키비아데스에게 알렸다.

51. ①그러나 프리니코스는 아스티오코스의 이 배덕행위를 예상하고 알키비아데스가 자신의 편지 내용을 알고 있지만 단지 그것을 아직 폭로해오지 않고 있을 뿐이라고 생각하고서, 이에 앞서 스스로 아테네군에 보고하고 항내에 정박해 있지 않은 이상 적이 내습해 올 것은 분명하며 이 사실은 확실한 소식통을 통해 알게 된 정보이므로 사모스 시에 시급히 방벽을 쌓고 그밖의 방비 공작을 진행시켜야 한다고 말했다. 그리고 프리니코스는 스스로 지도자로서, 또 사령관으로서 일을 처리했다. ②사모스에 있던 아테네인은 전부터 방벽을 쌓으려 하고 있던 참이었으므로 이것을 기회로 방벽 건설 준비를 하고는 재빨리 사모스 시를 방벽으로 둘러쌌다. 한편 알키비아데스의 편지도 곧 도착해 프리니코스의 배신행위를 알리고 적이 가까운 시일내에 내습할 것이라는 사실도 알려왔다. ③그러나 그들은 알키비아데스를 믿지 않고, 알키비아데스가 프리니코스의 적에 관한 지식을 미리 알고 적의(敵意)에서 반대 행동으로 나온 것이라고 해석해, 프리니코스에게 해를 입히기는커녕 도리어 프리

니코스가 전에 아테네군에 알린 일을 알키비아데스가 입증한 결과가 돼버렸다.

52. ①그 후 알키비아데스는 티사페르네스와 아테네가 손을 잡도록 설득하기 시작했다. 티사페르네스는 펠로폰네소스 선단 쪽이 아테네 선단보다 선박수가 많기 때문에 이에 두려움을 품고 있었지만, 그래도 가능하면 알키비아데스가 말하는 대로 하려고 생각하고 있었다. 그 이유는 특히 펠로폰네소스측과의 크니도스에서의 분쟁[30]이 테리메네스의 서약과 관계가 있다는 것을 티사페르네스는 알고 있었기 때문이다. 즉 이 시기에는 펠로폰네소스군이 로도스섬에 와 있었고, 그래서 리카스가 라케다이몬인은 전도시를 자유롭게 만들 것이며 알키비아데스가 이전에 말한 대로[31] 조약 중 다레이오스 왕 및 그 조상이 이전에 지배한 땅은 다레이오스 왕에게 속한다는 조항은 감내하기 어려운 조항이라고 언명하고 있었기 때문이다. 그래서 알키비아데스는 희망을 가지고 열심히 티사페르네스의 환심을 사기 위한 공작을 했다.

53. ①페이산드로스와 함께 아테네에 파견된 사모스의 아테네인 사절단은 아테네에 도착하자 공민 의회에서 많은 사항을 정리해 연설하고, 만약 알키비아데스의 귀국을 허가하고 공민정체를 바꾼다면 아테네는 다레이오스 왕과 동맹을 맺을 수 있고 또 펠로폰네소스도 격파할 수 있을 것이라고 말했다. ②많은 사람이 공민정체의 변혁에 반대 의견을 말하고, 또 알키비아데스의 정적(政敵)들은 법이 옳지 않은 방향으로 바뀌는 것은 중대한 일이라고 아우성쳤으며, 알키비아데스가 추방된 비의(祕儀) 사건에 대한 증인이 에우몰

---

30) 본권 제24장 43을 참조할 것.
31) 본권 제25장 46을 참조할 것.

포스(Eumolpidae) 일가와 케리크스(Ceryces) 일가에서 등장해[32] 알키비아데스의 귀환에 반대하고 신들에게 호소하고 했지만, 페이산드로스는 많은 반대와 분노에 대해 일일이 정중하게 답하고, 펠로폰네소스가 소유하고 있는 선박수가 현재 아테네의 선박수에 못지않고, 동맹도시수도 펠로폰네소스측이 우세하며, 다레이오스 왕과 티사페르네스로부터 재정 원조가 펠로폰네소스측에는 행해지고 있지만 아테네에는 한 번도 오고 있지 않는 이런 상태에서 다레이오스 왕을 설득해 아테네 편으로 삼는 이외에 대체 어떤 희망이 있느냐고 말했다. ⑨이 반문에 그들이 대답할 말이 궁색해지자, 페이산드로스는 간단히 그들에게 이렇게 말했다. "다레이오스 왕의 신뢰를 얻기 위해 좀더 지혜를 짜내 정치를 운영하고, 소수의 손에 그 정권을 맡기고, 정치체제의 만족스럽지 못한 점은 앞으로 변혁할 수 있으므로 정치 형태에 구애받지 말고 국가 구제의 방도를 첫째 문제로 생각하고, 현재의 인물 중에서 이 상태를 타개할 수 있는 유일한 인물인 알키비아데스를 우리가 소환하지 않는 한 이제 우리에게 남아 있는 길은 없습니다."

54. ①대중은 처음에는 과두정체의 이야기를 듣는 것만으로도 동요했지만, 달리 길이 없다고 페이산드로스가 논지(論旨)를 펴자 변혁을 두려워하면서도 그에 희망을 품고 양보했다. ②그래서 그들은 페이산드로스 외 10명을 파견하고, 티사페르네스와 알키비아데스에 관한 문제에 대해서는 이들의 판단으로 최상이라고 생각되는 방침을 취하라고 결의했다. ③그리고 페이산드로스의 프리니코스에 대한 비난 때문에 대중은 프리니코스와 그 막료 장군 스키로니데스를 사령관직에서 해임하고, 그 대신 디오메돈과 레온을 선단의 장

---

32) 에우몰포스가(家), 케리크스가는 모두 엘레우시스의 신관(神官)의 일문(一門)으로, 독신(瀆神)사건의 재판 때 사법권을 지녔다.

군으로 임명해 파견했다. 페이산드로스가 프리니코스는 이아소스와 아모르게스를 배신했다며 그 실각을 꾀한 것은, 그가 알키비아데스와의 절충에 부적당하다고 판단했기 때문이었다. ④그래서 페이산드로스는 이전부터 시내에 있던 동지들을 망라해 사법직과 집정관직에 취임시키고, 공민주의정체의 해체를 위해 전원이 일치해서 협력하길 바란다고 사람들에게 호소했다. 그리고 현상황의 문제를 조정해 뒷일을 걱정할 필요가 없도록 해놓고 나서 10명의 대표와 함께 티사페르네스와 교섭하기 위해 출항했다.

55. ①이 해 같은 겨울에 레온과 디오메돈은 아테네 선단이 있는 곳에 도착하자 로도스 섬을 습격했다. 그리고 펠로폰네소스 선박이 해안에 끌어올려져 있는 것을 발견하고 아테네인은 하선해 상륙한 다음 저항해 오는 로도스군과 맞서 싸워 격파하고 나서 다시 승선해 칼케로 돌아가 이 지점과 코스에서 전쟁을 계속 수행했다. 그 이유는, 이 지점이 펠로폰네소스 선단이 출격해 올 경우 아테네 측에서 잘 관측할 수 있는 곳이었기 때문이다. ②로도스 섬에서 라코니아인 크세노판디다스(Xenophantes)가 키오스의 페다리토스 처소에 찾아와 아테네인의 방벽 구축 공사가 이미 완료되었다고 전하고, 전선단을 동원해 그 원호(援護)에 나서지 않는 한 키오스는 빼앗기게 될 것이라고 말했다. 그래서 그들은 키오스를 구원하기로 결정했다. ③이 무렵 페다리토스 자신도 휘하의 보충 용병대와 키오스인을 참여시킨 전병력을 이끌고, 육지로 끌어올려진 배의 주위에 아테네인이 쌓아놓은 방호제(防護堤)를 점거하고 해안에 있던 수척의 배를 빼앗았다. 그러나 저항에 나선 아테네군은 키오스군을 패주시켜 우선 승리를 거두고, 그 후 페다리토스 주위에 있던 부대를 압도하고 페다리토스를 죽였다. 그리고 이밖에 다수의 키오스인과 그 무기를 포획했다.

56. ①그 후 키오스인은 해륙 양면으로 전보다 더 엄격하게 차단되어 식량부족 사태가 심각해졌다. 페이산드로스와 함께 온 아테네 사절단은 티사페르네스와 협정 체결교섭을 시작했다. ②하지만 티사페르네스가 펠로폰네소스군을 두려워하고, 또 알키비아데스 자신이 티사페르네스에게 가르쳤듯이 그는 여전히 아테네측과 펠로폰네소스측 양쪽을 서로 피폐시키겠다는 생각을 지니고 있었기 때문에 티사페르네스에겐 신뢰를 둘 수 없다고 판단한 알키비아데스는 그로 하여금 아테네에 터무니없는 조건을 붙이게 해 협정이 성립되지 못하도록 도모했다. ③생각건대 티사페르네스와 알키비아데스는 각각 다른 이유에서 이런 같은 결론에 이른 것으로 보인다. 즉 티사페르네스의 이유는 펠로폰네소스에 대한 공포 때문이라고 말할 수 있겠지만, 알키비아데스의 이유는 티사페르네스가 아테네와 손을 잡는 데 열정을 보이지 않는 것을 깨닫자 이것이 알키비아데스의 티사페르네스에 대한 영향력의 한계인 것처럼 아테네측에 보이고 싶지 않아 알키비아데스가 그를 진작부터 설득해 티사페르네스는 아테네와의 협정 체결을 바라고 있는데도 아테네측이 제시한 조건이 불충분해서 협정이 불발로 끝난 듯이 아테네측에 해석되도록 하려 했기 때문일 것이다. 그래서 알키비아데스는 티사페르네스가 출석해 있는데도 그 대변자로서 아테네측에 터무니없는 요구를 제시하고 아테네측이 그 대부분을 받아들여도 결국 협정이 불발로 끝난 책임은 아테네측으로 돌아가도록 했다. 즉 알키비아데스가 제시한 요구는 이오니아 전역을 양보할 것을 첫째 조건으로 내세우고, 둘째로 그들 섬 및 속령의 페르시아 귀속이라는 조건을 제출했는데, 여기에도 아테네측이 반대를 하지 않자, 세번째 마지막 회담에서는 자신의 무력함을 은폐하기 위해 다레이오스 왕의 선단 건설을 인정하고 자국 연안의 자유 항행을 인정한다는 조건을 내세웠다.[33]

---

33) 원문의 구문(構文)을 존중해서 오해를 하기 쉬운데, 이 의미는 다

아테네측은 과연 그 조건은 받아들이지 않고 알키비아데스에게 속 았다며 화를 내고 그 자리를 떠나 사모스로 귀항했다.

57. ①그 직후 같은 해 겨울에 티사페르네스는 카우노스에 와 펠로폰네소스인을 밀레토스에 다시 끌어들여 다른 새로운 조약을 맺으려 했다. 이 조약은 티사페르네스의 자금 공급을 약속해 펠로폰네소스와의 완전 분열을 피하는 것이었다. 티사페르네스는 펠로폰네소스측이 많은 배에 급료를 지급하는 데 쪼들리고 아테네와의 해전을 강요받은 결과 전쟁에 패하고 배에서 승무원을 하선시키고 빈 배로 만들게 돼, 티사페르네스가 모르는 사이에 아테네측이 생각하는 대로 되어버리지 않을까 우려했다. 나아가 티사페르네스가 특히 위협을 느낀 것은, 펠로폰네소스가 부족 물자를 보충하기 위해 대륙의 육지를 유린하지는 않을까 하는 것이었다. ②이런 이유와 전망에서 헬라스를 상호간의 다툼으로 피폐화시키고자 펠로폰네소스에 급여를 보내고 제3의 협정조약을 맺었다.

58. ①다레이오스 왕 통치 13년, 라케다이몬의 알렉시피다스(Alexippidas)가 독시관인 해에 마이안드로스(Maeander)[34]에서 티사페르네스와 히에라메네스(Hieramenes) 및 파르나케스의 아들들[35]에 대

  레이오스 왕이 소아시아 연안의 아테네 산하 도시 사이를 누비며 자기 선단을 자유로이 항해시킬 목적으로 선단을 편성하는 것을 아테네가 허용하지 않았다는 것이며, 아테네의 허가가 없는 한 다레이오스 왕은 배를 건조할 수 없었다는 것이 아니다.
34) 마이안드로스 평야란, 마이안드로스 하구지방으로 밀레토스 맞은편 해안에 해당된다.
35) '파르나코스의 아들들' 중에는 파르나바조스가 포함된다. 히에라메네스는 다레이오스 왕의 매제로서 크세노폰의 〈헤레니카〉 제2권 제1장 9절에 언급되어 있다. 이것으로 추측해볼 수 있듯이 티사페

해 다레이오스 왕과 라케다이몬 및 그 동맹도시의 건에 관한 라케다이몬과 그 동맹도시의 조약이 체결되었다.

1) ②아시아에서의 왕령(王領)은 이것을 모두 왕령으로 삼는다. 또 왕령내에서 왕의 뜻은 제약을 받지 않는다.

2) ③라케다이몬과 그 동맹도시가 가해의 목적을 가지고 왕령에 들어오는 것을 불허하고, 또 왕도 라케다이몬과 그 동맹도시의 영내에 가해의 목적을 가지고 들어가는 것이 허용되지 않는다. ④라케다이몬이든 그 동맹도시든 누구라도 가해의 목적을 가지고 왕령에 들어오는 것을 금한다. 또 누구라도 왕령에서 가해의 목적을 가지고 라케다이몬과 그 동맹도시에 침범하는 것을 왕은 금한다.

3) ⑤티사페르네스는 왕의 선단이 도착할 때까지 현재의 선단에 협정 임금을 지급한다. ⑥왕의 선단이 도착한 뒤에는 라케다이몬과 그 동맹도시의 선단 비용 부담은 그 임의대로 하고, 만약 티사페르네스의 재정 원조를 바랄 경우 티사페르네스는 그것을 지급한다. 다만 전쟁 종결 뒤에 라케다이몬과 그 동맹도시는 티사페르네스에게 받은 원조 총액을 반환한다.

4) ⑦왕의 선단이 도착한 뒤에는 라케다이몬 선단, 그 동맹도시의 선단 및 왕의 선단은 공동으로 티사페르네스측 및 라케다이몬측, 동맹도시측의 합의된 결정하에 전쟁을 수행한다. 대아테네전의 종결을 바랄 때에는 전면 강화(講和)로 한다.

59. ①조약이 이처럼 성립되자, 그 후 티사페르네스는 협약에 따라 포이니키아 선단을 내놓을 준비를 하고, 그밖의 약속된 일도 적어도 준비중인 듯 보이려고 했다.

르네스는 소아시아 남부의 대관(代官)으로서, 히에라메네스는 다레이오스 왕의 대리인으로서, 그리고 '파르나코스의 아들들'에 파르나바조스를 필두로 한 소아시아 북부 대관들을 포함시킨 의미로 그 지역의 적임자로서 각각 이 조약에 이름을 늘어놓고 있는 것이리라.

60. ①이 해 겨울 말경에 보이오티아인은 아테네에 의해 수비되고 있던 오로포스를 내통자의 안내로 함락시켰다. 이것은 오로포스인 일부와 에레트리아인 일부가 공동으로 참여한 일인데, 그 이유는 그들이 에우보이아의 혁명을 노리고 있었기 때문이었다. 즉 에레트리아의 맞은편 해안의 땅이 아테네의 지배를 받고 있는 이상,[36] 에레트리아 및 기타 에우보이아 지역에 커다란 해를 입히며 반란의 불꽃을 올리기가 불가능했기 때문이다. ②그래서 이제 오로포스를 손에 넣게 되자 에레트리아인은 로도스에 와 에우보이아에 펠로폰네소스군을 끌어들이려 했다. 그러나 펠로폰네소스군은 키오스가 압박을 받고 있었기 때문에 오히려 그곳을 구원하러 가길 바라고 있었으므로 전선단을 이끌고 키오스로 출항했다. ③그리고 트리오피움 해역까지 와서 칼케를 나와 항행하고 있는 아테네 선단을 발견했지만, 양선단 모두 공격을 하지 않고 전자는 밀레토스로, 후자는 사모스로 들어갔다. 왜냐하면 펠로폰네소스 선단은 한바탕 해전을 치르지 않고는 키오스를 구원하러 가기가 불가능하다는 것을 깨달았기 때문이다. 이리하여 이 해 겨울이 끝나고, 투키디데스가 기록한 전쟁 제20년째도 저물었다.

61. ①다음 하기(夏期)의 초봄이 시작되자마자 스파르타인 데르킬리다스(Dercyllidas)가 소규모의 군대와 함께 육로로 헬레스폰토스에 파견되어 아비도스(Abydos)의 아테네 이반을 시도했다. 아비도스는 밀레토스의 식민도시다. 그리고 키오스인도 아스티오코스가 도와줄 길을 찾지 못하고 있는 동안에 포위군의 압박을 견디지 못하고 마침내 해전을 벌이지 않을 수 없게 되었다. ②아스티오코스가 로도스에 있는 동안에 페다리토스 사후 그 후임 장군으로 밀레토스

---

36) 에레트리아와 오로포스의 거리는 약 10킬로미터 남짓.

에서 안티스테네스와 함께 온 스파르타인인 레온을 임명하고, 이와 함께 키오스인은 12척의 배도 받아들였다. 투리오이 배 5척, 시라쿠사 배 4척, 아나이아 배, 밀레토스 배, 그리고 레온 자신이 타고 있던 배 각 1척씩이었다. ③키오스측은 전세력을 동원하여 출격해 나가 일정한 요지를 확보하는 동시에 36척의 배를 아테네측의 32척의 선단에 대항시키며 해전에 돌입했다. 격전 뒤에 키오스군은 우세를 보였지만 해가 저물어 시내로 철수했다.

62. ①그 직후 데르킬리다스 일행이 밀레토스에서 육로로 헬레스폰토스의 아비도스에 도착하자, 아비도스는 파르나바조스와 데르킬리다스 쪽에 가담하고 아테네로부터 이반했다. 이틀 뒤에는 람프사코스도 그 뒤를 따랐다. ②이 사실을 알게 된 스트롬비키데스는 급거 24척의 배를 갖고 키오스에서 구원하러 갔다. 그 배 중에는 중무장병을 싣고 가는 수송선도 끼여 있었다. 람프사코스에 도착해 해전에서 이기자 무방벽 도시인 람프사코스를 일거에 함락시켜 물자와 노예를 빼앗고 자유민을 다시 그 땅에 살게 만든 뒤 아비도스로 향했다. ③그러나 아비도스는 그 습격에 굴복지 않아, 실패한 스트롬비키데스는 아비도스 맞은편 해안에 있는 케르소네소스의 세스토스 시로 건너가 페르시아가 그때까지 지배하고 있던 데에 경비대를 두고 헬레스폰토스 전역을 수비케 했다.

63. ①이 무렵 키오스는 가까스로 제해권을 장악했고, 밀레토스에 있던 펠로폰네소스군과 아스티오코스는 앞에서 서술한 해전 사실과 스트롬비키데스가 멀리 가버린 것을 알고 안심했다. ②그래서 아스티오코스는 2척의 배를 거느리고 키오스 연안을 항해하고는 배를 모은 뒤에 이들과 함께 사모스로 갔다. 하지만 사모스에서는 한창 내부에서 서로 의심하고 다투고 있어 아스티오코스에게 저항해

오지 않아 밀레토스로 돌아왔다. ③그 이유는, 마침 이 무렵인가 혹은 바로 전에 아테네의 공민정체가 쓰러졌기 때문이었다. 요컨대 티사페르네스가 있는 곳에서 페이산드로스와 그 일행이 사절단으로 사모스에 오자, 그들은 이 땅의 군사적 강화와 안정화를 꾀하고, 또 사모스의 가장 유력한 자들을 부추겨서 그들과 함께 과두정체 수립에 노력하도록 만들었다. 그러나 이 유력자 중에 과두정체에 대한 반대자도 있어 사모스는 서로 격전을 벌이는 상태에 있었던 것이다. ④사모스의 아테네인들은 알키비아데스가 그들에게 동의하려 하지 않았기 때문에 그를 어떻게 고립시킬지를 서로 의논하고 있었는데, 아무튼 그 이유는 알키비아데스가 그들의 과두정치에 관여하는 것을 좋아하지 않았기 때문이다. 그들은 그들 스스로 이미 위험 속으로 발을 내디딘 이상 어떻게 현상황을 후퇴시키지 않고 전쟁을 유지하며, 재화나 기타 필요 물자를 개인으로부터 어떻게 기증받을 것인가를 연구하고, 그들이 고생하고 있는 것은 다름아닌 자신들을 위해서라고 서로 말하고 있었다.

64. ①이리하여 준비를 진행시킨 뒤에 그들은 곧 페이산드로스와 사절단의 반을 본국에 보내 본국의 사태를 조정하라고 훈령하고, 또 도중에 들르는 속국에 과두정권을 설립하라고 명했다. ②또한 남은 반 정도의 사절단을 키오스에 있던 디에이트레페스와 함께 다른 속국 도시에 파견하고, 디에이트레페스를 트라키아 지방의 사령관으로 임명했다. 그리고 그는 타소스에 도착하자마자 타소스의 공민정체를 쓰러뜨렸다. ③그러나 그가 타소스를 떠난 지 채 2개월도 되지 않아 타소스인은 이미 아테네인의 과두파에 싫증을 내고는 자신들의 도시를 방벽으로 에워싸고 라케다이몬의 원조로 자유를 얻을 날만 나날이 기다리게 되었다. ④그리고 아테네인에 추방되어 펠로폰네소스측에 있던 자들이 시내에 있는 동지들과 손을 잡고 펠

로폰네소스측 선단을 시내로 끌어들여 아테네로부터 이반하려고 전력을 다했다. 생각한 대로 일이 진행되어 별 위험 없이 타소스 시를 아테네 동맹에서 이탈시키고 대중파를 항복시켜 혁명에 성공했다. ⑨타소스에서는 과두정체를 성립시킨 아테네인의 예상과 다른 일이 일어난 것이 되는데, 생각건대 다른 많은 아테네 속국 도시에서도 같은 일이 일어났다고 할 수 있을 것이다. 이 도시들은 영리해짐과 동시에 행동도 용감해져, 아테네에 의한 실체를 수반하지 않은 명색뿐인 독립보다 실질적인 자유를 선택한 것이다.

65. ①페이산드로스 일행은 훈령대로 항해 도중에 해당하는 도시의 공민정체를 폐지하는 동시에 그들 지방의 중무장병을 동맹군으로 동반하고 아테네로 돌아갔다. ②그리고 그들은 아테네에서 해야 할 일이 이미 동지들의 손에 의해 9할 정도 이루어져 있는 것을 발견했다. 즉 동지들 중에서 젊은 일파들이 공민파의 제1인자인 안드로클레스(Androcles)[37]란 자를 비밀리에 살해해버렸기 때문으로, 덧붙여 말하면 이 남자는 알키비아데스 추방의 주창자라고도 할 수 있었다. 그를 암살한 이유는, 첫째 그가 선동가였다는 점이었고, 둘째로는 티사페르네스를 아테네 편으로 삼을 수 있다고 그들이 생각하고 있었던 알키비아데스를 기쁘게 하기 위해서였다. 나아가 그들은 이밖에도 괘씸하다고 생각되는 자들을 암살했다. ③그리고 미리 준비된 성명을 발표해 병역에 복무한 자 이외에는 지불을 정지하고, 정치에 참여할 수 있는 자는 5000명이 넘지 않아야 하며, 특히 실제적으로든 경제적으로든 국가에 기여할 수 있는 자들만을 참가시켜야 한다고 말했다.

---

37) 안드로클레스는 알키비아데스 일파의 정적(政敵)이었다. 플루타르코스의 〈알키비아데스〉 제19장, 안드키데스의 〈비의(祕儀)사건〉 제27장 등에 언급되어 있다.

66. ①그리고 이러한 안(案)의 실시에 대략 성공한 것은, 이 개혁을 주창한 자들이 아테네 국정(國政)의 책임을 지려 하는 자들이었기 때문이다. 대중과 추첨선출위원회[38])의 의회가 소집되기는 했지만, 그들은 개혁파가 좋아하지 않는 일은 전혀 의제로 올리지 못하고, 연설하는 자들은 개혁파 중에서 선발되고, 연설 내용도 사전에 검열을 받은 것이었다. ②개혁파의 수가 많아 사람들은 두려움을 느끼고, 누구도 반대 의견을 말하는 자가 없었다. 그리고 만약 누군가가 반대 의사를 표명하려 하면 곧 손쉬운 방법으로 살해되고, 살해자의 수배도, 피의자의 재판도 행해지지 않았다. 그래도 대중은 공포심에서 입을 다물고 침묵을 지킨 채 난폭한 짓을 당하지 않으면 다행이라고까지 생각했다. ③사람들은 이 개혁파의 수를 실제보다 훨씬 많다고 생각하고 있었기 때문에 겁을 집어먹고 있었다. 아무튼 아테네 시가 넓고 서로 아는 사이도 아니었기 때문에 개혁파의 전모를 알 수가 없었던 것이다. ④그리고 이와 똑같은 이유에서 다른 사람과 함께 분개하고 개탄하며 개혁파의 움직임을 저지하는 일도 불가능했다. 즉 사람들은 자기 본심을 털어놓을 수 있는 지인(知人)을 발견할 수 없었고, 이미 아는 사람들조차도 믿을 수가 없었기 때문이다. ⑤대중들은 서로 상대가 개혁 지지자가 아닐까 하고 언제나 의심스런 눈초리로 바라보고 있었다. 그 이유는, 그 지지자들 중에는 전혀 과두파가 될 것 같지 않은 사람들이 끼여 있었기 때문이다. 이런 사람들이 일반 시민 사이에 불신감을 불러일으킨 최대의 원인이며, 과두파에게는 가장 편리한 기반이 되었다.

---

38) 직역하면 '콩' 위원회가 된다. 구성위원이 콩 추첨으로 선출되었던 데서 유래한다. 공민정체의 한 조직인 이 위원회는 보수주의를 대표하는 알레이오스 파코스 위원회와 대치되는 의의를 지니고 있었다. 알레이오스 파코스 위원은 추첨에 의하지 않고 집정관직을 경험한 자들에 의해 구성된 종신위원회였다.

이러한 대중파내에서의 불신감이 과두파에 대한 신뢰가 되어 되돌아왔기 때문이다.

67. ①마침 바로 이런 시기에 페이산드로스 일행이 아테네에 돌아온 것이며, 그들은 나머지 일을 신속하게 처리하기 시작했다. 먼저 시민을 모으고 절대권을 지닌 헌법기초위원 10명을 선출하라고 명하고, 이 헌법기초위원은 아테네 시가 가장 잘 다스려질 수 있는 정체(政體)에 관한 안(案)을 정한 기일내에 공민의회에 제출해야 한다고 밝혔다. ②그리고 그 후 그날이 되자 그들은 공민의회를 콜로노스(Colonus)에 소집했다. 이 콜로노스는 아테네 시에서 약 10 스타디아 떨어진 포세이돈 신역의 소재지다. 그리고 이 헌법기초위원은 그 안을 제출했는데, 그것은 다른 것은 전혀 언급하지 않고 다음과 같은 점에만 집중된 것이었다. 즉 먼저 어떤 아테네 시민도 자유로이 의사를 발표할 수 있고 제안에 반대할 수 있는 권리를 보증하며, 그 발언을 위법으로 보거나 혹은 또 다른 방법으로 그 발언자를 적발하는 자에게는 중형을 과하도록 규정하고 있었다. 또한 더 나아가 종래의 집정관직을 모두 폐지하고 누구에게도 그 직위에 의한 수입을 불허하며, 5인의 의장단을 선출해 이 5인이 100인을 선출하고, 또 이 선출된 100인이 각기 3인씩을 선출할 것을 명확히 규정했다. 그리고 이 400인이 중앙위원회를 구성하고, 이 위원회의 승인을 거친 사항은 절대권을 지니고 시행되며, 또 5000인 회의는 이 400인 중앙위원회가 필요하다고 인정할 때에만 소집된다고 규정했다.

68. ①이 안을 발표한 것은 페이산드로스였다. 그리고 그야말로 누구보다 공민정체 폐지를 공공연히 제창하고 있었다. 그러나 실제 행동으로 옮기는 방식 전체를 통합하고 이 일을 처음부터 계획한

인물은 아테네인 안티폰(Antiphon)³⁹⁾이었다. 그는 동시대의 아테네인 가운데 능력면에서 결코 다른 사람들에게 뒤떨어지지 않는 뛰어난 생각을 지니고 있었으며, 아울러 그 생각을 표현하는 데 능숙했다. 민의회에도, 법정에도 적극적으로 출석하는 것을 좋아하지 않았지만 너무도 능란한 웅변으로 인해 대중파의 신뢰를 얻지 못했다. 그러나 법정이나 민의회에서 다투지 않으면 안 되는 자들에게 안티폰은 가장 좋은 의논상대로서 바로 그 제1인자였다. ⓐ뒤에 400인 정권이 타도되고 공민정권이 부활되었을 때 그 자신이 공민파의 손에 의해 400인 정권 성립을 실현시킨 죄로 법정에 세워졌지만, 현재에 이르기까지 자기 변호를 한 사람 중에서 이때의 안티폰이야말로 사형 구형에 대해 가장 선명하게 자기 변명을 전개한 사람으로 생각된다. ⓑ또 프리니코스도 다른 누구보다 과두정체 실현에 열성을 다 바쳤는데, 그 이유는 그가 알키비아데스를 두려워했기 때문으로, 알키비아데스가 사모스에서의 아스티오코스에 대한 프리니코스의 행동을 소상히 알고 있음을 깨닫고, 알키비아데스가 과두정체하의 아테네로 돌아올 가능성은 적다고 생각하고 있었기 때문이다. 그리고 프리니코스야말로 위기를 맞아 그것을 극복하는 데 가장 믿음직하게 보이는 남자였다. ⓒ또 하그논의 아들 테라메네스(Theramenes)도 공민정체 폐지운동의 선봉에 선 사람 중 하나였는데, 그 사고력과 발표 능력이 특히 뛰어났다. 그 때문에 이 개혁이 대규모적인 것이기도 했지만 많은 현명한 자들의 손에 의해 매우 능란하게 이루어질 수 있었던 것이다. 즉 참제군주제의 붕괴 이래 100년 가까이 자유를 향유해오고 달리 복종한 일도 없을 뿐더러 그 반 이상의 세월 동안 다른 곳을 지배하는 데 익숙했던 아테네

---

39) 안티폰은 10대 웅변가 중 가장 옛날 사람이고 연대지가(年代誌家)의 시조로 불린다. 또 투키디데스가 그의 제자였다는 전승이 있지만 확실치 않다.

민중에게 그 자유를 빼앗기는 것은 대단히 씁쓸하게 느껴지는 일이 었기 때문이다.

69. ①민의회가 전원 일치로 이 의안을 가결하고 해산되자, 그 뒤 곧 400인은 다음과 같은 방법으로 심의회당을 점거하는 데 성공했다. 즉 아테네인은 데켈레아의 적 때문에 항상 방벽 위의 부대와 대기중인 부대로 나뉘어져 있었으므로, 정해진 날짜가 되자 400인은 아무것도 모르고 있는 자들을 언제나처럼 임지에 내보내고 나서 동지들에겐 무기를 들지 말고 뒤에 남아 있다가 누군가 그들의 행동에 반항하는 자가 나오면 곧 무기를 들고 그것을 가로막으라고 비밀리에 명했다. ②이들은 안드로스인, 테네아인 및 300명으로 구성된 카리스토스인, 그리고 아테네인이 식민한 아이기나 이민들이었다. 이 아이기나인들은 이때를 위해 자신들의 중장비를 들고 요청에 응해 아테네에 와 있던 자들이었다. ③이처럼 준비를 갖추고 나서 400인에게 각기 단검을 감추고 암살할 필요가 있을 때에 이용했던 120명의 젊은이와 함께 심의회당내에 있던 추첨선출위원 처소로 갔다. 그리고 그들에게 급여를 받고 싶거든 그곳을 떠나라고 명했다. 그리고 400인은 자신들이 가져온 추첨선출위원의 임기 종료시까지의 급여를 심의회당에서 나가는 자들에게 건네주었다.

70. ①이처럼 추첨선출위원들이 아무 반대도 하지 않고 심의회당에서 떠나자, 다른 시민들도 분란을 일으키지 않고 평정을 유지하고 있었다. 한편 400인은 위원회당에 들어가자 의장단을 자신들 사이에서 선출하고 신에 대한 기원과 희생을 종래의 취임 의례대로 바쳤다. 그러나 그 뒤에는 공민정부의 방식과는, 단지 알키비아데스가 추방자들 중에 있었기 때문에 공민정부와 똑같이 추방자들을 소환하지 않았다는 한 가지 일을 제외하고는 완전히 달랐다. 그들

은 아테네 시를 무력으로 다스렸다. ②그리고 제외시키는 쪽이 좋다고 생각되는 자들을 살해했는데, 그 수는 그다지 많지 않았고, 그밖의 다른 자들은 유폐시키거나 먼 나라로 유배시키거나 했다. 데켈레아에 있는 라케다이몬의 왕 아기스에게는 성명을 보내 강화할 의사가 있다고 말하고, 이젠 불안정한 대중파와 교섭하는 것이 아닌만큼 아기스는 자신들과라면 좀더 쉽게 강화를 성립시킬 수 있을 것이라고 전했다.

71. ①그러나 아기스는 아테네가 안정되었다고 믿지 않고 대중이 그렇게 간단히 전통적인 자유를 단념할 리가 없다고 생각했다. 만약 그들이 라케다이몬의 대군을 보게 되면 동요할 것이며, 아테네의 내란은 이제부터라고 보고 현재의 상태에 전혀 믿음을 두지 않고 강화 조건에 회답을 주지 않았다. 그 후 곧 펠로폰네소스에서 대군을 보내오자 아기스 자신도 데켈레아의 수비군을 동반하고 원군과 함께 아테네 시벽에 가까이 다가갔다. 아기스의 생각으로는 아테네측이 큰 혼란에 빠지든가, 혹은 적어도 최초의 일격으로 시내외에 당연히 동요가 일어날 것이므로 이 동요로 아테네측은 자신이 제시하는 조건대로 항복해오리라 관측하고 있었다. 그 이유는, 수비병이 적은 장벽(長壁)이 틀림없이 함락될 것이라고 아기스가 생각하고 있었기 때문이다. ②그러나 아기스가 접근해도 아테네측 내부에서 아무런 동요의 기색도 보이지 않고, 도리어 기병대를 풀어 내보내는 한편, 너무 가까이 접근한 아기스의 부하 일부가 중무장병·경무장병·궁병 부대에 격파되고 쓰러진 뒤 그 무기와 시체마저 빼앗기는 결과가 되었다. 이런 상황을 알게 된 아기스는 그곳에서 철수해 데켈레아 지역에 종래의 수하 군대와 함께 남고, 내원(來援)해 온 펠로폰네소스군은 며칠 그곳에 머물게 한 뒤 귀국시켰다. 그 후 또 400인 정권이 아기스에게 사절을 보내와, 아기스는

이번에는 이것을 받아들였다. 400인 정권은 아기스의 권유에 따라 전쟁 해결을 희망하고 강화와 관련된 사절단을 라케다이몬에도 보냈다.

72. ①또한 그들은 사모스에 10인을 파견해 그 군단을 선무(宣撫)하고 과두정권은 국가나 시민에게 해를 끼치기 위해 수립된 것이 아니라 제반 사항에 걸친 구제를 목적으로 하고 있고, 또 지금까지 아테네는 원정이나 국외 주둔 등의 어떤 중대 의안이 있을 때에도 5000인이 한자리에 모인 일이 없지만, 이번 개혁에 참여하고 있는 자들 중에는 400인뿐만 아니라 그 5000인도 포함되어 있다는 것을 전하려 했다. ②그밖의 방책(方策)에 대해서도 말해야 할 것을 이 일행 10명에게 훈령하고는, 과두정부가 성립된 뒤 곧 이들을 떠나보냈다. 이처럼 서두른 이유는 해양 민족인 아테네 대중은 사실 과두정체에 오래도록 만족하고 있지 못했는데, 400인은 이를 두려워하고, 또 사모스에서 정부 타도의 불꽃이 피어오르지 않을까 염려했기 때문이었다.

73. ①이는 사모스에서 이미 과두정체에 관해 새로운 움직임이 있어 마침 400인 정부가 성립될 무렵에 다음과 같은 일이 일어나고 있었기 때문이다. ②즉 사모스에서 이전에는 반(反)권력계급이고 또 공민파였던 자들이 생각을 바꾸어 사모스에 온 페이산드로스에게 설득되거나, 사모스에 있던 아테네인 단체에 설득당하자 300인으로 구성된 일파를 형성하고 다른 공민주의자에 대해 압력을 가하기 시작했다. ③그들은 아테네인으로 교활했던 히페르볼로스(Hyperbolus)를 아테네의 장군 카르미노스와 그들과 함께 있었던 아테네인과 서약을 하고 그 협력을 얻어 살해했다. 이 자는 아테네 시에서 도편 추방을 당했는데, 그것은 결코 그 능력이나 영향력을 사람

들이 두려워했기 때문이 아니라 그 후안무치함 때문이었다. 사모스인은 서약을 교환한 아테네인과 공동으로 같은 성격의 활동을 하며 공민파에 압력을 가하는 데 전념했다. ④이런 상황을 알아차린 자들은, 공민파의 신뢰를 받고 있었기 때문에 과두정체에 불복하면서도 복종하고 있던 아테네의 장군 레온과 디오메돈, 중무장병 부대 지휘관 트라시불로스, 삼중노선단 제독 트라실로스, 기타 언제나 개혁파에 특히 반대해왔다고 생각되는 자들에게 연락해 그들이 죽도록 내버려두지 말고, 오늘날까지 그들 정권이 유지되기 위한 유일한 기반이었던 사모스가 아테네에서 이탈하는 것을 수수방관하고 있지 말라고 요청했다. ⑤이 말을 들은 자들은 한 사람 한 사람 병사들에게 이대로 방치하지 말라고 호소하고, 특히 전원이 아테네의 자유민으로 구성되고 또 배의 승무원이며, 과두정체가 실현되기 전부터 그것을 언제나 반대하고 있었던 파랄로스 부대원들에게 호소했다. 그리고 레온과 디오메돈은 어디로 가든 그때마다 호위대로서 몇 척의 배를 그들에게 남기고 있었다. ⑥그래서 300인이 그들을 습격했을 때에는 전면적으로 이 원조를 받아, 특히 파랄로스 부대의 활약에 힘입어 300인 중 30인을 살해하고 그 중심으로 있던 3인을 추방했다. 그밖의 자들에겐 그 죄를 묻지 않고, 그때 이래 공민정체를 세우고 정치를 운영했다.

74. ①그래서 사모스인과 장군들은 아테네가 400인 정부하에 있는 것을 몰랐기 때문에 급거 사모스 사정을 아테네에 알리기 위해 파랄로스 부대와 그 부대 중에서 이 변혁에 특히 노력한 아테네인 아르케스트라토스(Archestratus)의 아들 카이레아스(Chaereas)를 아테네에 보냈다. ②그리고 그들이 아테네에 도착하자, 400인은 파랄로스 부대 중에서 두세 명을 투옥시키고 배를 빼앗고는 나머지를 다른 배에 승선시키고 에우보이아를 경비할 것을 명했다. ③카이레

아스는 사태를 알고는 때를 기다리지 않고 어떻게든 도망쳐 사모스로 돌아가 병사들에게 실정을 극단적으로 과장해서 전했다. 그는 어떻게 전원이 매를 맞고 처벌을 받았는가라든지, 또 위정자에게 한 마디도 반대할 수 없다든지 하는 아테네의 사정을 말하며 사람들을 위협했다. 그리고 그들의 처자식들이 욕을 보고, 사모스 주둔군이 400인 정권에 따르지 않는 한 그 친족을 체포해 살해할 예정으로 있다고도 말하고, 이밖에 많은 거짓말을 전했다.

75. ①이 말을 들은 자들은 먼저 과두정체파의 중심적 인물이나 그 협력자들을 공격하려 했지만, 온건파가 그것을 저지하고 또 적선이 저만큼 가까이 정박해 있는데 사태를 파멸로 이끌어서는 안 된다고 설득해 단념했다. ②그 후 리코스(Lycus)의 아들 트라시불로스와 트라실로스는 종래 공민정체화의 주창자이기도 했기 때문에 공공연히 사모스의 공민정체화 촉진안을 진행시키고, 전병사에게, 특히 과두파 병사들에게 공민정체를 지지하고 그에 협력하며 대펠로폰네소스 전쟁 수행을 견지하고 아테네의 400인 정부를 적으로 삼아 이와의 교섭을 단절한다는 맹세를 하게 했다. ③그리고 사모스의 장년층에게도 전원 이와 같은 서약을 하게 하고, 아테네 병사는 사모스인에게 모든 사태를 전하고, 또 이런 위기 속에서 장차 일어나리라 생각되는 사태에 대해서도 사모스인과 협의했다. 요컨대 그들에게도, 자신들에게도 만약 400인 정부에 패하든가, 혹은 밀레토스에 있는 적에게 패하든가 하면 파멸 이외에는 도움을 구해 달아날 수 있는 길이 없다고 그들은 생각했기 때문이다.

76. ①이렇게 되자 사모스 시의 공민화를 강제하는 일파와, 군부를 과두파로 끌어들이려 하는 아테네 시의 일파 사이에 분쟁이 일어나는 사태가 벌어졌던 것이다. ②그래서 사모스의 병사들은 곧

집회를 열고 그때까지의 장군들을 해임하고 삼중노선 선장 중에서도 의심스런 자들을 사임시켰다. 그리고 새 장관과 삼중노선 선장을 임명했는데, 그 중에는 장군으로서 트라시불로스와 트라실로스도 포함되어 있었다. ③그들은 서로 여러 가지 말로 격려하며, 아테네 시가 그들에게서 떨어져나가버린 데 낙담할 필요가 없으며, 자신들은 아테네에서 모든 면에서 우세한 다수파로부터 소수파로서 독립한 것이라고 말했다. ④그러므로 자신들은 이제 전선단을 그 지배하에 두고 마치 아테네를 본거지로 삼고 있던 때와 마찬가지로 산하 도시들로부터 공납금을 징수할 수 있다고 설명했다. 이것은 그들에게 사모스 시가 있기 때문으로, 이 사모스 시는 결코 약소국이 아니고 아테네와 싸울 때에 이 해역의 아테네 제해권을 빼앗을 정도였으며, 게다가 이번에도 이전과 똑같은 해역에서 적을 제지할 것이라 지적하고, 이제 선단을 갖고 있는 이상 아테네 시에 있는 자들보다 우위에 서 있다고 말했다. ⑤또한 아테네는 이전에 지금 사모스에 있는 부대를 피라이에우스의 항구에 배치하여 그 제해권을 보유하고 있었기 때문에, 자신들에게 아테네 정권을 반환하지 않는 한 현재 사모스에 있는 부대는 아테네에 있는 자들이 사모스에 있는 자들의 제해권을 빼앗는 것보다 더 강력하게 아테네인들을 바다에서 멀리 떼어놓을 수 있을 것이라고 말했다. ⑥또한 펠로폰네소스측에 대해 승리를 거두었을 때 아테네가 자신들에게 줄 수 있는 것은 조금밖에 없고 돌아볼 가치도 없는 것들이며, 돈도 보내지 않아 병사 자신이 조달하지 않으면 안 되고, 게다가 군부를 지휘하는 입장에 있으면서 아무런 좋은 조언도 보내지 않는 그런 아테네 시를 잃었다 하더라도 그것은 그 무엇도 잃은 것이 되지 않는다고 말했다. 그와 반대로 아테네에 있는 자들은 조상 전래의 정체(政體)를 폐지하는 잘못을 저지르고 있고, 자신들은 그것을 지키고 그것을 부활시키려고 노력하고 있으므로, 사모스 부대에서 개선을 의

논하고 있는 자신들이 현재 아테네에 있는 자들보다 못할 것이 없다고 말했다. 만약 자신들이 알키비아데스에게 안전을 보증하고 추방 해제를 약속한다면 그는 기꺼이 다레이오스 왕과의 동맹 성립을 주선해줄 것이라고도 말하고, 마지막으로 설사 모든 일에 실패한다 해도 이 정도의 대선단을 지니고 있는 이상 땅의 여유가 있는 다른 많은 지점이나 도시로 자유로이 갈 수 있다고 말했다.

77. ①이처럼 이 집회에서 의논을 하고 서로 격려한 뒤에 그들은 전쟁을 위한 충분한 준비를 하기 시작했다. 아테네의 400인 정부에서 사모스에 파견된 10명의 사절단은 델로스까지 와서 이 사정을 알고는 그곳에 머무르고 있었다.

78. ①마침 이 무렵 밀레토스에 있던 펠로폰네소스의 병사들 사이에는 아스티오코스와 티사페르네스가 일을 망치고 있다는 불평이 떠돌고 있었다. 즉 아스티오코스는 먼저 자군 선단이 아테네 선단보다 수적으로 우세한데도 해전을 거부하고 있을 뿐만 아니라 지금 적진에 내란이 일어나 그 선단이 분열되어 있다고 전해지고 있는데도 해전을 벌이려 하지 않고, 소문만 무성할 뿐 모습을 나타내지 않는 포이니키아 선대를 티사페르네스가 보내오길 기다리고 있어, 이래서는 위험을 기다리고 있는 것과 마찬가지라고 말하고, 또 한편으로 티사페르네스는 자기 선대를 파견해 오지 않고 있을 뿐만 아니라 펠로폰네소스 선단에 대한 급여도 충분히 지불하지 않는 데다 제때 지급되지도 않아 도리어 해가 되고 있는 현상황에서는 더 이상의 지체는 허용되지 않으며 조속히 해전을 단행해야 한다는 불평이었다. 특히 시라쿠사 부대가 이러한 목소리를 높이고 있었다.

79. ①아스티오코스와 동맹군은 이런 불평 소리를 듣게 되자 회

의를 열고 해전을 결행할 것을 결정하고, 특히 사모스 내부의 분열이 보고되자 112척의 전선단에 미칼레를 향해 출발할 것을 명하고, 육상 부대에게도 그 지역으로 가라고 출동 명령을 내렸다. ②한편 아테네측은 사모스에서 8척의 배를 끌고 나와 미칼레령의 글라우케(Glauce)에 정박하고 있었다. 미칼레와 사모스 사이가 멀지 않기 때문에 이 지점에서 펠로폰네소스 선단이 접근하는 것을 바라보고는 해전권을 감행하기에는 선박수가 부족하다고 생각하고 사모스로 철수했다. ③그와 동시에 그들은 밀레토스에서 펠로폰네소스측이 도전해 올 것을 미리 알고 있었기 때문에, 키오스를 떠나 아비도스에 도착해 있던 선단을 동반하고 헬레스폰토스의 스트롬비키데스가 원군으로 와주길 기다리기로 했다. 그들은 스트롬비키데스에게 사자를 이미 보내놓고 있었던 것이다. ④이리하여 한쪽이 사모스로 철수해버리자 펠로폰네소스인은 미칼레로 항해해 그곳에 포진했는데, 여기에는 밀레토스와 그 인근의 육상 부대도 참가하고 있었다. ⑤그 이튿날 그들이 사모스로 출항하고 있는데, 스트롬비키데스가 헬레스폰토스에서 선단을 거느리고 도착했다는 보고가 들어왔다. 그래서 그들은 곧 밀레토스로 돌아갔다. ⑥한편 아테네측은 구원 선단이 도착하자 그들과 함께 도합 108척의 선박을 갖고 밀레토스로 출항해 해전을 걸었지만, 한 척의 배도 나오지 않아 사모스로 돌아갔다.

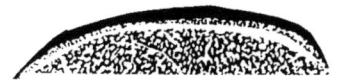

제 26 장
전쟁 21년째 — 알키비아데스의 사모스로의 소환
— 에우보이아의 이반과 400인 정권의 붕괴
— 키노스 세마 전투

80. ①이 해 같은 여름에 이상과 같은 일이 있고 나서 곧 펠로폰네소스측은 전세력을 결집하고도 해전에서 승리를 거둘 자신을 갖지 못해 해전을 단행하지 못했다. 게다가 이 정도의 대선단을 유지해나갈 자금이 부족하고, 특히 티사페르네스의 지불이 지체되고 있어 펠로폰네소스의 이전부터의 훈령에 따라 람피아스의 아들 클레아르코스에게 40척의 선박을 주고 파르나바조스에게 보냈다. ②그 이유는, 파르나바조스가 급여를 약속하고 내항을 요청했을 뿐만 아니라 비잔티움에서 혁명을 일으키겠다고 알려왔기 때문이다. ③이 펠로폰네소스 선단은 항해중에 아테네측에 발견되지 않도록 외양을 항해했기 때문에 폭풍을 만나 클레아르코스와 그 주위에 있던 선대 일부가 델로스로 표류하고 말았다. 그래서 밀레토스로 돌아와 그곳에서 재차 클레아르코스는 육로로 헬레스폰토스로 가 그 지휘를 맡았다. 폭풍을 만난 나머지 선대 중 10척은 메가라의 장군 헬릭소스 (Helixus)와 함께 헬레스폰토스에 도착해 비잔티움의 혁명을 도왔다. ④그 후 이것을 알게 된 사모스의 아테네인들은 헬레스폰토스에

원조와 수비를 위해 선대를 보내고, 적과 아군 각각 8척이 비잔티움 앞바다에서 단시간 동안 해전을 벌였다.

81. ①사모스에 있던 지도자들과 특히 트라시불로스는 알키비아데스를 소환해야 한다는 같은 의견을 가지고 있어 그 생각을 바꾸지 않고[40] 정체 개혁 뒤에 겨우 집회에서 다수 병사들을 설득하는 데 성공했다. 즉 알키비아데스의 소환과 항행 안전보증에 관해 그들은 표결하고, 알키비아데스가 티사페르네스를 사모스 편으로 끌어넣어주길 원했다. 트라시불로스는 티사페르네스가 펠로폰네소스에서 떠나 그들이 있는 곳으로 와주는 것이 유일한 구원책이라고 믿고 있었기 때문이다. ②집회가 열리자 알키비아데스는 추방된 신세 한탄을 하고, 또 정치에 대한 많은 의견을 말하고, 그들이 장래에 희망을 갖도록 자신의 티사페르네스에 대한 영향력을 과장해서 말했다. 이러한 그의 목적은 이를 통해 아테네 본국의 과두파들이 자신을 두렵게 여겨 그 파벌을 해체하도록 하고, 사모스에 있는 자들로부터는 더욱 존경을 받고, 그를 위해 그들이 더욱 용감해지고, 적이 티사페르네스에 대해 적의(敵意)를 불태워 현재 갖고 있는 희망을 실현 불가능한 것으로 하려는 것이었다. ③그래서 알키비아데스는 한껏 자랑스러운 듯이 다음과 같이 공언했다. 즉 티사페르네스는 만약 자신이 아테네측에 가담한다면 자기 처소에 있는 물건을 모두 걸고, 필요하다면 자기 침상까지도 팔아 아테네인이 경제적으로 궁핍하지 않도록 하겠다고 알키비아데스에게 약속했다고 말하고, 티사페르네스는 펠로폰네소스인을 위해서가 아니라 아테네인을 위해 조속히 아스펜도스(Aspendus)[41]의 포이니키아 선대를 이끌고

---

40) 본권 제25장 76의 일을 가리키고 있다.
41) 판피리아의 에우리메돈 하구에서 약 10킬로미터 남짓 떨어진 곳에 아스펜도스 시가 있었다.

오겠다고 했다고 이야기했다. 그리고 만약 알키비아데스가 무사히 돌아와 티사페르네스와 아테네인 사이를 주선하면 아테네인을 신용하겠다고 말했다고 덧붙였다.

82. ①사람들은 이밖에 여러 가지 말을 듣게 되자, 곧 알키비아데스를 지금까지의 장군들 속에 참가시키고 이들에게 모든 정책을 위탁했다. 한 사람 한 사람 모두가 400인 정권에 징벌을 가하고 자신들이 구원된다는 눈앞의 희망에 사로잡혀 알키비아데스가 하기만 하면 눈앞의 적을 무시하고 당장 피라이에우스로 항행하고 싶은 마음뿐이었다. ②그리고 많은 자들의 이런 요청이 있었는데도 알키비아데스는 적을 가까이에 방치해두고 피라이에우스로 가는 것을 단호히 금하고, 자신은 장군에 임명되었기 때문에 먼저 티사페르네스가 있는 곳으로 가서 전쟁에 관한 제반 사항을 처리해야 한다고 말했다. ③이 집회가 해산되자 알키비아데스는 곧 출발해 티사페르네스에게 모든 것을 보고하고 있는 듯이 생각되도록 행동했다. 이와 동시에 자신이 더욱 티사페르네스에게 존중되고 소중히 여겨지게 하기 위해서도, 또 자신이 이미 장군으로서 선출되어 제반 사정을 좋게도 나쁘게도 만들 수 있는 사람이라는 것을 보여주기 위해서도 이 출발이 필요했던 것이다. 알키비아데스는 아테네인이 티사페르네스를 돕게 되거나 티사페르네스가 아테네를 돕게 될 것을 우려했다.

83. ①밀레토스의 펠로폰네소스측은 알키비아데스의 복귀 소식을 듣고 그때까지 티사페르네스에 대해 품고 있던 불신감을 더욱 강하게 느끼고, 그것은 곧 거의 적의로까지 바뀌었다. ②그 이유는, 아테네인이 밀레토스에 내습했을 때 펠로폰네소스인이 저항하길 거부해 티사페르네스의 급여 지급이 더욱 밀려 있는 데다가 이 알키

비아데스 사건으로 종래보다 더한층 티사페르네스는 펠로폰네소스인에게 미움을 사게 되었던 것이다. ③병사들은 여기저기 모여서 전부터 알아차리고 있었던 일들을 늘어놓고, 병사뿐 아니라 한 사람으로 취급되는 하급 요원들에게도 정당한 급여가 지불된 일이 없고 그 지불이 부족하며 더욱 지체되고 있는 것을 상기했다. 그리고 지금 해전을 벌이든가, 어딘가 급여가 풍부한 곳으로 이동하든가 하지 않는다면 사람들은 배를 버리겠다고 말하고, 이 최대의 원인은 아스티오코스가 자기 이익을 위해 티사페르네스의 비위를 맞춰주었기 때문이라고 말했다.

84. ①그들이 이처럼 생각하고 있는 사이에 다음과 같은 사건이 아스티오코스에게 일어났다. ②즉 선원 중에서도 **훨씬** 자유로운 기질을 지니고, 게다가 다수를 차지한 시라쿠사인과 투리오이인이 강경하게 급여의 지급을 요구했을 때, 아스티오코스가 완고한 회답을 주고 선원들을 대표하고 있던 도리에우스를 협박하고 그를 향해 지휘봉[42]을 휘둘렀다. ③이것을 본 많은 병사들이 해병 특유의 함성을 지르며 아스티오코스를 때리려고 다가섰다. 이것을 곧 알아챈 아스티오코스가 가장 가까운 제단에 의지했기 때문에 맞지 않고 겨우 난을 피했으며, 병사들은 해산했다. ④밀레토스인은 티사페르네스에 의해 구축된 밀레토스의 방채를 몰래 점거하고 그곳에 있던 경비대를 쫓아냈다. 이런 행동은 다른 동맹군, 특히 시라쿠사인 부대의 승인하에 이루어진 것이었다. 그러나 리카스는 이에 분노해 밀레토스인 및 다레이오스 왕령내의 다른 자들은 티사페르네스를 따르지 않으면 안 되고, 전황이 안정될 때까지 중용을 견지할 필요가 있다고 주장했다. 밀레토스인은 이 일과 함께 다른 일도 겹쳐 리카스에

---

42) 지휘봉을 지니는 것이 라케다이몬 장군직의 특징이었다.

대해 감정이 상해서, 뒤에 리카스가 병사(病死)했을 때에도 그 자리에 같이 있던 라케다이몬인이 리카스를 매장하려 한 장소에 매장을 허락지 않았다.

85. ①이리하여 그들이 아스티오코스와 티사페르네스에 대해 분규를 일으키고 있는 사이에 라케다이몬에서 아스티오코스의 제독직 후계자로서 민다로스(Mindarus)⁴³⁾가 부임해 와, 아스티오코스는 귀국했다. ②티사페르네스는 아스티오코스와 함께 자신의 사절로서 그리스어도, 페르시아어도 잘하는 가울리테스(Gaulites)라 불리는 카리아인을 보냈다. 그 목적은, 우선 티사페르네스의 방책을 빼앗은 밀레토스인을 비난하는 것과, 그 자신의 행위를 설명하기 위해서였다. 요컨대 티사페르네스는 밀레토스인이 라케다이몬에 가서 자신에 대해 크게 불평을 늘어놓을 것이고, 특히 그들과 함께 헤르모크라테스도 라케다이몬에 갔으므로 티사페르네스가 알키비아데스와 공모해 펠로폰네소스측의 기도를 무너뜨리고 양진영과 내통했다고 헤르모크라테스가 전하리라는 것을 알고 있었기 때문이다. ③헤르모크라테스는 병사들의 급료 문제에 관해 언제나 티사페르네스에게 적의를 품고 있었기 때문에, 뒤에 헤르모크라테스가 본국에서 추방되어 포타미스(Potamis)·미스콘(Myscon)·데마르코스(Demarchus) 등과 함께 시라쿠사의 배로 밀레토스에 왔을 때에는 이제 망명자 신세가 된 헤르모크라테스를 혹독하게 몰아세웠다. 그리고 다른 일에 더하여 헤르모크라테스가 자금을 요구했을 때 티사페르네스가 지급하지 않아서 그를 공공연히 증오했다고 공격했다. ④그러나 장래의 일은 여하튼 현재는 아스티오코스와 밀레토스인과 헤

---

43) 이 민다로스는 이 이듬해인 기원전 410년에 키지코스 전투에서 전사하고 있다. 크세노폰의 〈헤레니카〉제1권 제1장 18절을 참조할 것.

르모크라테스가 라케다이몬에 건너간 것이다. 한편 알키비아데스는 티사페르네스 밑에서 다시 사모스로 왔다.

86. ①그리고 사모스에 사정을 밝히고 그것을 선무할 목적으로 400인 정권이 전에 보냈던 사절단[44]이 델로스에서 사모스에 도착하자, 그곳에 마침 알키비아데스도 와 있었기 때문에 집회가 소집되고, 그곳에서 그들은 병사들에게 이야기하려 했다. ②하지만 병사들이 그들의 이야기를 들으려 하지 않고 공민정권을 해체한 죄로 그들을 죽여버리라고 큰 소리로 아우성치기 시작했다. 그러나 한참 지나자 어떻게든 조용해지고 그들의 이야기를 들을 태도가 되었다. ③그래서 그들은 다음과 같이 말했다. 즉 이 개혁은 아테네 시를 멸망시키기 위해서도, 적에게 팔아넘기기 위해서도 아니고, 유일한 구제 방책이었다는 점을 지적하고, 아테네를 적에게 넘길 예정이었다면 공민정권 시대에 적이 침입해 왔을 때야말로 그것이 가능했을 것이라고 말했다. 그리고 5000인 한 사람 한 사람 모두 정치에 참여하고 있으며, 사모스에 있는 아테네 병사의 친척이 학대받고 있다는 카이레아스의 이야기는 자신들을 공격하기 위해 꾸며낸 거짓말이며, 혹독한 대우를 받고 있기는커녕 그들은 각자 자기 집에서 생활하고 있다고 말했다. ④이밖에도 많은 말을 했지만, 병사들은 진정되지 않고 도리어 격앙하여 각자 이런저런 말을 주장했다. 그들 의견의 공통점은 피라이에우스로 건너가자는 한 가지였다.

그리고 바로 이때에야말로 누구보다 알키비아데스가 아테네 시에 공헌한 듯이 생각되는 것은, 적이 명백히 헬레스폰토스와 이오니아를 확실히 장악하고 있던 이때에 사모스에 있던 아테네인이 아테네 본국에 침입하려고 기를 쓰는 것을 막은 것은 바로 알키비아데스였

---

44) 본권 제25장 72의 일을 가리킨다.

기 때문이다. ⑤게다가 당시 군중을 진정시킬 만한 힘을 지닌 개인
은 달리 없었고, 알키비아데스가 그들의 항행을 제지하고, 사절단
한 사람 한 사람에 대한 사람들의 분노를 꾸짖고 그 감정을 누그러
뜨린 것이다. ⑥그리고 사절단에는 그 자신이 회답을 주어 귀국시켰
다. 즉 그는 5000인 정권을 부정하지 않지만 400인 정권의 개혁을
명하고 중앙위원회[45]는 종전대로 500인으로 해야 한다고 요구했다.
그리고 만약 군사비 때문에 경비를 줄여야 한다면 그것을 권한다고
도 말했다. ⑦또한 이밖에 적에 대한 저항을 명하고 결코 적에 지지
말라고 말했다. 그 이유로서 아테네 시가 존속하는 한 합의에 이를
큰 희망이 있지만, 만약 사모스에 있는 자나 아테네에 있는 자가
서로 상대를 해치는 그런 행동을 취한다면 이미 합의에 이를 희망
은 완전히 사라져버린다고 말했다. ⑧또 사모스에 있는 아테네인 공
민파를 도울 뜻으로 아르고스에서도 사절단이 와 있었지만, 알키비
아데스는 그 움직임에 감사한 뒤 다시 요청이 있을 때 와 달라고
말하며 돌려보냈다. ⑨아르고스의 사절단은 파랄로스 부대와 함께
사모스에 와 있었던 것이다. 이 파랄로스 부대는 전에 400인 정권
에 의해 군선에 태워져 에우보이아의 경비를 맡도록 배치된 부대였
다. 그러나 이 부대는 그 후 아테네에서 400인 정권이 라케다이몬
에 파견하려 한 사절단, 즉 라이스포디오스(Laespodias),[46] 아리
스토폰(Aristophon), 멜레시아스(Melesias) 등을 호위해 아르고스
앞바다를 항해하다가 이들 사절단을 사로잡고는 반(反)아테네 공민
정체파의 주류 인물로서 이 사절들을 아르고스에 인도하고, 파랄로
스 부대 자체는 이젠 아테네로 돌아가지 않고 아르고스에서 자신들

---

45) 즉 종래의 추첨으로 선출된 위원에 의해 구성되는 위원회.
46) 라이스포디오스의 이름은 제6권 제20장 105에서도 보인다. 아리스
토폰이란 이름은 드물지 않으므로 어느 아리스토폰이라고 단정할
수 있는 자료가 없다. 멜레시아스의 경우도 마찬가지다.

이 타고 있던 삼중노선에 아르고스 사절단을 싣고 사모스로 돌아왔던 것이다.

87. ①그런데 이 해 같은 여름에 펠로폰네소스측은 알키비아데스의 귀국과 그밖의 일 때문에 티사페르네스가 분명히 아테네 쪽에 가담한 것이라 보고 티사페르네스에 대한 반감이 매우 높아져 있던 때였으므로, 티사페르네스의 행동 동기는 이 펠로폰네소스측의 비난을 피하려는 데 있었던 것 같은데, 아무튼 그는 아스펜도스로 포이니키아 선대를 데리러 갈 준비를 하고는 리카스에게 행동을 같이할 것을 명했다. 그리고 티사페르네스의 부재중에도 펠로폰네소스측에 급료가 지급되도록 하라고 말하고, 자신의 대관(代官) 타모스[47]를 장군에 임명했다. ②그러나 이 행동에는 다른 해석이 또 내려지고 있어, 대체 무슨 의도를 가지고 티사페르네스가 아스펜도스로 갔는지 판단하기 어렵다. 아무튼 그는 아스펜도스에 가긴 했지만 포이니키아 선대를 데려오지 않았던 것이다. ③이 147척으로 구성된 포이니키아 선대가 아스펜도스까지 와 있었던 것은 분명한데, 어째서 티사페르네스는 데려오지 않았을까? 여러 가지 억측이 구구했을 뿐이다. 일설에 따르면 전부터의 정책대로 펠로폰네소스측을 피폐시키려 한 것이며, 그것은 타모스를 부재시의 장군으로 임명했는데도 타모스의 펠로폰네소스군에 대한 지불이 티사페르네스보다 개선되기는커녕 도리어 악화된 것으로도 알 수 있다고 했다. 또 달리 포이니키아 선대를 아스펜도스까지 오게 해놓고 그것을 돌

---

47) 타모스는 이집트인으로 멤피스 사람. 크세노폰의 〈아나바시스〉 제1권 2장 21절, 4장 2절, 시케리아인 디오도로스의 〈역사〉 제14권 9장 등에 언급되어 있다. 〈아나바시스〉에서는 키로스의 선대 사령관에 임명되고 있다. 대관(大官)에 관해서는 본권 주 15)를 참조할 것.

려보낼 때 자금을 취하려 한 것이 티사페르네스가 노리는 바였다고 보는 설이 있는데, 그 때문에 그는 포이니키아 배를 1척도 사용하지 않으려 했던 것이라고 설명되고 있다. 또 다른 자들은 라케다이몬에 다다른 그에 대한 시끄러운 비판의 소리에 대해 그가 못된 짓을 저지르고 있다는 말이 안 나오도록 공공연히 실제로 승무원을 갖추고 있는 포이니키아 선대가 있는 곳으로 갔다고 생각했다.

⑤그러나 내게는, 헬라스인을 피폐시키고 교착 상태에 빠져들게 하기 위해 포이니키아 선대를 참가시키지 않았던 것이 틀림없다고 생각된다. 즉 티사페르네스가 아스펜도스에 가 그곳에 체재하는 동안 헬라스인은 피로해지고, 포이니키아 선단을 어느 한쪽에 참여시켜 한쪽만을 우세하게 만들지 않고 쌍방의 전투력을 균등화시켰을 것이다. 만약 그럴 마음만 있었다면 티사페르네스는 막연한 태도를 보이지 않고 깃발색을 선명히 내걸고 전쟁을 종결지었을 것이다. 라케다이몬에 포이니키아 선대를 주었다면 라케다이몬 자신의 당시 선단으로도 아테네의 그 숫자에 그다지 떨어지지 않고 대치하고 있었던 이상 당연히 라케다이몬측이 승리를 얻었을 것이다. ⑥포이니키아 선대를 동원하지 않은 티사페르네스의 핑계야말로 이 점을 분명히 보여주고 있는 것이다. 그 핑계는 다레이오스 왕이 명한 선박 수에 포이니키아 선대의 수가 이르지 못한다는 것이었는데, 다레이오스 왕의 지출이 적고 같은 효과를 보다 적은 비용으로 올릴 수 있다면 티사페르네스는 도리어 그 사태를 크게 기뻐하지 않으면 안 되었을 것이기 때문이다. ⑦아무튼 그 이유가 무엇이든 티사페르네스는 아스펜도스에 가서 포이니키아 선대를 만났다. 그리고 펠로폰네소스측은 티사페르네스 말대로 2척의 삼중노선과 함께 라케다이몬인 필리포스를 그 선대의 지휘관으로 파견했다.

88. ①그런데 알키비아데스는 티사페르네스가 아스펜도스에 있

는 것을 알게 되자 13척의 배를 거느리고 그 스스로 아스펜도스에 갔다. 알키비아데스는 사모스에 있는 아테네인에게 이 일에 관해 안전과 막대한 이익을 약속하고, 알키비아데스 자신이 포이니키아 선대를 아테네측으로 데려오든지, 혹은 적어도 그것이 펠로폰네소스로 가는 것을 저지하겠다고 말했다. 이것은 당연히 알키비아데스가 티사페르네스의 대체적인 방침은 포이니키아 선대를 동원하지 않는 데 있다는 것을 알고 있었기 때문으로, 티사페르네스와 펠로폰네소스의 관계를 될 수 있는 한 악화시키고 그를 자신과 아테네측에 접근시킨 뒤 결국 마지막에는 티사페르네스가 아테네측에 가담하지 않을 수 없게 만들려고 노리고 있었기 때문이다. 그래서 알키비아데스는 미루지 않고 출항해서는 직접 파셀리스[48]와 카우노스를 향해 북상했다.

89. ①사모스에서 400인 정권이 보낸 사절단이 아테네에 돌아와 알키비아데스의 전언을 보고했다. 즉 알키비아데스가 인내를 요구하고 적에게 양보해서는 안 된다고 고무했으며, 또 그들과 사모스의 아테네군을 그가 중재해 타협시켜주면 펠로폰네소스측에 승리를 거둘 희망이 크다고 보고했다. 이리하여 이전에는 과두파에 크게 협력하긴 했지만 현상황에 불만을 품고 있고, 안전하게 사태가 개선된다면 그것을 꺼리지 않는 많은 사람들의 원기를 북돋았다. ②그리고 이 자들은 곧 모여서 현상황을 비판하고 과두정부의 요인이나 관리들, 예컨대 하그논의 아들 테라메네스[49]라든가, 스켈리오스의 아들 아리스토크라테스[50] 및 그밖의 사람들을 자신들의 지도자로

---

48) 파셀리스는 아스펜도스에서 약 50킬로미터 서쪽으로 판피리아 만에 면해 있다.
49) 본권 제25장 68을 참조할 것.
50) 아리스토크라테스는 기원전 407년에 장군이 된다. 그리고 아르기

삼았다. 이 지도자들은 사실 현정권의 최고 책임자들이긴 했지만, 그들 자신도 인정하듯이 사모스의 아테네군이나, 특히 알키비아데스, 그리고 라케다이몬에 보낸 사절단 등이 아테네인 대다수가 모르는 사이에 아테네 시를 해치는 일을 뭔가 하지 않을까 우려했다. 그리고 아테네 시가 너무나도 극단적인 소수의 손에 맡겨지지 않게 되고, 5000인 정권이 이름뿐만 아니라 실제로 그 기능을 수행하는 것을 볼 수 있고, 또 정치의 힘이 보다 균등하게 분배되길 그들은 바랐다. ③이것이 그들의 정책의 표어가 되었지만, 공민정체에서 혁명을 거치면서 생겨난 과두정체에서 특히 치명적인 개인적인 야심에 그 대부분이 움직이며 이 정책을 지지했다. 즉 일단 과두정체[51]가 되면 곧 사람들은 평등하다는 것을 잊고 한 사람 한 사람이 자신이야말로 다른 사람들보다 우위에 서 있다고 생각하게 되기 때문으로, 공민정체에서는 선거가 있고, 설사 선거에 패하더라도 그 출발점이 달랐다면 그 결과를 쉽게 받아들일 수 있기 때문이다. ④그러나 사모스에서의 알키비아데스의 힘과, 과두정체가 그다지 오래 지속될 것 같지 않다는 관측이 그들을 가장 고무시킨 것이 사실이었다. 그래서 한 사람 한 사람이 각자 경쟁하며 공민정체의 지도자가 되기 위해 노력했다.

90. ①그러나 400인 정권 중에서 이 움직임에 가장 크게 반대한 지도자 중에는 전에 사모스에서 장군직을 역임하고 당시에는 알키

누사이전(戰) 뒤에 형을 받고 죽는다.
51) 난해한 대목이다. 과두정체에서는 그 지휘권이 능력 있는 자에게 건네지지만, 공민정체에서 지휘자로 선출되는 것은 그 사람의 능력뿐만 아니라 다른 조건에 좌우될 경우가 많으므로 설사 공민정체의 선거에서 패하더라도 자기의 능력이 부족한 것을 자책하지 않는다는 의미일 것이다.

비아데스와 사이가 나빠져 있던 프리니코스라든가, 공민정체에 가장 오래 전부터 강경하게 반대해온 아리스타르코스(Aristarchus)라든가, 페이산드로스, 안티폰, 그밖의 유력자들이 있었다. 그들은 전에 과두정권이 성립됐을 때에도 사절단을 라케다이몬에 급히 보내 강화에 대한 열의를 보였지만, 또 그 뒤에도 사모스에서 그들 자신의 사절단이 돌아와 많은 사람들뿐만 아니라 전에는 신뢰를 둘 수 있다고 생각했던 동지들까지 공민주의로 그 생각을 바꾼 것을 알게 되자 에에티오네이아(Eetionia)에 방채를 쌓았다. ②그들은 아테네 사태에도 사모스 사태에도 큰 두려움을 느끼고 급히 안티폰, 프리니코스 외 10명을 라케다이몬에 파견해 어떤 조건이든 그것을 받아들이고 라케다이몬과의 강화를 성립시키라고 명하는 동시에 에에티오네이아 방채 구축에 더욱 박차를 가했다. ③그 방채 구축의 목적은, 테라메네스나 그 일파가 말하듯이 사모스에 있는 자들이 공격을 가해왔을 때 피라이에우스에 그들이 들어오지 못하게 하기 위해서가 아니라, 적의 육군이든 해군이든 자기들이 원할 때 그들을 끌어들일 수 있게 하기 위한 것이었다. ④에에티오네이아는 피라이에우스에 있는 한 돌출부로 그 바로 옆에 만구(灣口)가 있다. 그들은 이 방벽을 전부터 있었던 대륙측에 면한 방벽에 연속해서 쌓고 소수로도 만구를 지배할 수 있게 했다. 만구가 좁아 대륙에 면한 종래의 방벽과 그 안쪽에 바다에 면해 구축된 새 방벽의 끝부분이 만구에 구축된 방책 각각의 탑 지점에서 끝나고 있었다. ⑤그리고 이 피라이에우스 항에 직접 접해서 아주 큰 주랑(柱廊 : 기둥만 있고 벽도 없는) 현관을 만들었다. 그들은 이것을 자신들이 지배하고 그곳에 강제로 곡류를 저장하도록 했다. 그리고 장차 수입될 곡류도 모두 이곳에 들이게 하고 여기서 팔려고 했다.

91. ⑪이 일에 대해서도 오랜 동안 불만을 터뜨리고 있던 테라

메네스는 사절단이 라케다이몬과의 강화 교섭에 아무런 전망도 세우지 못한 채 돌아오자, 이 방채는 아테네 시를 위험으로 인도하고 그 궤멸을 불러일으킬 것이라고 말했다. ②그리고 마침 바로 같은 시기에 에우보이아의 초청으로 펠로폰네소스에서 43척의 배가 라코니아의 라스(Las)에 정박해 있으면서 에우보이아로 향하려고 준비를 하고 있었다. 이 선단은 타라스, 로크리스, 이탈리아, 시케리아의 도시 등에서 온 혼성 선대로, 스파르타인 아게산드로스의 아들 아게산드리다스(Agesandridas)가 지휘하고 있었다. 그런데 테라메네스는 이 선단은 에우보이아가 아니라 에에티오네이아에 방벽을 쌓고 있는 자들에게로 오려 하고 있다고 말하고, 만약 시급히 그것을 막지 않는다면 그것을 알아차렸을 때에는 이미 패배당하고 있을 것이라고 주장했다. 그러나 실제로 이런 테라메네스의 공격을 받은 자들 중에는 뭔가 이런 생각이 있었으므로, 그 비난을 반드시 사실 무근이라고 단정해 말할 수는 없다. 아무튼 그들은 과두정부를 확보하고 동맹도시를 지배하는 것을 제1의 목적으로 삼고 있었다. 그리고 만약 이것이 불가능하면 배와 방벽에 의지해 독립하는 것을 차선으로 보고, 만약 공민주의자들에 의해 그것이 저지될 경우에는 신변의 안전이 보장되기만 하면 시내에서 지닐 수 있는 것을 무엇이든 지니고, 방벽이나 배를 버리더라도 적을 불러들여 항복하는 쪽이 재차 공민주의의 부활 아래 다른 사람 때문에 죽는 것보다 낫다고 보았다.

92. ①그래서 그들은 적과 통할 수 있는 뒷문이나 통로가 있는 이 방벽을 쌓는 데 열을 올리고, 방해받기 전에 완성시키고자 했다. ②그리고 처음에 이 계획은 소수 사람들 사이에 은폐되어 있었다. 그러나 프리니코스가 라케다이몬에 사절로 갔다가 돌아와 심의 회당에서 나오다가 사람들로 꽉차 있던 시장에서 한 위병(衛兵)에

찔려 그곳에서 그다지 멀리 가기 전에 죽고, 그 암살자는 도망쳤으며, 공범자 중 한 사람이었던 아르고스인이 체포되는 사건이 발생하였다. 그 아르고스인은 400인 정부에 의해 고문을 받았지만 암살을 명한 자의 이름도, 다른 일에 관해서도 입을 열지 않고, 다만 그 위병과 다른 자의 집에 모였던 많은 사람들의 이름만 말했는데, 그 뒤에도 아무 소요가 일지 않아서 테라메네스든, 아리스토크라테스든, 또 다른 400인 정권내에 있는 자들이든, 외부에 있는 자들이든 이 일파에 속한 자들은 더욱 대담하게 그 활동을 하게 되었다. ③그러나 이와 동시에 라스를 출발한 선대가 이미 항해해 와 에피다우로스 앞바다에 정박하고는 아이기나 섬을 습격했다. 그래서 테라메네스는 이 선대가 아이기나에 공격을 가하고 다시 에피다우로스로 돌아간 사실은 이 선대가 에우보이아에 갈 생각이 없다는 것을 이야기하고 있으며, 그 자신이 전부터 경계의 목소리를 높여왔듯이 아테네에 오라고 초청된 것으로 보아야 한다고 말했다. 따라서 이제는 가만히 있어서는 안 된다고 주장했다.

④그리고 수많은 과격한 연설과 의심어린 의론이 있은 연후에 그들은 겨우 실제 현실에 직면했다. 즉 피라이에우스의 에에티오네이아에서 방벽 공사에 종사하고 있던 중무장 부대 중에 부대장 아리스토크라테스와 그 휘하 군대도 들어가 있었는데, 이들 중무장병이 과두파의 장군 알렉시클레스(Alexcles)를 체포해 동지 단체에 인도하고 건물 속에 유폐시키자, 다른 자들도 이에 협력하고, ⑤무니키아[52]에 배치되어 있던 경비대 대장인 헤르몬이라는 남자도 행동을 같이했다. 그러나 가장 중시해야 할 것은 중무장병의 중핵(中核)이 이 움직임을 지지했다는 사실이다. ⑥그러나 심의회당내에 모여 있던 400인에게 곧 이 정보가 전해지자, 이 움직임에 동조하는 자 이

---

52) 무니키아는 피라이에우스의 높은 대지(臺地) 위에 있는 방채. 해발 100미터.

외에는 모든 사람들이 이제라도 무기를 들 용의가 있다고 테라메네스와 그 지지자들을 협박했다. 테라메네스는 자신을 변호하며 알렉시클레스를 구원하러 언제라도 가겠다고 말했다. 그리고 테라메네스 일파의 장군 한 사람과 함께 그는 피라이에우스에 갔다. 이 호위로서 아리스타르코스와 청년 기병대도 이를 따랐다. ⑦그리하여 이것은 사람들에게 큰 동요와 강한 충격을 주었다. 즉 아테네 시내에 있던 자들은 이미 피라이에우스가 적에게 함락되고 그곳을 점거하고 있던 자들은 살해되고 말았다고 생각하고, 피라이에우스 사람들은 아테네 시내에서 나오는 자들이 지금이라도 곧 그들을 습격할 것이라고 믿고 있었기 때문이다. 그리고 최고령자들이 무기를 손에 들고 아테네 시를 돌아다니는 자들을 달래고, 또 아테네의 파르살로스 국외 대표자 투키디데스도 열심히 한 사람 한 사람을 진정시키며 돌아다니고, 또 적이 가까이에서 호시탐탐 노리고 있는 이때 조국을 파멸로 이끌어서는 안 된다고 소리치고 돌아다니면서 겨우 사람들을 가라앉혀 내란을 모면했다.

⑨테라메네스는 자신이 장군이기도 했으므로 피라이에우스에 가 소리가 들리는 곳까지 다가가 중무장병들을 질책했다. 그래서 아리스타르코스 및 반대파들은 강한 반감을 품었다. ⑩그리고 중무장 부대원 대부분은 점점 더 열심히 일을 계속하고 더욱 마음을 바꿀 태도를 보이지 않았다. 그들은 테라메네스에게 이 방벽 구축이 좋은 결과를 낳으리라 생각하는지, 아니면 방벽을 무너뜨리는 쪽이 좋다고 생각하는지 물었다. 테라메네스는 만약 그들이 무너뜨리는 쪽이 좋다고 생각한다면 자신도 그에 동의한다고 대답했다. 그 대답을 듣자 중무장 부대와 피라이에우스의 대중은 그곳을 나와 곧 방벽을 무너뜨리기 시작했다. ⑪그리고 민중에게 즉시 필요한 호소를 하고 400인 정권 대신 5000인 정권을 바라는 사람은 누구라도 이 작업에 참여하라고 권유했다. 이때 그들이 이 5000인 정권의 이름으로 은

폐하고 '공민정권을 바라는 사람은 누구라도'란 직접적인 표현을 쓰지 않은 것은 누군가가 무지함에서 어떤 자에게 호소해 일이 실패로 끝나지 않을까 우려했기 때문이다.[53] 그리고 400인 파는 이 때문에 5000인 정권을 바라지도 않았지만, 그렇다고 5000인 정권이 사실상 존재한 적이 없다는 것을 명백히 인정하는 것도 꺼렸다. 요컨대 이 정도의 많은 사람을 정치에 관여시키는 것은 틀림없이 사실상의 공민정체라고 생각한 것이며, 그 유무를 확실히 해두지 않으면 시민들이 서로 공포심을 품으리라고 생각했다.

93. ①그 이튿날 400인 정권은 수많은 혼란 뒤에 심의회당에 모였다. 피라이에우스의 중무장 부대는 체포해두었던 알렉시클레스를 풀어주고, 방벽을 무너뜨렸으며, 무니키아에 면한 디오니소스 극장에 오자 무장을 해제하고 집회를 열었다. 그리고 곧 아테네 시내로 행진할 것을 결의하고는 무기를 들고 출발해 아나케이옴(Anaceum)[54]까지 와서 다시 무장을 해제했다. ②그곳으로 400인 정권에서 선발되어 온 남자들이 와서 과격파가 아니라고 알고 있는 자들을 개인적으로 한 사람 한 사람 설득해 그들이 평정을 유지하도록, 또 그들이 다른 자들을 달래도록 요청했다. 그리고 5000인 정권을 승인한다고 말하고, 이 5000인 정권의 승인하에 그 중에서 400인을 선출하겠다고 전했다. 그리고 마지막으로 어떻게든 아테네 시의 구제를 꾀하도록 요청하고, 아테네 시를 적의 손에 넘기는 그런 일은 하지 말라고 말했다. ③그래서 많은 사람들에 의해 무수한 연설이 행해지고, 중무장 부대도 그 대부분이 전보다 누그러졌다. 그것은

---

53) 빙 돌려서 말하는 표현이지만, 공민정체를 말한 상대가 5000인 정권의 지지자거나 할 위험을 피했다는 의미.
54) 아나케이옴은 아테네의 아크로폴리스에서 북서쪽으로 향한 지점에 있었던 디오스코로이의 신역.

아테네 시 전체를 잃어버릴까 특히 우려했기 때문이다. 그리고 지정된 날짜에 디오니소스 극장에 전원이 모여 화합에 관한 회의를 열기로 동의했다.

94. ①그런데 지정된 날짜가 되어 바야흐로 민의회가 개회되려 할 때 아게산드리다스가 이끄는 42척의 배가 메가라에서 살라미스로 왔다는 보고가 들어왔다. 그래서 모든 사람이 바로 이것이야말로 테라메네스와 그 일파가 전부터 말하고 있던 일, 즉 적선이 방벽에 온다는 그 일일 것이라 생각하고, 방벽을 무너뜨리길 잘했다고 생각했다. ②그러나 아게산드리다스는 뭔가 사전에 연락이 있었는지 에피다우로스 연안과 그 해역을 왕복 항해할 뿐이었는데, 어쩌면 현재의 아테네 내부 투쟁이 치열한 때이므로 가장 효과적인 시기에 아테네에 들어오려는 희망하에 대기하고 있었는지도 모른다. ③한편 아테네인에게 그 정보가 전해지자, 그들은 내분보다 훨씬 중대한 외적이 멀리 떨어진 곳도 아닌 눈앞의 항구에 정박해 있다며 시간을 미루지 않고 전병력을 동원해 피라이에우스로 달려내려갔다. 그리고 어떤 자는 대기중인 배에 올라타고, 어떤 자는 선고(船庫)에서 배를 끌어냈으며, 또 다른 자는 방벽이나 혹은 항구로 달려갔다.

95. ①항해해 온 펠로폰네소스 선단은 수니옴 곶을 돌아 토리코스(Thoricus)와 프라시아이[55] 사이에 닻을 내리고 정박했지만 뒤에 오로포스로 들어갔다. 아테네인은 아테네 시가 혁명의 와중에 있으면서도 또 최대의 위기에서 급히 벗어나고자 했기 때문에 훈련

---

55) 토리코스와 프라시아이는 수니옴 곶을 돈 뒤에 보이는 최초의 소읍으로, 토리코스는 수니옴 곶에서 약 10킬로미터 남짓 떨어진 곳에 있다.

이 불충분한 자들까지 강제로 동원하고, 아티카가 폐쇄되어 있는 이상은 에우보이아야말로 아테네의 생명선이기 때문에 에레트리아로 티모카레스(Thymochares)를 지휘관으로 삼아 선대를 보냈다. 이 선대는 에우보이아에 도착하자 전부터 있던 선대와 합류했기 때문에 그 숫자가 36척이 되었다. ③그리고 곧 그들은 해전을 강요당했다. 그 이유는, 아침 식사 뒤에 아게산드리다스가 오로포스에서 선대를 이끌고 나왔기 때문이다. 오로포스와 에레트리아 시는 약 60스타디아[56]의 바다를 사이에 두고 떨어져 있다. 아테네측도 적 선대가 접근해 오자 병사들이 배 옆에 대기하고 있으리라 생각하고 곧 승선하기 시작했는데, 마침 그 무렵 병사들은 아침 식사를 하기 위해 시장에 가고 없었다. 이것은 에레트리아인이 일부러 배 옆에서 아무것도 팔지 않은 데 기인하는 것으로, 에레트리아 시의 변두리 가게에서 먹을 것을 팔고 아테네군이 승선하느라 시간을 보내는 사이에 적선이 습격해 오게 하고, 아테네군으로 하여금 마침 그 자리에 있는 병력으로만 전투를 벌이지 않을 수 없게 하려는 계략이었다. 그리고 또 에레트리아에서 오로포스를 향해 봉화를 올려 언제 내습해야 좋을지 알렸다. ⑤따라서 아테네측은 선혀 준비가 안 된 상태로 에레트리아 항 앞에서 해전을 벌였다. 당분간은 아테네측도 적의 압력을 견뎌냈지만, 그 뒤에는 해안으로 패주했다. ⑥에레트리아 시민을 자기 편으로 생각해 에레트리아 시로 도망쳐 들어온 자들은 에레트리아인의 손에 걸려 참살되었다. 한편 아테네측이 점거하고 있던 방채로 도피해 들어간 자들은 무사히 목숨을 건지고, 또 칼키스[57]로 항해해 도망친 자들도 구조되었다. ⑦펠로폰네소스측은 22척의 배를 나포하고, 사로잡은 아테네인을 죽이고, 빼앗은 물자로 전승총을 세웠다. 그 후 곧 그들은 아테네인이 지배하고

---

56) 약 12킬로미터.
57) 칼키스는 에레트리아에서 약 23킬로미터 북상한 곳에 있다.

있던 오레오스(Oreus)를 제외하고 전에우보이아를 아테네에서 이반시키고 이와 관련된 문제들을 결정했다.

96. ①아테네인은 에우보이아가 이런 결과가 되자 미증유의 공황(恐慌)에 빠졌다. 시케리아 원정에 실패했을 때에도 일대 중대사태처럼 생각되었지만, 공포라는 점에서는 이번과는 비교가 되지 않았다. ②사모스의 아테네군은 이반하고, 해군에는 배가 없고, 여기에 승선할 인원도 잃고, 게다가 아테네 시는 혁명의 물결에 휩쓸려 그들 자신이 분열하고 어디로 갈지 모르는 때에 이런 재난이 일어난 것이다. 배를 잃었을 뿐만 아니라 아티카보다 중요한 에우보이아를 잃어버렸는데 대체 어떻게 절망하지 않을 수 있겠는가. ③그러나 특히 그들을 공포 속으로 몰아넣은 것은, 적이 승리한 데 자신감을 얻고 오늘이라도 피라이에우스로 내습해 오지 않을까 하는 것이었다. 피라이에우스에는 저항에 나설 만한 배도 없는 데다 아테네인은 적선이 틀림없이 피라이에우스를 습격해 올 것이라고만 믿고 있었다. ④그리고 펠로폰네소스측이 만약 조금이라도 용감하기만 하다면 쉽사리 이런 행동을 취하고 있었을 것이다. 그 결과 아테네 시내의 분열을 더욱 촉진시키든가, 혹은 아테네 시를 포위해버리면 이오니아에 있던 아테네 선대는 과두파에 반대하고 있을지라도 자신들의 혈족과 아테네 시를 구한다는 의미에서 이오니아로부터 철수하지 않을 수 없었을 것이다. 그리 되면 이 사이에 헬레스폰토스에서 이오니아와 에우보이아에 걸친 전해역, 즉 말하자면 아테네 제국의 전판도를 그들의 세력하에 둘 수도 있었을 것이다. ⑤그러나 라케다이몬인이 아테네에 형편 좋은 적이었다는 것은 이때에만 한정된 것은 아니고 달리 얼마든지 같은 예가 있었다. 쌍방의 태도에서의 근본적인 차이는 한쪽이 신속하면 다른 한쪽은 둔중하고, 한쪽이 적극적인 데 반해 다른 한쪽은 소극적이며, 특히 아테네인은

바다를 지배하는 것으로 최대의 이익을 획득했다. 이 점은 시라쿠사에 의해서도 증명된 사실로, 특히 시라쿠사인은 아테네와 똑같은 생활양식을 채용해 아테네를 상대로 가장 훌륭하게 싸웠다.

97. ①그러나 아테네인은 이런 상태였는데도 정보가 전해지자 20척의 배에 승선하는 한편, 민의회를 이때 처음으로 소집했다.[58] 이 회의 장소는 프닉스(Pnyx)라 불리는 곳으로, 이전에는 여기에서 자주 민의회가 열렸다. 이 민의회에서 400인 정권의 폐지와 5000인 정권의 성립을 결의하고, 5000인 구성 인원은 자신의 중장비를 갖출 수 있는 자로 했다. 그리고 관직은 무급(無給)으로 하고, 급여를 받는 자는 처벌하기로 결의했다. ②그 후 프닉스의 민의회는 수차 개최되어 헌법제정위원을 선출하고, 기타 신(新)정권에 관한 투표를 했다. 이리하여 아테네인은 내 생애에서는 처음으로 좋은 정체(政體)를 통해 국가를 운영하는 듯이 보였다. 정체는 소수와 다수 사이를 채택한 중간이며, 이 중용이야말로 아테네 시를 대재난 뒤에 회복의 길로 들어서게 한 최대의 원인이었다. ③그들은 알키비아데스와 그밖의 알키비아데스 일파의 추방령을 해제하고 귀국을 허용할 것을 결의하고, 알키비아데스에게도, 사모스의 병사에게도 사자를 보내 전력을 다해 사태에 대처하라고 명했다.

98. ①한창 이 개혁이 진행될 때 과두파의 중심 인물이었던 페이산드로스와 알렉시클레스를 포함한 그 일파는 비밀리에 데켈레아로 빠져나갔다. 그러나 이 일파 중에서도 아리스타르코스만은 장군이었기 때문에 주로 이어족으로 이루어진 소수의 궁병 부대를 이끌

---

58) 이전의 민의회는 본권 제25장 67에서 개최되고 있고, 또 제26장 93에서는 디오니소스 극장에서 그 다음 민의회가 예정되어 있었다.

고 급히 오이노에로 향했다. ②오이노에는 보이오티아와의 국경에 있는 아테네의 방채로, 코린토스군이 일찍이 데켈레아에서 철수해 오는 것을 이 방채에서 아테네군이 공격해 코린토스군을 격파하고 손해를 입혔기 때문에, 코린토스인이 보이오티아에서 원조를 받아 그 방채를 포위하고 있던 참이었다. ③그래서 아리스타르코스는 포위중인 자들과 협의한 결과 오이노에에 포위되어 있는 아테네인을 찾아가 아테네 시에 있는 자들이 라케다이몬과 서로 이야기를 하기로 했다고 말하고, 오이노에 방채를 보이오티아군에게 넘기라고 명했다. 아리스타르코스가 장군이기도 하고, 또 포위되어 있었기 때문에 아테네 일에 대해서 아무것도 몰랐던 오이노에의 아테네군은 이 말을 믿고 신변 안전을 보증하자 방채에서 나왔다. ④이리하여 보이오티아측은 오이노에를 획득하고, 아테네 시에서의 과두파의 개혁은 끝났다.

99. ①이 해 여름 같은 무렵에 밀레토스에 있던 펠로폰네소스군은 티사페르네스가 임명한 자로부터 아무런 급여도 지불받지 못하는 데다 포이니키아 선대도 티사페르네스도 끝내 모습을 나타내지 않고, 티사페르네스와 함께 그들이 보낸 필리포스와 파셀리스에 있던 또 한 사람의 스파르타인 히포크라테스가 제독 민다로스에게 보고를 보내, 포이니키아 선대의 내원은 전혀 희망이 없고 티사페르네스에게 지독하게 당하고 있다고 전하고, 또 파르나바조스가 그들을 불러 그야말로 선대를 거느릴 용의가 있고 티사페르네스와 마찬가지로 자령내의 나머지 도시들을 아테네에서 이반시키자고 전해와, 비로소 민다로스는 파르나바조스를 좀더 이용하고자 결심하고 돌연 사모스의 아테네군이 모르는 사이에 73척을 이끌고 밀레토스를 출항해 헬레스폰토스로 향했다. 같은 해 여름 이때 이전에 16척의 선대가 같은 장소에 이미 가 있었다. 그리고 이 16척의 선대는

케르소네소스의 일부를 유린하고 있었다. 민다로스 일행은 폭풍에 휩쓸려 표류해 이카로스(Icarus)[59]에 들어간 뒤 5, 6일간 항행 불능 상태로 여기에 머물고는 키오스에 도착했다.

100. ⓛ트라실로스는 민다로스가 밀레토스를 떠났다는 것을 알게 되자 곧 자신도 55척의 배를 이끌고 출항해 헬레스폰토스에 먼저 도착하려고 했다. ②민다로스가 키오스에 있는 것을 알고 그곳에 머무르리라 생각하고 레스보스와 대륙측의 대안(對岸)에 감시대를 두고 적선의 움직임을 놓치지 않도록 해놓고 나서 트라실로스 자신은 메팀네로 항행해 식량, 기타 물자를 공급할 것을 명하고, 만약 민다로스의 선대가 장기간에 걸쳐 키오스에 있을 것 같으면 레스보스에서 키오스로 항해해 가 공격하려고 생각했다. ③이와 동시에 레스보스의 에레소스가 아테네에서 이반하고 있었으므로 그곳에도 가서 가능하면 그곳을 빼앗으려 했다. 그 이유는, 메팀네 망명자 중에서도 가장 유력한 자들이 큐메에서 의용병으로 중무장병 약 50명을 보내게 하고, 또 대륙에서 용병을 사 모두 약 300명의 부대를 구성하고, 테베가 동일 계통의 부족에 속하기 때문에 테베인 아낙산드로스(Anaxander)를 지휘관으로 삼아 먼저 메팀네를 공격했지만, 미틸레네에서 온 아테네 경비대에 의해 그 시도가 좌절되고, 또 메팀네 시외에서 다시 맞붙어 싸웠지만 패해, 산길을 타고 후퇴하는 도중 에레소스의 아테네 동맹 이탈에 성공했기 때문이었다. ④ 그래서 트라실로스는 에레소스에 전선대를 끌고 건너가 습격하려고 한 것이다. 그러나 그보다 먼저 트라시불로스가 5척의 배와 함께 사모스에서 도착해 있었다. 이것은 에레소스에서 추방된 자가 트라시불로스에게 알렸기 때문이었다. 그러나 그는 뒤늦게 오고 말아

---

59) 이카로스는 사모스의 서쪽.

에레소스에 가 그 먼바다에 정박했다. ⑨그곳으로 헬레스폰토스에서 돌아오는 중이었던 2척의 배와 메팀네의 배도 합류해 왔다. 그래서 배의 총수가 67척이 되어, 이들로 전투 부대를 편성하고 할 수 있는 한 모든 방법과 계책을 다해 에레소스를 함락시키려 했다.

101. ①이 사이에 키오스에 있던 민다로스와 펠로폰네소스 선대는 2일간의 식량 보급을 끝내고 키오스에서 1인당 3테사라코스테스 키오스화(貨)[60]를 받자, 3일째 되는 날 키오스에서 서둘러 출항했지만 외양(外洋)으로 나오지 않고 에레소스의 적 선단과 마주치지 않도록 왼쪽으로 레스보스를 바라보면서 대륙을 따라 항해했다. ② 그리고 포카이아령의 카르테리아(Carteria)에 있는 항구로 들어가 식사를 하고는 큐메로 항주(航走)하고 대륙 쪽에 있는 아르기누사이(Arginusae)에서 저녁을 먹었다. 이곳은 미틸레네의 맞은편 해안 지점이다. ③그곳에서 밤늦게 다시 출항해 메팀네의 맞은편이 되는 대륙의 하르마토스(Harmatus)[61]에 도착하고는 급히 아침을 먹은 뒤 렉톰(Lectum),[62] 라리사, 하막시토스(Hamaxitus) 등 이 지역의 도시를 지나 항해하고, 자정 조금 전에는 이미 헬레스폰토스의 로이티옴(Rhoeteum)[63]에 도착해 있었다. 그러나 선대의 일부는 시케이옴과 그밖에 이 부근의 각지에 배치되었다.

---

60) 테사라코스테스화라 불리는 이상 40분의 1의 가치를 지닌 통화라는 것은 알겠지만, 그 절대 가치는 어떻게 되는지 알 수가 없다.
61) 하르마토스는 투키디데스가 기록한 곳에서는 거의 그 소재지를 알 수 있지만, 확실한 지점은 알려지지 않고 있다.
62) 렉톰은 트로이 반도 동쪽 끝에 있다. 라리사, 하막시토스는 그 순서대로 렉톰 북방에 있었다.
63) 로이티옴은 헬레스폰토스 해협 입구의 시케이옴에서 약 10킬로미터 들어간 트로이 쪽에 있다.

102. ①세스토스에 있던 18척의 아테네 선박은 아군 감시대의 봉화 신호와 적 쪽에 돌연 나타난 많은 불로 펠로폰네소스 선대가 접근했다는 것을 알았다. 그래서 이날 밤에 그들은 케르소네소스 연안을 따라 비밀리에 급거 항해하여 에라이우스로 건너가고 적선과 마주치기 전에 외양으로 나가려 했다. ②아비도스에 있던 16척의 선대는 사전에 아군에게서 적 선대를 해협에서 내보내지 말고 엄중히 경계하라고 요청받고 있었지만 아테네 선대의 행동을 알아차리지 못했다. 그러나 날이 새자마자 민다로스의 선대가 이것을 발견하고 곧 진격해 갔다. 그러나 적의 전선단을 잡지는 못하고, 그 대부분은 임브로스와 렘노스로 도망치고 후미에 있던 4척만이 에라이우스 먼바다에서 펠로폰네소스 선대에 따라잡혔다. 1척은 프로테실라오스 신전이 있는 지점에 좌초돼 승무원과 함께 나포되고, 2척은 포기해버린 빈 배 상태였고, 나머지 1척은 임브로스 해안에 방치되었는데, 펠로폰네소스군은 이를 불살라버렸다.

103. ①그 후 그들은 아비도스에서 온 선대 및 기타 선박과 합류해 총수 83척을 가지고 에라이우스를 같은 날 포위 공격했지만 그 공략에 실패하고 아비도스로 철수했다. ②아테네인은 감시대가 적 선대의 항해 모습을 놓칠 리 없다고 믿고 있었기 때문에 감시대의 보고가 없는 채 유유히 방벽 공략전을 전개하고 있었지만, 정보가 들어오자 곧 에레소스를 뒤로 하고 급거 헬레스폰토스를 원조하기 위해 떠났다. ③그 도중에 펠로폰네소스 배 2척이 추격전에 자신을 얻어 외양을 항해해 오는 것을 발견해 이것을 나포하고, 하루 늦게 에라이우스에 도착해 이곳에 닻을 내렸다. 그리고 임브로스에서 도피해 온 배들을 포함시키고 5일간 해전 준비를 했다. 그리고 그 후 다음과 같이 그들은 해전을 벌였다.

104. ①아테네 선대는 종대(縱隊)로 편성되어 연안을 따라 세스토스로 항해했다. 이것을 알게 된 펠로폰네소스측은 아비도스를 떠나 이를 맞아 싸우러 나왔다. ②그리고 쌍방 모두 해전을 피할 수 없다는 것을 알고, 아테네측은 케르소네소스 연안을 따라 이다코스(Idacus)[64]에서 아리아나(Arrhiani)까지 그 선열(船列)을 가로로 전개했다. 그래서 펠로폰네소스측도 86척의 선열을 아비도스에서 다르다노스(Dardanus)에 걸쳐 펼쳤다. ③펠로폰네소스측의 오른쪽 끝은 시라쿠사 선대가 차지하고, 왼쪽 끝은 민다로스 자신과 속력이 빠른 선대가 지켰다. 아테네측은 트라실로스가 좌익을, 트라시불로스가 우익을 지켰다. 그리고 다른 장군들은 각각 배치된 자리를 지켰다. ④그런데 펠로폰네소스측이 먼저 적극적으로 공격을 개시해 좌익을 길게 늘여 아테네측의 우익 앞으로 나와 아테네측의 우익이 외양으로 나오는 것을 방지하고 가능하면 그들과 가까운 아테네 선열의 중앙을 압박해 해안선으로 몰아넣으려 했다. 아테네측은 이 작전을 알아채고 적이 저지하려고 움직여가는 방향으로 자신들의 전열도 펠로폰네소스측의 좌익 앞으로 나가게 했다. ⑤하지만 이때까지 아테네의 좌익도 그대로 왼쪽으로 선열을 뻗고 있어 키노스 세마(Cynossema)라 불리는 지점에까지 이르러 있었다. 이 결과 아테네측의 중앙 선열이 약해져 틈이 생겼다. 특히 처음부터 아테네측의 중앙 선열이 허술하기도 했다. 게다가 키노스 세마의 지형이 예리하게 휘어져 있기 때문에 그곳에서는 중앙 선열에서 무슨 일이 일어나고 있는지 관찰할 수 없었다.

105. ①그래서 펠로폰네소스측은 아테네 선대의 중앙을 해안 쪽으로 강습하고 완전한 우세를 이용해 육상으로 쫓았다. ②트라시불

---

64) 이다코스 및 아리아나의 확실한 소재지는 알 수 없다.

로스와 그 수하 함대도 공격해 오는 많은 적에 압도되어 좌익에서 중앙으로 원조할래도 손길이 미치지 않았다. 좌익의 트라실로스와 그 부대는 키노스 세마 곶에 시야가 차단되어 있고 시라쿠사와 그 밖의 적지 않은 적선이 다 함께 공격을 해와, 이들 또한 아군 중앙을 도우러 갈 수 없었다. 그러나 펠로폰네소스측이 승세를 타고 부주의하게 각각의 적의 추격에 나서자, 선열이 흩어지게 되었다. ③이때가 되어 비로소 트라시불로스 부대는 적의 선대가 자신들의 오른쪽으로 뻗어 자신들의 우익보다 앞으로 나오려는 행동을 멈춘 것을 알아채고 곧 뱃머리를 돌려 역습을 감행해 이들을 패주시켰다. 승세를 타고 널리 퍼져버린 펠로폰네소스 선대의 배를 부분적으로 잡아 이를 격파했는데, 그 대부분은 두려움 때문에 싸우지 않은 채 패주했다. 시라쿠사 선대도 이미 트라실로스 부대에 압도될 기미를 보이고 있었기 때문에 다른 선열이 패주하는 것을 알고는 망설이지 않고 패주했다.

106. ①승패가 분명해지자, 펠로폰네소스측의 대부분은 메이디오스(Midius) 강으로 먼저 도망쳐 아비도스로 돌아갔다. 아테네가 빼앗은 배의 숫자가 적었던 것은, 헬레스폰토스 해협의 폭이 좁아 적의 퇴각이 단시간내에 이루어졌기 때문이다. 그러나 이 승리야말로 정말 시의적절한 것이었다. ②즉 이때까지 각종 패전의 경험으로 점차 펠로폰네소스 해군을 두려워하고 있던 아테네인은 시케리아 원정 실패로 결정적인 타격을 받고 있었던 참이었으므로, 이 승리로 자신들의 약함을 자책하는 기분이 일소되고, 적의 해군이 두려워할 바가 못 된다고 생각하게 되었다. 그들은 적의 선단에서 키오스 배 8척, 코린토스 배 5척, 암브라키아 배 2척, 보이오티아 배 2척, 그리고 레우카스, 라케다이몬, 시라쿠사, 펠레네의 배를 각 1척씩 나포했다. 아테네 자신은 15척을 잃었다. ④그들은 키노스 세

마 곳에 전승총을 세우고, 난파선에서 부유물을 모으고, 휴전협정 하에 시체를 송환하고, 아테네의 삼중노선을 보내 이 승리를 알렸다. 이 배가 도착해 최근의 에우보이아 참사와 그 뒤의 이반 뒤에 예상치 않았던 쾌보를 듣고 아테네인은 크게 원기를 되찾고, 노력하기만 하면 이 사태를 극복할 수 있다고 생각했다.

107. ①이 해전이 있고 나흘 뒤에 세스토스에 있던 아테네인은 급거 배를 준비하고는 출항해 아테네에서 이반한 키지코스로 갔다. 그리고 비잔티움에서 온 8척의 배가 하르파기옴(Harpagium)과 프리아포스(Priapus) 앞바다에 정박해 있는 것을 보고는 이에 도전하고 해안에서 응원하러 나온 병력도 격파하고 배를 빼앗았다. 키지코스에 도착하자 이 도시에는 방벽이 없었기 때문에 이곳을 다시 아테네의 지배하에 두고 공납금을 징수했다. ②이 무렵 아비도스에서 펠로폰네소스 선단이 에라이우스로 항해해 가 이전에 나포한 배 중에서 쓸 만한 것을 고르고, 다른 것은 에라이우스인이 불태워버렸다. 그리고 또 히포크라테스와 에피클레스를 에우보이아에 파견해 그 땅의 배를 모아 끌고 오라고 명했다.

108. ①이와 같은 무렵 알키비아데스는 13척의 배를 가지고 카우노스와 파셀리스에서 사모스로 항해해, 그가 펠로폰네소스측에 포이니키아 선대가 가담하는 것을 막고 전보다 더 티사페르네스가 아테네에 호의를 갖게 만들었다고 전했다. ②그리고 알키비아데스는 함께 온 배에 더하여 다시 9척의 배에 사람들을 승선시키고 할리카르나소스에서 다액의 공납금을 징수하고, 코스에 요새를 구축했다. 이 일이 끝나자 코스에 사령관을 두고는 가을도 깊어져 사모스로 항행했다. ③티사페르네스는 펠로폰네소스 선단이 밀레토스에서 헬레스폰토스로 갔다는 말을 듣고는 아스펜도스에서 나와 이오니아로

갔다. ④그런데 펠로폰네소스군이 헬레스폰토스에 있었기 때문에 아이올리스인인 안탄드로스가 아비도스에서 육로로 이다 산을 통해 중무장 부대를 도시로 끌어들였다. 그 이유는, 티사페르네스의 대관(大官)인 페르시아인 아르사케스(Arsaces)가 난폭한 짓을 하고 있었기 때문이다. 즉 아르사케스가 상대국을 밝히지 않은 채 전쟁 명목으로 아테네인이 델로스 섬[65]을 정화할 때 쫓겨나 아트라미티옴(Atramyttium)으로 이주해 있었던 델로스인 중에서 주요 인사들을 불러내 친한 동맹자인 체하면서 그들이 식사를 하고 있는 틈을 노려 그들을 둘러싸고 수하 병사로 하여금 창으로 찔러 죽이게 했던 것이다. ⑤그래서 이런 행위로 미루어 아르사케스가 뭔가 부당한 짓을 안탄드로스인에게도 하지 않을까 우려하고, 또 감당하기 힘든 일을 요구해오지 않을까 생각해 그의 수비병들을 시의 요새에서 추방했다.

109. ①이 사건을 티사페르네스는 펠로폰네소스인의 소행으로 해석했다. 그 이유는 밀레토스나 크니도스에 있는 그의 수비대가 이 무렵 똑같이 쫓겨나고 있었기 때문이다. 티사페르네스는 그들의 자신에 대한 반감을 강하게 느끼고 뭔가 이 이상의 피해를 주지 않을까 두려워하는 동시에, 파르나바조스가 그들을 받아들여 자기보다 더 짧은 시일내에 보다 싼값으로 반(反)아테네 태세를 갖추지 않을까 우려하고는 헬레스폰토스의 그들의 처소로 갈 결심을 하고, 안탄드로스 사건에 대해 불만을 터뜨리고, 또 포이니키아 선대 일이나 그밖의 일을 되도록이면 잘 변명하기로 했다. 그래서 먼저 에페소스에 도착하자 아르테미스에 희생을 바쳤다.

---

65) 제5권 제15장 1을 참조할 것.

⑫〔그리고 이 해 여름 뒤의 겨울이 끝나자 만 21년이 된다.〕[66]

---

[66] 이 최후의 문장은 투키디데스가 쓴 것이 아니다. 투키디데스는 여기에 이르러 집필을 중단한 것일까, 아니면 그 뒤로도 계속 썼는데 분실된 것일까? 혹은 본절이 그가 쓴 최후의 절이 아니고, 이 절 뒤에 앞으로 돌아가 전에 쓴 부분을 고치거나 새 부분을 삽입하는 등의 일에 전념한 것일까? 이것은 분명치 않다. 본절이 그의 《펠로폰네소스 전쟁사》의 마지막 부분이라 해서 이 절을 끝으로 절필했다고 볼 근거는 어디에도 없다.

□ 부　록

투키디데스의 생애

마르케리노스 작(作)[1]

―― 투키디데스의 생애와 그 문체에 관한
사본(寫本) 방주(傍註)에서 ――

1. 데모스테네스[2]의 세련된 연설과 토론을 연구하고, 그 법정 연설과 의회 연설의 요령에 몰두해 충분히 정통해진 우리는 이제 투키디데스의 업적 분야를 답사해야 한다. 왜냐하면 투키디데스는

---

[1] 마르케리노스에 대해서는 자세히 알 수 없다. 아마도 서기 3~5세기경의 알렉산드리아 학파의 한 사람이었으리라 여겨지고 있다. 또 이 전기(傳記) 전체가 마르케리노스 한 사람의 집필로 이루어진 것이 아니라, 여러 개의 투키디데스 전기가 6세기경에 하나로 정리된 것이 아닐까 생각되고 있다. 여러 곳에서 보이는 자가당착이나(즉 26과 46) 반복(즉 31~34와 35) 등이 저간의 사정을 이야기해주고 있다고 생각되고 있다.

[2] 데모스테네스는 기원전 383년에 태어나 기원전 322년까지 아테네에서 활약한 대연설가.

연설문 작성 기법에 뛰어나고, 그 서술문은 명확해 군(軍)·정(政)·제(祭) 등의 연설의 좋은 규범이 되기 때문이다. 그러나 본론에 들어가기에 앞서 먼저 투키디데스의 탄생과 그 생애에 대해 언급해두는 것이 현명할 것이다.

2. 역사가 투키디데스의 아버지는 오롤로스라 하며, 그 이름은 트라키아의 왕 오롤로스에게서 유래하고 있다. 어머니 헤게시필레는 매우 유명한 장군——즉 밀티아데스와 키몬——을 낳은 가계(家系)에 속하는 여자였다.[3] 왜냐하면 이 일족은 예로부터 장군 밀티아데스와 관계있는 부족에 속해 있고, 이 밀티아데스 일족은 제우스의 아들 아이아스와 관계가 있기 때문이다.[4] 그리고 투키디데스는 이런 혈통을 자랑스러운 듯이 말하고 있다.[5]

---

3) 투키디데스의 어머니가 헤게시필레라고 보는 점에는 의문이 있다. 요컨대 정치가며 밀레시아스의 아들인 또 한 사람의 투키디데스(기원전 500?~430?)가 키몬의 딸을 아내로 삼고 있는데, 이 키몬의 모친이 오롤로스왕의 딸 헤게시필레이기 때문에, 아마도 역사가 투키디데스와 정치가 투키디데스가 혼동되어버린 듯이 생각된다.

4) 테라몬의 아들 아이아스는 전설에 따르면 헤라클레스의 기도에 응해 주신(主神) 제우스가 살라미스 섬의 테라몬에게 내려준 아들이라 한다. 그리고 이 아이아스는 케르소네소스에 건너가 트라키아의 여자 테크메사를 첩으로 삼았다. 밀티아데스도 케르소네소스의 참제 군주가 되고 그 땅의 왕의 딸 헤게시필레를 첩으로 삼았다. 제우스——아이아스——밀티아데스의 관련이 만들어진 것이다.

5) 투키디데스가 자기 혈통을 이처럼 기술하고 있는 곳은 어디에도 없으므로 이 마르케리노스의 기술은 아마도 뭔가의 오류일 것이다.

3. 디디모스[6]도 이 점에 대해 페레키데스[7]가 그의 《사서(史書)》 서두에 다음과 같이 쓰고 있다고 증명하고 있다. "아이아스의 아들 필라이오스는 아테네에 살았다. 그 아들로 다이크로스가 태어났다. 그 아들은 에피리코스, 그 아들은 아케스톨, 그 아들은 아게놀, 그 아들은 올리오스, 그 아들은 리케스, 그 아들은 이오폰, 그 아들은 라이오스, 그 아들은 아가메스톨, 그 아들은 티산드로스, 그 아들은 밀티아데스, 그 아들은 히포클레이데스, 그리고 이 히포클레이데스가 집정관이던 해에 범(汎)아테네제가 창립되었다.[8] 또한 그 아들은 밀티아데스로 케르소네소스에서 살았다."

4. 그리고 또 헬라니코스[9]도 이 점을 아소피스록(錄) 중에서 증명하고 있다. 그러나 밀티아데스가 대체 투키디데스와 어떤 관계에 있는가 하고 사람들은 물을 텐데, 그와 관련해서 투키디데스는 밀티아데스와 혈연 관계에 있다. 트라키아인과 트론코스인은 그 이웃 나라인 아프신디오스인과 싸웠는데,

---

6) 디디모스(기원전 80?~10)는 알렉산드리아파 학자로 호메로스 본문 평석(評釋)이나 여러 고전의 주해, 사서(辭書)의 제작, 문법서, 고사석의(古事釋義) 등등 그 저작수가 4000을 밑돌지 않았다고 전해지고 있다.

7) 페레키데스는 기원전 5세기경의 아테네 계도학자(系圖學者)로 《사서(史書)》를 썼다고 한다.

8) 4년마다 행해진 범아테네 대제(大祭)가 시작된 연도는 확실치 않다. 마르케리노스의 이 대목이 자료가 될 수 없는 것은, 이 대목의 원문이 사본의 잘못에서 크게 혼란되어 있어 신뢰가 가지 않는다는 점과, 설사 이 문장을 믿는다 해도 히포클레이데스가 집정관이었던 해를 알 수 없으므로 연대를 확정지을 수 없기 때문이다.

9) 헬라니코스(기원전 500?~413?)는 미틸레네 태생의 사가(史家). 투키디데스는 헬라니코스의 《아티카사(史)》에 대해 언급하며(제1권 제4장 97) 그 서술은 짧고 연대가 불명확하다고 말하고 있다.

376 부 록

5. 곧 전쟁에 지치고 언제나 우세한 적에게 시달리고 있을 수 없어서 신에게서만 구원의 길을 발견해낼 수 있다고 믿고 신탁에 의지했다. 왜냐하면 아이스킬로스에 따르면 신의 힘은 어떤 것보다 우월하고, 궁지에 몰려 고통을 겪는 자도 눈앞에 드리워 있는 암운에서 수없이 구제했기 때문이다.[10]

6. 그들의 기대는 어긋나지 않았다. 요컨대 신탁은 그들에게 그들을 받아들여 식탁에[11] 불러줄 강력한 지도자를 그들이 얻으리라고 했는데, 마침 당시는 크로이소스가 리디아를 획득하고 페이시스트라토스 일족의 참제(僭制)가 아테네를 지배하고 있던 때였으므로,[12] 그들이 신역(神域)을 떠나 밀티아데스와 마주쳤을 때에는 마침 밀티아데스는 페이시스트라토스 일족의 참제정치에 불만을 품고 아테네를 떠날 무슨 좋은 구실이 없을까 하고 아티카 국경까지 와 대기하고 있던 참이었기 때문이다. 이리하여 이 신탁은 그들을 인도했던 것이다.

7. 그래서 밀티아데스는 무기를 들고 방랑하고 있는 자들을 보고는 방랑이 대체 어떤 것인지 이해하고 있었으므로 그들을 식사에 초대했던 것이다. 이리하여 밀티아데스는 모르는 채 신탁을 성취시켰던 것이다. 이 초대를 받은 자들은 그들의 지도자가 그들을 식사에 초대하는 데서 나타난 것을 인정하고 밀티아데스에게 모든 것을 맡기고 그를 그들의 지도자로 결정했다. 그래서 어떤 자는 신(神)

---

10) 이 구절은 아이스킬로스의 〈테베로 가는 7인〉의 227~229행으로부터의 인용이다.

11) 식탁에 초대한다는 것은 즉 보호를 약속한다는 뜻이다. 식사를 함께 하는 것은 신성한 계약의 증거로서 간주되는 것이다.

12) 기원전 560년의 일.

이 소원을 이루어주었다고 말하고, 다른 자들은 밀티아데스가 아테네를 떠난 것은 참제 군주가 될 목적이 있었기 때문이 아니라, 트라키아의 요청에 응해 그들의 지도자로서 떠난 것이라고 말했다. 또한 아테네에서 세력을 지닌 자가 나온 것을 기뻐한 자들은 더욱 병력을 증강해 밀티아데스를 배웅했다.

8. 그래서 밀티아데스가 그들의 지도자가 된 것으로, 예언된 것을 성취한 것이 된다. 그리고 승리를 얻은 뒤에 그는 케르소네소스의 주인이 된다.

9. 그의 아들이 죽었을 때, 밀티아데스[13]의 형제였던 스테사고라스가 케르소네소스의 지배권을 계승했다.

10. 스테사고라스도 죽자, 초대 밀티아데스와 이름이 같은 밀티아데스가 그 지배권을 계승했다. 그의 부모는 스테사고라스와 같았다.

11. 이 밀티아데스는 아테네인 여자와의 사이에 자식이 있었는데도, 세력을 증강시키기 위해 트라키아인 왕 오롤로스의 딸 헤게시필레를 아내로 맞아들였다. 그리고 이 헤게시필레에게서도 자식이 태어났다.

12. 페르시아군이 헬라스에 침입했을 때[14] 밀티아데스는 짐을 모아 아테네에 보내고 많은 사람을 피난시켰다. 그러나 그의 자식들이 타고 있던 배가 페르시아군에 나포되었는데, 이 자식들은 헤

---
13) 이 밀티아데스는 뒤에 나오는 2대째 밀티아데스를 가리키고 있다.
14) 기원전 490년의 일.

게시필레의 자식이 아니었다. 그리고 헤로도토스에 따르면[15] 페르시아 왕은 이 자식들을 석방했다고 한다. 한편 밀티아데스는 트라키아에서 아티카로 가 난을 피했다.

13. 그러나 밀티아데스는 정적(政敵)의 비난을 면치 못하고 참제정치 죄로 고발당했지만 석방된다. 뿐만 아니라 그는 대이어족전(對異語族戰)의 장군이 된다.

14. 디디모스는 이 밀티아데스에게서 투키디데스의 계통이 나오고 있다고 말하고 있다.[16] 많은 재산과 트라키아 지방에 있는 부동산과 스카프테실레의 광산(鑛山)의 존재가 이 점의 가장 강력한 증거라고 생각된다.

15. 밀티아데스에게는 적지 않은 수의 아들과 딸이 있었던 것 같다. 투키디데스는 자기 계통에 관해 전혀 언급하지 않고 있으므로, 우리는 다른 면에서 조사해보지 않으면 안 된다.

16. 투키디데스의 아버지가 오로(R)로(L)스가 아니라 오롤(L)로(R)스였다는 것을 우리는 알고 있다. 최초의 이름은 제1음절이 R이고, 제2음절이 L이다. 이 철자는 디디모스도 증명하듯이 잘못된 것이다. 왜냐하면 그의 묘지 위의 돌비석이 보여주듯이 그곳에는 "할리무시오스 구(區)의 오롤(L)로(R)스의 아들 투키디데스"라고 새겨져 있기 때문으로, 오롤(L)로(R)스가 그의 아버지의 이름

---

15) 헤로도토스의 《역사》 제6권 41장을 참조할 것.
16) 4에서 처음 부분의 질문인 "밀티아데스와 투키디데스는 어떤 관계에 있는가"에 대한 해답이 주어진 것이 되는데, 실로 불충분한 해답이다.

이다.

17. 또 키몬비(碑)라고 불리는 기념비가 코일레 구(區)[17]의 메리테이스 문(門)이라 불리는 곳에 있는데, 거기에도 헤로도토스와 투키디데스의 묘가 있다. 이 땅에는 아테네인 외에는 매장되지 않으므로 그는 밀티아데스의 일족이었던 것이 분명하다.[18] 폴레몬[19]도 이 점에 관해 아크로폴리스에 있었던 것을 목격하고 있다. 그것은 투키디데스의 아들 티모데온의 탄생이 기록된 것이다.

18. 헤르미포스[20]는 투키디데스의 계통은 참제 군주 페이시스트라토스 일족에서 시작되고 있다고 말하고, 그래서 투키디데스는 하르모디오스와 아리스토게이톤에 대해 반감을 가지고 썼기 때문에 참주 살해사건이 일어나지 않았다고 한 것이라고 말하고 있다. 요컨대 투키디데스는 그들이 참주를 죽인 것이 아니라 참주의 동생 히파르코스를 죽인 것이라고 주장하고 있다.[21]

19. 투키디데스는 트라키아에서 많은 재산과 광산을 지닌 여자

---

17) 코일레 구는 아테네 시 서남부에 있다.
18) 이 설은 오류다. 즉 만약 헤로도토스가 매장되어 있었다고 한다면 헤로도토스는 아테네 시민이 아니기 때문에 도리어 이 분묘는 아테네 시민 이외의 사람을 매장한 증거가 되기 때문이다.
19) 폴레몬은 플라톤이 창립한 아카데미 학파의 우두머리로서 기원전 314년에서 270년까지 일한 학자다.
20) 소아시아의 스미르나에서 태어난 소요학파(逍遙學派)의 한 사람으로 기원전 3세기경에 활약한 학자다.
21) 이 이야기는 《펠로폰네소스 전쟁사》 제1권 제1장 20과 제6권 제19장 54~59에 기록되어 있다. 왜 투키디데스가 같은 설을 두 번 반복하고 있는지 여러 가지 설이 있지만 정설은 없다.

를 트라키아의 스카프테실레에서 아내로 맞아들였다.[22]

20. 그러나 이런 재산을 얻었다 해서 그는 안락한 생활로 물러서지 않고 펠로폰네소스 전쟁 이전에 이미 장래의 변동을 예지하고 역사를 쓸 결심을 하고서 다액의 금품을 아테네인에게도, 라케다이몬인에게도, 또 다른 많은 사람들에게도 지급하고 이 전쟁중에 일어난 사건이나 사람들의 발언을 연대순으로 기록하려 하고 있는 자신에게 사람들이 보고해주도록 했다. 그러나 왜 투키디데스가 아테네인에게만 자금을 건네주고 그들의 보고에만 의존하지 않고 라케다이몬인이나 다른 자들에게까지 자금을 주었는지 묻지 않으면 안될 것이다. 그가 무턱대고 다른 사람에게 금품을 준 것이 아니라고 말할 수 있는 것은, 그는 일의 진상을 기록하고 싶어했기 때문이다. 요컨대 아테네인이 자신들의 형편에 좋도록 그에게 거짓 보고를 하지 않는다고 할 수 없었기 때문으로, 이기지 못한 전투도 그들이 이겼다고 종종 전하는 경향이 있었기 때문이다. 그래서 모두에게 자금을 건네고 많은 의견이 일치하는 데서 일의 진상을 파악하려 한 것이며, 전체의 의견에서 불명확한 점을 제거할 수 있었던 것이다.

22. 투키디데스는 철학자 중에서는 아낙사고라스[23]에게서 배웠다. 안틸로스[24]에 따르면, 투키디데스는 아낙사고라스의 영향으로

---

22) 투키디데스의 아내에 관한 기사에 대해서는 그것을 뒷받침할 수 있는 사실이 없다.
23) 아낙사고라스는 소아시아의 콜라조메나이인으로, 20세경(기원전 480년)에 아테네로 건너가 철학을 가르쳤다. 페리클레스와 그밖의 당시 많은 아테네 지식인을 가르친 관계로 아테네 문화에 큰 영향을 준 인물이다.
24) 아마도 서기 2세기경에 활약한 의학자일 것이다.

남몰래 무신론(無神論)을 지니고 있었다 하며, 그의 논지를 크게 활용했다고 한다. 그밖에 변술가(弁術家) 안티폰의 제자이기도 했다. 안티폰은 민주정치를 타파하고 400인 정권 수립에 참가했다는 이유로 고발당했다고 투키디데스는 제8권 중에서 기록하고 있다.[25] 투키디데스는 안티폰의 제자였기 때문에 안티폰의 시체를 아테네인이 시외에 유기한 데 대해서는 침묵하고 있다.

23. 투키디데스는 장년에 이르러서도 정치에 관여하지 않고, 또 논진(論陣)을 펴지도 않고 장군으로서 출정해 불행의 시발점이 되는 사령관직을 맡았다. 이 때문에 그는 추방의 비운을 맛보기도 했다. 브라시다스가 암피폴리스에 진군해 왔을 때 투키디데스는 그곳에 파견되었지만 브라시다스에게 암피폴리스를 먼저 빼앗겼기 때문에 그 책임을 지게 되었다. 그러나 이 사실도 결코 아테네측에 불리하게 끝났던 것은 아니다. 확실히 암피폴리스는 잃어버렸지만 스트리몬 강변의 에이온을 투키디데스는 확보하였다. 그러나 아테네인은 처음 재난을 투키디데스의 실수로 보고 그를 추방했던 것이다.[26]

24. 추방된 뒤에 투키디데스는 다액의 금액을 빌려주기 위해 아이기나 섬으로 건너갔다.

25. 그러나 그곳을 떠나 스카프테실레에서 살며 플라타너스 나무 아래에서 저술에 전념했다. 그러므로 티마이오스[27]의 말에 현혹

---

25) 제8권 제26장 86 및 90을 참조할 것.
26) 제4권 제14장 105에서 108까지 참조할 것.
27) 티마이오스는 시케리아 섬의 타우로메니움의 참주 안드로마코스의 아들로, 기원전 310년대에 아테네에 망명해 약 50년간 이 땅에 머

되어, 투키디데스가 추방되자 이탈리아로 갔다고 믿어서는 안 된다.

26. 투키디데스는 아테네에 대해 반감을 지니고 있었기 때문에 이처럼 쓴 것이 아니라, 진리를 탐구하고 극단적인 것을 싫어하는 성격이었기 때문에 설사 클레온이나 그의 추방의 원인이 된 브라시다스가 그를 비난하지 않아도 투키디데스는 마찬가지로 분노했을 것이다.

27. 그리고 또 많은 사람들은 개인적인 체험 때문에 역사를 쓰더라도 진실이라는 것에는 조금도 관심을 갖지 않았다. 예컨대 코린토스인은 그들이 살라미스 해전에서 도망쳤다고 말하고 있는 헤로도토스를 묵살하고 있고,[28] 타우노메니아인 티마이오스가 티모레온[29]의 절도(節度)를 찬양해 마지않는 것도 티마이오스 자신의 부친인 안드로마코스의 참제정체를 티모레온이 해체시키지 않았기 때문이다. 필리스토스[30]는 디오니시우스 2세를 비난하고, 크세노폰은 플라톤에 대한 질투심에서 플라톤의 신봉자였던 메논을 험담하는

    문 뒤에 시케리아 섬으로 되돌아간 것 같다. 주요 저서는《역사》제38권으로, 주로 시케리아 역사를 주안점으로 하여 272년의 사건까지 기록하고 있다.
28) 헤로도토스의《역사》제8권 94장을 참조할 것.
29) 티모레온은 코린토스의 장군으로 시케리아 섬을(기원전 4세기 후반) 전제군주로부터 해방시켰다. 그의 무사무욕한 태도는 지휘자의 모범이 되었다. 그의 사망 연도는 확실치 않다.
30) 필리스토스는 시라쿠사의 정치가로 적어도 12권에 걸친 역사《시케리아》를 썼다. 그는 기원전 414년 아테네군의 시라쿠사 원정을 목격하고 있고, 기원전 356년에 전투에 패해 자살하고 있다.

그런 형편이다.³¹⁾ 아무튼 투키디데스는 적당이 아닌 중용과 진실을 탐구하는 사람이었다.

28. 여기에서 주의해야 할 것은 많은 투키디데스가 있다는 것으로, 우리의 투키디데스는 오롤로스의 아들이며, 두번째로는 멜레시아스의 아들로 페리클레스의 정적이었던 자가 있고, 세번째로는 파르살리아 태생으로 폴레몬의 아크로폴리스기(記) 중에서 언급되고 있는 자가 있는데,³²⁾ 폴레몬은 이 투키디데스는 메논의 아버지라고 말하고 있다. 네번째의 투키디데스는 시인으로 아케드두시아 구(區) 사람이었다.

29. 이 사람에 대해서는 안드로티온³³⁾이 〈아티스〉 중에서 언급하고 있는데, 아리스톤의 아들이라고 말하고 있다. 플락시파네스³⁴⁾의 〈역사〉에 따르면, 이 투키디데스는 희극작가 플라톤³⁵⁾이나 비극작가 아가톤,³⁶⁾ 서사시가(敍事詩家) 니케라토스,³⁷⁾ 코일리로스,³⁸⁾

---

31) 크세노폰의 《아나바시스》 제12권 제6장 21절에서 30절까지를 참조할 것.
32) 《펠로폰네소스 전쟁사》 제8권 제26장 92에서도 그 이름이 보인다.
33) 기원전 4세기경의 아테네 정치가, 역사가.
34) 미틸레네 혹은 로드 섬 태생의 소요학파의 한 사람으로 수사(修辭)가 전문이었다. 연대는 기원전 3세기 전반경이라 생각된다.
35) 희극작가 플라톤은 기원전 5세기 후반에서 4세기 전반에 걸쳐 아테네에서 활약했다.
36) 기원전 5세기 후반의 아테네 비극작가다. 플라톤의 대화편 〈향연〉의 등장인물 중 하나인데, 그 자신의 작품은 겨우 40행 정도의 단편을 제외하고는 아무것도 남아 있지 않다.
37) 니케라토스에 대해서는 아무것도 알려져 있지 않다.
38) 코일리로스는 소아시아의 야소스에서 태어나 알렉산드로스 대왕의 원정에 참여하고 종군 서사시인이 되었는데, 엉터리 시인의 전형

멜라니피데스[39] 등과 동시대 사람이었다고 한다.

30. 이 투키디데스는 아르케라오스[40] 시대에는 완전히 무명인이었지만, 같은 시대의 플락시파네스에 따르면 뒷날에는 신처럼 숭배되었다고 한다.

31. 투키디데스는 추방된 몸인 채 그 땅에서 죽었다는 설이 있고, 그 증거로서 그가 아티카에 매장되어 있지 않다는 것이 지적되고 있다. 그 이유는 투키디데스의 묘지 위에 기둥이 서 있다는 것으로, 이 기둥은 아티카 재래의 풍습으로, 추방된 사람처럼 불우하게 죽고 아테네에서 죽지 않은 사람의 기념비임을 나타내는 것이기 때문이라고 말하고 있다.

32. 그러나 디디모스에 따르면 투키디데스는 추방이 해제되어 아테네에 돌아온 뒤 비명 횡사를 했다고 하고, 이같은 사실은 조피로스[41]가 기록하고 있다고 말하고 있다. 즉 아테네는 시케리아 원정 실패 후 페이시스트라토스 일문을 제외하고 추방을 해제하는 대사면령[42]을 내리고 있기 때문에 투키디데스도 아테네에 귀환한 뒤

으로 후대 비평가들의 혹평을 받고 있다.
39) 멜라니피데스는 멜로스 섬 태생의 시인으로 마케도니아의 페르디카스 왕 밑에서 시를 썼다. 그는 새로운 형식을 창조했지만 전통을 무너뜨린 자로 비난받았다. 활약한 시기는 기원전 5세기 중기에서 후기에 걸쳐 있다.
40) 아르케라오스는 기원전 413년에서 399년까지 마케도니아 왕위에 있었다.
41) 조피로스는 디오니소스의 아들이며 관상학자로 알려져 있다.
42) 이 대사면령은 기원전 403년의 일이다. 크세노폰의 《그리스사》 제2권 4장 38절 및 아리스토테레스의 《아테네인의 국제(國制)》 39장 6절을 참조할 것.

에 비명 횡사를 하고 키몬 일족의 묘지에 안장됐다고 말하고 있다. 그리고 투키디데스가 외지에서 죽었다고 주장하는 사람들의 무지함을 지적하며 아티카에 투키디데스가 매장되어 있다고 말하고 있다. 그 이유는 만약 투키디데스가 조상 대대로 묻혀온 묘지에 매장되지 않았거나 비밀리에 매장되었거나 했다면 그의 묘지 위에 새겨져 그의 묘지임을 보여주고 있는 그의 이름의 비문도, 비석도 있을 리가 없었을 것이라고 말하고 있다. 아무튼 추방 해제의 대사면령이 내려진 것은 확실한데, 필로코로스[43]도 디메트리오스[44]도 〈집정관사(執政官史)〉 중에 이를 언급하고 있다.

33. 나는 투키디데스가 트라키아에서 죽었다고 말한 조피로스를 설사 클라티포스[45]가 믿고 있다 하더라도 조피로스는 터무니없는 말을 했다고 생각하지만, 티마이오스 자신이나 그밖의 사람들이 투키디데스는 이탈리아에서 매장되었다고 말하고 있는 것은 그다지 근거 없는 이야기는 아니라고 생각한다.

34. 투키디데스는 사려 깊은 용모를 지니고 있었다고 전해진

---

43) 필로코로스는 기원전 3세기 전반의 아테네 정치가로 그의 주저(主著) 《아테네 정사(政史)》(17권)는 초기 아테네에서 기원전 260년까지의 아테네 정치연대사다. 그러나 후반 7권은 거의 다 망실(亡失)되었다.
44) 기원전 4세기 후반에서 3세기 초두에 활약한 정치가로 문필가. 기원전 318년에는 아테네 총독이 되고 있다. 작품은 민화, 우화, 문평(文評), 연설, 역사, 서한집 등등의 여러 방면에 걸쳐 있었다고 전해지고 있다.
45) 클라티포스는 아마도 기원전 4세기경에 태어난 아테네 역사가로 투키디데스의 《펠로폰네소스 전쟁사》의 뒤를 이어 적어도 394년경까지의 사건을 기록한 듯싶다.

다. 머리카락이 이마에 뾰족하게 자라나 있고, 여생을 저작(著作)에 바쳤다. 그는 《펠로폰네소스 전쟁사》를 완성시키지 못한 채 50세를 넘기고 죽었다.

35. 투키디데스는 호메로스의 구성력을 존중하고, 핀다로스의 기품과 위엄 있는 문체를 추수(追隨)한 데다 완곡하고 교묘한 표현에 뛰어났기 때문에 일반 사람들에게는 난해하고 정돈된 사고에서 쉽게 기술되고 있다고는 생각되지 않지만, 지적인 사람들은 그를 인정하고 칭송한다. 즉 그는 지식인들에게 칭송되고 명성을 얻어 후대에도 사라지지 않는 평판을 획득했기 때문에, 일반 사람들도 자기의 생각만으로 투키디데스를 감히 묵살해버리지 못하게 된 것이다.

36. 투키디데스는 안틸로스에 따르면 한동안은 레온티노이 사람인 고르기아스[46]의 기법인 등구병렬법(等句竝列法)이나 대화법 등을 채용해 당시의 헬라스인 사이에서 평판을 얻었다고 하며, 게다가 키오스인 플로디코스[47]의 엄밀어법(嚴密語法)도 모방했다고 한다.

37. 그러나 투키디데스는 누구보다도 호메로스를 모방했다고 생각된다. 호메로스를 모방한 점은 용어의 선택, 구성의 명료함,

---

46) 고르기아스는 시케리아 섬 레온티노이인으로 기원전 427년에는 아테네를 방문한 대연설가이자 수사학자며 또 철학자(소피스트)이기도 했다.
47) 플로디코스는 기원전 5세기 후반에서 4세기 초엽에 걸쳐 활약한 소피스트 중 한 사람으로 신화 《헤라클레스의 선택》을 썼다고 한다.

표현의 힘차고 아름답고 간결함 등 여러 가지 점을 들 수 있을 것이다.

38. 투키디데스 이전의 산문 작가나 역사가는 역사에 생기(生氣)를 불어넣지 않고, 기술하는 데 충분한 고려를 하지 않았다. 그들은 등장 인물로 하여금 연설을 하게 하지 않고, 토론 연설도 쓰지 않았다. 그렇지만 헤로도토스는 이것을 시도해 실패하고 말았다. 〔그 이유는 한마디로 말하면 헤로도토스는 토론법보다도 극적인 효과를 위해 썼기 때문이다.〕 투키디데스는 토론법을 발견한 유일한 역사가며 토론을 완전히 논제마다 나누어 쓰고, 토론이 연설 형식의 각 부분에 꼭 들어맞도록 했다. 그야말로 연설문의 모범이다.

39. 문체에는 정문체(正文體)와 간이체(簡易體)와 중용체(中庸體) 3체가 있는데, 투키디데스는 정문체 이외의 것은 무시했다. 그 이유는, 정문체가 그 본래의 성질에 적합한 데다 이러한 대전쟁의 역사에 알맞는 문체였기 때문이다. 또 중대한 활동을 한 사람들에 대해 정문체를 쓰는 것이 그 활동에 어울리는 문체이기도 했기 때문이다.

40. 다른 문체를 잊지 않도록 하기 위해 덧붙이는데, 헤로도토스의 문체는 중용체로 정문체도 간이체도 아니며, 크세노폰의 문체는 간이체다.

41. 이 정문체 때문에 투키디데스는 많은 시어(詩語)와 적지 않은 은유를 사용했다. 그래서 어떤 자들은 이 《펠로폰네소스 전쟁사》 전체에 대해, 역사의 분야는 연설문이 아니라 시(詩)의 영역에 속한다고 주장했다. 그러나 역사에는 운(韻)이 없기 때문에 당연히

시일 수 없다. 플라톤의 작품이나 의학서류와 같이 산문 전부가 연설문에 속하는 것은 아니라는 반론에 역사는 논제마다 구분되어 있고, 연설문체가 사용되고, 역사서 전체에 대해 말할 수 있는 것은 그것이 설득에 속하는 것이라고 우리는 대답할 수 있다.

42. 〔어떤 사람들은 역사는 전쟁으로 눈부신 활동을 한 사람들을 칭송하고 있기 때문에 예찬체에 속한다고 말할지도 모른다.〕 특히 투키디데스의 역사는 연설문체, 예찬문체, 고발문체의 세 문체를 포함하고 있다고 말할 수 있다. 요컨대 제3권의 플라타이아인과 테베인의 연설[48]을 제외하면 모든 것이 토론 형식에 속하기 때문이고, 국장(國葬) 연설[49]은 예찬문체에 속하고, 지금 예외로 한 플라타이아인과 테베인의 논의는 고발문체에 속한다고 말할 수 있기 때문이다. 이런 논의의 형식은 플라타이아에 온 라케다이몬인 재판관이 판단을 내리고, 플라타이아인은 질문에 대해 항의를 하고 또 긴 연설로 신문받는 점에 대해 변론을 하고, 이에 대해 분개한 테베인이 반론을 펴고 라케다이몬인에게 호소하기 때문에 이 논의의 순서·방법·구성은 분명히 고발문체라고 말할 수 있다.

43. 《펠로폰네소스 전쟁사》 제8권은 위작(僞作)이고 투키디데스의 작품이 아니라고 보는 자가 있고, 어떤 자는 투키디데스의 딸의 작품이라고 하거나, 크세노폰의 작품이라고 말하고 있다. 그러나 우리는 이에 대해 딸의 작품이 아니라는 것은 분명하다고 주장한다. 여성으로서는 그 기품과 기술을 흉내낼 수 없기 때문이다. 그리고 만약 그랬다면 숨겨둘 리 없고, 또 제8권만 쓰는 데 그치지 않고 그 뒤의 긴 부분도 쓰고, 필자의 본체를 노출시키지 않을 리

---

48) 제3권 제10장 53에서 68까지.
49) 제2권 제6장 36에서 46까지.

없기 때문이다. 또한 크세노폰의 작품도 아니라는 것은 문체가 다르기 때문이다. 그의 문체는 정문체와 간이체의 중간체이기 때문이다. 또 누군가가 주장했듯이 테오폼포스[50]의 작품도 아니다.

44. 그리고 세련된 사람들에게는 제8권이 투키디데스가 집필한 것인 듯 여겨지고 있다. 특히 그 문체는 장식적인 분위기가 없고 대략적인 형식이며 손질이 가해지고 전개할 수 있는 소재가 풍성하다. 이 점에서 그가 조금 약해져 있다고 판단되기 때문에, 그는 제8권을 병중(病中)에서 정리한 정도라고 말할 수 있지 않을까 생각한다. 몸이 약해지면 흔히 긴 사고력을 잃게 마련이며, 체력과 지력은 서로 밀접하게 영향을 준다.

45. 투키디데스는 27년간 계속된 펠로폰네소스 전쟁 뒤 이 전쟁의 21년분을 역사로 정리하고 트라키아에서 죽었다. 나머지 6년간의 사건은 테오폼포스와 크세노폰이 보충하고 하나로 정리해 《그리스사(史)》로 만들었다.

46. 투키디데스는 암피폴리스 지방의 사령관이 되었지만 브라

---

50) 테오폼포스는 기원전 378년경 키오스 섬에서 태어난 역사가로 많은 작품을 썼다고 전해지고 있는데, 현재 남아 있는 그의 작품의 단편은 《그리스사》와 《필리포스 왕사(史)》의 일부며, 전자는 투키디데스의 《펠로폰네소스 전쟁사》가 끝나는 기원전 411년 이후의 사건을 12권으로 정리한 작품으로 기원전 394년까지 기록되어 있다. 1906년에 이집트의 옥시리카스에서 약 900행 정도의 헬라스사 일부가 씌어 있는 파피루스가 발견되었는데, 이것을 테오폼포스의 《그리스사》의 일부로 보는 설과 다른 학자를 거론하는 설이 있는데 어느 쪽도 정설은 아니다. 《필리포스 왕사》는 58권에 이르는 대저작으로 알려져 있는데, 그 전모는 분명치 않다.

시다스에게 그 땅을 먼저 빼앗겼기 때문에, 투키디데스의 도착이 늦었다고 해석되어 클레온의 비난을 받아 아테네인에게 추방되었다. 투키디데스가 클레온에게 미움을 산 이유는, 그가 클레온을 미치광이고 경박한 자로 취급했기 때문이다. 그리고 전해지는 바에 따르면, 그는 트라키아에 가 그 땅에서 《펠로폰네소스 전쟁사》를 잘 다듬고 정리했던 것이다.

47. 펠로폰네소스 전쟁 개시 이래 투키디데스는 모든 활동과 언론을 기록하고, 처음에는 문장의 아름다움 등은 상관하지 않고 단지 사실을 기록하는 데 전념했다. 그러나 추방되어 트라키아의 스카프테힐레 지방에 살게 되고부터는 처음에 소묘풍으로 기록해두었던 것을 다시 갈고 다듬었던 것이다.

48. 진실을 존중하기 때문에 《펠로폰네소스 전쟁사》는 이른바 '이야기'와는 반대 성질을 지닌 것이 되었는데, 그 이유는 다른 역사가처럼 자신들이 수집한 사실(史實)을 다른 단순한 '이야기'와 섞어 진실보다 오락 본위로 만드는 일이 없었기 때문이다. 다른 역사가들이 이런 상태였던 데 반해, 투키디데스는 청중의 오락 대상이 되는 것을 목적으로 삼지 않고 학구자(學究者)의 명확함을 목적으로 삼아 저술했던 것이다.[51] 투키디데스는 자신의 작품을 승리의 작품으로 보았다. 즉 그는 오락에의 유혹에서 빠져나와 많은 사람이 관례로 삼는 여담으로 흐르는 것을 피했기 때문이다.

49. 예컨대 헤로도토스에게서는 아리온이 음악에 매혹돼 뱃길 안내인 노릇을 했다는 이야기가 있거나 해서 역사의 목적이 완전히

---

51) 제1권 제1장 22를 참조할 것.

사라져버리고 있다.[52] 투키디데스는 뭔가 뛰어난 것을 생각케 하는데, 그것은 그가 필요한 것 이외의 것은 서술하지 않는 데다 진리에 도달하기 위해 '이야기'를 거부했기 때문이다. 즉 테레우스 이야기에서는 단지 여자의 재난만이 언급되어 있고,[53] 키클로페스의 전설도 단지 그 지방의 경치가 수려하다는 것을 말하기 위해 서술하고 있으며,[54] 알크메온[55] 이야기도 객관성을 얻기 위해 서술하고 있고, 〔……〕[56], 그밖의 점은 밝히고 있지 않다.

50. '이야기'에 관해서 이러한 태도를 취한 투키디데스는 성격 묘사에 특히 뛰어났다. 어떤 부분에서는 매우 명확했지만, 문맥이나 짧은 말에 깊은 의미를 담았기 때문에 때때로 난해하게 보이는 점이 있다. 그의 문체의 특징은 장엄하고 웅대하다는 점이다. 구문이 극히 복잡하고 중후하며 전치문이 풍부해, 때때로 이해하기 어려울 정도다. 그러나 생략된 문장과 깊은 의미를 담은 말이 나타나는 투키디데스의 사상은 사람들의 칭송을 얻지 않을 수가 없다.

51. 투키디데스의 경어적인 문체는 실로 경탄할 만하며, 그는 서술문에도 뛰어나 해전·포위전·전염병·반란 등의 상황을 정교하게 묘사해준다. 그 수식상의 변칙형체는 다종다양하며, 그 대부분은 레온티노이인 고르기아스를 모방한 것으로 보인다. 특장(特長)을 파악하는 데 빠르고, 겉만 꾸미려 하지 않고 사물의 본질을 서술하는 데 있어서는 최고의 묘사 기술을 지니고 있다. 투키디데

---

52) 헤로도토스의 《역사》 제1권 23~24장을 참조할 것.
53) 제2권 제6장 29.
54) 제6권 제18장 2.
55) 제2권 제8장 102를 참조할 것.
56) 사본의 잘못으로 의미가 분명치 않기 때문에 생략한다.

스의 저작보다 더 뛰어나게 페리클레스나 클레온의 사상을 표현할 수 있는 자를 나는 알지 못한다. 알키비아데스의 청년기, 테미스토클레스의 전생애, 니키아스의 시라쿠사 원정 이전의 행운, 신앙, 품행 방정했던 점 등의 각 사항에 대해서는 곧 피부에 닿게 될 것이다.

52. 일반적으로 투키디데스는 옛 아티카 방언을 사용했다. 이 옛 아티카 방언은 σ 대신 ξ를 사용하는 것으로, 투키디데스는 ξυνέγραφα나 ξυμμαχία라고 쓰고 중모음 αι가 α 대신 쓰이고 있기 때문에 αἰεί라 쓰고 있다. 또한 투키디데스는 신조어(新造語)의 작자이기도 해 많은 옛날 말을 부활해 새로 사용했다. 예컨대 '함성 소리가 높은'[57]이라든가, '전투 임기응변자'[58]라든가, '완전 비적합물'[59]이라든가, '과오사(過誤事)'[60]라든가, '잡목 다발'[61] 등이 그것이다. 또한 시어(詩語)에도 투키디데스는 관심이 있어 '감추어 갖는다'[62]라든가, '공진(攻進)했다'[63]라든가, '주의깊음'[64] 등등의 시어를 쓰고 있다. 투키디데스 특유의 말로는 '선회전(船回轉)'[65]이라든가, '애로 물건(隘路物件)'[66]이라든가, '차단벽'[67] 등이 있고, 그

57) αὐτοβοεί.
58) πολεμησείοντες.
59) παγχάλεπον.
60) ἀμαρτάδα.
61) ὕλης φακέλους.
62) 원문에 ἐπιλίγξαι로 되어 있지만 이 말은 《펠로폰네소스 전쟁사》 속에 사용되고 있지 않으므로 필자의 착각이나 사본의 잘못일 것이다.
63) ἐπηλίται.
64) ἀνακῶς.
65) ἀποσίμωσις.
66) κωλύμη.
67) ἀποτείχισις.

밖에 다른 작가들에게서는 보이지 않는 말들이 투키디데스의 작품 속에서는 보인다.

53. 그는 언어의 위엄이라는 점에 신경을 쓰고, 논리의 추구에 뛰어났다. 게다가 앞에서 말한 바와 같이 생략된 문장을 쓰고 있다. 즉 그는 많은 사건을 연설형체로 묘사하는 수법을 쓰고, 또 종종 재해나 사건을 인간에 직면시켜 그 사이의 긴장 관계를 공포로 묘사한다. 또 그는 예찬 연설류도 썼는데, 그 중에는 매장(埋葬) 연설도 포함되어 있다. 이들 연설 중에는 다양한 표현이 사용되고, 질문이 던져지고, 철학적인 용어와 형식이 사용되고 있다. 요컨대 이들 연설은 쌍을 이루는 문답 형식을 취하고 있어 철학적으로 논리가 펼쳐지고 있다. 많은 사람이 —— 특히 할리카르나소스인 디오니시우스[68]가 —— 투키디데스의 특이한 어휘와 구문을 비난하고 있다. 투키디데스가 산문 용어와 정치 용어를 사용하지 않았다고 디오니시우스는 비난하지만, 그는 투키디데스의 문체가 모든 면에서 뛰어나고, 그 작품이야말로 탁월한 자가 언제나 더 높은 것을 바란 결과임을 간파하고 있지 못하다.

54. 적어도 헤로도토스가 테베인의 플라타이아 침입을 기록하고 있다고 한다면,[69] 그와 같은 사건을 투키디데스도 제2권에서 다

---

68) 할리카르나소스인 디오니시우스는 아우구스투스(Augustus) 제정(帝政)시대(기원전 63~기원후 14년)에 로마에서 활약한 수사가 및 역사가. 많은 작품을 그리스어로 썼는데, 〈어순(語順)에 관하여〉, 〈고대 수사가에 관하여〉, 〈데모스테네스의 문체에 관하여〉, 〈투키디데스의 작법(作法)에 관하여〉, 〈고대 로마사〉 등이 오늘날 남아 있다. 그는 라틴문학에 많은 영향을 주고, 고대 아티카 그리스어의 로마에 있어서의 문학적 진흥에 공헌했다.

69) 헤로도토스의 〈역사〉 제7권 233장 7절. 테베인의 플라타이아 침입은 기원전 431년의 사건이다.

루고 있는 이상, 투키디데스는 헤로도토스와 동시대에 태어나 있었다는 것이 된다. 그리고 또 다음과 같은 일도 전해지고 있다. 즉 헤로도토스가 자작(自作)인 《역사》를 읽을 때, 투키디데스는 그것을 듣고 눈물을 흘렸다는 것이다. 이때 이것을 본 헤로도토스가 투키디데스의 아버지 오롤로스를 향해 "오롤로스, 자네 아들의 성격은 학문에 굶주리고 있네" 하고 말했다고 전해지고 있다.

55. 투키디데스는 트라키아에서 죽었는데, 어떤 자는 그 땅에 투키디데스가 매장되었다고 하고, 다른 자는 그의 뼈는 비밀리에 친족들에 의해 아테네로 운반되어 안장되었다고 주장하고 있다. 그 이유는, 추방중이었던 자의 뼈는 아테네에 공공연히 매장될 수 없었기 때문이다. 그의 묘는 아티카의 코일레라 불리는 구역에 있는 시문(市門) 근처에 있었다고 안틸로스는 말하고 있다. 안틸로스는 증인으로서 신뢰가 가고, 사실을 파악하고 그것을 논증하는 데 매우 뛰어나다. 이 안틸로스에 따르면 코일레에 묘표(墓標)가 서 있고, 거기에 "할리무시오스 구(區)의 오롤로스의 아들 투키디데스"라고 새겨져 있었다고 말하고 있다. 또 다른 자들은 "여기에 잠들다"라는 말이 붙어 있었다고 하는데, 이 비문에는 이 말이 실제로는 들어가 있지 않으므로 이 의미는 언외(言外)에 포함되어 있었으리라 생각한다.

56. 투키디데스는 독자성과 그 성격적인 면에서 위대하며, 감상적인 장면에서도 그 위엄을 잘 유지하고, 표현은 장중하고, 전치법을 즐겨 사용했기 때문에 의도가 불명료해졌다. 그리고 또 생략된 적은 단어로 깊은 뜻을 나타내는 데 힘쓰고, 연설에서는 수식상의 변칙형체가 풍부하지만, 반대로 그의 표현된 사상은 결코 변칙적이지 않다. 그는 익살도, 감상적인 비난도, 빈정거리는 말투나

청중에게 영합하는 말도 쓰고 있지 않다. 이런 기량은 뒤에 데모스테네스가 발휘한 것이다.

57. 그러나 투키디데스가 이런 변칙형체에 무지하기 때문에 이런 결과를 낳은 것이 아니라 도리어 연설을 그 화자(話者)에게 알맞게 적응시킨 결과라고 생각한다. 요컨대 페리클레스나 알키다모스나 니키아스, 브라시다스와 같이 품성이 고결하고 영웅의 영예를 지닌 자들에게는 익살이나 아부를 이용해 솔직히 비판하는 것을 피하고, 자신의 생각을 직접적으로 말하며 비난하지 않는 것은 적합하지 않기 때문이다. 그는 연설자들을 획일적으로 묘사하지 않고 자연스럽게 묘사하는 데 유의하고, 각 연설자에게 적합한 것을 교묘한 수법으로 확보하려 한 것으로 보인다. 기교가 뛰어난 작가가 연설자에게 적합한 생각을 그려내려고 신경을 쓰고, 사건도 전후 관계가 흐트러지는 일이 없도록 주의하는 일은 당연한 것이다.

58. 투키디데스의 《펠로폰네소스 전쟁사》를 13권으로 나눈 사람이 있는가 하면, 또 다른 분류 방법을 주장하는 사람도 있다. 그러나 아스클레피아데스[70]의 결론처럼 대부분의 사람들은 일치해서 8권으로 나눌 것을 주장하고 있다.

---

70) 아스클레피아데스는 마르말라 해에 면한 마레이아(현재의 미드니아)에서 태어나 스페인에서 자란 기원전 1세기경의 역사가, 수사가다.

□ 해　설

小 西 晴 雄

　투키디데스의 작품이 인류에게 기여한 점은, 그가 처음으로 근대적 사서(史書)를 완성한 데 있다고 종종 말들을 하고 있는데, 이 경우 근대적이라는 것이 과학적이라는 의미로 사용되고 있다면 이 말은 잘못된 것이다. 왜냐하면 투키디데스의 의도는 규범적인 역사의 움직임을 묘사해내는 데 있었으므로 펠로폰네소스 전쟁에 특유한 사상(事象)은 그 사상이 아무리 펠로폰네소스 전쟁 자체에 중요한 의의가 있을지라도 극력 생략되어 있고, 또 펠로폰네소스 전쟁에는 그다지 중요하지 않은 사실이라도 규범적인 관점에서 의의가 있다고 투키디데스가 생각할 경우에는 실제 이상으로 중요성이 강조되고 있기 때문이다. 예컨대 펠로폰네소스 전쟁의 직접적인 원인으로 생각할 수 있는 메가라 법령(法令)의 분쟁이나 아테네 지배권의 발전과정에 있어서의 아테네의 국내 사정 등은 펠로폰네소스 전쟁 특유의 문제로서 극히 가볍게밖에 언급되고 있지 않은 데 반해, 멜로스 회담이나 카마리나 회담 등은 규범적인 중요성 때문에 사실(史實)이 실제 이상으로 강조되고, 때로는 창작의 영역에까지 다가가고 있는 경우도 있기 때문이다.

　그러나 그의 이른바 '근대성'은 개개의 사실을 통해 보편에 이르려 하는 한 '과학적'이라고 말할 수 있을 것이다. 그의 비과학성은 보편을 확립하는 데 필요한 개개 자료의 부족에도 있겠지만, 그보다도 그의 '규범'을 만드려는 노력이 사실(史實)이나 원인의 규명을 제이의적(第二義的)인 것으로 만들고 말았다는 데 있다고 생각된다. 사실을 두루 살펴본 결과 일단 보편적인 생각, 또는 규범적인 결론에 도달했다고 생각되면 투키디데스는 전력을 기울여 그 결론을 독자에게 전하려 했다. 하지만 그는 그 결론을 결론으로서 말하지 않고 그 결론에 적합하도록 사실을 선택해, 그것들이 그의 결론을 표현하고 그 결론을 뒷받침하도록 생각해서 열거했다. 따라서 독자는 투키디데스의 결론이 그것인 줄 모르는 채 개개의 사실을 통해 자연스럽게 설득당하도록 구성되어 있다. 이것은 무의식적으로 설득하는 쪽이, 의식적으로 논리를 통해 납득시키는 것보다 훨씬 더 확실하게 사람들을 세뇌시킬 수 있다고 투키디데스는 확신하고 있었기 때문이다.

예컨대 제1권 제1장 1부터 23까지는 태고(太古)로부터의 그리스 제국(諸國)의 힘의 발달이 기술되어 있는데, 거기에서 그는 힘이 4요소 —— 즉 거처의 안정·집단의 형성·해군력의 발달·부의 축적 —— 로 이루어져 있다는 관점에서 그리스 각 시대를 각각의 4요소와 관련하여 관찰해가고 있다. 하지만 그의 작품 어느 곳을 보아도 힘이 이런 4요소로 이루어져 있다고 뚜렷이 밝히고 있는 곳은 보이지 않는다. 또 제3권 제9장 1에서 제10장 85까지를 살펴보자. 여기에는 미틸레네, 플라타이아, 케르키라 세 도시를 둘러싼 아테네와 펠로폰네소스측의 각축전이 기록되어 있고, 여기에서 투키디데스는 양 진영의 사건을 공평하게 보고하고 있는 듯 교묘하게 가장하고 있지만, 잘 주의해서 보면 실은 독자에게 친(親)아테네·반(反)펠로폰네소스의 생각을 심어주려 하고 있는 것을 알 수 있다. 그러나 여기에서도 투키디데스가 자기 의견을 명확히 말하고 있는 곳은 어디에도 없다. 이러한 생각, 즉 인간을 완전히 설득하는 데는 조리가 정연한 논리보다 개개의 사실을 통해 자연스럽게 체득시키는 쪽이 효과적이라는 생각은 이성 이외의 것을 거부한 투키디데스의 사고방식과 비교해볼 때 흥미롭다. 이것은 당시 사람들의 흥미를 갑자기 끌게 된 이성과 본능의 문제와 깊은 관계가 있다고 할 수 있을 것이다.

또한 투키디데스의 작품과 그의 선배인 헤로도토스 작품의 기본적인 차이는, 전자가 각종 사상(事象) 중에서 규범적인 보편성을 추구한 데 반해, 후자는 독자적인 특이성을 인간의 행위 속에서 영구히 남기려 했다는 점에 있다고도 생각된다.

아무튼 결론을 직접 말하지 않고 사실을 통해 그것을 말하게 하는 방법은 투키디데스가 시종일관 채택한 태도였다. 그러나 이 일관성과는 반대로 그 결론 내용은 복잡한 변화를 나타내 옛날부터 투키디데스를 연구하는 학자들을 괴롭혀왔다.

예컨대 그가 민주정체의 지지자였는지, 과두정체를 인정하고 있었는지 확연하지가 않다. 즉 어떤 곳에서는 독자가 민주주의를 지지하지 않을 수 없는 그런 필치로 써나가는가 하면, 다른 부분에서는 과두주의를 선전하고 있는 듯한 대목이 보인다. 게다가 그뿐만 아니라 민주정체도 과두정체도 아닌, 말하자면 그의 머릿속에서만 상상되는 환상적인 정체라고도 불리는 그런 정체를 주장하고 있는 듯한 대목도 지적할 수 있다. 이 사상의 불통일성은 앞서 말한 그의 신중한 사적(史的)인 방법의 일관성과 비교해보면 묘한 대조를 보여준다.

왜 이런 결과가 되었을까? 투키디데스와 같이 명석한 두뇌를 지닌 남자가 어떻게 서로 모순된 사상을 지닌 채 태연히 있을 수 있었을까? 사상의 모순은 정치 형태에 그치지 않는다. 어떤 대목에서는 용기가 과학을 누른다고 말하는가 싶으면, 다른 대목에서는 과학이야말로 용기 있는 자를 패배시키는 수단이라고 주장한다. 또한 이성이 본능을 지배할 수 있다고 보는 곳과, 그렇지 않다고 생각하고 있는 대목도 나타나고 있다. 그리고 또 문명이 인간의 지혜보다 우월하다고 생각하고 있는 곳과, 인간의 지혜야말로 운명을 지배해간다고 생각하고 있는 곳도 보인다. 이러한 모순을 한 머릿속에 공존시키는 것이 불가능하다고 본다면, 〈펠로폰네소스 전쟁사〉를 어떤 한 시기에 정리해 서술했다고 보기보다는 25년 내지 30년간에 걸쳐 서서히 쓰고, 사상의 모순은 시간이 경과함에 따라 사상이 변화했기 때문이라고 보는 것이 타당한 것 같다. 게다가 이것을 뒷받침하는 사실이 있다. 예컨대 제5권 제16장 26의 내용은, 그가 제1권 제1장 1에서 제5권 제16장 25까지를 이미 하나의 정리된 작품으로 보고 있었다는 사실을 나타내고 있으므로, 아마도 기원전 404년의 아테네 패전 뒤에 제5권 제16장 26을 가지고 제1권 제1장 1에서 제5권 제16장 25까지의 부분을 제5권 제16장 27에서 끝까지의 부분에 결합시킨 것이 아닐까 하는 추측이 성립한다. 그리고 또 시케리아 원정을 기록한 제6권, 제7권은 독립된 전기문(戰記文) 형태를 취하고 있으므로, 이것도 아마 27년간 계속된 펠로폰네소스 전사(戰史)를 일관해 서술한다는 것이 의식되기 전에 서술됐다고 생각하는 편이 타당할 것이다. 이외에도 투키디데스가 장기간에 걸쳐 이 작품을 서서히 마무리했다고 생각되는 흔적이 여기저기에서 발견된다. 그러나 이에 반해 기원전 404년까지의 메모를 사용해 기원전 404년 이후에 〈펠로폰네소스 전쟁사〉를 단숨에 써버렸다고 보는 학설도 있다. 이 설의 주된 근거는 〈펠로폰네소스 전쟁사〉의 주요 부분의 사상이 서로 깊은 관련을 나타내고 있고, 또 장기간에 걸쳐 씌어졌다고 보기에는 전체 구성이 너무 정돈돼 있다는 점이다. 그러나 이 설이 주요 부분으로 인용하거나 전체의 골조 부분으로 생각하고 있는 부분은 〈펠로폰네소스 전쟁사〉의 극히 일부에 지나지 않으므로, 이런 부분은 아마도 기원전 404년 이후의 한 시기에 덧붙여진 것이라고 생각하는 것이 타당할 것이다.

여러 가지 고려해야 할 사정이 있긴 하지만, 일단 그것들을 종합하면 다음과 같은 가설을 생각할 수 있을 것이다. 즉 투키디데스는 기원전 429년의 대전염병 이후 기원전 421년에 니키아스 화평(和平)이 성립될 때까지 서서히 10년 전쟁의 역사를 쓰고, 화평이 성립되자 전쟁이 종료되었다고 보고 일단 그때까지 쓴 것을 공표할 수 있는 형식으로 정리하고 그 뒷부분도 기록만은 해두고 있었는데, 아테네의 시케리아 원정이 시작되자 그 전기(戰記)를 정리할 것을 결심하고, 기원전 413년에 이 원정이 실패로 끝나자 독립된 시케리아 전기를 완성했다. 그 뒤 투키디데스 자신의 생각 —— 요컨대 아테네 지배권은 시케리아 원정 실패 때문에 궤멸하리라는 생각이 완전히 빗나가고 예상 이상의 내구력이 아테네에 있는 것을 알게 되자 곧 시케리아 원정 이후의 사정도 기록하기 시작했을 것이다. 그리고 기원전 411년까지의 사건을 계속 기록해가는 중에 기원전 404년에 아테네가 스파르타군에 점령되자, 이때에 이르러 비로소 그는 기원전 431년에서 404년까지의 사건을 아테네 지배권의 번영의 절정에서 그 궤멸에 이르는 일관된 도정으로 보고, 그것은 모두 아테네와 스파르타 간의 하나의 전쟁이 벌인 갖가지 양상이었다고 보는 사관(史觀)에 도달했을 것이다. 그래서 그때까지 썼던 것을 정리해 하나의 전쟁의 역사로 만든 것으로 생각된다.

기원전 432년에서 404년까지의 사건을 하나의 대전(大戰)으로 보는 견해는 극히 독자적인 것이었다. 사실 투키디데스와 동시대 사람들로 그와 같은 관점에 선 사람들을 우리는 알지 못한다. 게다가 투키디데스 이후의 사람들이 기원전 432년부터 404년까지의 사건을 아테네와 스파르타 간의 일대 전쟁의 갖가지 양상으로 본 것은 바로 투키디데스의 생각에 영향을 받은 것이다. 이렇게 생각해볼 때 27년간의 사건을 이른바 '펠로폰네소스 전쟁'이라는 하나의 이름 아래 정리해버리는 것이 역사적으로 옳은지 어떤지 크게 의심해보지 않으면 안 될 것이다. 하긴 투키디데스는 '펠로폰네소스 전쟁'이라는 이름을 어디에서도 사용하고 있지 않지만, 문제는 명칭의 유무가 아니라 개념인 것은 말할 것도 없다. 당초 기원전 421년에는 아테네와 스파르타 사이에 정식으로 화평조약이 성립하고 있기 때문에 이 시기를 전쟁 기간에 편입시키는 데 약간 무리가 있다는 것을 투키디데스 자신도 알아차리고 있었을 것이다. 그래서 그는 자설(自說)이 견강부회(牽强附會)가 아니라는 것을 제5권 제16장 26에서 연신 역설하고 있는 것이다. 아무튼 니키아스 화평 성립 이후에도 전쟁이 계속되었다고 보기 위해서 그는 냉전(冷戰)의 개념을 도입하지 않으면 안 되었던 것이다. 이 냉전의 개념에 생각이 미친 것은 아마 투키디데스가 인류사상 처음이 아니었을까. 그러나 그의 냉전설에는 신중한 검토가 필요하다고 하겠다. 그리고 그의 냉전설에 무리가 있고, 니키아스 화평을 문자 그대로 참된 화평으로 받아들이지 않을 수 없다고 한다면, 펠로폰네소스 전쟁을 축으로 씌어지고 또 이해되어온 기원전 5세기 후반의 그리스사(史) 다수는 다시 씌어지지 않으면 안 되게 될지도 모른다. 그러나 이 문제는 전쟁이나 평화라는 현상의 개념 규정이 문제가 되므로 더욱 신중한 검토를 요하는 문제다.

투키디데스를 이야기할 때 그의 작품 속에 나오는, 크고 작은 것을 합해 40개에 가까운 '연설' 문제를 무시할 수 없다. 그러나 이는 역사서 속에 연설을 삽입한 것은 그의 발명이라고 하는 것은 물론 아니다. 이 수법은 헤로도토스도 이미 채용하고 있으며, 당시 독자에게는 이런 기록 속에 연설이 없는 쪽이 도리어 그 형체를 갖추지 못한 듯이 생각되었을 것이다. 그러나 그가 이 수법을 채용한 것은 종래의 습관을 무비판적으로 답습한 것이 아니라, 이 수법이 그의 목적을 달성하는 데 도움이 된다고 생각했기 때문일 것이 틀림없다. 그의 목적은, 펠로폰네소스 전쟁의 제현상 속에서 규범적인 역사의 움직임을 파악하고 그것을 자기 작품 속에서 부각시키려 한 데 있다. 그러나 자신이 규범이라 생각한 개념에 따라 사실(史實)을 취사 선택하고, 또 그것들을 되도록이면 규범의 형태에 가까운 순서로 다시 늘어놓는 것만으로는 그 규범성을 독자에게 명확히 전달할 수 없는 사태에 종종 직면했을 것이다. 하지만 이런 경우에도 그는 결론을 결론으로서 역설해버리면 독자를 확실히 설득할 수 없다는 것을 알고 있었기 때문에, 자기 의견을 작품 속에 등장하는 인물의 입을 통해 자연스럽게 발표하는 형식을 택한 것이다. 여기에 투키디데스가 연설 수법을 채용한 이유가 있다. 투키디데스가 지지하는 내용의 의견을 진술하는 자의 연설 내용에서는 자가당착이나 논리의 모순 등이 전혀 보이지 않을 뿐만 아니라 그것들을 다가올 일로서 예언하는 데 틀리는 일이 없도록 주의를 기울여 서술하고 있는 데 반해, 투키디데스가 지지하지 않는 의견을 말하는 사람들의 연설 내용에서는 논리의 비약이나 모순이 교묘하게 은폐된 채 포함되어 있다는 사실은 저간의 사정을 명백히 이야기해주고 있다고 하겠다.

그러나 그가 쓴 연설이 제1권 제1장 23의 내용을 봐도 알 수 있듯이 모두 그의 창작이었다고는 생각할 수 없다. 하지만 그가 쓴 연설이 실제로 발언된 그대로가 아니라는 것도 분명하다. 투키디데스가 연설 수법이 필요하다고 느낀 것은, 사실의 서술만으로는 그가 느낀 역사의 움직임의 규범성을 충분히 표출할 수 없을 때였다고 앞에서도 말했다. 이런 경우에 누구로 하여금 말하게 할까 하는 것이 먼저 그의 문제가 되었을 게 틀림없다. 인선(人選)의 기준으로는 그가 자기 작품 속에서 연설이 필요하다고 생각한 그 역사적인 때와 장소에서 실제로 발언했다고 알려진 사람들로 우선 그 인선의 범위가 한정되었다고 봐도 좋을 것이다. 그리고 그 사람들 중에서 투키디데스의 규범성이 요구하는 내용을 실제로 말했다고 기억이나 기록에 남아 있는 사람이 있으면 그 인물을 그 연설의 발언자로 삼았을 것이다. 그러나 만약 그러한 기록이나 기억이 없을 경우에는 그 자리에서 발언했다고 말해지고 있는 사람들 중에서 투키디데스가 의도하고 있는 내용을 가장 발언할 가능성이 높은 입장에 있는 사람의 입을 통해 투키디데스는 연설을 썼을 것이다.

 그렇다면 이런 경우의 연설은 투키디데스의 창작과 관련 있는 것으로 몰아붙일 수 있을까. 그가 쓴 연설을 잘 살펴보면 그렇게 속단할 수 없는 구절이 여러 곳에서 발견된다. 이런 경우에 그가 이용한 방법은, 그 사람이 실제로 그 자리에서 발언한 연설의 기록이나 기억이 없어도 그 사람이 다른 시기나 장소에서 행한 연설의 내용을 원용하거나, 혹은 전혀 다른 사람이 같은 환경에 놓였을 때 발언한 연설을 사용했을 것으로 생각된다. 그 방법은 그의 규범성을 추구하는 생각과 기본적인 관련을 보이고 있다. 즉 규범을 추구하는 것은 이 역사의 움직임 속에 보편적인 법칙이 있다는 것을 인정하고 있는 것이며, 그것은 바꾸어 말하면 인간성의 통유성(通有性)을 믿고 있다는 것이다. 그러므로 물질의 화학적 반응과 같이 일정한 유형의 인간을 일정한 환경 속에 두면 언제나 같은 반응을 나타낸다고 투키디데스는 생각하고 있었다. 그러므로 예컨대 특정한 사람의 연설 내용이 전혀 전해지고 있지 않을 경우에는, 그 특정한 사람과 같은 유형의 다른 사람이 그 특정한 사람이 발언했을 때와 같은 환경에 놓여졌을 때 발언한 연설 내용을 그 특정한 사람의 연설로 삼는 것은, 사실로서는 허구더라도 사적(史的)으로는 의의가 있는 일로 인정했을 것이다.

투키디데스가 연설 수법을 채용한 것은, 그것이 역사서의 수법으로 전통적으로 확립되어 있었기 때문은 아니었다. 일어난 일의 묘사만으로는 표현할 수 없는 사람의 마음의 움직임을 표출하기 위해서는 연설 수법을 사용하지 않으면 안 되었던 것이다. 그에게 사람의 마음의 움직임은 실제로 일어난 사건보다 중요했다고 말할 수 있을 것이다. 왜냐하면 사람의 마음이야말로 행위의 원천이라고 그는 생각했기 때문이다. 여기에 그가 사실보다 사람의 심리를 중시한 이유가 있다. 그가 펠로폰네소스 전쟁의 체험을 통해 도달한 생각 중에서 사람의 심리는 기본적으로 중요한 위치를 차지하고 있었다. 사람의 행동 동기란 부의 추구와 명예욕과 공포로부터 도피하려는 세 가지 동기로 집약된다고 그는 생각했다. 그리고 이 세 가지 원망(願望)을 실현하기 위해 사람은 힘을 얻으려 한다. 게다가 사람이 힘의 획득을 노리는 한 다툼은 끊이지 않고, 사람의 안전은 언제나 위협받지 않으면 안 된다는 것을 그는 알았다. 그리고 사람은 그 위협으로부터 자신을 지키기 위해 더욱 강한 힘을 추구하지 않으면 안 되는 것도 그는 체험했던 것이다. 이러한 끊기 어려운 악순환은 사람과 사람 사이뿐 아니라 국가 사이에서 가장 극단적인 형태로 나타난다는 것을 알고 그는 심각한 비관론자가 되었을 것이다. 그렇다면 세상을 비관한 그가 왜 〈펠로폰네소스 전쟁사〉를 써서 후세에 남기려 했을까? 그것은 이러한 악순환을 되풀이하는 역사의 흐름을 지식으로 파악한 자와 그에 무지한 자 중에서 전자가 후자보다 안전하게 이 위험스럽기 짝없는 세상 속을 살아갈 수 있기 때문에, 후자를 자기 작품으로 계몽하고 그 수를 되도록이면 적게 만들려 했기 때문일 것이다. 그렇게 되면 보다 많은 사람이 보다 안전하게 생활할 수 있게 되리라고 그는 생각했을 것임에 틀림없다.

이런 목적을 지닌 그에게는, 사상(事象) 중에서 자기가 발견한 역사의 운동의 규범성을 될 수 있는 한 명확하게 세상 사람들에게 전하고 그들을 계몽하려는 사명감이 있었다. 그러나 그 반면에 자신이 말하고자 하는 결론을 직접 말하지 않고 그것을 숨긴 채 주제의 나열 방법이나 그 선택에 의해 자연스럽게 사람들에게 전하려는 역할도 자신에게 부여하고 있었던 것이다. 자신의 생각을 명확히 전하는 일과 그것을 끝까지 독자가 깨닫지 못하게 해두는 일, 그 상반된 두 가지 과제를 그는 언제나 그의 작품 속에서 동시에 만족시키지 않으면 안 되었다. 여기에서 그 특유의 난해한 문체가 태어난 주된 원인을 발견할 수 있다. 또 여기에 덧붙여서 그가 사람들에게 전하려 한 역사 운동의 규범성의 내용이 때때로 참신하기 때문에 종래 사용되어온 어휘나 문체로는 표현할 수 없는 경우에 그는 종종 직면했다. 이런 사태에 대처할 때 그는 장황하게 자기 생각을 말하려 하지 않았다. 그 이유는, 전하려는 것을 친절하게 설명하는 것은 자기 설을 되도록이면 감추고 모르는 사이에 독자를 세뇌시키려는 그의 의도에 전혀 반대되는 것이기 때문이었다. 그리고 장황하고 번거로운 설명은 문체에 대한 그의 미적 감각에도 맞지 않았을 것이다. 어쨌든간에 그는 새로운 생각을 설명 없이 표현하려 했던 것이다. 그 때문에 문장 구조가 이상하게 복잡해지고, 수사 기술이 구사되고, 옛 언어에 새로운 의미가 수없이 부여되고, 곳에 따라서는 문장의 뜻이 극히 난삽해지는 결과가 되었던 것이다.

그러나 그렇다고 그의 문장이 작품을 통해 언제나 난해하다는 것은 아니다. 도리어 전체적으로 보면 알기 쉽고 명료하게 사건의 추이를 서술하고 있는 부분이 더 많다. 하지만 중요한 대목, 특히 연설 부분에 이르면 문장이 난해해진다. 연설은 투키디데스가 역사의 규범성을 표현할 필요에 쫓겨 쓴 것인만큼 그 규범성을 노출시키지 않기 위한 특별한 배려가 기울여졌을 것이다. 게다가 변론술에는 특별한 어법이 있고, 그것이 교묘하게, 또 풍부하게 사용되어 고도로 세련된 연설이 되고 있는 것도 난해함의 한 원인이라고 하겠다. 연설 부분에는 연설문체를, 전투 묘사 부분에서는 전기문체(戰記文體)를, 서간문 부분에서는 서간문체를, 대전염병 묘사에서는 의서문체(醫書文體)를, 조약문에서는 공식문서 문체를, 이런 식으로 투키디데스는 다루는 주제에 따라 각각의 분야에서 전통적으로 확립된 문체를 사용하고 있다. 예컨대 제2권에 있는 페리클레스의 국장(國葬) 연설에서는 전통적인 국장 연설의 어휘·문체·구성이 완고할 정도로까지 지켜지고 있고, 제5권의 멜로스 회담 부분에서는 아테네인이 멜로스인을 계몽한다는 의미에서 당시 소피스트들의 계몽 기술인 문답 형식이 철저하게 압축된 형태로 나온다. 즉 투키디데스에게는 모범이 될 만한 역사서의 문체가 없었기 때문에 다루고 있는 주제에 따라 문체를 결정하였을 것이다. 그러나 그런 다양한 문체를 사용하면서도 전체적으로 보아 투키디데스 특유의 일관된 문체를 〈펠로폰네소스 전쟁사〉를 통해 만들어낸 문재(文才)는 문호(文豪)의 이름에 부끄럽지 않다. 그의 문체는 크세노폰을 필두로 많은 후대 그리스 사가(史家)들의 모범이 되었을 뿐만 아니라 로마 사가들에게도 영향을 주었다. 사르스티우스, 타키투스의 작품 등은 그 대표적인 것이라고 하겠다. 그러나 투키디데스의 작품은 일부 지식인이나 전문가 이외에는 그다지 읽히는 일이 없었다. 이렇게 인기가 없는 원인은 그가 의식적으로 흥미 본위의 화제를 피했던 점, 문체가 난해한 점도 큰 원인이긴 하지만, 또 한 가지 이유는 그의 사고 체계가 이상할 정도로까지 복잡한 양상을 보이므로 그 진의를 이해하려면 고도의 지적 수준이 독자들에게 요구되었기 때문이라고 생각된다.

　왜 그의 사고 체계가 복잡한 양상을 띠기에 이르렀을까? 그에 대해서는 세 가지 이유를 생각할 수 있을 것이다. 첫째 이유는, 이미 앞에서도 말했듯이, 투키디데스가 자기 주장을 독자에게 눈치채지 못하는 상태 속에서, 게다가 확실히 전달하려 했기 때문으로, 단순한 표현으로는 자기 사상을 글로 써서 나타낼 수 없었던 데서 찾을 수 있다. 둘째 이유도 이미 언급했는데, 그것은 그의 생각이 참신했기 때문에 재래 그리스어의 어휘나 어구 용법으로는 풍부하기 이를 데 없는 새로운 개념이 무리하게 추상화된 중성명사나 명사화된 분사, 혹은 긴 명사로의 혹사(酷使) 등으로 표현된 데 있다. 그리고 세번째 이유로 들 수 있는 것은, 초기에 표현된 사상과 후기에 그가 품은 사상 사이에 큰 거리가 있었는데도 후기에 새로운 부분을 삽입할 때 그는 초기 부분의 사상이 후기의 사상에 어긋나지 않도록 고쳐 쓰는 것을 거부한 데 있다. 그에게서 초기에 이루어진 부분은 후기에 이르러 함부로 변경할 수 없는 사실(史實)로서의 가치를 지니고 있었다. 그러므로 초기의 부분과 후기의 삽입부 사이의 사상적 마찰을 표면적으로 제거하기 위해 고도의 수사 기술이 구사되는 결과가 되었다. 요컨대 수많은 다른 사상하에 씌어진 많은 부분이 언어의 무늬로 마치 하나의 일관된 사상 체계하에 씌어진 것 같은 모습을 나타내게 된 것이다. 그 때문에 그 표면적인 인상만 보고 실제로 일관된 사상 체계를 그의 작품의 각 부분으로 조립하려 하면 매우 복잡한 사상 체계를 예상치 않는 한 그 각 부분을 이해하는 일이 불가능해진다. 예컨대 펠로폰네소스 전쟁의 원인이 어디에 있었다고 투키디데스가 생각했는지 종래 많은 설이 있지만, 그 난해함은 그의 사상이 복잡했기 때문이 아니라, 그의 여러 시기에 있어서의 전쟁 원인에 대한 생각이 수사적으로 통합된 하나의 형태로 표현되고 있기 때문이라고 하겠다.

아테네 지배권 붕괴의 원인에 대해서도 같은 말을 할 수 있다. 시케리아 원정이 그 큰 원인이 되었다고 생각하며 써나간 부분이 있는가 하면, 공민정체가 그 주요 원인이라고 생각한 때도 있고, 또 그밖의 시대에는 인간의 본능이 이끈 불가피한 결과라고 생각하며 쓴 부분도 있다. 그러나 그의 사상의 발전과정을 각 단계마다 관찰하면, 그것들은 각각의 단계에서는 각기 수미일관하고 있고, 이해의 영역을 벗어날 정도의 복잡한 체계를 지니고 있지는 않다.

그러므로 역자가 가장 타당하다고 생각하는 투키디데스의 집필 과정을 연대순으로 기록해둔다.

· 기원전 429년~428년
제2권 제7장 47 : ②~제7장 58 : ③
제2권 제7장 66 : ①~제8장 100 : ①
제2권 제8장 100 : ③~제8장 103 : ②

· 기원전 428년~427년
제2권 제6장 1 : ①~제6장 34 : ⑦
제2권 제7장 47 : ①

· 기원전 427년~426년
제3권 제9장 1 : ①~제9장 36 : ①
제3권 제10장 50 : ①~제10장 81 : ⑤
제3권 제10장 85 : ①~제11장 88 : ④

· 기원전 426년~425년
제1권 제2장 24 : ①~제3장 71 : ⑦
제1권 제3장 79 : ②~제3장 85 : ③

제1권 제3장 86 : ③~제3장 87 : ④
제1권 제5장 118 : ③~제5장 143 : ⑤

• 기원전 425년~424년
제3권 제11장 89 : ①~제4권 제13장 69 : ④

• 기원전 420년~418년
제4권 제13장 70 : ①~제14장 80 : ③
제4권 제14장 82 : ①~제14장 108 : ③
제4권 제14장 108 : ⑤~제5권 제16장 25 : ③

• 기원전 417년
제1권 제1장 1 : ①~제1장 23 : ⑤
제1권 제1장 23 : ⑥ 후반

• 기원전 416년~414년
제5권 제16장 27 : ①~제17장 84 : ③

• 기원전 413년~412년
제6권 제18장 1 : ①~제20장 75 : ②
제6권 제20장 88 : ③~제7권 제23장 87 : ⑥

• 기원전 406년~405년
제8권 제24장 1 : ①~제26장 109 : ①

• 기원전 404년~400년 ?
제1권 제1장 23 : ⑥ 전반

410 해 설

제1권 제3장 72 : ①～제3장 78 : ④
제1권 제3장 86 : ①～②
제1권 제3장 87 : ⑤～제5장 118 : ①
제1권 제5장 114 : ①～④

제2권 제6장 34 : ①～제6장 46 : ②
제2권 제7장 59 : ①～제7장 65 : ⑬
제2권 제8장 100 : ②

제3권 제9장 36 : ①～제9장 49 : ④
제3권 제10장 82 : ①～제10장 84 : ③

제4권 제14장 81 : ①～③
제4권 제14장 108 : ④

제5권 제16장 26 : ①～⑥
제5권 제17장 84 : ③～제17장 116 : ④

제6권 제20장 75 : ③～제20장 88 : ②

 기원전 404년 이후의 삽입부 중에서도 가장 마지막으로 씌어진 것은 제3권 제10장 82 : ①～84 : ③이 아닐까 생각된다.

 아무튼 이상과 같은 세 가지 주된 이유 때문에 그의 사상 체계가 극도로 복잡한 모습을 나타내는 결과가 되었던 것이다. 문체와 사상의 난해함과 흥미 본위의 화젯거리가 없는 점이 그의 작품이 많이 읽히지 않았던 이유라고 하겠다. 그러나 그의 진가(眞價)는 지식인이나 전문가 사이에서는 충분히 인정받고 있었다. 현존하는 기원전 5, 4세기의 작품 속에서 투키디데스의 이름은 한 번도 언급되고 있지 않지만, 그의 영향은 그의 작품 뒤를 이은 사가들 사이에서뿐만 아니라 철학자·수사학자·변론가 사이에서도 발견되고, 그의 작품이 헬레니즘 시대의 지식인 사이에서는 그 위치가 확립돼 있었다고 알려져 있다. 로마 시대 때는 기원전 1세기 중반경에 특히 투키디데스가 지식인들 사이에서 연구되고, 로마의 작가들에게 끼친 영향은 일일이 열거할 수 없을 정도다. 그리고 역사, 변론, 교육 등의 분야에서 보인 그의 로마에서의 영향은 6세기의 프로코피우스 무렵까지 계속된다. 그리고 그 후 투키디데스 연구의 전통은 비잔틴 문화에 받아들여져 그 속에서 보존되게 된다. 그러나 6세기 이후의 서구 제국에서는 투키디데스의 작품은 완전히 잊혀진 형태가 되고, 1452년에 로렌조 바라가 이탈리아어 역본을 완성할 때까지 우리는 투키디데스가 언급된 기록을 겨우 한 번, 11세기의 스페인인 파울루스 아르바르스의 작품 속에서 발견할 수 있을 뿐이다.

투키디데스의 작품 초판이 1502년에 알다스에서 나오고, 그 이후 서서히 그의 이름이 다시 사람들에게 알려지게 되지만, 1527년에 죽은 마키아벨리가 투키디데스의 작품을 알고 있었는지는 의문시되고 있다.

투키디데스의 작품이 중세에 많은 사람들에게 읽히지 않았기 때문에 오늘날의 우리에게 큰 도움이 되고 있다. 그것은 한정된 사람들 사이에서 사본 전승이 비교적 복잡하지 않았기 때문에 다른 작가들의 사본에 비해 오사(誤寫)가 일어날 기회가 적었다는 것이다. 그 때문에 현존하는 사본 사이의 어구의 차이는 다른 고전 작가의 그것에 비해 훨씬 적다. 중요한 사본은 7개가 있는데, 모두 10세기에서 14세기의 사본이다. 10세기에서 16세기까지 만들어진 사본으로 현존하는 것은 모두 약 70여 종(種) 되는데, 이것들은 모두 7개의 중요 사본의 영향하에 있다. 독일의 하이델베르크에 있는 파라티온 도서관이 소장하고 있는 11세기의 E사본만이 7개 사본 중에서 마르케리노스의 〈투키디데스의 생애〉를 수재(收載)하고 있는 유일한 사본이다.

기원전 3세기에서 서기 6세기에 필사된 파피루스의 단편이 이집트에서 조금 나와 있지만, 제2권·제4권 등의 텍스트에 어느 정도 영향을 주고 있을 뿐이다. 이 사실도 또한 중세의 사본 전승이 비교적 양호했다는 것을 말해주고 있다.

16세기에 초판이 발간되고부터 투키디데스 연구가 착실히 진행되고, 사람들의 관심은 그의 문체, 목적, 신빙성, 아테네의 경제 문제, 투키디데스의 이른바 과학적인 방법, 그의 전쟁 원인에 대한 사고방식, 그의 작품에 표현된 아테네의 그리스 세계에 있어서의 인기, 정치와 도덕(특히 힘의 문제), 그가 취급한 당시 지도자들의 사상, 연설의 문제, 그의 집필 과정, 그의 여러 개념과 기원전 5세기의 그리스 세계의 지적 풍조와의 관계에 대한 문제 등을 중심으로 나타났다. 그 중에서도 집필 과정의 문제는 중요한 위치를 차지하고 있고, 특히 1846년에 울리히(F.W. Ullrich)의 〈*Beiträge zur Erklärung des Thukydides*〉가 발표된 이래 투키디데스의 학계는 크게 이분되었다고 할 수 있다. 앞에서도 언급했듯이 한 파(派)는 기원전 404년 뒤에 《펠로폰네소스 전쟁사》가 씌어졌다고 보는 데 대해 울리히의 뒤를 따르는 다른 한 파는 전쟁중에 씌어지고 전후에 가필되었다고 주장한다. 오늘날에는 전자의 대표로서는 핀리(J. H. Finley, Jr.)의 《*Thucydides*》(Cambridge, Mass., 1942)를 들 수 있을 것이다. 또 후자의 대표적인 저작으로서는 로밀리(J. de Romilly)의 《*Thucdide et l'impérialisme athénien*》(Paris, 1947)이 있다. 주해서로서는 곰(A. W. Gomme), 도버(K. J. Dover), 앤드류

(A. Andrewes) 둥에 의한《*A Historical Commentary on Thucydides*》4 vols. (Oxford, 1945~1970)이 여러 주해서 중에서 가장 새롭다.

옮긴이 박광순

충북 청주 출생.
서울대학교 사범대학 역사교육학과 졸업.
범우사, 기린원 등에서 편집국장 및 편집주간 역임.
단행본 편·저술 및 전문 번역가로 활동함.
역서로는 《헤로도토스 역사》《역사학 입문》《펠로폰네소스 전쟁사》
《갈리아 전기》《수탈된 대지》《조선사회 경제사》《새로운 세계사》
《역사의 연구》《세계의 기적》《서구의 몰락》《나의 생애 (트로츠키)》
《게르마니아》《타키투스의 연대기》《콜럼버스 항해록》《사막의 반란》
《카이사르의 내란기》《인생의 힌트》《제갈공명 병법》등이 있다.

펠로폰네소스 전쟁사(하)

발행일 | 2011년 2월 25일 개정판 1쇄 발행
2024년 6월 25일 개정판 13쇄 발행

지은이 | 투키디데스   옮긴이 | 박광순
펴낸이 | 윤성혜   펴낸곳 | 종합출판 범우(주)
디자인 | 윤아트   인쇄처 | 태원인쇄

등록번호 | 제406-2004-000012호 (2004년 1월 6일)
주   소 | (10881) 경기 파주시 광인사길 9-13 (문발동 525-2)
대표전화 | 031-955-6900   팩 스 | 031-955-6905
홈페이지 | www.bumwoosa.co.kr   이메일 | bumwoosa1966@naver.com

ISBN 978-89-6365-045-6 03920
     978-89-6365-043-2 (세트)

* 책값은 뒤표지에 있습니다.
* 잘못된 책은 바꾸어드립니다.